KB179213

근대편 Ⅱ

사료로 읽는 서양사

4

근대편 II

사료로 읽는 서양사

4

계몽주의에서 산업혁명까지

이영효 편저

cum libro
책과함께

《사료로 읽는 서양사》 시리즈는 역사를 심도 있게 공부하려는 독자들을 위해 집필한 것이다. 특히 역사교사와 예비 교사에게 유용하리라 생각한다. 창의와 융합을 구호로 내건 교육 목표에 도달하려면 학생들이 토론과 발표를 통해 과감하고 적극적으로 수업에 참여해야 할 것이다. 이 같은 자기주도적인 수업이 이루어지려면 많은 자료가 필요함에도 현실의 여건은 그렇지 못하다. 반대로 인터넷에서 무책임하게 뿌려지는 무료 정보들은 학생들의 창의성을 죽이고 교사들의 신뢰를 떨어뜨린다. 이런 현실을 조금이라도 개선하기 위해서는 전공 연구자들이 직접 정선하고 집필한 교재가 필수적이었다. 특히 서양의 역사 사료는 여러 언어로 작성되어 있어 적절하게 해석하고 알맞은 설명을 붙여 자료로 제시하는 작업이 꼭 필요하다. 서양에서는 이런 작업이 다채롭게 수행되어 많은 사료집이 간행되어 있지만, 그 사료집을 그대로 번역해서 쓸 수는 없다. 우리의 환경과 교육 목표에 맞게 재구성한 사료집이어야 하기 때문이다. 이 사료집을 통해 중등학교 교사나 예비 교사, 나아가 학생들의 수업 자료로 활용한다면 현재의 서양사 교육을 한 차원 높이 끌어올리리라 전망한다.

서양사 사료집의 경우, 몇 년 전 한국사를 중심으로 이러한 사료집이 출간되었을 때 '서양 고대편'이 함께 간행되면서 첫 선을 보였으나, 후속 작업이 이어지지 못했다. 아쉬움 속에 몇 년이 흘렀고, 이제 기존의 고대편에서 제시한 사료를 대폭 보완하고 중세편 한 권과 근대편 두 권을 새로 집필하는 이번 작업을 통해 적어도 고대부터 19세기까지의 서양사 사료집을 완성하게 되었다. 이 작업은 쉽지 않았다. 우여곡절도 많았고 시간도 많이 흘렀지만, 한 권에 불과하던 사료집이 하나의 시리즈로 탄생하게 된 것은 기쁜 일이 아닐 수 없다. 선사시대와 현대사를 집필해야 하는 과제가 남아 있지만, 수업에 곧바로 활용할 자료는 충실하게 확보되었다고 말할 수 있을 것이다.

사료 학습이 중요해진 것은 우리 사회가 한 단계 성숙했음을 보여준다. 특히 교육 현장에서 이러한 필요가 부각된 것은 학생과 교사 모두가 일방적으로 전달되는 지식의 한계를 느끼게 된 점과 관련이 깊다고 할 수 있다. '작은 역사가'라는 말이 어울릴 정도로 왕성한 탐구력으로 주제를 파헤치는 마니아층이 생긴 것도 달라진 교육 환경의 결과로 볼 수 있다. 이 시리즈는 그러한 욕구를 채워주기 위해서 만들어졌다. 가장 기본적이고도 중요한 사료를 교과 내용과 함께 제시하여 적어도 어떤 역사 서술이 어떤 자료에 근거하여 이루어졌는지를 알 수 있게 했다.

또한 사료를 읽고 이해하는 역사 공부는 무엇보다도 탐구 의욕을 불러일으킨다. 일반화되어 모든 것을 예측할 수 있다면 탐구할 필요가 없을 것이다. 사료를 읽다 보면 예상치 못한 정보를 접할 수도 있고, 역사가 뜻하지 않은 방향으로 흘러가는 현상을 보면서 수학이나 과학에서 얻는 것과는 또 다른 호기심이 생겨난다. 이 시리즈는 이 같은 관심과 흥미를 불러일으키기 위해서 만들어졌다고도 말할 수 있다. 독자들은 역사가 사료로 이루어졌고, 이 사료를 어떻게 다루어야 하는지도 함께 체득하여 역사 사고를 경험할 수 있을 것이다. 그런 점에서 여기에 제시된 사료들은 일반인들의 지적 관심도 높여줄 것이며, 역사가 주는 깨달음과 성찰의 자료로 기능할 것이라고 자신한다.

이러한 사료집을 만들려면 많은 사료를 모으고 선별하고 전거와 설명을 붙이는 작업이 필요하며, 따라서 누적된 연구 성과와 세심한 교정, 충분한 시간이 없으면 제대로 만들어지기가 어렵다. 따라서 이 까다로운 시리즈의 간행을 결정한 책과함께 출판사에 감사의 뜻을 전한다. 편집부의 철저한 교정과 세심한 사독查讀으로 많은 오류와 문제점을 잡아낼 수 있었다. 교육의 재료가 되기 위해 이런 작업이 필수이건만, 실상 교과서와 교재에 오류가 난무하는 점 또한 지적하지 않고 넘어갈 수 없다. 물론 이 시리즈에 그런 문제가 하나도 없다고 할 수는 없지만, 수차례에 걸친 피드백과 수정을 통해 작품을 만들 듯이 심혈을 기울였다. 이 점에서 저자들은 자부심을 가지며, 이 사료집이 널리 활용되어 우리가 서양을 뿌리부터 이해하는 데 도움이 되길 기대한다.

2014년 6월
저자 일동

책머리에

18세기와 19세기는 현재 유럽을 만든 중추적인 사건들이 전개된, 급박하고 역동적인 시기였다. 르네상스와 종교개혁, 신항로 개척 이후 지속된 시공간의 확대와 함께 유럽인의 일상적인 물질생활과 의식, 사상, 태도의 변화도 더불어 일어나면서 200여 년간 유럽은 어느 시기보다도 다양한 정치·경제·사회·문화의 변화를 경험했다. 신대륙에서 들어온 새로운 작물과 농기구 개선 등의 혁신으로 농업 생산이 증대하고 영양 공급이 향상되자 인구가 현저히 증가했다. 기근과 질병의 악순환을 점차 극복하면서 사망률이 떨어졌고, 도시로 인구가 밀집하면서 사회적 유동성도 커졌다. 귀족 사회라는 틀 안에서 신분의 구분은 여전히 엄격했지만 인구 증가와 도시 성장에 이어 계층 변화가 서서히 일어났다. 하지만 플랑드르와 잉글랜드에 처음 도입된 인클로저는 수많은 농업 노동자를 양산했고, 그 결과 농촌 빈민이나 도시 부랑자 등을 위한 구빈원을 만들거나 구빈법을 제정하여 빈곤 문제를 해결해야 했다.

대내외적으로 서양은 17세기의 경제적 침체와 불황을 벗어나며 경제적 상승기를 맞이했다. 해운업과 조선업이 발달하고 해상 교역이 증가하면서 세계 전역을 대상으로 하는 상거래가 자리 잡았다. 이러한 해외 교역의 활성화는 유럽 내의 상업혁명과 병행되었다. 특히 아시아 교역의 첨병에는 동인도회사가 있었다. 포르투갈과 네덜란드, 뒤이어 영국과 프랑스가 아시아 통상 및 자원 수탈에 앞장섰고, 새로 발견한 아메리카 대륙에서는 스페인, 포르투갈, 영국과 프랑스가 식민지를 세우며 패권을 장악해나갔다.

한편 과학혁명의 영향 등으로 계몽 시대가 전개되면서 제도교육이 확대되고 문자 해독률이 올라갔으며 서적 보급과 지식 유포가 빨라지는 변화가 일어났다. 특히 종교적 회의주의의 확산과 세속화, 절대주의 체제에 대한 비판이 이어지면서 프랑스와 영국을 중심으로 계몽사상이 확산되었다. 18세기 말에는 프로이센과 오스트리아와 러시아의 계몽군주들이 개혁과 근대화를 시도하며 계몽 절대주의 시대를 이끌었고, 미국혁명과 프랑스혁명은 계몽 시대의 절정을 이루었다. 북아메리카의 영국 식민지인들은 본국으로부터의 독립을 달성하는 데 그치지 않고 최초의 공화국 수립과 연방 헌법 제정을 성취했다. 프랑스에서는 앙시앵레짐(구체제)을 타도하려는 혁명이 일어나 〈인권선언문〉이 발표되었으며, 국민의회, 입법의회, 국민공회를 거쳐 총재정부가 등장했다.

19세기는 나폴레옹 시대로 문을 열었다. '브뤼메르 쿠데타'로 집권한 나폴레옹의 지배 기간은 15년으로 길지 않았지만, 프랑스와 유럽 대륙에 미친 영향은 지대했다. 나폴레옹은 근대 시민법의 원리를 담은 법전을 완성하여 구체제의 유산과 혁명의 원리를 결합시켰고 교육 개혁, 상공업 육성에도 앞장서며 프랑스의 근대화를 이끌었다. 또한 독일, 이탈리아, 스페인을 프랑스의 위성국가로 만들고 급기야 러시아 침공에까지 나섰다. 하지만 얼마 지나지 않아 프랑스는 유럽 지배의 주도권을 상실했고, 빈 회의와 메테르니히 체제의 등장으로 유럽 대륙은 보수 반동의 시대를 맞이한다.

빈 체제에 대한 저항은 1820년대부터 서구 각국에서 나타났다. 독일의 대학생들은 자유주의와 민족주의 운동에 앞장섰고, 이탈리아의 피에몬테와 나폴리에서도 카르보나리 반란이 일어났다. 또한 그리스가 오스만제국의 식민 지배에서 벗어나 독립을 쟁취했고, 프랑스에서는 7월혁명이 일어나 샤를 10세를 폐위하고 루이 필리프를 새 왕으로 세웠다.

1840년대 유럽은 경제난, 식량 부족, 기근, 실업 문제 등에 시달렸고 사람들의 불만과 분노가 1848년 파리에서 2월혁명으로 분출되었다. 프랑스의 루이 필리프 국왕이 망명하고 공화정이 수립된 해에 메테르니히도 오스트리아 3월혁명의 여파로 영국으로 망명했다. 그 결과 자유주의와 민족주의를 억압하려 한 빈 체제는 1848년에 유럽을 뒤흔든 혁명으로 서서히 막을 내렸다.

라틴아메리카에서도 스페인의 지배에서 벗어나려는 식민지인의 반란이 전역에서 전개되었고, 쿠바와 푸에르토리코를 제외하고는 1828년까지 모두 독립에 성공했다. 북아메리카의 미국은 독립국가의 토대를 다지면서 서부로 영토를 확장하는 데 성공했다. 이 과정에서 원주민의 터전을 잠식했다. 새로운 영토 유입과 함께 백인 정착촌의 서부 팽창이 거듭되었고, 새로 주州로 편입된 지역에서의 노예제 허용 여부가 정치 현안으로 부상했다. 노예제에 반대하는 새 정당인 공화당이 출현하면서 남부와 북부의 갈등이 증폭되었고 마침내 남북전쟁으로 치달았다. 전쟁이 북부의 승리로 막을 내린 후 미국은 북부 기업들의 주도로 경제적 통합을 이루면서 산업혁명과 자본주의 팽창이 가속되었다.

유럽 대륙에서는 이탈리아와 독일이 통일을 이루어 국민국가의 발판을 다져갔다. 이탈리아는 마치니의 민족해방운동을 토대로 사르데냐가 중심이 되어 오스트리아와 전쟁을 벌였고, 중·북부 이탈리아 통일에 이어서 가리발디가 점령한 나폴리 왕국이 사르데냐 왕국과 통합되면서 1861년에 교황령을 제외한 반도의 통일을 달성했다. 독일은 1848년 3월혁명으로 구성된 프랑크푸르트 국민의회가 해산되었지만, 비스마르크가 재상으로 등용되면서 군제 개혁과 군사력 강화를 통해 오스트리아와의 전쟁에서 승리하고 1870년 프랑스와의 전쟁에서도 이기면서 빌헬름 1세가 독일제국을 선포하기에 이른다. 제정 러시아도 농노제를 폐지하고 지방자치 대의제를 구성하는 등 개혁을 단행하는 한편, 흑해 진출을 위해 투르크와 크림 전쟁을 벌이며 해외 교역로 및 영토 확장을 시도했다.

한편 유럽 각국에서 산업혁명이 전개되면서 19세기 유럽은 바야흐로 산업사회로 나아간다. 기계의 발명과 기술혁신, 노동력 공급을 발판으로 공장제가 출현하면서 선대제와 매뉴팩처 방식을 대체해갔다. 영국의 뒤를 이어 프랑스, 독일, 벨기에 등도 산업화의 길로 나아갔으며, 특히 후발 국가들에서는 정부가 국가 재정을 통해 산업 발전에 더 직접적인 역할을 했다. 이러한 산업화의 확산은 일자리를 확대하며 사회 유동성을 키웠지만, 자본주의 경제가 팽창하는 과정에서 노동조건과 주거 환경이 악화되고 다수 하층민과 노동자 계층의 불만이 쌓여갔다. 저임금과 빈곤의 악순환, 주기적 불경기와 대량 실업, 도시 인구 과밀 지역의 비위생적인 생활환경 등 문제점이 속속 드러나고 지식인의 산업화 비판도 신랄해졌다. 특히 하층 노동자의 이해를 대변하고 그들의 권익 옹호에 나선 사회주의 사상가들은 《공산당 선언》 발표에 이어 국제노동자협회(제1인터내셔널)를 창설하면서 부르주아 계급에 맞서 프롤레타리아 계급이 단결된 투쟁을 전개해야 한다고 주장했다. 1871년 파리 코뮌이 실패한 후에 독일·벨기에·영국·프랑스에서는 노동당 혹은 사회주의 정당이 창립되어 노동자들의 권익을 대변했다.

이 책은 이러한 18~19세기 서양 역사 전개의 주요 흐름을 정리하는 한편, 관련된 1차 사료를 발굴하여 함께 제시하고 그에 대한 설명을 덧붙임으로써 사료를 통한 서양 근대사 이해에 초점을 맞추었다. 이 시기는 서구 각 국가별로 매우 생생하고 다양한 사료들이 풍부하며, 영어로 번역되어 정리된 사료집도 많이 나와 있다. 많은 중요 사료들이 온라인에도 게재되어 있어 쉽게 접근하고 구독할 수 있다. 이 시기의 중요 사료는 프랑스혁명을 비롯하여 7월혁명, 2월혁명, 파리 코뮌에 이르기까지 정치적 격변을 겪은 프랑스 사료, 그리고 신성로마제국에서 빈 체제와 3월혁명을 거쳐 통일을 달성하기까지의 독일 사료가 양대 축을 이루고 있다. 물론 자유주의 개혁에 앞서나갔던 영국의 사료도 그에 못지않으며, 러시아·이탈리아·미국 등의 급변하는 역사 전개를 보여주는 중요 사료도 함께 다루었다. 특히 정치사회적 변화와 관련된 사료뿐만 아니라 개론서에서 단순한 소개에 그쳤던 문학, 철학, 과학 저술의 주요 내용도 발췌하여 수록함으로써 독자들의 이해를 돕고자 했다. 이처럼 다양한 사료로 보는 서양 근대사를 통해 독자들이 기존 개설서에서 접할 수 없었던 당대 서구인의 생생한 목소리를 접하고 역사를 실감하며 배우는 데 조금이나마 도움이 되기를 기대한다.

2015년 2월
이영효

차례

|3부| 산업화와 시민사회의 발전

계몽과 혁명의 시대

유럽 사회가 르네상스와 종교개혁, 신항로 개척을 거치며 근대를 향한 움직임을 전개한 지 300여 년이 지난 18세기에 이르러 바야흐로 본격적인 사상의 전환과 개혁, 혁명의 변화가 유럽 대륙에 펼쳐진다. 그리스도교의 공고한 교리와 위계질서에 대한 비판과 공격이 넘쳐 나기 시작했고 세속 군주의 절대 지배권에 대한 도전도 이어졌다. 정치와 신앙에 대한 새로운 의식의 자각이 유럽 각국으로 퍼지면서 미신과 몽매의 시대를 극복하기 위한 경쟁이 전개된다. 대서양 건너 아메리카 대륙의 영국 식민지가 영국 왕으로부터 독립을 쟁취한 데 이어 프랑스에서는 루이 16세를 처형하는 유혈혁명이 일어났다. 프로이센과 오스트리아와 러시아의 군주들도 서유럽의 새로운 변화의 흐름에 영향을 받아 개혁 정책을 제시하고 실현하고자 노력했다. 유럽 각국에서는 내부적으로 격동적인 변화를 겪는 동시에 인도양과 대서양을 건너 식민지 확보 경쟁을 벌이는 치열한 역사가 전개되었다.

1

18세기 유럽 사회
: 대륙 안팎에서 긴박한 경쟁을 펼치다

18세기 유럽 사회는 농업 혁신에 따른 안정적인 식량 공급에 힘입어 지속적인 인구 증가를 경험한다. 인구 증가는 다시 도시와 상업, 특히 해외 교역의 급속한 성장으로 이어졌다. 유럽 각국은 무엇보다 아시아에서 식민지화의 교두보를 마련하기 위해 저마다 노력을 경주했다. 하지만 18세기 유럽이 가진 더 중요한 특징은 바로 스페인, 오스트리아, 프로이센, 영국, 프랑스, 러시아 등이 가담하여 벌인 여러 나라들 간의 끊임없는 전쟁이었다. 이처럼 다극 체제를 보인 유럽 국가들의 경쟁과 전쟁은 국민국가의 성장을 가져오고 군사기술의 발전을 초래하는 등 유럽이 다른 대륙을 앞설 수 있는 경쟁력을 갖게 하는 데 기여했다.

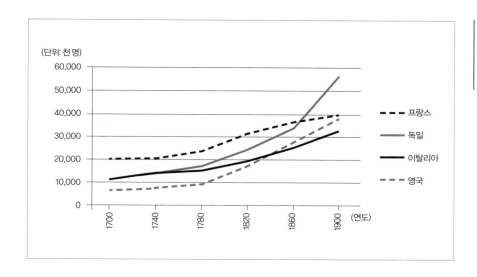

표 1 유럽의 인구변화를 보여주는 그래프. 유럽은 특히 18세기 후반부터 급격한 인구 증가를 보여준다. 인구는 곧 노동력을 의미하고 국가의 부를 상징했다.

인구 증가와 사회계층의 변화

1700년에 약 1억 5000만 명이던 유럽 인구는 18세기 들어 크게 증가하여, 1800년에는 2억 명에 육박했다. 유럽의 인구 증가율은 아시아의 인구 증가율에는 못 미쳤지만, 새로운 식량 도입과 농업 생산 증대로 영양 공급이 향상되고 질병에 대한 저항력이 커지면서 사망률이 낮아졌음을 말해준다. 서유럽에서 가장 큰 국가였던 프랑스는 1700년 당시 인구가 약 2000만 명이었고, 잉글랜드는 600만 명으로 추정된다. 인구가 증가하면서 도시도 성장했다. 잉글랜드의 도시 인구는 18세기 초에 전체 인구의 20퍼센트였다가 1800년에는 30퍼센트를 넘어섰다. 18세기 말 유럽에서 인구 10만 명이 넘는 도시가 스무 곳이 넘었고, 런던은 100만 명, 파리는 70만 명에 육박했다. 특히 런던은 은행·금융·보험·제조업·수출에서 유럽 최대의 중심지였다.

인구가 늘고 도시가 성장하면서 사회적 유동성도 커졌으며, 그 결과 귀족과 부르주아의 경계가 무너지기 시작했다. 대상인과 제조업자 같은 부르주아 최상층이 작위를 사들여 귀족이 되었고, 귀족들도 상업과 제조업, 광산업 등에 종사하며 부를 축적했다. 부유한 평민도 작위와 관직을 사서 귀족이 되거나, 고위 관료 혹은 군인이 되었다.

이처럼 작위 구입은 사회적 신분 상승의 좋은 수단이었다. 프랑스 귀족은 18세기 동안 거의 두 배로 늘었다. 영국의 경우, 귀족과 평민은 법적 권리 면에서 차이가 줄어 관직 매매가 흔하지는 않았으나 사회적 지위와 정치적 영향력이 주로 토지 소유에 의해 결정되었다. 상인, 제조업자, 은행가 등이 대영지를 구입하면 **젠트리**gentry(귀족 작위는 없지만 영지와 권력을 가진 지주층으로, 영국 하원의 다수를 차지했고 치안판사 등을 맡아 지방 행정을 장악함)의 일원으로 간주되었고 이들 지주 엘리트가 지배계급을 이루었다. 네덜란드를 실제로 지배한 계급은 가장 부유한 지방인 암스테르담의 상인들이었으며, 지주귀족은 도시의 상인이나 유력자만큼 중요한 영향력을 갖지는 못했다. 요컨대 18세기 유럽은 귀족 사회라는 틀 안에서 계급에 따른 법적 차이와 구분이 여전히 엄격했지만, 각 나라마다 사회계층 간의 신분 이동과 유동성이 차츰 활발해지기 시작했다.│ 자료 1 │

그러나 인구 증가와 곡물 가격 상승은 실질임금의 하락으로 이어졌고, 후반기로 갈수록 사회적으로 빈곤이 확산되었다. 18세기 말에 영국 인구의 30퍼센트가 각종 빈민 구호를 받았고, 프랑스에서 빈민은 전체 인구의 40퍼센트에 달했다. 늘어나는 빈민을 돌보기 위해 종교기관이 구빈원이나 숙박소를 설립했으나 재정도 빈약하고 수용 능력에도 한계가 있었다. 결국 국가가 빈민을 관리하고 통제하는 책임을 져야 했다.

하지만 유럽 국가들은 빈민을 구제하거나 빈곤 문제를 해결하는 데 효과적으로 대처하지 못했다. 프랑스의 경우, 부랑자를 구빈원에다 집어 넣어 노동하는 습관을 들이게 하려 했지만, 농촌 빈민이나 도시 부랑자 다수를 수용하지는 못했고 빈민을 감금하여 형벌을 내리는 감옥 역할을 하는 데 그쳤다. 영국은 지방 교구가 빈민 관리를 맡아 과부, 고아, 노인에게 연금, 현물, 집세 보조금, 공공 일자리를 제공했다. 교구들이 연합해 세운 구빈원은 구빈세의 보조를 받아 운영했는데, 18세기 말에 들어와 높은 물가와 실업으로 빈민이 늘면서 구빈원 유지비용이 급증하고 구빈세 납부자의 부담도 크게 늘었다. 빈민 부조가 오히려 영구 빈민을 만들고 빈민의 도덕을 무너뜨린다는 비판도 계속되었다.

식량 증대를 가져온 농업혁명

18세기 유럽 경제에서 농업의 비중은 압도적이었고 자본 역시 농업에 투자되었는데, 새로운 윤작법이 시행되면서 농업혁명이 일어났다. 농민들은 콩 같은 새로운 작물을 도입하여 지력을 회복시킴으로써 거의 모든 경지가 휴지기 없이 농산물을 생산할 수 있게 되었다. 지력 소모의 감소, 감자와 옥수수 같은 구황작물 및 아마 등 환금 작물 보급, 농기구 개선 등도 농업 혁신에 기여했다. 전반적인 농업 발전으로 주기적으로 발생하던 기근과 질병의 악순환도 사라졌다. 농민들은 새 윤작법과 작물을 도입하기 위해 공동 방목지와 개방 경지에 울타리를 쳐서 토지를 이용했는데, 이러한 인클로저enclosure 운동은 공동 경작이나 방목 같은 공동체 관행이 상대적으로 약했던 플랑드르와 잉글랜드에서 처음 도입되었다. 16세기의 1차 인클로저 운동이 양모 생산을 위해 농지를 목장으로 전환하는 과정이었다면, 18세기에 전개된 2차 인클로저 운동은 농산물 생산 극대화를 위한 것이었다. 그러자 경작 효율이 떨어지는 소농들은 지주에게 농업 노동자로 고용되거나 도시로 나가 산업 노동자가 되었다.

잉글랜드는 농민 해체가 일찍 진행되어 18세기 말에 전체 경작지의 4분의 1에 울타리가 세워졌다. 독립 자영농민이었던 요맨yeoman은 지대 금납화 등으로 부를 축적하여 지위가 상승했고, 이들 부농과 젠트리로 불리는 지주들은 자유노동에 입각하여 농경과 목축을 경영하는 자본주의적 농업 기업가로 성장했다. 도시 상인이 농촌으로 진출하고 젠트리나 귀족의 차남들이 도시로 진출하면서 봉건 신분제도가 무너지기 시작했다. 다만 프랑스의 경우, 상층 시민계급이 토지와 관직을 획득하여 귀족이 되기를 원하고 농촌에서 공동체 관행이 강하게 잔존하여, 농민층의 계층 분화가 지연되었다. 남부 유럽에서는 자유노동과 농노노동의 중간 형태인 분익소작(절반소작)이 우세하여 농민에게 불리했다. 엘베 강 동쪽에 자리한 프로이센과 폴란드를 비롯한 동부 유럽에서는 '농노제의 재판再版'인 영주농장제가 출현하여, 영주가 농민의 자유를 박탈하고 직접 광대한 직영지 경영에 나섰다. 또한 영주들은 농노의 강제 노동을 바탕으로 상업에도 종사했는데, 프로이센의 융커Junker(대토지 소유가 발달한 엘베 강 동쪽 동프로이센의 보수적인 지주귀족으로서 반봉건 영주의 성격을 지님) 계층은 프로이센이 강국으로 대두하는 데 중요한 역할을 했다.

대외 교역과 상업혁명

18세기에 들어와 유럽은 17세기의 침체와 불황을 벗어나며 경제가 활성화되는 부흥기를 맞이했다. 유럽 경제의 중심이 지중해에서 북서 유럽으로 이동했고, 식민지와 새로운 항로 개척으로 해외 무역이 크게 늘었다. 새로운 상거래 방식에 필요한 지폐와 수표가 최초로 발행되었고, 생명보험을 비롯하여 각종 재난에 대비한 보험 상품이 쏟아져 나왔다. 해상 운송이 육로 운송보다 저렴하면서도 안정적으로 물류 수송을 이끌었고, 해운업과 조선업이 발달하면서 국제 해상 교역이 크게 증가했다. 포르투갈인, 영국인, 네덜란드인, 프랑스인이 아프리카인을 카리브 해의 섬들과 아메리카 대륙에 팔아넘기는 흑인 노예 매매도 성행했다. |자료 2|

도판 1 영국 식민지였던 북아메리카의 사우스캐롤라이나 찰스턴에서 1769년에 배부된 노예 경매 선전지.

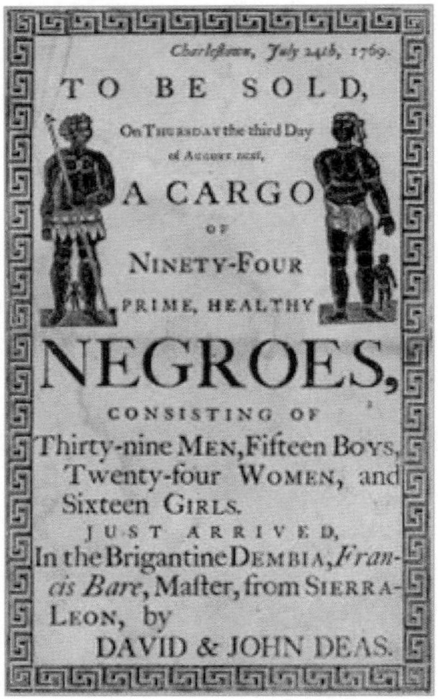

18세기 초에는 네덜란드인이 노예무역 회사를 설립하고 노예 공급을 독점했으나, 아프리카 서해안에 무역소들을 설치한 프랑스와 영국 노예 상인들이 등장하면서 타격을 입었다. 영국이 아프리카 노예 수입을 지배하며 서인도제도 및 아메리카 식민지와 연결하는 삼각무역을 운용하자, 서인도제도는 노예무역의 거대한 시장으로 변모했다. 또 유럽 각국은 직접 무역 전쟁에 나서, 특허 회사에 무역 독점권을 부여하고 정부가 발행한 채권을 매입하게 하는 등 자국 상인을 보호했다. 네덜란드는 동남아시아 지역에서 무역 거래소를 유지했고, 영국은 주로 대서양 해상 무역을 장악하고서 유럽, 아프리카, 신대륙을 삼각무역으로 연계했다. 이러한 원거리 교역, 식민지 경영, 노예무역은 산업혁명을 위한 자본을 축적하고 수출 시장을 제공하고 원료를 공급하는 데 큰 몫을 했다. |자료 3|

유럽 내에서도 상업혁명이 일어나 지역 간의 상행위와 거래가 활발해졌고 조선, 섬유, 보험, 금융 등의 업종이 융성했다. 상인 겸 제조업자 merchant-manufacturer가 길드의 제약을 받지 않는 농촌으로 진출하면서 상인자본가에 의한 선대제先貸制, putting-out system 방식이 크게 성행했으며, 그에 비해 매뉴팩처manufacture(공장제 수공업) 방식은 19세기까지 전체 생산의 일부를 담당하는 데 그쳤다. 상인자본가들은 상업만이 아니라 금융업, 부동산업, 제조업에도 종사했는데, 특히 주요 무역 상품인 모직물 생산업 등 다양한 사업에 종사했다.

한편 도로 건설 및 개선으로 교역에서 가장 큰 비용이 드는 수송비가 절감됨으로써 수송 시간과 물품 파손도 줄었다. 프랑스는 국가 차원에서 도로 예산을 크게 늘려 18세기에 4만 킬로미터에 이르는 도로망을 건설했고, 잉글랜드에서는 '유료 도로법Turnpike Act'이 제정되어, 유료 도로망이 런던을 중심으로 방사선 모양으로 펼쳐졌다. 또한 수운의 개량과 운하 건설도 이루어졌다. 하지만 내국 관세, 통행료, 물품 독점권 등이 유럽 최대 시장이 형성되는 것을 막고 있었다. 그러자 상인들과 무역업자들이 세운 '상인조합'이 지역 간 곡물 거래와 지방 소매업을 장악하고서 통제권을 행사했다.

아시아 식민지화의 교두보, 동인도회사

국내의 상업혁명을 발판으로 활발한 대외 교역에 나선 유럽 각국은 아시아 교역 초기에는 직거래를 통한 물품 획득과 이윤 추구에 주력했을 뿐, 영토를 정복하거나 식민지화하려는 의도는 없었다. 18세기 중반까지도 유럽인은 아시아에 교역소와 항구 편의시설, 연안 지역 치안 유지를 위한 요새와 기반시설 등을 건설할 권한을 요구했을 뿐이다. 그 권한만으로도 엄청난 이익을 거둬들일 수 있는 무역을 확실하게 보장해주었기 때문이다.

예컨대 네덜란드는 고아Goa와 마카오 같은 포르투갈 거점 지역들만이 명맥을 유지하고 있던 시점에 진입하여 포르투갈로부터 아시아와 인도양 무역의 패권을 넘겨받았다. 그리고 인도에 동인도회사를 세우고, 이어서 말라카 해협을 중심으로 말레이시아와 인도네시아에 세력권을 펼치며 중국과 일본까지 접촉했다. 자바 섬을 거의 장악한 네덜란드인들은 농작물을 재배하는 대농장을 운

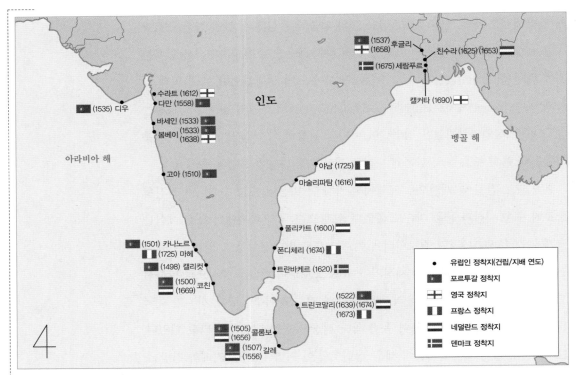

범례:
- 유럽인 정착지(건립/지배 연도)
- 포르투갈 정착지
- 영국 정착지
- 프랑스 정착지
- 네덜란드 정착지
- 덴마크 정착지

4

도판 2 인도에 정착지를 마련한 유럽 국가들(1498~1739). 인도 서남해안의 항구인 캘리컷에 포르투갈이 1498년 진출한 것을 시작으로 네덜란드(1600), 영국(1612), 덴마크(1620), 프랑스(1673) 등 유럽 국가들은 인도 해안에 주요 거점을 마련하며 인도양 무역을 전개해나갔다.

영했으며, 캘리컷Calicut(지금의 코지코드), 실론(지금의 스리랑카), 희망봉Cape of Good Hope에도 무역 거점을 마련했다. 하지만 세계 최대의 무역 회사로 성장했던 네덜란드 동인도회사는 점차 아시아 무역의 주도권을 영국에 넘겨주면서 세력이 약해졌고, 부패와 재정 악화로 파산하여 결국 18세기 말에 해체되었다.

막강하던 네덜란드의 해군력이 17세기 후반에 위협받기 시작하자, 영국이 인도양 패권에 도전했다. 영국은 찰스 2세가 포르투갈 공주와 결혼하며 지참금으로 넘겨받은 뭄바이를 교두보로 삼아 인도와 무역을 개시했으며, 1700년경에는 새로운 기호음료인 차를 발견하고서 차를 수입하기 위해 인도에서 중국으로 선박들을 보내기 시작했다. 인도의 무굴제국이 1730년대에 페르시아의 침략으로 갑자기 붕괴하고 이슬람교도와 힌두교도 간의 종교적 갈등이 심화되는 와중에 영국은 인도에 무역 기지들을 마련해놓고 프랑스의 반응을 주시했다. 1757년에 이르러, 영국 동인도회사의 로버트 클라이브Robert Clive가 캘커타Calcutta를 공격해 교두보를 마련한 후, 플라시Plassey에서 프랑스 군대가 포함된 벵골 태수의 병력과 싸워 승리했다. 그러자 영국 정부는 정규군을 신속하게 파병했고, 동인도회사가 훈련시켜서 양성한 인도 병사들과 함께 싸워 승리를 거두었다. 이 전투를 계기로 영국은 인도에서 프랑스 세력을 몰아냈고 네덜란드에게서 실론을 빼앗는 데도 성공했다. 1664년에 설립된 프랑스 동인도회사는 1769년에 완전히 와해되었다.

그 이후 영국 동인도회사는 무역보다는 각종 세금을 부과해 돈과 자원을 수탈하는 데 치중하기 시작했고, 여러 이권에 개입해 독점 무역과 부정부패를 일삼았다. 이에 영국 정부는 동인도회사에 이사들을 파견하고, 영국 정부가 동인도회사의 운영 방침에 통제를 가할 수 있도록 이중 통치 제도를 18세기 말에 도입했다. 상업 및 일상 행정은 동인도회사가 담당하고, 정치 문제는 영국 정부의 이사들이 맡도록 한 것이다. 그리고 1857년에 발발한 인도 최초의 민족 항쟁인 세포이Sepoy(동인도회사에 고용된 인도의 용병) 항쟁 이후부터는 영국 정부가 동인도회사를 대신하여 인도를 직접 지배하기 시작했다.

끊임없이 벌어진 국가 간 전쟁

18세기에 유럽 각국은 영토 팽창을 둘러싼 상호 대립과 전쟁에 몰두했다. 루이 14세가 라인 강변의 서부 독일로 영토를 팽창하기 위해 일으킨 아우크스부르크Augsburg 동맹전쟁(1688~1697)이 발발한 이후, 곧 스페인 왕위계승전쟁(1701~1713)이 발발했다. 왕위 계승자가 없던 스페인의 카를로스 2세가 자신의 전 영토와 왕위를 루이 14세의 손자인 필리프Philippe에게 물려주고 사망하자, 프랑스와 스페인이 부르봉Bourbon 왕조에 의해 통합되는 것을 막기 위해 영국, 네덜란드, 오스트리아를 주축으로 대동맹이 결성되었다. 루이 14세는 위트레흐트Utrecht 조약을 맺어, 스페인을 프랑스와 합병하지 않는다는 조건 하에 자신의 손자 필리프를 스페인 왕(펠리페 5세)으로 앉히는 데 성공했다. 하지만 그 대가로 프랑스는 신대륙의 뉴펀들랜드, 노바스코샤, 허드슨 만 일대를 영국에 양도했고, 영국은 지브롤터 및 스페인 식민지에 대한 노예 공급권을 스페인으로부터 얻어냈다. 오스트리아는 지금의 벨기에에 해당하는 스페인령 네덜란드를 획득하고, 프로

이센도 이 전쟁에 참전한 공로로 왕의 칭호를 얻었다.

오스트리아 왕위계승전쟁(1740~1748)에서는 프랑스와 프로이센이 오스트리아와 영국에 맞서 싸웠는데, 마리아 테레지아Maria Theresia의 왕위 계승이 승인되고 프로이센의 슐레지엔Schlesien 보유도 인정되었다. 이 전쟁으로 유럽 각국은 프로이센의 군사적 성공에 경각심을 갖게 되었고, 특히 오스트리아는 프리드리히 대왕을 견제하기 위해 러시와 스웨덴뿐 아니라 일부 독일 제후국들과도 동맹을 맺었다. 북아메리카에서 프랑스와 프렌치-인디언 전쟁을 전개한 영국은 왕실이 소유하고 있던 하노버Hanover를 프랑스로부터 지키기 위해 1756년 프로이센과 웨스트민스터 협약Convention of Westminster을 맺었다. 그러자 프랑스가 300여 년 된 오랜 적대 관계를 청산하고 오스트리아와 손을 잡음으로써 유럽의 전통적인 동맹 관계가 극적으로 변화했다.

러시아는 이 '외교 혁명'을 배경으로 동프로이센을 침략했고, 오스트리아는 슐레지엔을 탈환하기 위해 침공했으며, 프랑스는 프로이센의 서쪽 국경선을 공격했다. 이처럼 3대 강국에 포위된 프로이센의 프리드리히 2세는 1759년 전투에서 참패하여 베를린이 함락되기 직전에 놓였고 영국마저 지원을 중단했다.

그러나 프리드리히를 증오하던 러시아의 여제 엘리자베타가 사망하고 프리드리히 대왕을 숭배하던 표트르 3세가 즉위하면서 러시아는 프로이센과 강화를 체결했다. 프로이센이 슐레지엔을 영유하는 것도 최종적으로 승인되었다. 7년전쟁의 결과로 프로이센은 프랑스-오스트리아-러시아 동맹에 의해 영토가 해체되는 것을 막음으로써 그 위상이 강화되었고, 러시아는 오스만제국, 폴란드, 일부 독일 지역에서 사실상 패권을 행사하게 되면서 강대국으로 발돋움했다.

유럽에서만이 아니라 인도와 아메리카에서 전개된 영국과 프랑스의 패권 다

기간	명칭	종전시 체결된 조약
1688~1697	아우크스부르크 동맹전쟁	라이스바이크 조약
1689~1697	윌리엄 왕 전쟁*	라이스바이크 조약
1701~1713	스페인 왕위계승전쟁	위트레흐트 조약
1702~1713	앤 여왕 전쟁**	위트레흐트 조약
1740~1748	오스트리아 왕위계승전쟁	엑스라샤펠 조약
1740~1742	1차 슐레지엔 전쟁	베를린 조약
1744~1748	조지 왕 전쟁***	엑스라샤펠 조약
1744~1745	2차 슐레지엔 전쟁	드레스덴 조약
1755~1763	프렌치-인디언 전쟁****	파리 조약
1756~1763	7년전쟁	웨스트민스터 협약(1756) 파리 조약(1763)
1756~1763	3차 슐레지엔 전쟁	후베르투스부르크 조약

표 2 18세기 유럽 각국이 벌인 전쟁 연표.

* 영국·프랑스 식민지 사이에서 벌어진 최초의 전쟁. 영국 왕 윌리엄 3세(재위 1689~1702)는 1689년의 대불동맹에 가담해 루이 14세와 싸웠는데, 북아메리카의 영국 식민지도 본토와 협력하여 프랑스와 싸웠다. 이 전쟁을 발단으로 100여 년에 걸친 영국·프랑스 식민지 전쟁이 전개되었고, 신대륙의 영국 식민지는 확대되고 프랑스 식민지는 후퇴하기 시작했다.

** 스페인 왕위계승전쟁 때 일어난 영국·프랑스 식민지 간의 전쟁. 프랑스의 식민지 확대에 위협을 느낀 영국은 캐나다의 프랑스령 식민지를 공격했다. 그리고 위트레흐트 조약으로 프랑스로부터 뉴펀들랜드, 노바스코샤, 허드슨 만 지역을 확보했다.

*** 오스트리아 왕위계승전쟁 때 일어난 영국·프랑스의 식민지 전쟁. 당시 영국을 통치하고 있던 조지 2세의 이름에서 유래했다. 영국은 1742년 오스트리아의 마리아 테레지아와 밀약을 맺어 프랑스와 전쟁을 시작했고, 북아메리카에서도 식민지 전쟁이 일어났다. 전쟁의 결과, 점령지를 상호 반환하는 선에서 타협을 보았다.

**** 유럽에서 7년전쟁이 벌어지고 있을 때, 북아메리카에서 오하이오 강 주변의 인디언 영토를 둘러싸고 일어난 영국과 프랑스의 식민지 쟁탈전. 영국과 프랑스 모두 인디언과 동맹을 맺었지만, 영국 측에서 볼 때 프랑스가 인디언과 동맹을 맺었기에 프렌치-인디언 전쟁이라고 부른다. 이 전쟁의 결과, 영국은 2차 백년전쟁이라고 할 수 있는 북아메리카 식민지 전쟁에서 가장 큰 성과를 거두었다. 프랑스는 미시시피 강 서쪽의 루이지애나를 동맹국 스페인에 할양했는데, 이는 스페인이 패전으로 플로리다를 영국에 할양한 대가였다. 스페인은 영국에 플로리다를 할양한 대가로 쿠바의 아바나를 손에 넣었다.

툼, 식민지 쟁탈전에서는 영국이 최종 승리를 거두었다. 1763년에 맺어진 파리 조약에서 프랑스는 캐나다, 노바스코샤, 오하이오 등 북아메리카 지역들과 인도의 서부 지역 일부를 영국에 넘겼다. 또 루이지애나를 스페인에 넘김으로써 프랑스는 사실상 서인도제도를 제외한 모든 식민지를 상실했다. 이로써 영국은 북아메리카 대륙과 인도에서 압도적으로 우월한 지위를 확보했다.

스페인과 영국의 아메리카 지배

18세기 아메리카 대륙에서는 스페인, 포르투갈, 영국, 프랑스 등 유럽 각국의 식민지인들이 각기 다른 공동체를 건설했다. 스페인은 멕시코 일대에서부터 지금의 아르헨티나에 이르는 아메리카의 광대한 지역을 아울렀고, 파나마와 아카풀코Acapulco를 지나 필리핀까지 해상으로 연결되어 있었다. 하지만 캘리포니아, 텍사스, 리오그란데 북쪽 멕시코 땅에는 대부분 요새와 무역 사무소, 전도 단체들만 세워졌을 뿐, 식민지 인구는 많지 않았다. 인구 밀도가 높은 중심 지역은 멕시코, 페루, 카리브 해 섬들이었다. 스페인령 아메리카에서는 멕시코 지역이 가장 번성했고, 페루는 다수의 광산 덕분에 집중적으로 개발되었다. 초기 식민지 총독들과 총독 휘하의 군인들은 식민지 최고 권력자로서 거의 독립적인 지위를 누렸다. 스페인은 식민지에서 거둬들인 세금으로 국가 재정을 충당했다.

영국 이주민들은 북아메리카 대서양 연안 지방을 차지했고, 프랑스인들은 세인트로렌스 강과 오대호를 따라 캐나다 지역에 무역소들을 세우면서 정착하기 시작했다. 영국 식민지들 중에 북부 식민지는 밀 생산에 주력했고, 당밀을 발효시켜 만든 럼주도 생산했으며, 목재 산업, 어업, 조선업이 발달했다. 남부 식민지들은 노예노동을 이용한 플랜테이션을 통해 쌀, 담배, 인디고 염료를 생산하여 수출했다. 18세기에 영국령 아메리카의 식민지 인구는 계속 증가하여, 같은 세기 중엽에 100만 명을 넘어섰으며, 영국 정부는 아메리카 원주민과 동맹을 맺고 팽창하는 프랑스 세력과 충돌했다. 프랑스 식민지인들이 휴런Huron족과 동맹을 맺고 영국 식민지인들은 이로쿼이Iroquois족과 연맹하여 벌인 프렌치-인디언 전쟁에서 영국이 승리하면서, 1763년에 캐나다는 영국령이 되었다. 영국과 프랑스는 7년전쟁으로 유럽 대륙에서도 서로 맞섰는데, 영국의 지원을 받은 프로이센이 최종적으로 승리하면서 영국이 우세한 결과를 거두었다. 영국은 자메이카, 온두라스 등 서인도제도도 영국령으로 두었다.

영국의 패권 장악은 강력한 해군력을 바탕으로 한 것으로, 선박과 무기의 성능을 꾸준히 향상시켜 더 빠르고 전투력이 뛰어난 선박을 만든 덕분이었다. 영국은 우수한 성능의 군함과 상선을 갖추고 소함대가 움직일 수 있는 주요 거점들을 확보함으로써 해상권에서 우위를 장악했으며, 무역 경쟁에서 승리하고 영토를 확장했다.

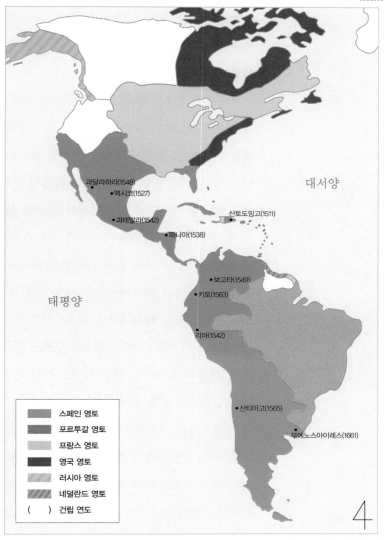

도판 4 1750년경 아메리카 대륙의 식민지화 현황. 16세기부터 스페인을 시작으로 포르투갈, 프랑스, 영국, 네덜란드, 러시아가 아메리카 대륙을 식민지로 삼기 시작했다. 북아메리카 동부에는 영국의 13개 식민지가 건설되었고, 캐나다와 루이지애나는 프랑스의 영토였다. 스페인은 왕의 사법기구인 '아우디엔시아Audiencia'를 아메리카 식민지의 13개 주요 지역에 설치하고 각 통치 지역에 3~4명의 법률가를 본국에서 파견하여 재판을 맡겼다.

문학·교육·예술의 발전

18세기 유럽 사회에서 고급문화를 향유한 문화 엘리트층은 라틴어 소양을 갖추고 프랑스어를 공용어로 사용했는데, 글을 읽을 줄 아는 중간계층이 늘면서 문화의 저변도 확대되었다. 특히 프랑스는 도서 출판의 전성기를 맞아, 출판 허가를 받은 신간의 수가 1750년에 300여 종에서 1780년대에 1600여 종으로 늘었다.

문맹률의 감소, 여성이 합류한 독자층의 확대는 네덜란드와 영국에서도 출판과 독서의 팽창으로 이어져, 일간신문과 잡지도 18세기에 들어와 최초로 발행되었다.

교육기관, 살롱과 아카데미, 다양한 독서 클럽과 프리메이슨Freemason 지부 등도 문화의 발전에 기여했다. 살롱은 고급문화의 생산자인 작가, 학자, 지식인, 예술가 들과 그 후원자인 부유한 특권층이 만나는 자리였으며, 계몽사상의 확산에 공헌했다. 지적 혁신은 대학 밖에서 활발하게 일어나 영국의 '왕립학회', 프랑스의 '과학학술원', 프로이센의 '학술원' 등이 새로운 과학지식 등을 전파하고 국제적인 학문 기준을 마련했다. 프랑스 지방 도시의 '아카데미'들은 귀족뿐만 아니라 부르주아를 회원으로 점차 받아들이며 지적 분위기를 고양시켰다. 영국에서 시작된 프리메이슨은 관용··우애·자유·평등의 이상을 추구하며 프랑스와 독일 등으로 퍼져나갔고, 계몽사상의 전파에 기여했다.

프랑스에서 시작된 예술 양식인 로코코 양식은 독일과 이탈리아에서도 유행했다. 자갈과 조가비를 연상시키는 구불구불한 곡선에서 그 이름이 유래한 로코코 양식은 우아함, 섬세함, 기교를 특징으로 한다. 바로크와 로코코 모두 역동적인 움직임을 강조하지만, 바로크 양식이 힘과 열정을 발산하는 데 비해 로코코 양식은 섬세함과 경쾌함을 전달한다. 대체로 어두운 바로크 양식의 실내와 달리, 로코코 건축물의 실내는 밝게 채색된 벽과 천장 등으로 이루어졌다. 상류층에서는 중국풍의 장식용 회화와 조각이 로코코 양식의 미술에 가미되어 시누아즈리Chinoiserie(중국 풍취)가 유행했다.

영국은 문학의 황금기를 구가했다. 무엇보다 영국에서는 이전 시대의 '로망roman'과 구별되는, '소설novel'이라는 새로운 문학 양식이 탄생했다. 명백한 허구의 산문 작품인 로망과 달리, 소설은 인간 행위에 대한 믿을 만한 이야기를 구성하는 사실주의를 특징으로 했다. 다시 말해 신화적 인물 혹은 가공인물의 모험담을 담은 사실성 없는 로망과 달리, 근대 소설은 실제로 일어날 법한 독특한 경험을 글로 구성하고 상황을 설정했으며 서술 방식도 직설적이었다. 대중 독자는 소설에 등장하는 평범한 인물들의 행위와 삶의 이야기에 흥미를 느꼈는

데, 독자의 다수가 여성이었다. 최초의 영국 소설인 대니얼 드포Daniel Defoe의 《로빈슨 크루소》가 1719년에 발표되었고, 그 뒤를 이어 1726년에 조너선 스위프트Jonathan Swift의 《걸리버 여행기》가 발표되었다.

18세기 후반에는 독일 국민문학이 등장했다. 헤르더는 민족의 문화적 산물이 문명이며 고유한 역사적 유산인 민족 정신을 표출하지 못하는 문명은 진보할 수 없다고 주장했다. | 자료 4 | 괴테와 실러 등은 '질풍과 노도' 운동을 전개했는데, 이는 고전주의나 합리주의를 벗어나 강력한 개성의 해방을 추구하는 독일의 새로운 문학 흐름이었다. 괴테는 인간성의 고결함을 추구하면서 열정적인 감정 표현이나 정신 해방을 옹호하는 작품으로 로맨티시즘 경향을 대표했다. | 자료 5 | 또한 계몽사상 형이상학의 정점이라 할 수 있는 칸트의 관념론과 함께 독일의 계몽철학도 발전했다. | 자료 6 |

한편 바흐와 헨델에 이르러 절정에 도달했던 바로크 음악은 하이든, 모차르트, 베토벤에 이르러 매우 다른 음악 세계로 나아갔다. 그들의 음악은 바흐의 경쾌한 협주곡과 오케스트라, 헨델의 오라토리오와 달리, 질서와 조화와 균형이라는 원칙을 따르는 고전주의 음악을 대표했다. 모차르트는 거의 단조를 사용하지 않고 밝고 경쾌한 작품을 작곡했으며, 하이든은 수많은 교향곡을 작곡하여 '교향곡의 아버지'로 불린다. 베토벤은 자연을 찬미하는, 독창적이고 개성 있는 교향악 작품들에서 개인의 무한한 의지와 힘을 표현했다.

이렇듯 18세기 유럽은 학문과 예술이 발전하고 새로운 사상과 철학이 등장했으며 문자 해독률이 높아져 독서 인구가 증가하는 등 문화의 융성기였다. 자연의 섭리를 궁구하는 과학적 사고의 혁신과 함께 인간과 사회의 본질에 대한 탐구가 이어졌고, 이는 곧 절대군주와 교회 권력의 지배와 독단에 대한 비판으로 나아갔다. 국가와 종교에 대한 대중의 잘못된 믿음과 지식을 깨우치고 사회 개혁을 이루려는 계몽사상이 널리 퍼질 수 있는 토양이 마련된 것이다.

독일 근대 중산층 가정의 양육 방식

카를 프리드리히 포켈스Carl Friedrich Pockels, 〈샤크 플루어의 청년시절 이야기Schack Fluurs Jugend-
geschichte〉; 위르겐 슐롬봄Jürgen Schlumbohm, 《미시사의 즐거움: 17~19세기 유럽의 일상세계》, 백승종·
장현숙 공편역, 돌베개, 2003, 192~195쪽에서 재인용

어느 날 정오, 식탁에서였다. … 마침 평소에 매우 좋아하던 국이 차려져 있는 것을 보
고, 그는 당연히 자기가 제일 먼저 국을 받으리라고 기대하고 있었다. 그러나 그의 아버
지는 이성을 중시하는 사람이었다. 아이가 원하는 것을 금세 들어주거나 아이를 어른
보다 더 잘 대접해주는 것은 아이를 망치는 지름길이라고 믿었으므로, 이런 식의 행동
을 엄격히 금지하고 있었다. … 샤크로서는 괴롭기 짝이 없는 일이었다. … 사실 아버지
는 성격이 불같은 자기 아들을 대단히 사랑했다. 그럼에도 불구하고 아들을 엄격하게
훈육하기로 정한 방침을 포기하지 않았다. … 유년 시절 처음 몇 해 동안 샤크는 너무나
엄한 교육 방침 때문에 아버지를 싫어하기도 했다. 그러나 나중에는 말로 이루 다 표현
할 수 없을 만치 아버지를 사랑하게 되었다. … 그는 어머니를 이루 말할 수 없이 사랑
했다. 그의 발랄함에 대해 어머니는 아버지보다 훨씬 관대했으며, 아버지의 엄격함에
대항해서 그의 편을 들어준 적도 많았던 까닭이다. … 지금도 샤크는 유년기에 상냥한
어머니와 함께한 행복했던 그 시간을 회상한다. …

"내 결혼 생활은 불행했다"

존 크리스토프 헨들러John Christoph Händler, 《어느 재단사의 자서전Biographie eines noch lebenden
Scheniders》; 위르겐 슐룸봄, 《미시사의 즐거움》, 백승종·장현숙 공편역, 143~164쪽에서 재인용

나는 보잘것없는 신분이지만 정직하고 신앙이 깊은 부모님 사이에서 태어났다. … 아
버지는 이곳 뉘른베르크의 시민Burger이자 많은 사람에게 존경받은 재단사 장인이셨
다. … 부모님은 삼위일체이신 하나님과 내가 계약을 맺게끔 서둘러 성스런 세례식을
베푸셨다. … [부모님이 골라준 짝이 마음에 들지 않아 결혼을 계속 거부했으나 부모는
결혼 준비를 강행] 아버지는 내게 말씀하셨다. "1766년 11월 18일 네 혼인잔치가 황금
황소[식당 이름]에서 있을 것이다. 그러니 거기 맞춰서 준비해라." 나는 망치로 한방 얻
어맞은 기분이었다. … 이 세상에서 '나는 완전히 내버려진 놈이야!' 그렇게 생각할 수
밖에 없었다. … 결혼식 날이 되자 나는 마치 불쌍한 죄인이 법정으로 끌려 나가듯 교회
제단 앞으로 인도되었다. …

내가 이런 식으로 말하면 독자 여러분은 놀랄 겁니다.(!) 결혼 생활 14년 동안 그 여자
와 관계해서 모두 10명이나 되는 애들을 낳았다고요. 혹자는 내게 이렇게 물을 테지요.
"그 사람(!)에게 전혀 끌리는 게 없었다면 어찌 그럴 수가 있는가?" 하고 말이죠. … 나는
요, 단 한순간도 그 여편네에게 반한 적도 없었고, 사랑 같은 걸 느낀 적도 없었어요. …
[아내 사망 소식을 듣고] 갑자기 내 생명이 다시 활기를 얻게 되었어요. … [둘째 아내
가 결혼한 지 11년 만에 아이를 낳다가 죽은 후, 세 번째 결혼을 앞두고] … 독자 여러분
은 설마 내가 정욕 때문에 이런(!) 생각을 한다고 믿고 계시지는 않을 테지요. 절대 그럴
리가 없죠. 사실 아무리 해도 지칠 줄 모르는 2명의 아이들, 그 애들을 돌보기 위해서
죠. 어쩔 수가 없다고요. … [마치 평등사상의 사도라도 될 것처럼 열변하며] 유럽의 어
느 국가에서 출생 신분이나 재산이 아니라 순전히 자기 재능만으로 능력과 사고에 어
울리는 지위를 얻을 수 있단 말입니까? 아무리 둘러보아도 가족관계 … 몰상식하고 파
렴치한 관습이 유능한 인간의 앞길을 가로막고 있습니다.

노예의 처우를 규정한 프랑스 법, 코드 누아르

프랑수아앙드레 이장베르François-André Isambert, 〈에게 해 섬들의 정책에 관한 법전〉(1685), 《프랑스 고대법 총서Pandectes françaises》(전2권), Paris, 1834에서 발췌

조항 16 주인에게 매를 맞았다거나 노예 표시를 위해 낙인을 찍었다는 이유로 밤낮을 불문하고 노예들이 집회를 여는 것은 용납하지 않는다. 그리고 만약 이를 반복해서 어겨 죄가 가중될 경우, 그 노예를 사형에 처할 수 있다. 사형은 재판관의 재량에 맡긴다. 설사 그 노예의 주인이 관리가 아니라 할지라도, 그리고 체포하라는 판결이 없다 할지라도, 우리의 모든 신민은 법을 어긴 노예에게 체벌을 가하고 노예를 감옥에 보낼 권리가 있다.

조항 33 주인이나 주인의 아내, 여주인, 여주인의 남편 또는 주인의 자식들에게 상처를 입히거나 피를 흘릴 정도로 구타한 노예는 사형에 처한다.

조항 38 법정에 보고된 날짜로부터 한 달 동안 도망 중인 노예들은 귀를 자르고 한쪽 어깨에 낙인을 찍을 것이다. 그리고 그 노예가 보고된 날짜로부터 그 죄를 다시 반복할 경우, 그 노예의 무릎 안쪽의 인대를 절단하고 나머지 어깨에 낙인을 찍을 것이다. 세 번째로 달아날 경우, 그 노예는 사형에 처한다.

조항 44 우리는 법에 의해 노예들을 동산으로 규정한다. 노예들은 개인 재산이며, 따라서 임대차가 불가능하다. 그리고 노예들에 대한 장자 상속권이나 그 외에 상속의 우선순위를 증명하는 자료가 없을 경우, 노예들은 공동 상속자들에게 균등하게 배분된다. 그리고 노예들은 지주의 미망인이나 부양가족의 연금 대상에서 제외된다.

프랑스 갤리선 노예의 참혹한 생활

장프랑수아 비용Jean-François Bion,[1] 《프랑스 개신교도가 갤리선에서 겪은 시련An Account of the Torments the French Protestants Endure aboard the Galleys》, 1708; 존 캐리John Carey, 《역사의 목격자Eyewitness to History》, Avon Books, 1987, pp.193~198에서 재인용(한국어판 출간 제목은 《역사의 원전》)

갤리선galley은 길고 평평하며 갑판이 하나인 선박으로, 돛은 두 개다. 하지만 대개 노를

저어 운행하는데, 그 이유는 갤리선이 거친 바다를 견뎌내기 어렵게 건조되었기 때문이다. … 각 노를 다섯 명의 노예가 젓는데, 이 노예들 중 한 명은 튀르크인이다. 그 노예는 보통 그리스도교도 노예들보다 힘이 세므로 더 큰 힘으로 노를 젓도록 맨 끝에 배치된다. 전부 300명의 노예가 승선한다. 그리고 장교, 사병, 선원, 고용인 등 150명의 사람이 배를 탄다. … 두 번 겨울을 나면서(1703년, 1704년) 우리는 모나코, 니스, 앙티브의 해안을 지켰다. … 그 배는 승선 인원에 비해 좁았으므로 인원이 과밀해졌고, 노 젓는 동안 몸에서 땀은 계속 흐르고 … 엄청난 해충들이 번식했다. … 노예는 불명예의 표시로 머리를 빡빡 밀어야만 한다. 노예들에게는 침대가 아니라 1.5피트(약 46센티미터) 너비의 판자가 허용된다.

노를 젓는 데에 따르는 피로는 매우 심하다. … 하나의 노가 다른 노와 보조를 맞추지 못하는 것을 발견하면 … 사정없이 매질을 한다. … 그처럼 형편없는 처우와 열악한 식단, 감염 때문에 질병이 자주 발생한다. … 화물칸에는 폐쇄된 어두운 공간이 있다. … 침대도 깔개도 없이 환자들을 막 섞어놓는다. 무엇보다 악취를 견딜 수 없다. …

갤리선에는 다섯 부류의 노예들이 있다. 즉 튀르크인, 포소니에[2], 도망자, 죄인, 그리고 프로테스탄트이다. 왕은 노 젓기를 떠맡을 튀르크인을 사오는데 … 병사들과 똑같은 액수의 급여를 받으므로 … 별로 불운한 자는 아니다. 그들은 쇠사슬에 묶이지도 않으며 단지 다리에 고리를 거는데, 이는 노예 신분의 표시이다. 포소니에라고 불리는 자들은 보통 가난한 농민인데, 이들은 소금 값이 저렴한 [전매구역이 아닌] 지역에서 소금을 사다가 발각되었다. … 도망자들이 받은 판결은 죽을 때까지 유효하다. 과거에는 코와 귀를 자르게 하였으나 이는 고약한 냄새를 풍기고 전체 선원을 감염시키므로 이제는 작은 상처를 내고 있다. 죄인으로 유죄판결을 받은 자들은 필루[3], 야바위꾼, 협잡꾼, 강도이다. … 프로테스탄트들이 갤리선에 있는 것은 … 세상의 이익과 자신들의 영혼을 바꾸려 하지 않았기 때문이다.

1 │ 장프랑수아 비용(1668~?)은 후에 개신교 목사가 된 가톨릭 사제다. 그는 '라쉬페르브La Superbe'라는 갤리선에 종군 사제로 승선하여 갤리선 노예들의 고난과 참상을 자세히 기록했다.

2 │ Faussoniers, '속임수를 쓴 자'를 뜻하는 중세 프랑스어

3 │ filou, '소매치기'라는 뜻

자료
04

"신이 자연 속에 존재한다면, 역사 속에도 신은 존재한다"

요한 고트프리트 헤르더Johann Gottfried Herder, 《인류의 역사철학에 대한 이념Ideen zur Philosophie der Geschichte der Menschheit》, 강성호 옮김, 책세상, 2002, 19~26, 62쪽

신이 자연 속에 존재한다면, 역사 속에도 신은 존재한다. 왜냐하면 인간은 창조물의 한

부분이며, 매우 심한 방종과 격정 속에서도 하늘과 땅의 모든 물체들이 따라 움직이는 법칙을 준수해야만 하기 때문이다. …

중국에서 로마에 이르는 모든 국민들의 제도 속에서, 다양한 정치체제 속에서, 평화나 전쟁 속에서, 심지어 국가가 저지른 모든 잘못과 야만적 행위 속에서 우리는 거대한 자연 법칙을 인식해낸다. '인간을 인간이 되게 하자! 인간은 스스로에게 최상으로 여겨지는 것에 맞추어 자신을 형성한다.' 이러한 목적을 위해 국가는 영토를 소유하고 그 영토 위에 국가를 일으켜 세웠다. …

자연은 지구 위에 다양한 인류를 편성했다. 그 편성에서 니그로(흑인)와 원숭이는 거의 비슷한 위치를 차지했다. … 온화한 기후가 인간을 더 정교한 형태로 육성했다. 잘 정돈된 것과 아름다운 것들이 양극단 가운데 놓여 있는 것처럼, 더 아름다운 형태의 이성과 인간성은 이 중간 지역에 자리 잡았다. … 모든 아시아 민족은 너무 일찍 좋은 제도에 만족해서 안주해버리고, 전통을 신성하고 바꿀 수 없는 것으로 간주하는 나태에서 벗어날 수 없었다. … 지중해 연안 지역의 더 활동적인 국민들이 이룬 진보를 인정하지 않을 수 없다. 지중해 지역 국민들은 고대 통치 형태인 전제주의의 멍에와 전통에서 벗어남으로써 인간 운명의 거대하고 훌륭한 법칙을 입증했다. …

전제주의에 대한 오랜 복종은 전제군주의 강대한 힘에 기인하는 것이 아니다. 전제군주를 신뢰하고 자발적으로 복종하는 억압받는 사람들의 나약함과 나태함이 전제군주의 유일하고도 가장 큰 버팀목이다. 왜냐하면 참는 것이 적극적으로 개선하는 것보다 확실히 더 쉽기 때문이다. 이런 이유로 많은 국민들이 신이 이성이라는 고귀한 선물을 통해 인간에게 부여해준 권리를 사용하지 않았다. … 신은 인간에게 다음과 같이 말했다. "내 형상대로 땅 위의 신이 되어라. 지배하고 마음대로 처리하라. 너희가 고귀하고 훌륭한 본성에서 할 수 있는 것을 만들어라. 너희의 운명을 너희 인간의 손에 맡길 것이니, 나는 기적을 부려 너희를 도와주지 않을 것이다. 그러나 나의 모든 신성하고 영원한 자연 법칙은 너희를 도와줄 것이다." (중략)

현명한 선이 인간의 운명을 결정한다. 따라서 선의 뜻을 따르는 것보다 더 고귀한 가치나 더 영속적이고 순수한 행복은 없다.

격정과 열정을 옹호하다

요한 볼프강 폰 괴테Johann Wolfgang von Goethe, 《젊은 베르테르의 슬픔Die Leiden des jungen Werthers》, 1774

5월 26일

자네는 오래전부터 알고 있었지. 내가 스스로를 가르치는 방법은 어딘가 맘에 드는 곳에 오두막이나 세우고 최대한 근검절약해서 그곳에 머무는 것임을. … 오로지 자연만이 무한히 부유하지. 또 자연만이 위대한 예술가를 양육하네. … 그에 반해 모든 원칙이란, 솔직히 말하자면, 자연을 진실로 느끼고 느낀 그대로를 표현하는 것을 망치는 것이라네.

8월 12일

"당신들 … 아, 당신들은 이성적인 사람들이지!" 나는 실소하며 말했다. "… 당신들 도덕적인 분들은 연민도 없이 초연하지요, 그러곤 술 마시는 이들을 야단치고, 넋이 나간 사람을 혐오하고 있지요. … 나도 한번 이상 인사불성이 되었지요. 내 음주벽이란 거의 미친 짓이었어요. 하지만 나는 둘 다 후회가 되지 않아요. 왜냐하면 무언가 큰 일, 무언가 불가능한 일을 해낸 모든 특별한 사람들은 옛날부터 취한 자나 미친 자 소리를 들으며 궤도를 벗어났던 것을 알게 되었기 때문이지요. …"

나는 계속 이어갔다. "인간의 본성은 나름의 한계가 있어요. 기쁨, 슬픔, 번민을 어느 한 도까지는 견딜 수 있어도 그 한계가 넘어가면 침몰한단 말입니다. … 지독한 열병으로 죽어가는 사람을 겁쟁이라고 부르면 이상하겠지요. 마찬가지로 자신의 삶을 단념하는 사람을 겁이 많다고 말하는 것도 기괴한 일이지요."

알베르트가 소리쳤다. "패러독스야, 지독한 패러독스!" 나는 반격을 가했다. "당신 생각만큼 역설은 아니요! … 침착하고 이성적인 사람이 이 불행한 자의 상태를 살핀다는 것은 헛된 일이요. 더구나 그에게 충고한다니, 아무 소용없어요. 침대의 환자 곁에 서 있는 건강한 사람이 자신의 에너지를 조금이라도 수혈해 줄 수 없는 것과 마찬가지요."

인간은 노력하는 한 길을 헤매는 존재

괴테, 《파우스트Faust》, 1831

　　주[하나님]　　파우스트를 아는가?

메피스토펠레스	그 박사 말이오?	
주	나의 종이니라!	(300)
메피스토펠레스	과연! 그자는 기이하게 당신을 섬기고 있지요.	
	…자신의 어리석은 짓도 반쯤은 알아차리는 듯합니다.	
	하늘에서는 가장 아름다운 별을 원하고	
	땅에서는 최상의 즐거움을 원하니,	
	가장 가까운 것이나 가장 먼 것이나	(305)
	들끓는 마음을 충족시킬 수 없지요.	
주	지금은 혼란 속에서 나를 섬기고 있지만	
	내 그를 곧 명료한 곳으로 이끌 것이니라. …	
메피스토펠레스	당신은 무엇을 거시겠소? 필히 그자를 잃고 말 것이요!	
	그를 내 길로 묵묵히	
	이끄는 것을 허락하신다면 말입니다.	
주	그가 지상에 사는 동안	(315)
	그대에게 못하게 할 수는 없지.	
	<u>인간은 열망하는 한 방황하는 법이니.</u>	
메피스토펠레스	감사합니다. …	(318)
주	그럼, 그대에게 맡기겠노라.	(323)
	… 착한 인간은 어둠에 휩쓸린다 하여도	
	올바른 길을 알고 있다.[다시 나타나 이렇게 고백하게 되리라.]	
메피스토펠레스	좋습니다!	(330)
	나는 이 내기가 조금도 겁나지 않소이다. …	
주	자유롭게 다시 모습을 드러내도 좋다.	(336)
	나는 그대 같은 자들을 싫어하지 않았노라.	
	(중략)	
천사들	(파우스트의 불멸의 영혼을 나르며	
	더 높은 하늘로 떠 올라간다.)	
	영혼 세계의	
	고귀한 성원을 악에서 구했도다.	(11935)
	<u>늘 노력하며 애쓰는 이를</u>	

우리는 구원할 수 있을 것이다. …

모든 덧없는 것은

그저 비유에 지나지 않을 뿐 (12105)

부족한 것도

이곳에서는 실현되고

이루 말할 수 없는 것도

이곳[4] 에서는 이루어지리.

영원한 여성스러움은 (12110)

우리를 높이 끌어올리리.

4 | '비유'를 가리킨다.

자료
06

선험적 인식과 이성의 원리를 규명하다

임마누엘 칸트Immanuel Kant,《순수이성비판Kritik der reinen Vernunft》1, 백종현 옮김, 아카넷, 2006, 165~
166, 214~228쪽

인간의 이성은 … 특수한 운명을 갖고 있다. 인간 이성은 … 대답할 수 없는 문제들로
인해 괴롭힘을 당하고 있는 것이다. … 인간 이성은 … 이성의 과제가 항상 미완성으로
남을 수밖에 없음을 깨닫는다. … 이성은 혼돈과 당착에 빠진다. … 이런 끝없는 싸움거
리의 전장이 다름 아닌 형이상학이라 불리는 것이다. (중략)

우리의 모든 인식이 경험과 함께 시작된다는 것은 전혀 의심할 여지가 없다. … 우리에
게 어떠한 인식도 경험에 선행하는 것은 없고, 경험과 함께 모든 인식이 시작된다.

그러나 우리의 모든 인식이 경험과 함께 시작된다 할지라도, 우리의 인식 모두가 바로
경험으로부터 생겨나는 것은 아니다. 왜냐하면 우리의 경험 인식조차도 우리가 [감각]
인상들을 통해 수용한 것 그리고 우리 자신의 인식 능력이 스스로 산출해낸 것의 합성
이기 때문이다. …

그러므로 경험으로부터 그리고 모든 감각 인상들로부터도 독립적인 그런 인식이 과연
있는가 하는 물음은 적어도 좀 더 상세한 연구를 요하는 문제로, 당장 해결할 수 있는
것이 아니다. 사람들은 그러한 인식을 선험적 인식이라 일컬어, 그 원천을 후험적으로
곧 경험에서 갖는 경험적 인식과 구별한다. …

우리는 모종의 선험적 인식들을 소유하고 있으며, 평범한 지성조차도 결코 그런 인식

이 없지 않다. 여기서 중요한 것은 우리가 그것으로써 <u>순수한 인식과 경험적 인식을 확실하게 구별할 수 있는 징표</u>이다. 경험은 우리에게 어떤 것이 그러하다는 것을 가르쳐주기는 하지만, 그것의 필연성을 가르쳐주지는 않는다. 그러므로 <u>필연성과 함께 생각되는 하나의 명제가 있다면 그것은 선험적인 판단이며, 그것이 필연적인 명제로서 타당한 명제로부터 도출된다면 그것은 절대적으로 선험적이다.</u> … 경험은 결코 그 판단들에 엄밀한 보편성을 주지 못하고, (귀납에 의거하여) 가정된 비교적인 보편성만을 준다. … 그러므로 한 판단이 엄밀한 보편성을 갖는다고 생각된다면, 다시 말해 단 하나의 예외 가능성도 인정하지 않는 것으로 생각된다면, 그 판단은 경험에서 도출된 것이 아니라, 절대적으로 선험적으로 타당한 것이다. …

<u>철학은 모든 선험적 인식의 가능성과 원리들과 범위를 규정해주는 학문을 필요로 한다.</u> … 사람들이 형이상학을 이제까지 한갓 시도되기만 했으나 그럼에도 인간 이성의 자연본성에 의해 불가결한 학문이라고 본다면, 형이상학에는 선험적 종합 인식들이 포함되어 있어야 한다.

| 출전 |

요한 볼프강 폰 괴테(1749~1832), 《젊은 베르테르의 슬픔》, 1774: 괴테는 과학, 철학, 음악, 정치학 등 다방면의 글을 썼고 저서는 140권이 넘는다. 이 작품의 발표로 그는 실러와 함께 '질풍과 노도' 운동의 대표 주자가 되었으며 후에 로맨티시즘의 선구자로 평가되었다. 이 소설의 주인공 베르테르는 여주인공 로테를 열렬히 사랑하지만, 그녀에게 약혼자가 있다는 것을 알고 실의와 번민에 사로잡힌다. 잠시 그녀 곁을 떠났다가 가정을 꾸민 로테에게 돌아오지만, 베르테르의 고독감은 깊어만 가고 끝내 그는 자신의 연인이 건네준 권총으로 자살해 비극적 삶을 마감한다. 이 소설은 자살을 죄악으로 여기던 시대에 자살을 예찬한다고 해서 비도덕적이라며 신랄하게 비판받았다. 또한 모방 자살이 급증하는 사태가 벌어져 유럽 일부 지역에서는 작품 발간이 중단되기도 했다.

괴테, 《파우스트》, 1831: 괴테는 이 작품을 24세 때인 1773년에 집필하기 시작하여 82세에 완성했다. 괴테는 나폴레옹의 인간적 매력에 빠져 세계 국가라는 이상을 염원했지만, 나폴레옹이 몰락하자 동방 세계에 경도된다. 괴테가 60년에 가까운 시간이 걸려 완성한 《파우스트》는 16세기에 실제로 살았다고 전해지는 연금술사 독토르 파우스트에 관한 전설을 주제로 삼았다. 괴테 이후의 작가들은 파우스트를 악마에게 영혼을 빼앗긴 채 지옥에 떨어지는 존재로 그리기도 했는데, 괴테의 파우스트는 신과 내기를 건 메피스토펠레스가 패배하고 파우스트의 영혼이 천국에 들어가는 것으로 막을 내린다. 신은 "인간은 노력하는 한 길을 헤맨다"라고 하면서 인간의 어리석은 행동을 인정한다.

임마누엘 칸트(1724~1804), 《순수이성비판》 1, 2, 1781/1787: 칸트는 근대 계몽주의를 정점에 올려놓은 동시에 피히테, 셸링, 헤겔로 이어지는 독일 관념철학의 기초를 놓은 프로이센의 철학자다. 《순수이성비판》에서 그는 선험적 인식의 근거와 원리들을 찾아 그 사용 범위와 한계를 규정한다. 칸트의 이성은 자기비판을 통해 한계를 자각한 이성이다. 《실천이성비판》에서는 신이라는 개념 속에 모든 인간이 추구해야 할 도덕적 완성이라는 관념이 존재한다고 했다. 인간은 '절대 명령'을 따라 개인의 행위가 보편적인 자연법이 될 수 있도록 행동해야 한다는 것이다. 칸트는, 이러한 절대 명령에 일치하도록 살아감으로써 인간은 진정한 자유를 누릴 수 있다고 보았다. 자연을 인식하는 이론적 이성 기능, 자연 안에 살면서 자유롭게 행위하는 실천이성의 기능, 자연 이치에 부합하는 반성적 판단력의 원리와 활동을 구명한 칸트의 세 비판서는 칸트 비판철학의 전모를 담고 있다.

카를 프리드리히 포켈스(1757~1814), 〈샤크 플루어의 청년시절 이야기〉, 1786: 1783년에 독일에서 창간된 잡지 《경험심리학Erfahrungs-seelenkunde》에 실린 논문으로, 포켈스가 '샤크 플루어'라는 가명으로 기고한 것이다. 성직자였던 아버지와 어머니의 결혼 과정, 자신의 출생과 유년기 등 자전적 내용이 담겨 있다. 작가의 부모가 사랑해서 결혼한 사실도 밝혀놓았다.

요한 고트프리트 헤르더(1744~1803), 《인류의 역사철학에 대한 이념》, 1784: 헤르더는 스승인 칸트의 영향을 받았으며, 헤겔의 《역사철학강의》에 결정적으로 기여했고, 헤겔의 세계사 인식에 큰 영향을 미쳤다. 그는 세계 역사의 발전 과정을 고대 아시아에서 시작하여 서양의 그리스와 로마를 거쳐 근대에 이르는 것으로 서술했다. 세계사가 동양에서 시작하여 서양에서 완성되는 과정으로 본 것인데, 이러한 시각은 헤겔에게 거의 그대로 계승되었다. 또한 헤르더는 역사 발전 과정을 인간성이 실현되어가는 과정으로 보았고, 인간성이 완벽하게 실현되는 것이 역사 발전의 목적이라고 생각했다. 헤겔도 역사 발전 과정을 세계이성의 실현 과정으로 보았다. 헤르더는 흑인을 원숭이와 같은 위치에 놓고, 아시아 민족보다 지중해 연안 민족들의 우월함을 설파하기도 했다.

존 크리스토프 헨들러(1744~1816), 《어느 재단사의 자서전》, 1798: 독일 뉘른베르크의 시립도서관에 소장된 이 자서전은 "아직 생존해 있는 어느 재단사의 자서전—제1부 1798년"이라는 제목이 붙여져 있다. 헨들러는 일반 독자가 아니라 여러 후견인과 친지를 염두에 두고 이 책을 저술한 것으로 짐작된다.

코드 누아르Code Noir, 1685: 루이 14세 때 콜베르 재상이 기획하여 공포된 이 칙령은 프랑스 해외 식민지 노예제를 규정한 것이다. 노예들은 모계를 통해 신분이 세습되고, 가톨릭 이외의 다른 종교 활동은 허용되지 않았으며 농장주에게는 소유 노예에 대한 무제한 징계권이 허용되었다. 프랑스 식민지 내의 유대인을 모두 추방한다는 내용도 담겨 있다.

| 참고문헌 |

노명환 외, 《서양 사람들은 어떻게 살았을까?—생활문화로 보는 서양사》, 푸른역사, 2012.
민석홍, 《서양사개론》, 삼영사, 2008.
배영수 편, 《서양사 강의》, 한울, 2013.
스테이시, 로버트·주디스 코핀, 《새로운 서양 문명의 역사》, 손세호 옮김, 소나무, 2014.
이영림·주경철·최갑수, 《근대 유럽의 형성—16~18세기》, 까치글방, 2011.
주경철, 《대항해 시대—해상 팽창과 근대 세계의 형성》, 서울대학교출판부, 2008.
차하순, 《새로 쓴 서양사총론》, 탐구당, 2010.
Black, Jeremy, *Eighteenth-Century Europe*, London: Palgrave Macmillan, 1999.
Blanning, T. C. W., *The Eighteenth Century: Europe 1688~1815*, New York: Oxford University Press, 2000.
Woloch, Isser & Gregory S. Brown, *Eighteenth-Century Europe: Tradition and Progress, 1715~1789*, New York: W. W. Norton & Co., 2012.

2 계몽사상
:미신과 몽매의 시대를 비판하다

18세기 중반 유럽에서는 절대군주의 전제정과 교조적인 신앙 및 교권주의를 비판하는 움직임이 거세게 일어났다. 그리고 인간 이성에 대한 믿음을 토대로 과거의 편견과 몽매함에서 벗어날 수 있다는 낙관적인 전망이 시대를 지배했다. 영국과 프랑스에서 전개된 계몽사상은 인간의 자유의지를 예찬하며 국가는 공동선을 위한 시민 계약의 산물이라는 이론을 제기했다. 그 결과 전제정치와 교회 권력은 신랄한 비판과 도전에 직면하면서 변화의 소용돌이에 휩싸이게 된다.

계몽 시대의 전개

유럽의 계몽 시대는 과학혁명의 영향으로 시작되었다. 유럽의 지식인과 귀족은 망원경이나 현미경 같은 과학 기기를 구입하고, 식물이나 곤충 등을 채집하여 수집하고, 시신을 해부하는 현장에 참여하는 등 자연과 인체의 신비에 대한 호기심과 열정이 넘쳤다. 철학자들은 인간 행위를 경험적으로 연구함으로써 사회의 작동 원리를 보편적 이론으로 설명할 수 있다고 생각했다. 상식적인 견해와 비판적 견지를 수용하는 사람을 뜻하는 '필로조프philosophe'라고 불린 철학자들의 활발한 활동으로 아카데미와 학술 집단이 늘어났고 각종 학술 클럽과 학회도 등장했다. 1720년대에 영국에서 유럽 대륙으로 건너온 프리메이슨은 유럽 전역에 퍼져, 세기말에 이르러서는 회원이 20만 명이 넘을 정도였다. 또 제도 교육이 확대되고 문자 해독률이 높아지면서 서적 보급과 지식 유포가 빨라지자 검열 제도가 등장하여 효력을 발휘했다. 프랑스에서는 1757년 반포된 검열법에 이어 사전허가제를 도입하여 인쇄업자, 서적상, 해적판 출판업자를 통제했다.

하지만 교회 당국과 교리는 여전히 유럽인의 삶에 큰 영향을 미쳤다. 성직자들이 교육의 거의 전 과정을 담당했으며 대학은 성직자의 영역이었다. 영국의 옥스퍼드 대학과 케임브리지 대학의 경우 학생의 입학 자격을 영국 국교도로 제한했다. 교회는 토지를 세습했고 성직자는 국왕의 고해신부, 대학 교수, 도서 검열관 등의 지위를 차지하고서 특권을 누렸다. 특히 전체 인구 대비 재속 성직자의 비율은 프랑스, 스페인, 이탈리아에서 높았다.

프랑스에서는 신간 중에 신학 및 종교 서적의 비율은 감소했으나, 기적과 성 유물 장소로의 순례가 유행하고 순례 대상지도 늘었다. 영국과 독일에서는 성공회와 루터파 교회에 대한 열정이 퇴색하면서 감리교와 경건주의가 새로운 종교적 열망을 불러일으켰다. 존 웨슬리John Wesley(1703~1791)의 복음운동으로 촉발된 영국의 감리교는 평민에게 구원의 보편성을 설파했다. 웨슬리는 만인은 신 앞에 평등하다고 하면서 하층민에게 검약, 노동, 절제 등의 덕목을 강조했다. 독일 북부 국가들에서 나타난 금욕적인 신앙인 '경건파'는 정통 루터파의 정교하고 형식적인 예배에 맞서, 신에 대한 열렬한 개인적 헌신과 자선 활동을 옹호하고 실천했다.

그러나 계몽사상가들은 성직자의 권력과 교회 당국의 독단, 종교의 자유 억압을 비판하고 교회의 지적 권위를 부정했다. 종교적 회의주의의 확산과 세속화는 이신론理神論, deism이나 무신론의 표출로 이어졌고 교회와 교권주의의 약화를 초래했다. 계몽사상가들은 유신론을 버리지 않은 채 여전히 신의 존재에 대한 믿음을 유지했으나 대부분은 이신론의 입장을 취했다. 다시 말해, 신이 우주를 창조했으며 그 우주는 예측할 수 있는 법칙에 따라 작동하도록 만들어졌다고 생각했다. 따라서 우주 삼라만상의 모든 운동은 보편 법칙의 인식을 통해 이해할 수 있으며, 그것이 곧 자연을 지배하는 인간 능력을 키워줄 거라고 믿었다. 이제 기적이나 초자연적 신비주의를 믿는 것은 미신이나 몽매함으로 간주되었고, 자연과 우주의 개별 현상을 관찰하고 실험할 때뿐만 아니라 인류 사회와 역사를 연구하는 데에도 과학적 연구 방법을 적용하기 시작했다. 이처럼 인간 이성에 대한 믿음을 바탕으로 과학적 방법을 적용하여 자연 세계와 인간 사회의 진보를 이룰 수 있다고 본 사상과 지적 태도가 계몽주의 혹은 계몽사상이다.│자료 1│

계몽주의는 몽테스키외Montesquieu의 《법의 정신》출간(1748)에서 볼테르와 루소의 사망(1778)에 이르기까지 절정기를 구가했다. 이른바 '문필 공화국'으로 불린 소통 체제에서 구질서의 부패가 무지와 편견, 공포에서 비롯되었다는 인식이 확산되었으며, 인간의 자유와 천부적 권리를 억압하는 전제주의와 교권주의에 대한 비판이 고조되었다. 하지만 '철학자들'은 점진적 사회 개혁이 필요하다고 보았고 계몽군주의 역할을 기대하는 등 그 정치적 행보는 온건했다.

계몽사상의 주요 문헌은 유럽 전역에서 번역되어 전파되었으며 교양 독자층의 규모와 통치자 및 정부의 태도에 따라 그 수용과 전파의 정도가 결정되었다. 광범한 교양층이 형성된 영국·네덜란드·프랑스에서는 계몽사상이 널리 퍼졌고, 오스트리아와 동유럽에서는 계몽전제군주들의 실험이 행해졌다.

프랑스의 계몽사상

프랑스는 계몽주의 운동의 중심지였다. 몽테스키외는 기존 사회제도, 특히 프랑스의 법률을 자연법과 비교·대조함으로써 개선할 수 있다고 보았고, 기후와 지리적 환경 등 다양한 환경과 역사적·종교적 전통이 정치체제에 미치는 영향을 연구했다. 그는 법의 정신은 정치제도 특히 정부 형태에 달려 있다고 보았으며,

권력 분립에 기초한 귀족제 즉 왕이 '절제의 미덕'을 추구하는 가운데 귀족이 입법·사법·행정의 각 분야를 주도하며 왕의 통치에 참여하는 귀족 중심의 군주정을 지지했다. 또한 개인의 자유를 보장하고 집단의 권력 남용을 방지하기 위해서는 국가권력이 사법·입법·행정의 삼권으로 나뉘어 서로 규제하고 견제해야한다는 삼권분립 이론을 제시했다. | 자료 2 |

　드니 디드로Denis Didrot를 비롯한 백과전서파는 대체로 존 로크John Locke의 경험주의를 계승했는데, 종교 교리를 비롯한 모든 영역에서 미신을 타파하고 과학의 진보를 촉진하여 사회를 개선하고자 했다. 디드로는 당시의 가장 진보적인 철학·과학·기술 지식을 망라하고 전파할 목적으로《백과전서》를 기획하여총 17권의 책자로 출판했다. | 자료 3 | 200여 명이 집필에 참가한《백과전서》는 명실공히 '18세기 지식과 철학의 총결산'이었다. 이 사전은 당시까지 그다지 주목받지 못했던 각종 직업과 산업 기술을 상세하게 설명하는 등 기술 발전에 대한유물론적 역사관 및 진보관을 담고 있었다. | 자료 4 |

볼테르Voltaire 역시 추상적이고 이론적인 데카르트주의보다는 영국의 경험주의를 지지했다. 볼테르는 영국에서 로크의 자연법사상을 접하고서 영국의 입헌체제와 의회민주주의를 현실 비판과 개혁의 기본 준거로 삼았다. 그는 역사를 인간 정신이 진보하는 과정으로 보았고, 진보의 원동력이 계몽 곧 정신의 계발에 있다고 보았다.|자료 5| 그러나 이성의 능력을 실제로 발휘할 수 있는 사람은 소수에 지나지 않으며 그들의 의식적인 노력으로 서서히 진보가 이루어진다고 보았다. 그는 아래로부터의 급진적 혁명이 아니라 위로부터의 점진적 개혁이 현실적 대안이라고 보았기에 프랑스에 입헌군주제를 권했다. 또한 동유럽의 계몽 절대주의를 지지함으로써 프로이센과 러시아의 계몽전제군주에게 존경과 환영을 받았다.

볼테르는 종교적 편협성을 가장 혐오하여 종교적 억압을 공격했으며 관용이라는 덕목을 요청했다.|자료 6| 특히 프로테스탄트에 대한 편견과 부당한 사법 집행에 항의하고 그들이 무죄 판결을 얻어내게 하는 데 크나큰 역할을 했다. 그는 가톨릭교회와 예수회를 '파렴치범'으로 규정하고 낡은 권위와 종교와 도덕의 속박에서 벗어나야 한다고 주장했다. 이신론자였던 볼테르가 내세운 구호인 "파렴치를 분쇄하라"에서는 모든 형태의 억압과 광신과 편협함이 사라져야 한다는 주장이 단적으로 드러난다.|자료 7|

한편 장자크 루소Jean-Jacques Rousseau는 인간이 자연 상태로 돌아가 참된 본성을 회복해야 한다고 보고 교육의 중요성을 강조했다.|자료 8| 그는 인간은 자연 상태에서만 자유롭고 행복하며 합리적 자연법에 입각한 완전한 평등을 이룰 수 있다고 보았다. 그리고 각 개인이 자유롭고 평등한 사회를 건설하려면 자신의 권리를 공동체에 양도하고 다수의 의지에 복종하는 데 동의하는 사회계약이 이루어져야 한다고 주장했다. 이러한 사회계약에 기초해서 도출된 인민의 의사, 즉 일반의지가 보편적 가치를 지닌다는 것이다.|자료 9| 루소가 제시한 대안은 전체 인민의 결집된 의사, 즉 인민주권에 의해 지배되는 사회이자 인민대중에 의한 직접민주주의 사회였다. 그는 주권이 국왕이나 과두제에 있지 않고 인민에게 있다고 주장함으로써 최초로 민주주의를 옹호한 인물이다. 루소는 또한

불평등의 심화를 막기 위해 소유권을 제한할 수 있다고 주장했고,|자료 10| 계몽주의 사조가 비이성적인 본성인 인간의 감정과 양심을 간과할 위험도 인지했다.|자료 11| 루소는 당대의 합리주의뿐만 아니라 토머스 홉스Thomas Hobbes나 로크 같은 경험주의자들의 의견에도 귀를 기울이며 감정과 직관을 강조하는 로맨티시즘을 선도했다.|자료 12|

영국의 계몽사상

영국은 스코틀랜드 계몽주의자들을 중심으로 계몽사상이 전개되었다. 데이비드 흄David Hume은 로크의 경험론과 뉴턴의 자연과학으로부터 영향을 받았으며, 인간 본성을 경험과 관찰에 근거하여 해명하고자 했다.|자료 13| 그는 인간의 감각으로 파악할 수 없는 신은 존재한다고도 존재하지 않는다고도 말할 수 없다고 하면서, 인간을 고찰하고 그 본성을 밝히는 것이 더 중요하다고 주장했다.|자료 14| 흄은 홉스와 마찬가지로 이기심을 토대로 한 시민사회론을 전개했으나, 개인의 이기심을 억제하여 계약을 만들고 공공의 이익을 실현할 수는

도판 6 조지프 라이트 더비 Joseph Wright Derby의 〈공기 펌프 속 새의 실험〉(1768). 18세기는 이성의 시대만이 아니라 실험의 시대, 경험의 시대, 감정의 시대이기도 했다. 스코틀랜드 계몽사상가 흄과 스미스는 각기 《인간본성론》과 《도덕감정론》에서 감성 sentiment, 정념passion에 주목하여 공감에 기초한 도덕론을 제시했고, 합리주의적 설명보다 경험적인 인식을 더 중시했다. 새가 담긴 공기 펌프로 진공 상태를 설명하는 과학자와, 그 실험을 지켜보는 사람들을 그린 이 그림은 당시 영국 계몽사상가들의 일단을 잘 보여준다.

있다고 주장했다. '공리성'이 모든 정치 질서의 유일한 기준이긴 하지만, 계약도 궁극적으로는 개인의 이익을 확보하게 한다는 것이다.

애덤 스미스Adam Smith 역시 스코틀랜드 출신의 학자로, 국교회 제도에 반대하고 정교분리를 내세웠으며 경제활동에 대한 국가의 개입에 강력히 반대했다. 스미스는 인간의 이기심은 자연의 본성이며 인간은 자신의 안전과 이익을 위해 행동할 뿐이라고 보았다. 그러나 각 개인이 이익을 열심히 추구하는 가운데 '보이지 않는 손'의 인도를 받아 원래 의도하지 않았던 목표, 곧 사회나 국가 전체의 이익을 증대시킨다고 주장했다. 따라서 각 개인이 제약 없이 이익을 추구하도록 할 때 모든 사람이 최고의 번영을 누릴 수 있다는 것이다.| **자료 15** | 마치 행성들이 조화롭게 궤도를 회전하며 눈에 보이지 않는 중력에 의해 서로 충돌하지 않도록 되어 있는 것과 마찬가지로, 경쟁과 자유 시장의 '보이지 않는 손'이 부를 분배할 때 균형을 잡도록 하면 사회가 조화롭게 유지될 수 있다고 믿었다.

에드워드 기번Edward Gibbon의 역사 서술은 볼테르의 영향을 받아 중세 시대와 그리스도교에 대한 볼테르의 비판을 공유했다. 기번은 아우구스투스 황제 시대부터 1453년 콘스탄티노플 함락에 이르기까지 로마제국과 비잔티움제국의 역사를 다룬《로마제국 쇠망사》에서 로마제국의 몰락을 세계사적인 재난으로 간주했으며, 로마제국 멸망을 "야만주의(게르만족의 침입)와 종교(그리스도교)의 승리"로 묘사했다.| **자료 16** | 기번은 로마제국의 사치, 전제, 우유부단함, 군사력 약화를 이른바 '야만인들'의 청렴, 자유, 남자다움, 군사력과 비교하여 로마의 '쇠망'을 설명했다. 기번의 주된 관심은 서로마제국의 역사였지만, 그는 당대 학자들이 비잔티움제국을 폄하하는 것에 개의치 않고 그 역사를 개관하여 기술했다. 또한 이슬람교의 등장과 이슬람교도들이 문명의 발전을 위해 기여한 바를 기술함으로써 이슬람교에 대해 균형 잡힌 시각을 보였다.

계몽은 미성숙과의 결별이다

임마누엘 칸트, 《계몽이란 무엇인가Beantwortung der Frage: Was ist Aufklärung?》; 마빈 페리Marvin Perry 외,

《서양 역사 사료 1: 고대부터 계몽 시대까지Sources of the Western Tradition, Vol. 1: From Ancient Times to the

Enlightenment》, Houghton Mifflin Co., 1991, pp. 413~414에서 재인용

계몽은 인간이 스스로 초래한 미성숙과의 결별이다. 미성숙은 인간이 다른 사람의 인
도 없이는 자신의 오성을 사용할 수 없는 상태를 말한다. 이러한 미성숙은 오성의 결핍
이 아니라, 다른 사람의 인도 없이 사고하려는 결단과 용기가 없을 때 생기는 것이다.
감히 알려고 하라Sapere Aude! 자신의 오성을 사용할 용기를 가져라! 바로 이것이 계몽
의 슬로건이다.

외부의 지시로부터 해방된 후에도 대다수 인간은 게으르고 겁이 많아서 미성숙 상태에
기꺼이 머무른다. 그러한 게으름과 소심함 탓에 다른 사람이 손쉽게 보호자 역할을 차
지한다. 미성년자minor가 되는 것은 너무도 편하다! 나에게 의미를 말해주는 책 한 권이
있고, 나를 위해 양심 있는 사제가 있고, 나를 위해 내 식생활을 판단해줄 의사가 있다
면, 나 스스로 노력할 필요가 없다. 생각할 필요도 없다. 내가 하지 않으면 다른 사람이
내 지루한 일들을 대신 할 것이다. …

고립된 개인이 자신에게 이미 익숙한 미성숙 상태에서 빠져나오기는 어렵다. 그는 오
히려 미성숙 상태를 좋아하게 되고 벗어나려는 시도를 해볼 수도 없었기에 한동안은
자신의 지성을 쓸 능력이 없다. … 그러므로 확고한 길을 추구하여 스스로 지성을 함양
함으로써 미성숙 상태에서 빠져나오는 데 성공한 사람은 단지 소수에 불과하다.

그러나 대중이 스스로를 계몽하는 것은 훨씬 더 가능성이 높다. 대중에게 자유가 주어
지기만 한다면 미성숙에서 벗어나지 않을 수 없다. 왜냐하면 스스로 사고하는 사람들

이 항상 있기 때문이다. … 대중은 서서히 계몽에 도달할 수 있다. 혁명을 통하면 전제 정치가 붕괴에 이를 수 있고 이윤 추구 및 압제적 억압이 종식될 수는 있지만 정신 상태의 참다운 개혁은 결코 일어나지 않는다. 오히려 옛 편견과 유사한 새로운 편견들이 몽매한 대중을 옥죄는 고삐가 될 것이다. …

이러한 계몽에 필수적인 것은 자유다. 특히 모든 사안에서 자신의 이성을 공공적으로 사용할 수 있는, 가장 해를 끼치지 않는 자유를 말한다. … 인간 이성을 공적으로 활용하는 것은 항상 자유로워야 하며, 그것만으로도 사람들이 계몽에 이르게 할 수 있다. … 내가 말하는 '인간이 스스로의 이성을 공공적으로 사용하는 것'이란 각자가 '배운 사람'으로서 '책을 읽은 대중' 전체 앞에서 자신의 이성을 사용한다는 뜻이다. …

… 우리는 현재 계몽된 시대에 사는가? 대답은 아니다. 계몽의 시대에 살고 있다. 아직도 종교에 관련된 문제에서 자신의 정신을 확실히 제대로 활용하는 것을 방해하는 것들이 많다. 하지만 자생적인 미성숙에서의 탈피와 보편적 계몽을 저해하는 방해 요인들을 점차 줄이고 자유롭게 일할 여지가 확장되고 있다는 확실한 지표들이 있다.

삼권분립의 견제와 균형

몽테스키외, 《법의 정신 DE L'ESPRIT DES LOIS》, 1748, Genève, Barillot, Édition électronique, 2001 에서 재구성

만약 사법권이 입법권, 행정권과 분리되지 않는다면 어떤 자유도 있을 수 없다. 만약 사법권이 입법권과 결탁되어 있다면 시민의 생명과 자유에 관한 권한은 자의적이 될 것이다. 왜냐하면 판사가 입법자가 될 것이기 때문이다. 만약 사법권이 행정권과 결탁되어 있다면 판사는 억압자의 힘을 가질 것이다.[11권 6장]

홉스가 인간은 타인을 복종시키려는 욕망을 갖고 있다고 한 것은 합리적이지 않다. 통치하고 지배한다는 관념은 매우 복합적이며 다른 관념들에 의존하고 있어서, 지배 관념은 인간이 최우선으로 갖는 것이 아니기 때문이다.[1권 2장] 일반적으로 법이 지상의 모든 인민을 지배하는 한 법은 인간의 이성이다. 그리고 각 국민의 정치체제와 시민에 관한 법들은 바로 이러한 인간 이성이 적용되는 사례이다.[1권 3장]

세 종류의 정부 gouvernements, 즉 공화정 정부, 군주정 정부, 전제정 정부가 있다. … 공화정 정부는 인민이 집단으로 또는 인민의 일부만이 주권을 가지는 정부이다. 군주정 정

부는 한 사람이 지배하지만 제정된 법에 따라서 다스리는 정부이다. 그에 비해 전제정 정부는 한 사람이 아무런 법도 규정도 없이 자신의 의지와 변덕에 따라 모든 것을 주도해나가는 정부이다. [2권 1장]

군주정에서는 … 법들이 모든 덕의 업무를 수행하므로 군주는 그런 덕성을 필요로 하지 않는다. [3권 5장] 군주정 정부는 신분, 계서階序, ordre, 그리고 혈통귀족을 전제로 한다. [3권 7장] 공화정에서는 덕, 군주정에서는 명예가 필요한 데 비해 전제정 정부에서는 공포가 필요하다. [3권 9장]

사치는 늘 부의 불평등에 비례한다. 만약 한 국가에서 재산이 공평하게 나누어진다면 사치는 전혀 없을 것이다. 왜냐하면 사치는 타인의 노동으로 받는 편익에 기초하고 있기 때문이다. 재산이 공평하게 나누어지기 위해서는 법에 따라 각 사람이 신체를 유지하는 데 필요한 것만 받아야 한다. [7권 1장]

엄밀한 의미로 노예제란 한 인간을 다른 인간의 소유물로 만들어서 그 생명과 재산에 대한 절대적인 주인이 되게 하는 법이다. 그것은 본래 좋지 않으며 주인에게도 노예에게도 유익하지 않다. … 군주정 정부에서 인간성을 꺾거나 타락하지 않게 하는 것이 가장 중요하므로 노예들은 추호도 필요하지 않다. [15권 1장]

유럽 사람들은 아메리카의 사람들을 모두 죽였으므로 그 넓은 토지를 개간하기 위해 아프리카인들을 노예로 만들어야 했다. … 그들은 머리끝부터 발끝까지 검다. 그들은 매우 납작한 코를 가지고 있어서 동정한다는 것이 거의 불가능하다. 사람들은 매우 현명한 존재인 신이 새까만 몸에 하나의 영혼 무엇보다 선한 영혼을 넣었다고 생각할 수 없을 것이다. 인간다움의 본질이 피부색이라는 것은 매우 당연하다. … 검둥이들nègres이 지적 능력이 없음을 입증하는 하나의 증거는 바로 금목걸이보다 유리목걸이를 더 중시한다는 점이다. … 그 종족들을 인간으로 가정하는 것은 불가능하다. … 소인배들은 우리가 아프리카 사람들에게 가한 불의를 지나치게 과장한다. [15권 5장]

아시아에는 언제나 거대한 제국들이 존재했다. 유럽에서는 그런 제국들이 전혀 살아남을 수 없었다. 그것은 아시아에 훨씬 더 큰 평원이 있었기 … 때문이다. 그러므로 아시아에서 권력은 항상 전제적이어야 했다. … 유럽에서는 … 법의 통치가 … 오히려 매우 유리하여 … 이런 것들이 자유의 정신을 만들었다. 반대로 아시아를 지배하는 것은 굴종의 정신이며 아직도 그곳에 남아 있다. 또 아시아의 모든 역사에서 자유로운 정신을 대변할 어떤 흔적도 찾을 수 없기에, 영웅적 행위도 있었지만 그것은 단지 굴종에서 비롯한 것에 불과하다. [17권 6장]

나침반이 세계를 열었다. 사람들은 일부 가장자리만 알고 있었던 아시아와 아프리카를 그리고 전혀 알지 못했던 아메리카를 발견하였다. … 아메리카 발견의 결과로 유럽에 아시아가 연결되었다. … 유럽은 역사상 비교할 수 없을 정도로 매우 높은 수준의 힘을 갖게 되었다.[21권 21장]

[그리스도교] 군주들은 법에 부합하게 행동하는 데에 더 많은 관심을 가지며 자신이 모든 것을 할 수 없다는 것을 인정한다. 무함마드의 군주들이 끊임없이 사람을 죽이는 반면 … 그리스도교도 군주는 백성에게 기대하고 백성은 군주에게 의지한다. 가히 찬탄할 만한 일이다! 그리스도교는 … 현세에서도 우리를 행복하게 만든다. … 무함마드의 종교는 칼에 관해서만 말할 뿐이며, 그 종교를 세운 파괴적인 정신으로 사람들에게 영향을 미치고 있다.

가톨릭은 군주정에 더 부합되고 프로테스탄트교는 공화정에 더 일치한다.

200년 전에 … 유럽 북부의 사람들은 프로테스탄트교를 품었고, 남부 사람들은 가톨릭을 지켰다. 그것은 바로 북부의 사람들이 남부 사람들에게는 없는 독립과 자유의 정신을 항상 갖고 있고 앞으로도 그럴 것이기 때문이다.[24권 3~5장]

프랑스 국왕과 교황을 통렬하게 풍자하다

몽테스키외,《페르시아인의 편지Lettres persanes》, 앙드레 르페브르André Lefèvre와 A. 르메르A. Lemerre의 텍스트, 1873, pp. 51~53(Lettre 24), 24(Lettre 10), 30(Lettre 12), 76(Lettre 123), (95); http://fr. wikisource.org/wiki/Lettres_persanes

편지 24

파리에 온 지 한 달이 되었다네. … 파리는 이스파한만큼 넓지. …

프랑스 사람들보다 기계를 많이 활용하는 민족은 없다네. 이들은 달리고 날아다니지. 아시아의 느린 수레와 페르시아 낙타의 얌전한 걸음은 프랑스 사람들을 기절시킬 걸세. … 프랑스 왕은 유럽에서 가장 강한 군주라네. … 게다가 이 왕은 위대한 마법사라네. 그는 심지어 백성들의 정신마저 지배하며 자신이 원하는 대로 백성들이 생각하게 만들 정도지. … 그는 자신의 손에 닿기만 해도 모든 병이 낫는다고 믿게 만들기에 이르렀네. 이처럼 왕이 백성의 정신에 대해 갖는 힘과 권능은 크다네. … 그보다 더 강력한 마법사가 또 한 명 있네. 왕이 사람들 정신의 지배자인 것 못지않게 그는 왕의 정신의 지배자라네. 이 마법사는 '파파[교황]'라고 불리지. 그는 셋이 하나라고 하고, 사람들이 먹는 빵이 빵이 아니라고 하고 또는 사람들이 마시는 포도주가 포도주가 아니라고 하는 등 수많은 사례들을 믿게 할 정도라네.

편지 10

인간은 덕에 부합하기 위해 태어났으며, 정의는 인간에게 존재만큼이나 고유한 성질이라고 나는 종종 주장했네.

편지 12

그들[1]은 자식들에게 개인의 이익이 항상 공동체의 이익 안에 있으며, 공동의 이익에서 분리되기를 원하는 것은 바로 스스로의 상실을 바라는 것이고, 덕은 결코 우리에게 고통을 주는 것이 아니며, 형을 집행하는 것으로 덕을 간주해서는 안 되고, 타인을 위한 정의가 우리를 위한 사랑이라는 점을 느끼게 했네.

편지 123

일반적으로 재산의 평등을 낳는 시민 평등은 정치체의 모든 부분에 풍요와 생명을 가져다주며 도처로 그것을 확산시킨다네. 반면 자의적인 권력에 종속된 나라에서는 그렇지 않으니, 군주, 궁정사람들 그리고 일부 특별한 사람들이 모든 재산을 점유하는 동안 다른 사람들은 극도의 궁핍 속에서 신음하고 있지.

1 | 헤로도토스의 책에 나오는 에티오피아의 부족으로 동굴에 살았다. 그중 생존한 두 가족을 가리킨다.

자료
03

지상에 산재한 지식의 집대성

드니 디드로, 《백과전서Encyclopédie》 1권, 〈서론〉; 마빈 페리 외, 《서양 역사 사료 1》, pp. 427~429에서 재인용

《백과전서》의 목적은 지상에 산재해 있는 지식을 집성하는 것이다. … 그럼으로써 앞 세대의 업적이 후세대에게 무용지물이 되지 않게 하고, 우리 자손이 더 많은 지식을 갖고 더 미덕을 갖추고 더 행복해지도록 하는 것이다. …

정부의 위대한 목적은 국민의 행복이어야 한다. 통치자들은 그것을 수행하기 위해 임명된다. 그러므로 그들에게 이 권력을 부여한 시민 헌법은 자연의 법칙과 이성의 법칙을 따라야 한다. 그 법칙들은 어떤 형태의 정부에서도 국가 복지라는 대의를 그 목적으로 정해왔다. 국민의 최고의 행복은 바로 자유다. … 자유가 없는 국가에는 복지도 없다. 그러므로 애국적인 통치자라면 자유를 보호하고 지킬 권리가 자신의 가장 신성한 의무임을 알 것이다. …

… 공공선과 사회의 유익함이 곧 정부를 수립한 목적이다. 그것은 곧 권력을 제멋대로 행사해서는 안 된다는 말이다. 권력은 정해진 법에 따라 행해져야 한다. 그래야 국민이 각자의 의무를 인지하고 법의 보호 안에서 안전할 것이다. …

… 인간의 양심을 법으로 위압하려는 것은 불경하다. 이것은 보편적인 행동 법칙이다. 사람들은 계몽되어야 하며 속박당해서는 안 된다. … 자유는 하늘의 선물이며, 모든 개인은 이성을 향유하며 자유를 즐길 권리를 갖는다. … 군주의 권한은 국민에게서 나온다. 이 권한은 자연의 법칙과 국가에 의해 제한된다. …

국민은 권력 행사를 결정하는 계약에 항상 개입한다. 국가가 군주에게 속하는 것이 아니라, 군주가 국가에 속한다. 그러나 국가를 통치하는 것은 군주의 몫이다. 왜냐하면 그 목적으로 국가가 그를 선택했기 때문이다. 군주는 국민과 국정에 전념해야 하고, 국민은 법에 따라 그에게 복종해야 한다. …

노예무역은 유럽인들이 … 불행한 흑인들Negroes을 노예로 사는 것이다. 노예로 삼기 위해 흑인을 사는 것은 종교, 도덕, 자연법뿐만 아니라 인간의 모든 권리를 위반하는 사업이다. … 누구도 자신을 팔거나 누구의 주인이 될 권리는 없다. 인간과 인간의 자유는 거래의 대상이 아니다. 그것들은 사거나, 팔거나, 값을 주고 지불할 수 없다. … 노예 취득은 인류애와 평등의 모든 법으로 금지된 불법 상품을 돈을 주고 획득한 것이다. … 흑인은 어디서나 자연권을 지니며 어디서나 그것을 향유할 것을 요구할 수 있다. … 왜냐하면 그는 같은 영혼을 가진 동료 인간이기 때문이다.

자료 04

이성, 관용, 인간애를 위해 싸운 사상가들

콩도르세Condorcet, 《인간 정신 진보사 개설Esquisse d'un tableau historique des progrès de l'esprit humain》; 장 카르팡티에Jean Carpentier 외, 《프랑스인의 역사Histoire de France》, 주명철 옮김, 소나무, 1996, 232쪽에서 재인용

프랑스에서 베일, 퐁트넬, 볼테르, 몽테스키외 그리고 이 저명한 사람들이 형성한 학파들은 각자가 박학다식, 철학, 정신, 글재주 등으로써 이성의 무기를 갖추면서 진실을 위해 투쟁했다. 그들은 농담에서 비장함까지, 가장 박식하고 가장 넓은 범위의 편찬에서부터 소설과 일상적 소책자까지의 모든 형식을 빌고 모든 어조를 동원하면서 … 편협한 사람들에게 가장 확실한 일격을 가하기 위해 능란한 솜씨로 … 진실을 위한 투쟁을

전개했던 것이다. 또한 <u>그들은 이성의 독립과 글을 쓰는 자유 등을 인간의 권리이자 복</u><u>지로 주장하는 데 결코 지치지 않고,</u> 광신과 폭정이 야기하는 모든 종류의 범죄에 지칠 줄 모르는 활력으로 대항하며, 종교, 행정, 풍속, 법률 등에서 압제와 가혹함 그리고 야만성을 보이는 것을 추적하며, 국왕, 전사, 법관, 사제 들에게 인간의 피를 존중하도록 촉구하고 … <u>이성, 관용, 인간성 등을 구호로 채택하면서 진실을 위해 투쟁하였다.</u>

자료
05

유럽 사회의 부조리를 비판한 철학적 콩트

볼테르, 《캉디드 혹은 낙관주의》, 김용석 옮김, 부북스, 2010, 35쪽, 104~105쪽, 138쪽, 146~147쪽.

지진이 리스본의 4분의 3을 휩쓸고 지나간 뒤, 이 나라의 현자들은 도시의 완전한 파멸을 막기 위해 사람들이 보는 앞에서 그럴듯한 종교재판 화형식을 거행하는 것이 가장 효과적인 방법이라고 생각했다. 코임브라 대학은 몇 사람을 골라 장엄한 의식 속에서 약한 불에 태워 죽이는 장면을 연출하는 것이 지진을 막는 기막힌 방법이라고 결정을 내렸다. …

"… 저기 보이는 마을이 네덜란드 영토인 수리남 같아요…" 하고 카캉보가 말했다. 마을로 들어가는 길에 그들은 땅바닥에 누워 있는 흑인 한 사람을 보았다. 그는 보통 사람이 입는 의복의 절반만큼만 입고 있었다. 그러니까 푸른 속바지 하나만 겨우 걸치고 있는 것이었다. 그 불쌍한 사내는 왼쪽 다리와 오른쪽 손이 없었다.

… 그 흑인이 대답했다. "제 주인이신 유명한 도매상인 반데르덴뒤르 씨를 기다리고 있지요." "반데르덴뒤르 씨가 자네를 이렇게 만들었나?" "예, 나리. 으레 그렇게들 하는 걸요. … 설탕 정제소에서 일하다가 절구에 손가락이라도 찧는다면, 아예 손을 잘라버린답니다. … 당신들이 유럽에서 설탕을 먹는 것은 이런 희생 덕분입니다. …개와 원숭이와 앵무새도 우리보다는 천 배나 덜 불행할 거예요. 나를 개종시킨 네덜란드 마법사들은, 흑인이든 백인이든 우린 모두 아담의 자손이라고 일요일마다 말하죠. … 그렇다면 같은 조상을 둔 사람들을 이렇게 끔찍하게 대할 수는 없지 않습니까?"

… "이 세상은 단단히 미쳤고, 끔찍한 곳이지요." 마르탱이 말했다. "… 영국과 프랑스 두 나라가 캐나다 근처의 몇 에이커 안 되는 눈 덮인 땅을 놓고 전쟁 중이라는 것 아시죠? 두 나라는 그 잘난 전쟁에 캐나다 전체의 값보다 훨씬 비싼 값을 치르고 있답니다." …

지포롤레 수사가 말했다. "… 나는 테아토회 수사들이 모조리 바다에 빠져 물귀신이 되어버렸으면 한답니다. 1백 번도 넘게 수도원에 불을 지르고 회교로 개종하려고 마음 먹었답니다. … 수도원은 시기심과 불화와 광기로 가득 차 있어요. 내가 돈을 받고 엉터 리 설교를 몇 번 해준 것은 사실이지만 그 돈의 반은 수도원장이 가져가고, 나머지는 여 자를 사는 비용으로 나가지요."

자료 06
종교적 광신에 대한 비판

볼테르, 《철학사전Dictionnaire philosophique》, 1764; https://ebooks.adelaide.edu.au/v/voltaire/ dictionary/의 '도그마dogmas', '미신superstition', '관용toleration'에서 발췌

관용이란 무엇인가? … 우리는 모두 나약하고 실수를 한다. 우리의 잘못을 서로 용서하 자. 이것은 자연의 최종 법칙이다. … 의견이 다르다고 하여 그의 형제인 다른 사람을 박해하는 사람은 분명 괴물이다. … 모든 종교 중에서 비록 지금까지는 그리스도교도 가 가장 비관용적이었지만, 그리스도교도가 가장 관용을 고무해야 한다. … 비관용은 지구를 대량 학살로 물들였다. … 당신은 … 모든 종교는 인간이 만들었지만 로마 교황 의 가톨릭교회만이 신의 작품이라고 응답할 것이다. 그러나 그것은 증오, 폭력, 추방, 재산 강탈, 수감, 고문, 살인을 통해 이루어진 것이다. … 나는 당신 사제들의 불평과 외 침에도 불구하고, 박해가 끝날 때까지 지붕 꼭대기에서 관용을 설교하는 일을 결코 멈 추지 않겠다. 이성의 진보는 느리고 편견의 뿌리는 깊이 박혀 있다. 당연히 나는 내 노 력의 결실을 결코 보지 못할 것이다. 하지만 그것들은 언젠가 싹을 피울 것이다. …

… 살인으로 자신의 광기를 보강하는 사람은 광신자다. … 가장 혐오스러운 광신의 사 례는 바로 성 바르톨로뮤St. Bartholomew의 밤에 벌어졌다. 파리 사람들이 이 집 저 집을 쳐들어가서, 미사에 가지 않은 동료 시민들을 칼로 찌르고 학살하고 창문에서 던지고 낱개로 조각냈다. 냉혈한 광신자들도 있다. 어떤 범죄도 저지르지 않았는데 다른 사람 과 다르게 생각한다는 이유로 사형 선고를 내린 판사들이다. …

… 1749년에 독일 중부 도시인 뷔르츠부르크Würzburg 주교 관구에서 한 여성이 마녀 판결을 받고 화형을 당했다. 이것은 우리가 사는 시대에서 놀라운 현상이다. 종교개혁 을 자랑으로 삼고 미신을 발밑에 짓밟는 사람들, 이성의 완벽한 경지에 도달했다고 생 각하는 사람들이 마법을 믿는다는 게 과연 가능한가? 더구나 이른바 이성의 개혁을 한 지 100년도 더 지난 지금에?

1652년에 스위스 제네바의 작은 땅에 살던 미셸이라는 여성 촌부가 … 마녀로 고발당했는데 … 미셸이 마녀라는 어떤 결정적 증거도 찾지 못한 판사들은 그녀를 고문하기 시작했다. … 이 불쌍한 여인은 고문의 폭력에 무릎을 꿇고 결국 그들이 원하는 대로 모든 것을 고백했다. … 그리고 화형당했다. 당시에는 그리스도교 정신이 지배하는 유럽의 모든 법정에서 이와 유사한 체포가 이루어졌다. 나이 든 여자들이 모든 곳에서 마녀, 이단으로 화형되었다. … 10만 명이 넘는 사람이 마녀로 고발되어 그리스도교 법정에서 사형 선고를 받았다고 한다.

자료
07
- -

볼테르, '영혼과 신에 대하여'[2]

볼테르가 프로이센의 프리드리히 빌헬름 왕에게 보낸 편지; 케네스 세튼Kenneth M. Setton과 헨리 윙클러 Henry R. Winkler, 《서양 문명의 제문제Great Problems in European Civilization》(2판), Prentice Hall, 1966, pp.317~318에서 재인용

우리가 영혼이 무엇인지 거의 알지 못하는 것은 지당한 일입니다. 아무도 본 사람이 없었지요. 우리가 알고 있는 것은 단지 자연의 영원한 주님Lord께서 우리에게 생각하고 분별하는 힘을 주셨다는 점이지요. 이 능력이 우리가 죽은 후에도 살아남는다는 것은 증명되지 않았어요. 하지만 그 반대 역시 입증되지 않았습니다. … 이런 비밀을 지니고 있기에 우리는 삶을 향유할 수 있고, 죽음으로 인한 두려움이 없지요. … 신, 천사들, 유령들을 정의하고 신이 세계를 만드신 이유를 정확히 아는 체하는 것이야말로 분명 주제넘은 것이지요. … 확실함은 터무니없는 것입니다. … 무모하게도 신의 부재가 불가능하다는 것을 증명하려고 시도해보지도 않은 채 신이 없다고 단언하지요. … 우리의 무지가 헤아릴 수 없이 매우 깊다는 것을 전제로 최선을 다하도록 합시다. … 이것이야말로 제 인생 77년 동안 비참함과 우매함을 계속 겪으면서 제가 늘 생각해왔고 지금도 생각하고 있는 것입니다.

2 | 볼테르는 이신론자로서, 신의 존재와 진리의 근거를 인간 이성이 인식할 수 있다고 보고 신을 세계의 창조자로 인정했다. 하지만 세상일에 관여하거나 계시나 기적으로 자기를 나타내는 인격적 주재자로서의 신은 부정했다.

청년 스스로 판단하게 하라

장자크 루소, 《에밀 또는 교육론Emile ou De l'education》(에밀), 2001, pp. 36~47(1re partie), 29~30, 61~65(2e partie), 6~9(3e partie); http://classiques.uqac.ca/classiques/Rousseau_jj/emile/emile.html

이성만이 우리에게 선과 악을 알도록 가르친다. … 우리는 가진 행복을 더 증진시키려고 애를 쓰면서 스스로의 행복을 불행으로 바꾸게 된다. 오직 살기만을 원하는 인간은 행복하게 살 것이고 그 결과 착하게 살 것이다. … 만약 우리가 불멸의 존재가 된다면 우리는 매우 비참해질 것이다. … 만약 사람들이 우리에게 지상에서의 불멸을 부여한다면 이 참담한 선물을 받아들일 사람은 누구겠는가? (중략) [1부]

역사책에 기술된 사실들은 일어난 사건 자체를 정확하게 그린 것이 결코 아니다. 사실들이란 역사가의 머릿속에서 형태가 변환되며 역사가의 이해관계 위에서 틀이 잡히므로 역사가가 가진 편견의 색조를 띤다. … 젊은이에게 가장 나쁜 역사가는 심판하는 역사가들이다. 사실들! 바로 사실들을! 젊은이 스스로 판단하게 하라. 바로 그렇게 함으로써 그[젊은이]가 인간들을 이해하는 것을 배우게 된다. … 내 생각에 투키디데스야말로 역사가들이 따라야 할 진정한 모범이다. 그는 사건을 보고하지만 심판을 내리지 않는다. … 훌륭한 헤로도토스는 … 가장 흥미롭고 재미있는 상세한 이야기로 가득한데, 만약 이런 상세한 이야기들이 젊은이들의 감별력을 망칠 유치한 단순함으로 변질되지 않는다면 아마도 가장 좋은 역사가가 될 것이다. (중략) [2부]

사부아 보좌신부의 신앙고백

의지도 있고 능력도 있는 존재, 스스로에 의해 움직이는 존재, 결국 이 존재가 무엇이든지 간에 우주를 움직이고 만물에 질서를 부여하는 자를 나는 신神이라고 부르네. 나는 그 이름에 내가 합쳐놓은 지력·권능·의지의 개념들과 그에게서 비롯하는 필연적인 결과인 선의 개념을 결합시킨다네. … 나는 신이 존재하고 있음을 게다가 신은 스스로 존재함을 매우 확실히 알고 있지. … 신의 섭리는 인간을 자유롭게 만들었는데, 이는 인간이 악을 행하는 것이 아니라 선을 선택하여 행하도록 하기 위함이지. … 그러나 신의 섭리는 인간에게 부여한 능력의 힘을 매우 제한했기 때문에 인간이 부여받은 자유를 남용한다 하더라도 전체 질서를 교란할 수 없다네. (중략)

이성異性의 결합에서 … 한쪽은 적극적이고 강해야 하며, 다른 쪽은 수동적이고 약해야 한다. 즉 한쪽이 의지와 능력이 있다면, 다른 쪽은 거의 저항하지 않는 것으로 충분하다. 이 원칙이 수립된다면, 여성은 특히 남성에게 즐거움을 주도록 만들어졌다는 결론이 나온다. … 남성의 장점은 자신이 가진 권능에 있다. … 그러므로 부인이 정숙하다는 것만 중요한 게 아니라 그녀가 자신의 남편, 그의 이웃, 세간에 의해서 그렇게 평가받는 것도 중요하다. 겸손하며, 주의 깊고, 침착하다는 것과 … 그녀가 가진 덕성의 증거를 … 타인의 눈에 보여주는 것이 중요하다. [3부]

자료
09
모든 인간은 자유롭게 태어났다

루소, 〈사회계약에 관하여 또는 공법의 원리Du Contrat Social, ou Principes du Droit Politique〉(사회계약론), 《루소전집Collection complèete des oeuvres》, Du Peyrou/Moultou 1780–1789 quarto édition; t. I, pp. 190~191, 195~204, 209~214, 220~223, 230, 313; http://www.rousseauonline.ch/pdf/rousseauonline-0004.pdf(한국어판 출간 제목은 《사회계약론》)

인간은 자유로운 존재로 태어나지만 도처에서 노예 상태에 묶여 있다. … 그러나 사회질서는 신성한 법이며 다른 모든 것에 근본적으로 기여하는 것이다. 한편 이 법은 결코 자연에서 비롯된 것이 아니고 계약들을 토대로 하고 있다. … 모든 사회 중에서 가장 오래되고 유일하게 자연스러운 것은 가족이라는 사회이다. 어린이는 자신을 보존할 필요가 있는 동안에만 아버지에게 연결되어 머무를 뿐이며, 이 필요가 끝나자마자 그 자연적인 유대는 해체된다. 아이들은 아버지에게 복종해야 할 의무에서 벗어나며, 아버지는 아이들에게 쏟아야 할 근심에서 벗어나고, 모두 완전히 평등하게 독립하게 된다. … 가족도 그 자체로는 계약에 의해서만 유지된다. … 그러므로 가족은 정치적 집단의 최소 단위이며, 수장은 아버지의 형상이고 인민은 아이들의 형상이다. (중략)

그러므로 인간들 사이에서 합법적인 모든 권위의 기초로 남는 것은 계약뿐이다. … 자신의 자유를 포기하는 것 그것은 자신이 가진 인간 자격을 포기하는 것이니 … 그런 포기란 인간 본성과 합치하지 않는다. … 노예에게는 권리라는 것이 없다. 왜냐하면 그것은 합법적이지 않을뿐더러 터무니없으며 아무런 의미가 없기 때문이다. … 계약의 조항들은 … 협약한 각 사람이 자신이 가진 권리와 더불어 자기 자신을 전체 공동체에 완전히 양도한다는 것으로 환원된다. … 사회계약의 본질은 … 다음과 같다. "우리 개개인은 자신의 인신과 능력을 일반의지라는 최고 지침 아래에 놓는다. 그리고 우리는 각

구성원을 전체의 나눌 수 없는 부분으로 받아들인다." (중략)

사회계약으로 인해 인간이 상실하는 것은 바로 자연적 자유이다. … 그가 얻는 것은 시민의 자유이며 자신이 점유하고 있는 모든 것에 대한 소유권이다.

주권은 양도 불가하다

주권은 오로지 일반의지를 행사하는 것이니 결코 양도될 수 없으며, … 만약 국가 혹은 도시가 도덕적 인격체이며 그 인격체의 가장 중요한 사안이 자신의 보존이라고 한다면, 전체에 가장 합당한 양식으로 각 부분을 움직이고 재배치할 수 있는 보편적이고 강제적인 힘을 필요로 한다. … 사회계약pacte social은 정치체를 이루는 모든 것에 대한 절대권한을 정치체에 부여하고 있으며, 바로 그 권한이 일반의지에 의해서 이끌어지므로 주권이라는 이름을 가진다. … 사회계약은 시민들 사이에 평등을 확립하였기에 시민들은 모두 동일한 조건 아래에서 참여하며 동일한 권리를 누려야 한다. … 따라서 일반의지는 시민 모두에게 동등하게 의무를 부과하고 혜택도 부여한다. (중략)

나는 법에 의해 지배되는 모든 국가를 공화국이라고 부른다. … 모든 합법적인 정부는 공화정이다. (중략) 만장일치로 동의를 요구하는 유일한 법이 있는데 그것은 사회계약이다. 왜냐하면 시민의 결합은 가장 자발적인 행위이기 때문이다. 모든 인간은 자유로운 존재로 태어났고 자신의 주인이므로 그의 동의 없이는 어떤 이유로도 그를 굴복시킬 수 없다.

자료 10

인간 소외는 신분과 재산의 불평등에서 기인한다

루소, 《인간 불평등 기원론Discours sur l'origine et les fondements de l'inégalité parmi les hommes》, 이영찬 옮김, 계명대학교출판부, 2011, 71, 131~132쪽

자연 상태에서의 인간은 서로 간에 도덕적인 관계도 분명한 의무도 갖고 있지 않아서 선인일 수도 악인일 수도 없었으며 악덕도 미덕도 갖고 있지 않았다고 생각된다. (중략) 신분과 재산의 극심한 불평등, 정념과 재능의 차이, 무익한 기술과 해로운 기술, 하찮은 학문에서 이성과 행복과 미덕에 위배되는 무수한 편견이 생겨날 것이다. 함께 모인 사람들을 갈라놓아 약하게 만들 수 있다면, 겉으로는 조화를 이루는 듯 보이지만 사실은 분열의 씨가 뿌려질 수 있다면, 또한 권리나 이해의 대립을 통해 상호 간에 불신과 증오를 불어넣어 여러 계급을 억압하는 권력을 강화시킬 수 있다면, 수단과 방법을 가리지

않고 이를 조장하는 통치자를 볼 수 있을 것이다.

바로 이 무질서와 변화 속에서 전제군주제는 그 추악한 머리를 서서히 쳐들어, 국가의 어느 부문에서건 선량하고 건전한 것이 눈에 띄면 닥치는 대로 삼켜버려 마침내는 법률과 국민까지 짓밟고 국가의 폐허 위에 우뚝 서게 될 것이다. 이 최후의 변화가 일어나기 전의 시대는 혼란과 재난의 시대라고 할 수 있다. 그러나 마침내 전제군주제라는 괴물이 모든 것을 삼켜버려 인민은 이미 통치자도 법률도 갖지 못하게 되고 오직 폭군만을 갖게 된다. 이 순간부터는 풍습이나 미덕이 문제되지 않는다. '정직한 것에 대해 아무런 믿음도 갖고 있지 않은' 전제군주제가 지배하는 곳에서는 전제군주 외의 다른 어떤 지배자도 허용되지 않기 때문이다. 전제군주제가 입을 열자마자 고려해야 할 올바름이나 의무는 사라지고 극도로 맹목적인 복종만이 노예들에게 남겨진 유일한 미덕이 된다. 이것이 바로 불평등의 마지막 도달점이며 우리가 순환을 마감하면서 이르게 되는 출발점이자 종점이다.

자료
11

언어는 감성과 정념의 표현이다

루소, 《언어들의 기원에 관한 논고, 여기서는 곡조와 음악적인 모방에 관해서 언급한다Essai sur l'origine des langues, où il est parlé de la mélodie, et de l'imitation musicale》; A. 벨린A. Belin 편집, 《작품집Œuvres》, Paris, t. IV, 1817, pp. 10~12, 16~20, 40~42; http://classiques.uqac.ca/classiques/Rousseau_jj/essai_origine_des_langues/origine_des_langues.pdf(한국어판 출간 제목은 《언어 기원에 관한 시론》)

언어의 최초 발명은 필요가 아니라 정념에서 온다

사람들은 이성이 아니라 감성에 의해 언어를 시작했다. 사람들은 인간이 언어를 발명한 것이 자신의 필요를 표현하기 위해서라고 주장한다. 내게는 이 견해가 타당하지 않다. … 그렇다면 언어의 기원은 어디로 볼 수 있을까? 심적인 욕구 즉 정념에서 온다. … 사람들에게서 최초의 목소리를 짜낸 것은 배고픔도 갈증도 아닌 오히려 사랑, 증오, 연민, 분노이다. … 젊은이의 마음을 움직이게 하려면, 부당한 침입자를 물리치려면 저절로 강세, 외침, 탄식이 나오기 마련이다. 발명된 단어 중 가장 오래된 것들이 이렇게 시작되었다. …

인간이 말을 하게 된 최초의 동기가 정념이었듯이 최초의 표현은 비유였다. 비유적인 언어가 제일 먼저 태어났으며 그 고유한 의미는 최근에야 부여되었다. 사람들이 사물을 진정한 이름으로 부른 것은 그 참모습을 띠고 있는 사물을 보았을 때이다. 먼저 '시'의 형태로 사물을 이야기했고 그 사물을 이성적으로 판단하게 된 것은 한참 후이다. (중략)

언어들을 비교하고 그 오래됨을 판단하는 또 하나의 수단은 문자에서 도출되는데 그것은 문자 기록의 완성도와 반비례한다. 문자가 조잡할수록 언어는 더 오래된 것이다. … 문자를 기록하는 기술은 결코 말하는 기술에서 기인하지 않는다. … 사람들은 말할 때는 자신의 감정을 표현하고 문자를 쓸 때는 사상을 표현한다. … 사람들은 문자로 쓴 대로 읊을 수 있지만, [대화를 나누면서] 말할 때에는 문자를 읽을 수 없다. (중략)

세월이 지나면 모든 인간은 닮게 되지만 그들이 진보하는 순서는 다르다. 자연조건이 풍요로운 남방에서는 정념이 욕구를 낳으며, 자연이 메마른 추운 지역에서는 욕구가 정념을 낳는다. … 무더운 지역의 정념은 관능적인 열정이므로 애정 및 방종과 관련이 있다. 자연이 주민들에게 너무 많은 것을 해주어서 주민들은 거의 할 일이 없게 된 것이다. … 그렇지만 북부 지역에서는 주민들이 불모의 땅에 많은 것을 소진해야 하고 살려면 많은 것이 필요했으므로 쉽게 분노하는 성질이 되었다. … 이처럼 그들에게 급한 성미가 생겼으니 불쾌하게 하는 모든 것에 매우 민감하게 격분한다. 그들의 가장 자연스러운 목소리는 분노와 위협의 목소리다. … 남방의 언어들은 활발하고 낭랑하며 강약이 있고 부드러우며 … 북방의 언어들은 둔중하고 거칠고 딱딱 끊어지며 고성을 지르며 단조롭다. … 거룩한 신비를 전하는 사제들, 민중에게 법을 전하는 현자들, 그리고 민중을 이끄는 지도자들은 아랍어나 페르시아어를 구사했을 것이다. 서양인의 언어들은 말로 했을 때보다 기록되었을 때 더 낫다. … 반대로 오리엔트의 언어들은 기록되면 그 활력과 온기를 상실한다.

자료

12

동료들의 비난과 비방에 대한 루소의 해명

루소, 〈고독한 산책자의 몽상들Les Rêveries du promeneur solitaire〉, 《루소 전집Collection complète des œuvres de J. J. Rousseau》10, 1782, pp. 369, 375~379(산책 1), 499~501, 512(산책 9); http://fr.wikisource. org/wiki/Les_R%C3%AAveries_du_promeneur_solitaire

산책 1

지금 땅 위에 나 홀로 있다. 형제도, 이웃도, 친구도, 사회도 없이 나 자신만 있을 뿐이다. 인간 중에서 가장 붙임성 있고 가장 자애로운 자가 만장일치로 공개처벌을 당한 셈이다. 사람들은 자신들이 가진 증오를 세련되게 [처리]했을 뿐 나의 예민한 영혼에 가장 잔인한 고문을 찾아 그들과 나를 연결시켜 온 모든 유대관계를 폭력적으로 끊어버린 것이다. 사람이 본래 그렇다고 해도 나는 인간을 사랑했을 것이다. … 그렇지만 나 자신, 그들과 모든 것에서 격리당한 나 자신은 무엇이겠는가? 거기에 내가 찾아야할 것이 있다. (중략)

내 남은 인생을 위해서는 오직 내 자신에게서만 위안과 희망과 평안을 찾을 수 있기에 더 이상 나 자신에 관한 것이 아니면 몰두해서는 안 되며 그럴 의지도 없다. … 이후로 나는 사람들 속에서 아무것도 아닌 존재이며 더는 사람들과 그 어떤 현실적인 관계도 실제 교제도 하지 않을 것이니 그것이야말로 내가 될 수 있는 전부이다. … 나는 몽테뉴가 한 것과 동일한 것을 해왔지만 그 목적은 몽테뉴와 정반대이다. 왜냐하면 그가 에세이《수상록》를 쓴 것은 남을 위해서지만 내 몽상은 나를 위한 것이기 때문이다. … 사람들로 하여금 마음껏 내 치욕을 즐기라고 해도, 그들은 내가 나의 무고함을 즐기는 일과 내 생애를 평화롭게 마치는 것을 방해하지 못할 것이다. …

산책 9

나는 내 자식들을 고아원에 보내버렸다. 그것은 나를 감정 없는 애비라고 왜곡하기에 충분했다. … 왜냐하면 작은 아이들이 뛰어노는 것을 보는 일을 나보다 더 좋아하는 사람이 있다는 것을 믿지 않기 때문이다. … 내가 내 자식들을 고아원에 보냈다는 비난이 … 감정 없는 애비였고 아이들을 싫어했다는 비난으로 쉽사리 변질된 것을 이해한다. 내가 확고하게 이런 결정을 내린 이유는 자식들에게 천 배나 더 나쁜 그리고 다른 모든 방법을 동원해도 거의 피할 수 없을 운명이 드리워져 있다는 확실한 두려움 때문이었다. … 내가 처한 상황을 고려했을 때, 아이들을 망쳤을지 모를 애들 엄마 혹은 괴물을 만들었을 처가식구들이 자식들을 양육해야 했다. 그 생각만으로도 몸서리쳐진다. … 그러나 나는 아이들에게 별로 위험하지 않은 교육이 고아원의 교육이라고 알고 있었기에 자식들을 그곳에 보냈다. 만약 그런 일을 또 해야 한다면 별 의심 없이 또 그렇게 할 것이다. 자식들에게 나보다 애정이 많은 아버지가 없다는 것을 나는 잘 알고 있다. … 《엘로이즈》와 《에밀》이 아이들을 사랑하지 않는 사람의 작품이라는 것은 전혀 믿을 수 없는 일이다.

'인간학'을 펼치다

데이비드 흄, 《인간의 본성에 관한 논고A Treatise Human Nature》, L. A. 셀비비기L. A. Selby-Bigge 편집,
Oxford, At The Clarendon Press, 1888, pp. xx~xxi, 80~82, 264, 455~458, 574, 618~619

(한국어판 출간 제목은 《인간이란 무엇인가》)

인간학은 다른 학문을 위한 유일하고 확고한 토대이므로 인간학은 경험과 관찰에 근거
해야 한다. … 신중하고 정확한 실험 그리고 상이한 환경과 여건에서 나오는 개별 결과
들을 관찰하지 않고서는 정신의 여러 힘과 성질에 관한 어떤 개념도 형성할 수 없다고
생각한다. (중략) 따라서 우리는 인과관계라는 필연성에 부합하게 만들어진 모든 논증
이 오류이며 궤변이라는 것을 알게 되었다. … 문제의 본질은 모든 사물에 그 존재의 원
인이 있는가 여부에 관한 것이며, 나는 이 주장이 직관적으로나 논증적으로 확실하지
않다고 생각한다. (중략) 나는 내 나름의 철학과 관련하여 처하게 된 고독한 외톨이 상태
로 인해 놀라고 당황하였다. 그래서 나 자신이 다소 이질적인 괴물이라고 상상해본다.
나는 사회에 섞일 수도 일치될 수도 없어서 모든 인간적 소통에서 괴리되었으며 완전
히 버려지고 외로운 존재로 남게 되었다. 나는 안식과 따스함을 얻고자 군중 속으로 뛰
어들고도 싶다. 그러나 그런 이상한 사람들과 어울리라고 나를 설득하지는 못하겠다.
나는 별도의 단체를 만들고자 합류할 사람들을 부르고 있다. 그러나 아무도 내게 귀를
기울이지 않을 것이다. … 세상 모두가 나에게 반대하고 반박하고자 음모를 꾸민다.

(중략)

도덕적 판단들은 이성에서 비롯하지 않는다

도덕은 행위와 정념에 영향을 주기 때문에 이성에서 비롯하는 것이 아니며 … 이성만
으로는 결코 그런 영향력을 가질 수 없기 때문이라고 귀결된다. … 그러므로 도덕성의
규율들은 우리가 가진 이성의 결론이 아니다. … 이성은 참 또는 거짓을 발견해내는 것
이다. … 따라서 우리의 정념, 의지, 행위는 … 참이냐 거짓이냐, 이성에 부합하느냐 하
지 않느냐로 단언될 수 없다. (중략) 인간 마음의 주요 원천 혹은 작동 원리는 즐거움이
나 아픔이다. 이들 감각이 우리가 생각하고 느끼는 것에서 제거되면 우리는 정념을 갖
거나 행동할 수도, 욕구를 갖거나 의지할 수도 없다. 즐거움과 아픔을 느낄 때 생기는
가장 직접적인 결과는 마음이 호응하거나 반발하는 것이다. … 도덕적 판단은 아픔과
즐거움의 감정에 전적으로 달려 있다. (중략) 우리는 공감이 인간 본성의 강력한 원리라

는 것을 확신한다. … 우리는 공감이 도덕적 판단의 주요 원천이라는 점을 의심하지 않을 것이다. … 도덕을 감지하는 것은 영혼에 내재된 원리이며 영혼 형성에 간여하는 가장 강력한 원리 중 하나이다. … 비록 정의는 인위적인 것이지만 정의의 도덕성을 감지하는 것은 본성적인 것이다.

자료
14

다신교가 유일신교보다 낫다

흄, 《종교의 자연사 The Natural History of Religion》, 이태하 옮김, 아카넷, 2004, 43~56, 85, 102~104, 154~156쪽

종교에 관한 모든 연구는 매우 중요한 것으로서 특히 우리의 관심을 끄는 두 가지 문제가 있는데, 하나는 이성적인 것으로 종교의 토대에 관한 문제이고 다른 하나는 인간 본성에 관한 것으로 종교의 기원에 대한 문제이다. … 최초로 (신에 대한) 믿음을 갖게 한 원리들은 무엇이고, 또한 그러한 원리가 작용하게 된 우연한 요소와 원인들이 무엇인지를 밝히는 것이 우리의 연구 목적이다.

… 다신교를 수용한 모든 민족들의 최초의 종교는 자연물을 관조함으로써 생겨난 것이 아니라 인간의 마음을 움직이는 인생의 사건들에 관한 관심과 끝없는 희망과 공포심으로부터 생겨난 것이라고 결론 내릴 수 있다. 자신이 섬기는 신들의 영역을 분리해놓고, 그들의 권위에 복종하며, 신들의 영역에 따라서 행위의 속박을 받는 모든 우상숭배자들은 보이지 않는 신에 매달린다. (중략)

우리는 모든 사건의 참된 기원과 원인이 전적으로 감추어져 있는 흡사 하나의 거대한 극장과 같은 세계에 살고 있다. 이곳에서 우리는 우리의 삶을 지속적으로 위협하는 온갖 악을 예견하기에 충분한 지혜나 그것을 방지할 힘을 지니고 있지 못하다. (중략)

… 베이컨 경은 섣부른 철학은 인간을 무신론자로 만드나 성숙한 철학은 종교로 돌아오게 한다고 말한다. 미신적인 편견에 사로잡혀 잘못된 것을 섬겨온 사람들은 자신들이 섬겨온 것들에 대해 실망을 하게 되고 … 마침내 붕괴되어 버린다. 그러나 보다 성숙한 생각을 통해 … 최고 지성이 존재한다는 강력한 증거를 알게 된 사람들의 경우, 자신들이 버린 신앙으로 귀환하며 더 확고하고 지속적인 토대에 신앙을 정초할 수 있게 된다. …

… 신의 단일성을 주장해온 거의 모든 종교가 보이는 불관용은 다신교의 관용의 원리만큼이나 주목할 만한 것이다. 유대인의 화해하기 어려운 속 좁은 성정은 매우 잘 알려

져 있으며, 이슬람교는 이보다 더 잔혹했으며 현재까지도 다른 종파에게는 화형까지는 아니지만 저주를 늘어놓는다. 기독교인들 중에서 영국인과 네덜란드인들은 관용의 원리를 지니고 있는데, 이 같은 예외적 현상은 관리들이 사제들이나 고집불통인 사람들에 맞서 지속적인 개혁을 편 결과이다. … 다신교는 너무도 친화적이어서 적대적인 종교들 간에 보이는 극단적인 잔인성이나 적대감을 찾아볼 수가 없다. … 나는 우상숭배와 다신교의 타락은 유일신교가 절정에 달했을 때의 타락보다 사회에 덜 유해하다고 감히 주장할 수 있다. 카르타고인이나 멕시코인들, 그 밖의 많은 야만적 국가에서 시행된 인간희생제는 로마와 마드리드에서 일어난 종교재판과 박해보다 더 유해한 것은 아니다. (중략)

… 유일신교의 순수 원리 안에서 선한 것, 위대한 것, 훌륭한 것, 황홀한 것을 찾아볼 수 있듯이 천하고, 불합리하며, 비열하고, 무서운 것들 역시 종교적인 허구와 환상 가운데서 찾아볼 수 있다. … 신에 대한 지식을 갖는다는 것이 그리고 자연의 가시적인 사물들로부터 최상의 창조주라는 최고의 원리를 추론할 수 있다는 것이 얼마나 고귀한 인간 이성의 특권인가! … 무지는 신앙의 어머니이다. … 신학적 체계에 담겨 있는 도덕은 그 얼마나 순수한가? 그런데 이 신학적 체계에서 나오는 종교적 실천은 왜 그토록 타락해 있는가? … 모든 것이 수수께끼이고, 난제이며, 설명할 수 없는 신비이다. 이 문제와 관련해 가장 정확한 검토를 통해 도달한 유일한 결론은 의심, 불확실, 판단 중지뿐이다. …

^{자료}
15
- -
'보이지 않는 손'과 자유방임주의

애덤 스미스, 《여러 나라가 부유하게 되는 본질과 원인들에 관한 탐구An Inquiry into the Nature and Causes of the Wealth of Nations》(국부론), 에드윈 캐넌Edwin Cannan 편집, Random House, 1965, pp. 3~7, 71~72, 202~207, 416, 421, 423, 590~591

노동 생산력 부문에서 이루어진 가장 큰 개선은 … 분업의 효과였던 것으로 보인다. … 분업의 결과로 동일한 수의 사람이 수행할 수 있는 작업의 양이 크게 증가한 것은 … 한 사람이 여러 사람의 일을 할 수 있게 해주는 수많은 기계를 발명한 탓이다. (중략) 중국은 오래전부터 가장 부유한 나라들 중 하나였다. 즉 가장 비옥하고, 가장 개간되고, 가장 근면하고, 가장 사람이 많은 나라 중 하나였다. 그렇지만 중국은 오래전부터 정지해 있는 것으로 보인다. … 모든 여행자들은 … 이구동성으로 임금이 낮다는데 동의한다. …

장인들의 조건은 … 더 저급하다.… 중국에서 더 낮은 계층 사람들의 빈곤은 유럽에서 가장 가난한 나라들의 그것보다 훨씬 비참하다. (중략) 아메리카 대륙을 발견한 이래 … 농업과 공장제 수공업 모두 잉글랜드, 네덜란드, 프랑스, 독일에서 상당한 진보가 있고 심지어 스웨덴, 덴마크, 러시아에서도 그러했다. … 농업, 공업, 인구 면에서 아메리카의 진보가 유럽의 가장 번영하는 나라들보다 훨씬 빠르므로 아메리카의 수요는 훨씬 더 빠르게 증가할 것이다. … 동인도[3]가 아메리카에서 생산된 은銀의 또 다른 시장이다. [아메리카산] 은은 최초의 광산 채굴 이후 점점 더 많은 양을 유출해왔다. … 신대륙에서 생산된 은은 이런 식으로 구대륙의 양 극단 사이에 교역이 이루어지는 주요 상품 중 하나가 되었다. (중략) 그러나 아메리카의 발견은 가장 중요한 변화를 초래했다. 유럽산 상품을 위한 새롭고 고갈되지 않는 시장을 제공함으로써 새로운 분업과 기술 개량의 기회를 마련해주었다. 오랜 옛날부터 형성된 좁은 권역에 한정되었다면 유럽이 생산한 제품을 더 많이 판매할 시장이 없어서 그런 변화는 일어나지 않았을지도 모른다. (중략) 모든 개인은 자신이 처분할 수 있는 자본이 얼마이든 가장 유리한 용처를 찾기 위해 계속 노력한다. 그가 참으로 염두에 두는 것은 자신의 이익이지 사회의 이익은 아니다. 그러나 자신의 이익에 대한 열정은 자연적으로 아니 오히려 필연적으로 사회에 가장 이익이 되는 사용처를 선택하게 만든다. … 대개 개인은 공익을 증진하려는 의도도 없고 그것을 얼마나 증진시키고 있는지도 알지 못한다. … 그는 단지 자신의 이익만을 의도한다. 그는 이런 점에서 다른 많은 경우에서처럼 보이지 않는 손에 의해 인도되어 결코 자신의 의도가 아닌 목적을 증진하게 된다. … 자신의 이익을 추구함으로써 개인은 종종 그가 실제 증진시키고자 의도하는 때보다 더 효과적으로 사회의 이익을 증진한다. 나는 공익을 위해 거래하는 척하는 사람들이 그다지 좋은 일을 행하는 것을 본 적이 없다. (중략) 아메리카 대륙의 발견 그리고 희망봉을 돌아서 동인도로 가는 항로의 발견은 인류의 역사책에 기록된 가장 위대하고 중요한 두 개의 사건이다. … 그래서 유럽인들은 저 먼 나라들에서 온갖 종류의 불법행위를 저지르고도 벌을 면할 수 있었다. 아마도 이제부터는 그런 나라의 토박이들이 더 강해지고, 유럽인들이 더 약해지고, 세계 모든 지역 거주민의 용기와 힘이 같아질지도 모른다. 그런 동등성만이 상호간에 두려움을 야기하여 독립 국가들의 불의를 억누르고, 상대국의 권리에 대한 어느 정도의 존중으로 바뀌게 할 수 있을 것이다.

3 | 애덤 스미스는 인도, 인도차이나, 말레이 반도, 중국을 포함하는 의미로 사용한다.

그리스도교와 로마제국

에드워드 기번, 《로마제국 쇠망사The History of the Decline and Fall Of The Roman Empire》, J. B. 베리J. B. Bury 편집, Fred de Fau and Co., 1906, pp. 2, 35, 49~51(1권), 261, 308(2권), 6~7, 43~44, 59~60, 86~87(3권), 1, 87, 107, 110(9권); http://oll.libertyfund.org/titles?q=The+History+Of+The+Decline+And+Fall+Of+The+Roman+Empire

로마를 위대하다고 평가해야 하는 이유는 빠르고 넓게 정복했기 때문만이 아니다. … 속주들은 조상들이 믿던 종교를 향유한 반면, 공민으로서의 명예와 이익은 점차 높아져 그들을 정복한 자들과 동등한 상태가 되었다. (중략) 로마제국의 완전한 정착에 앞서 폭력과 약탈의 시대들이 있었다. … 그런 내부 적들의 필사적인 봉기는 한때 공화정을 멸망의 문턱까지 몰아갔다. 따라서 가장 엄한 규제와 가장 잔인한 처분이 자기 보존이라는 위대한 법칙의 이름으로 정당화되었던 것으로 보인다. … 그러나 … 외부인의 공급이 훨씬 줄어들자 … 수많은 가정에서 특히 농촌 농장에서 노예들 간의 혼인을 부추겼다. … 노예는 몇 년간 근면하고 성실히 노동하면 자유라는 값진 선물로 보상받을 것이라고 자연스럽게 기대했을 것이다. … 하지만 선택된 해방노예들도 시민들이 누리는 사적인 권리 이상은 얻지 못했다. (중략) [1권]

그리스도교의 설립과 발전에 관한 솔직하지만 이성적인 탐구는 로마제국사의 매우 핵심 부분으로 간주될 수 있다. (중략) 그리스도교도들은 제국의 민사적 행정이나 군사적 방어에 적극 참여하는 것을 거부했다. … 공공의 안녕에 대한 이 무례하고 심지어 죄악시되는 무시때문에 그리스도교도들은 이교도들의 모욕과 비난을 받아야했다. (중략) [2권]

그리스도교도들은 로마의, 제국의, 인류의 신들과 교섭하기를 이구동성으로 거절했다. … 이교도들의 놀라움은 곧 원한으로 이어졌다. (중략) … 그리스도교도들은 동시대인들이 주교직을 원하는 것보다 더 큰 열정으로 순교를 간절히 원했다. … 그리스도교도들의 행위는 너무 두드러져서 … 고대 철학자들은 죽음에 대한 그들의 열망을 … 미신적인 광신의 기이한 결과로 여겼다. (중략) 그리스도교도들은 제국의 잦은 봉기들의 와중에도 계속 평화와 번영 속에서 흥기했다. … 새로운 정책은 … 종교적 관용이라는 가장 온건하고도 가장 자유로운 정신을 계속 불어넣었다. … 디오클레티아누스는 신들에 대한 경배를 혐오한다고 고백한 사람들에게도 가장 중요한 관직을 종종 수여했다. …

주교들은 각 속주에서 명예로운 신분을 지녔으며 … 거의 모든 도시마다 … 더 위풍당당하고 큰 건축물들이 세워졌다. … 유세비우스가 그렇게 한탄했던 풍습과 도의의 타락은 … 그리스도교도들이 디오클레티아누스의 치하에서 누리고 남용한 자유의 결과일 뿐 아니라 자유에 대한 증거로 간주될 수도 있다. … 번영으로 인해 계율에 대한 주의가 느슨해졌다. 속임수, 질시, 그리고 악의가 모든 모임에서 만연했다. … 주교들은 교회의 고위직을 얻고자 다른 주교들과 싸웠다. … (중략) 로마제국 법정에서 사형에 처해진 그리스도교도들의 수는 2만 명 미만일 것이다. … 그리스도교도들이 자신들 내부의 불화로 인해 서로에게 가한 처사들이, 非그리스도교도들의 광신에 따른 그리스도교도들의 희생보다 훨씬 더 가혹했다는 점을 인정해야 한다. (중략) [3권]

무함마드는 한 손에는 칼을, 다른 손에는 코란을 든 채 자신의 옥좌를 그리스도교와 로마의 폐허 위에 세웠다. (중략) 신의 사도인 무함마드는 가정의 미천한 일도 감수했다. … 여러 주 동안 예언자는 집안의 화로에 불을 지피지 않고 지내기도 했다. … 포도주 금지는 직접 모범을 보임으로써 확고해졌다. … 향료와 여자는 그의 본성에 부합하며 그의 종교가 금하지 않는 두 개의 감각적 취향이었다. (중략) 무함마드는 설교하고 또 싸우라는 지침을 들었다. … 강요와 설득, 열정과 공포가 상호작용하여 마침내 모든 장벽이 저항할 수 없는 그 힘에 굴복했다. 그의 목소리는 아랍인들을 자유와 승리로, 군사력과 약탈로 이끌었고, 이승과 저승에서 그들의 열정을 누리도록 초대했다. … 복수에 대한 갈증을 억제시키고 과부와 고아를 억압하지 못하게 했다. … 적대적인 부족들은 믿음과 복종으로 통합되었고, 내부 다툼에 헛되이 사용되던 용기는 힘차게 외부의 적으로 향했다. [9권]

| 출전 |

에드워드 기번(1737~1794), 《로마제국 쇠망사》, 1776~1788: 전체 6권으로 집필된 이 책은 2세기부터 비잔티움제국이 몰락한 15세기까지 근 1400여 년의 장구한 역사를 담고 있다. 1권부터 4권까지는 서기 2세기부터 641년이라는 약 500년의 역사를 다루고, 5권과 6권은 7세기에서 15세기까지 약 1000년의 역사를 서술했다. 집필에만 거의 15년이 걸렸으며 데이비드 흄을 비롯해 당대 최고 학자들에게 찬사를 받았지만, 초기 그리스도교를 다룬 1권의 마지막 두 장은 그리스도교 학자들의 거센 반발을 불러일으켰다. 그들은 기번이 교리를 경멸하고 우롱한 이류 학자라고 평가 절하했다.

드니 디드로(1713~1784), 《백과전서》, 1751~1772: 디드로가 기획한 《백과전서》는 "문인들이 쓴 과학, 예술, 기술에 관한 분류 사전"을 부제로 하여 열일곱 권의 대형 책자와 열한 권의 도판으로 분할하여 간행되었다. 디드로는 1773년에 러시아에 가서 예카테리나 여제와 자주 대담했는데, 자신이 사망하면 상트페테르부르크 도서관에 장서를 전부 기증한다는 계약을 맺어, 현재 디드로의 육필본 32권과 장서가 러시아에 소장되어 있다.

장자크 루소(1712~1778), 《에밀 또는 교육론》, 1762: 루소는 스위스 제네바 출생으로 불우한 가정환경에서 성장하여 30세에 파리로 건너와 문화적 충격을 받는다. 《에밀》은 기존의 법과 사회를 전제로 하여어떻게 인간을 교육으로 개조할 수 있는지를 검토한 인간개혁론이다. 《에밀》은 《신엘로이즈 *Julie ou la nouvelle Héloïse*》 못지않은 인기를 누렸지만, 얀센파가 장악하고 있던 파리 고등법원은 이 책의 반^反가톨릭정서에 크게 반감을 가져 법원 청사 앞에서 책을 불사른 다음 루소에게 체포 영장을 발부했다. 루소는 친구의 경고 덕에 체포를 면했지만 그 이후 몇 년 동안 도망자 신세로 지냈다.

루소, 《사회계약에 관하는 또는 공법의 원리》, 1762: 루소의 사회계약설은 인간의 선^善의지에 기초한 공공의 일반의지와 인민주권 개념을 내세워 평등과 자유민권 사상을 발전시켰고 직접민주제를 옹호했다. 또한미국의 독립 선언에 공헌했으며, 프랑스 〈인권선언문〉과 프랑스 법전에도 인용되었다. 루소의 이론을 한마디로 요약하면 법치주의와 민주주의와 인본주의다.

프랑스혁명기 이전에는 거의 알려지지 않았던 이 책은 4부로 구성되어 있다. 1부는 계약의 본질에 관한고찰로서, 진정한 정부의 기초는 계약에 있다고 본다. 즉, 각 개인은 공동체를 위해 자연적 권리를 포기하고, 공동체는 개인의 생명과 재산을 보장하는 계약을 맺는다. 이 바탕 위에 평등이 보존되고 자유가 보장되며, '사회계약'을 통해 인간은 자연적 신분에서 시민의 신분으로 옮겨 간다. 2부는 주권과 법을 다루는데, 주권은 일반의지의 행사이며 양도될 수도 없고 분할될 수도 없다. 정치체의 보존은 법에 의해 보장되며 법은 만인에게 평등하다. 3부는 법을 집행하기 위해 필요한 정부 및 정부의 여러 형태 즉 민주정, 귀족정, 군주정을 고찰한다. 4부는 특수한 정치체에 대한 고찰로 특히 로마 정치사에 초점을 맞추었다.

루소, 《인간 불평등 기원론》, 1755: '철학자들' 가운데 최하층 출신이었던 루소는 인간의 소외가 사유재산과 관련된 불평등에서 기인한다고 보고, 사유재산제가 사회의 타락과 인간 불행의 원천이라고 생각했다. 그는 인간이 원시적인 '자연 상태'로부터 타락해 본원적인 순수성을 잃어버렸다고 비판한다. 루소의주제는 자연의 본원적인 모습과 인간 문명 및 사회제도 같은 '장애물'의 대립이다. 그는 인간의 본성은 선하지만 '사회'와 '인간의 정념'이 인간을 악하게 변화시킨다고 보았다. 사회는 자율적인 개인들로 구성되어 있고 그들의 행동 동기는 이해관계라는 것이다. 이 관계에 따라 행동하는 개인은 다른 사람들과 사회의이익을 희생하여 자신의 이익을 추구한다고 본다. 그러므로 사회에 적응하기 위해서는 인간의 본성이 변질될 수밖에 없다. 이렇게 해서 사회와 개인 사이에 적대적인 관계가 형성되며 사회인과 자연인의 대립 관계가 형성된다는 것이다.

루소, 《언어들의 기원에 관한 논고》, 1781: 루소 시대에 언어는 사고의 표현수단이라는 생각이 통념이었다. 다시 말해 인간의 이성 작용이 먼저 있고, 언어는 그 정신을 겉으로 드러내주는 도구 역할을 한다는 뜻이다. 그러나 루소는 언어가 이성의 표현이 아니라 감성의 표현으로 시작했다고 본다. 언어는 사람이 생각한 것을 표현하려는 이성적 사고의 수단이 아니라 인간의 감각을 통해 일어나는 느낌과 정념의 표현으로시작되었다는 것이다. 그는 인간이 목소리로 말하기 시작한 시점에서 언어의 기원을 만날 수 있고, 이성이언어에 개입하는 단계에서 문자가 생겨났다고 본다. 그리고 인간은 말을 할 때 감정을 전달하고 글을 쓸때에는 사상을 전달한다고 본다. 따라서 그가 볼 때 말은 불안정하고 글은 안정적이다. 루소는 이집트나멕시코의 고대 상형문자나 중국의 한자보다 알파벳 문자가 더 개화된 문자라고 평가하기도 했다. 요컨대언어를 비롯해 세계를 바라보는 루소의 관점은 과거 이성 중심주의에서 벗어나 감성 중심주의로의 발상의전환을 촉발시켰다.

루소, 《고독한 산책자의 몽상들》, 1778: 이 책은 루소가 죽기 2년 전부터 쓰기 시작한 미완성 작품이다. 동시대인들이 자신에게 가한 비난과 비방에 대한 해명이 주된 내용이다. 총 10회의 산책을 각 장의 제목으로 붙였는데, 그중에 첫 번째 산책에서 루소는 사람들을 자기편으로 끌어들이기 위해 혹은 자신의 정당성을 옹호하기 위해 끝까지 희망을 버리지 않고 노력했으나 모든 것이 허사였음을 확인한다. 세 번째 산책에서는 《에밀》에 삽입되어 그리스도교인들의 큰 반발을 샀던 〈사부아 보좌신부의 신앙고백〉을 쓰게 된 경위에 대해 말한다. 아홉 번째 산책에서는 달랑베르d'Alembert가 루소에게 가했던 우회적 비판에 대해 자기 아이들을 고아원으로 보낸 경위와 이유에 대해 해명한다. 루소는 고아원으로 보내는 것이 아이들 교육을 위해 최선의 길이었다고 말하고 또 다른 아이가 태어나도 그렇게 하겠다는 자신감을 보인다. 또 자신은 아이들을 진정으로 걱정하는 사람이라고 강변한다.

몽테스키외(1689~1755), 《법의 정신》, 1748: 몽테스키외는 명문 법복귀족 가문 출신으로 법률을 공부하고 고등법원장에까지 올랐으나 문필 활동에 전념했다. 《법의 정신》은 몽테스키외가 거의 20년 동안 전력을 다해 쓴 저서로 2년 동안 22판을 거듭할 만큼 큰 성공을 거두었다. 당시 프랑스가 '이방의 법'인 로마법에 의해 지배되고 있다는 비판의식에서, 몽테스키외는 2년이 넘게 영국에 체류하며 영국의 정치제도를 관찰하고 영국 헌법의 원리를 치밀하게 분석했다. 몽테스키외가 '법의 정신'에 부합하는 정부 형태로 제시한 귀족제는 바로 영국식 입헌군주제였다. 삼권분립 및 '견제와 균형'에 관한 그의 사상은 1787년 미국 헌법이 제정되게 하는 데 크게 이바지했다.

몽테스키외, 《페르시아인의 편지》, 1721: 당국의 검열을 피하고자 은유와 풍자를 이용해 프랑스 사회의 모순과 혼란상을 고발한 여행기 형식의 책이다. 문명화된 페르시아 사회와 풍습을 상세히 기술한 프랑스 상인의 책 《페르시아 여행일지Voyages en Perse》(1686)의 영향을 받았으며 익명으로 발간되었다. 하렘을 소유한 이스파한의 대귀족인 '우스벡'이 친구인 '리카'와 함께 이스파한에서 파리에 이르는 여행을 하는 동안 자신의 처첩들과 친구들에게 보낸 160통의 편지로 구성되어 있다.

볼테르(1694~1778), 《캉디드 혹은 낙관주의》, 1759: 볼테르는 파리의 유복한 부르주아 출신으로 '철학자들의 왕'이라 불릴 만큼 인기와 명성을 누렸다. 그는 영국에 체류하는 3년 동안 영국의 정치제도와 자유주의에 크게 감명을 받고 《영국인에 관한 편지Lettres philosophiques sur les Anglais》(1734)를 발표했으나, 프랑스를 비판하는 내용 때문에 지방으로 피신, 은거했다. 1750년에는 프리드리히 2세의 초청을 받아들여 베를린에서 약 3년간 체류했다. 그 이후 프랑스에 돌아와 일종의 우화 소설인 '철학적 콩트'를 총 26편 집필했는데 그 대표작으로 평가받는 것이 바로 《캉디드》다.

이 작품은 볼테르의 개인적 체험의 고백이자 사회비판서다. 주인공 캉디드는 부모가 없는 고아로 독일 베스트팔렌의 한 성에서 성장한다. 그는 낙관주의를 신봉하며 세상의 선을 순진하게 믿지만 영주의 딸을 사랑한 죄로 성에서 쫓겨나 전 세계를 돌아다닌다. 캉디드는 수많은 재난과 여러 부조리를 경험하는데, 특히 군대의 부조리와 전쟁의 참상은 대체로 볼테르가 경험한 오스트리아 왕위계승전쟁과 7년전쟁에 바탕을 둔 것이다. 볼테르는 또한 리스본 대지진과 종교재판에 대한 묘사를 통해 종교적 편협성과 광신을 공격한다. 소설에 등장하는 성직자들은 유대인을 억박지르고, 사통하여 자식을 두고, 창녀를 사고, 보석과 돈을 훔치는 등 전혀 성스럽지 않다. 파라과이의 예수회 신부들은 반란을 일으켜 스페인 군대와 싸우면서도 자신들 편에서 싸우는 원주민의 비참한 생활을 외면한다. 결국 캉디드는 신세계에 실망하고 다시 유럽으로 돌아온다. 캉디드의 여정은 한마디로 당시 유럽의 주요 사건 현장들로, 볼테르는 그곳에서 벌어진 사건들을 통해 당대의 문제를 비판하고 그 부조리를 공격한 것이다.

볼테르, 《철학사전》, 1764: 볼테르는 로크 철학의 영향을 받아 지식의 원천을 경험에서 찾는 경험주의를 표방했다. 그는 무신론자는 아니었지만 봉건적 미몽과 종교적 광신을 강력하게 비판하여 《성서》와 가톨릭 교회의 주장에 타격을 주었고 그들을 진보의 주된 적으로 보았다. 볼테르는 이 책에서 다른 어떤 종교보다 그리스도교가 가장 비관용적인 종교라고 비판하면서 그 광신의 사례들을 열거한다.

애덤 스미스(1723~1790), 《여러 나라가 부유하게 되는 본질과 원인들에 관한 탐구》, 1776: '자유방임' 경제학의 고전이 된 이 책에서 스미스는 동업조합의 제약, 독점권, 관세 장벽, 보호주의 등 국가의 개입을 공격했다. 스미스는 인간·사회·국가에 관한 흄의 이론을 바탕으로 사람들의 사적 이익 추구가 공공 이익으로 연결되는 사회와 국가 형태를 추구했다. 그는 각 개인이 자신의 이익을 추구하도록 내버려두면 '보이지 않는 손'이 작용하여 결과적으로 사회 전체의 복지가 증진되고 국가 경제도 발전할 수 있다고 보았다. 그는 국가의 기능을 최소한으로 축소하는 '야경국가론'을 펼쳤고, 국제적 경제 질서로 '자유방임주의'를 주장했으며, 자국의 산업 보호를 위해 보호관세를 부과하는 것은 자연 상태에 어긋나는 일이라고 비난했다. 자연 법칙에 맞는 경제 질서는 국제적 분업에 입각한 자유무역이라고 그는 강조했다. 또한 아메리카 식민지에 대한 영국의 중상주의 정책은 영국의 이익에도 맞지 않는다고 하면서, 식민지인들에게 영국 본국의 의회 선거권을 줘서 합방하든지 아니면 식민지의 분리 독립을 인정하라고 주장했다. 아일랜드는 스코틀랜드와 마찬가지로 합방하는 것이 낫다는 의견도 냈다. 동인도회사를 검토한 후에는 인도 통치의 부적절함을 논증했다.

임마누엘 칸트, 《계몽이란 무엇인가》, 1784: 계몽사상의 시대가 최고조에 달했던 1784년에 칸트는 이 시대의 명칭으로 불리는 '계몽'의 의미를 '미성숙 상태에서의 탈출'이라고 정의했다. 계몽이란 미성년의 상태에서 벗어나는 것이고, 미성년이란 다른 사람의 지도 없이는 자신의 이성을 발휘할 수 없는 상태를 의미한다는 것이다. 칸트는 자신이 살고 있는 시대가 '계몽된 시대'가 아니라 단순히 '계몽의 시대'일 뿐이라고 정의하면서 계몽이 지속되어야 한다고 역설했다.

콩도르세(1743~1794), 《인간 정신 진보사 개설》, 1795: 《백과전서》의 젊은 기고가 가운데 한 사람인 콩도르세 후작은 탁월한 수학자이자 극단적인 진보관을 피력한 인물로, 과학혁명과 계몽주의의 승리를 계기로 부단한 미래를 향한 진보가 확보되었다고 주장했다. 그는 단두대의 이슬로 사라지기 몇 달 전인 1793년에 이 글을 통해 계몽사상가들의 업적과 주제를 약술하고 그들이 사상 진작을 위해 사용한 다양한 방법을 정리했다.

데이비드 흄(1711~1776), 《인간의 본성에 관한 논고》, 1740: 이 책은 흄이 29세에 출간한 처녀작으로, '정신을 가진 인간의 다양한 행위'를 연구 대상으로 하여 '경험적 관찰 방법'을 사용했다. 흄은 에든버러 대학의 논리학 교수 제의를 받았지만, '이단자이며 회의론자이고 무신론자'라는 평판 때문에 임용되지 못했다. 당대에 흄이 저술한 철학서들은 거의 다 외면당했으며, 그의 이름을 처음으로 알리기 시작한 책은 바로 《영국사The History of Great Britain》(1754~1762)였다.

흄, 《종교의 자연사》, 1757: 이 책에서 흄은 인간이 왜 종교적 신념을 갖게 되며 종교적 실천에 빠져들게 되는지를 탐구했다. 그리고 종교는 인간 본성의 일차적 구성 요소라고 여기지 않게 되었다. 그는 종교에 대한 믿음이 전혀 없는 사람들과 민족들이 있으며, 따라서 종교의 발전을 이끄는 원리는 이차적인 인간 본성이라고 생각했다. 그는 광적으로 편향되어 있지 않고 타 종교를 덜 박해하는 다신교가 유일신교보다 훨씬 낫다고 평가했다. 그는 신의 존재와 본성에 관한 합리적 논증이 불가능하므로 이성을 통해 종교에 이르는 길이 닫혀 있다고 했지만, 한편으로 이 우주를 창조한 설계자가 있다고 믿는 신념(이신론)을 용인했다. 흄의 종교철학은 기성 종교(그리스도교)와 자연종교라는 양극단을 거부하고 중용을 찾으려는 계몽주의 철학이었으며 영국 국교회를 지지했다. 그는 영국 국교회가 '시민정부의 간섭으로 이루어진 개혁' 덕분에 유럽의 교회 중에서 가장 합리적이며 중용을 지키고 있다고 생각했다.

| 참고문헌 |

게이, 피터, 《계몽주의의 기원》, 주명철 옮김, 민음사, 1998.

김수용, 《독일 계몽주의》, 연세대학교출판부, 2010.

옹프레, 미셸, 《계몽주의 시대의 급진철학자들》, 남수인 옮김, 인간사랑, 2010.

이을호, 《계몽주의 시대의 서양 철학》, 중원문화, 2008.

장세룡, 《프랑스 계몽주의 지성사》, 길, 2013.

핸킨스, 토머스, 《과학과 계몽주의》, 양유성 옮김, 글항아리, 2011.

Chisick, Harvey, *Historical Dictionary of the Enlightenment*, New York: Scarecrow Press, 2005.

Outram, Dorinda, *The Enlightenment*, UK: Cambridge University Press, 2013.

3
계몽 절대주의
: 프로이센·오스트리아·러시아의 군주들

절대주의 시기, 유럽 각국의 지배자들은 자신들의 통치권을 '왕권신수설'로 포장하기보다는 '국가의 공복'이라는 개념으로 뒷받침했다. 특히 1750~1780년대에 동유럽의 전제군주들이 계몽사상의 영향을 받아 제도 개혁을 단행하며 중앙집권적 국가권력을 신장시킨 '계몽 절대주의' 시대가 전개되었다. 프로이센의 프리드리히 2세, 오스트리아의 요제프 2세, 러시아의 예카테리나 2세 등은 계몽군주가 신민의 복지를 위한 개혁의 주체가 되는 '위로부터의 개혁'을 추진했다. '왕은 국가의 제1의 공복'이라는 말은 군주제의 의무와 책임이라는 새로운 관념을 만들어냈다. 농노제는 폐지되거나 축소되었고, 조세 및 법률 개정, 사형 금지, 교육 개혁, 종교적 관용이 행해졌으며, 전문 군사 교육을 위해 사관학교나 군사학교가 건립되고 관료 양성소도 세워졌다. 하지만 결과적으로 계몽사상은 신민의 삶을 개선하기보다는 군주의 권력 강화에 활용되었으며 농노제를 혁파하려는 노력도 귀족의 반대로 한계에 직면했다.

근대국가의 기반을 마련한 프로이센

17세기부터 독일을 지배한 가문은 호엔촐레른Hohenzollern 가문이었다. 브란덴부르크의 선제후選帝侯였던 이 가문은 16세기에 프로이센 공국을 획득했고, 1701년에는 신성로마제국 황제인 레오폴트 1세로부터 '프로이센의 왕'이라는 칭호를 받으면서 오스트리아의 합스부르크Habsburg 가문에 비견될 만한 세력을 형성했다.

우선 300개가 넘는 영방 가운데 하나인 프로이센을 탄생시킨 대선제후 프리드리히 빌헬름은 30년전쟁이 남긴 피해를 딛고 일어나, 뛰어난 전쟁 수행 능력과 외교력을 발휘하여 프로이센의 위상을 크게 높이는 데 성공했다. 그는 제조 기술 능력이 탁월한 위그노Huguenot 같은 외국인 이주자를 적극 수용하여 산업 발전을 도모했고, 간접소비세 등을 부과하여 마련한 재원으로 선제후 직속의 관료 조직을 두고 상비군을 운용하는 등 절대왕정의 토대를 수립했다. 그의 치하에서 시작된 군비 강화는 이후 독일을 통일한 프로이센 왕국의 군사적 기반이 되었다. |자료 1| 또한 프로이센 귀족들의 권한을 증대시켜 그들을 행정 요직, 특히 군대 장교로 등용한 결과 이른바 융커로 알려진 토지귀족과 절대왕권의 유대 관계가 형성되었다.

1701년, 프리드리히 빌헬름의 아들인 프리드리히 1세가 즉위함으로써 프로이센 왕국이 탄생했다. 프리드리히 1세는 무력을 이용한 영토 확장과 강경 일변도의 대외 확장을 추구했으며, 스페인 왕위계승전쟁에서 오스트리아를 지지한 대가로 신성로마제국 황제인 오스트리아 군주로부터 '프로이센 국왕'이라는 칭호를 얻었다. 그리하여 독일 내에서 가톨릭계인 합스부르크가에 대항하는 프로테스탄트계 호엔촐레른 세력이 실력과 명분을 얻게 되었다.

표 3 프로이센 역대 왕과 독일 황제 재위 연표.

구분	명칭	재위 기간
프로이센 공작	프리드리히 빌헬름	1640~1688
	프리드리히 1세	1688~1701
프로이센 왕	프리드리히 1세	1701~1713
	프리드리히 빌헬름 1세	1713~1740
	프리드리히 2세	1740~1786
	프리드리히 빌헬름 2세	1786~1797
	프리드리히 빌헬름 3세	1797~1840
	프리드리히 빌헬름 4세	1840~1861
	빌헬름 1세	1861~1888
	프리드리히 3세	1888
	빌헬름 2세	1888~1918
독일 황제	빌헬름 1세	1871~1888
	프리드리히 3세	1888
	빌헬름 2세	1888~1918

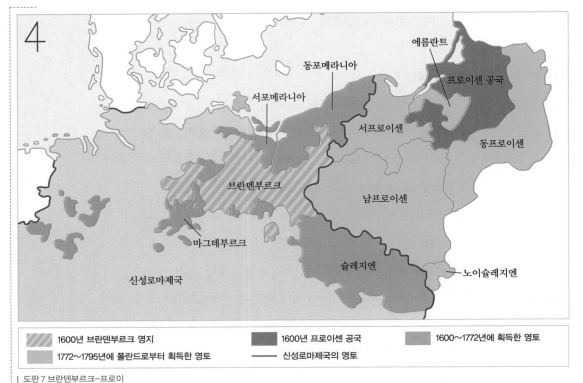

4

에름란트

동포메라니아

프로이센 공국

서포메라니아

서프로이센

동프로이센

브란덴부르크

남프로이센

마그데부르크

슐레지엔

노이슐레지엔

신성로마제국

| 1600년 브란덴부르크 영지 | 1600년 프로이센 공국 | 1600~1772년에 획득한 영토 |
| 1772~1795년에 폴란드로부터 획득한 영토 | 신성로마제국의 영토 | |

도판 7 브란덴부르크-프로이센의 성장(1600~1795). 17세기에 독일은 작센·하노버·바바리아·프로이센·브란덴부르크·헤센 공국 등으로 나뉘어 있었다. 그중에 브란덴부르크와 프로이센 공국이 1618년에 합병하여 1701년에 프로이센 왕국이 되었다. 이후 프로이센은 오스트리아 제국에게서 슐레지엔을 빼앗으며 영토를 확장했다.

프로이센은 프리드리히 1세에 이어 왕위에 오른 프리드리히 빌헬름 1세가 재위하는 동안 유럽의 강대국으로 발돋움할 토대를 마련했다. 프리드리히 빌헬름 1세의 주요 관심사는 군대 양성이었는데, 징집병인 무장 병력을 3만 명에서 약 8만 명으로 늘림으로써 유럽에서 프랑스, 러시아, 오스트리아에 이어 네 번째로 큰 규모의 군대를 보유했다. 그리고 군대 유지에 드는 비용을 마련하기 위해 세금을 올리고 국가 재원을 직접 관리했으며 능력에 따라 관리를 채용해 관료 조직을 합리화하는 등 국가기구에 대한 통제를 강화했다.│자료 2│특히 중앙 행정을 강화하고 강력한 군대를 유지하기 위해 인적·물적 자원을 동원하는 과정에서 융커의 기득권을 보장해주며 그들을 장교나 관리로 적극 채용했다.

프리드리히 빌헬름 1세의 아들인 '대왕' 프리드리히 2세는 능률적인 관료 조직, 풍부한 재정, 기강이 엄격하고 잘 훈련된 군대를 물려받았다. 그는 귀족의 농노 지배권을 포함한 법적·사회적 특권을 유지시키는 한편, 자기 소유의 토지에서 농민의 강제 부역을 억제하고 그들에게 경작지의 장기 임차를 허용했으며 농민들에게 가축과 농기구를 공급해주기도 했다. 그는 특히 볼테르를 흠모하여 스스로를 계몽전제군주로 자처하며 '국가 제일의 공복'이라고 불렀다. │자료 3│ 또 보호관세를 통해 자국 산업의 보호 육성에 힘쓰는 중상주의 정책을 실시했고, 고문 금지, 병원 설립, 재판관 매수 근절, 초등학교 제도 수립, 사형제 폐지, 이슬람교에 대한 관용책 등 개혁 정책을 펼쳤다. │자료 4│

한마디로 프리드리히 2세는 군국주의적인 관료제 절대국가를 수립했다. 그가 '대왕'으로 불리는 것은 합스부르크가로부터 슐레지엔 지방을 빼앗는 등 영토 확장에 성공했던 덕분이다. 그는 오스트리아 합스부르크 가문의 마리아 테레지아가 왕위를 계승하는 것을 인정하는 대신에 부유한 슐레지엔 지방을 요구하며 오스트리아 왕위계승전쟁을 일으켰다. 그리고 슐레지엔을 얻는 데 성공하자, 바이에른 지방을 차지하기 위해 독일 제후들의 동맹을 이끌면서 오스트리아의 요제프 2세를 압박했다. 프로이센은 7년전쟁에서도 프랑스·러시아 동맹군을 막아낸 승전국으로서 작센 북부와 라인 지방을 새로 얻었고 오스트리아로 하여금 남부 독일 영토를 포기하게 만들었다. 1772년에는 1차 폴란드 분할로 서프로이센을 획득했고, 그 이후에도 1795년까지 오스트리아, 러시아와 함께 폴란드 영토 분할에 가담했다. 이처럼 독일에 대한 지배권을 놓고 1740년에 시작된 합스부르크가와 호엔촐레른가 사이의 싸움은 1866년 프로이센과 오스트리아가 전쟁을 치른 후 막을 내렸다.

반동 정책으로 막을 내린 오스트리아의 자유화 실험

프로이센과의 경쟁은 합스부르크 제국 내에 개혁의 바람을 불러일으켰다. 그러나 합스부르크의 영토는 민족·언어·종교·제도가 다양한 지역, 즉 오스트리아·보헤미아·헝가리 왕국만이 아니라 네덜란드 남부와 북부 이탈리아 등지로 구성되어 있어서 강력한 중앙 집권화를 이루기가 쉽지 않았다. 그래서 합스부르크 제국의 황제는 헝가리의 왕, 밀라노의 공작, 오스트

표 4 오스트리아 역대 대공 및 황제 재위 연표.

구분	명칭	재위 기간
오스트리아 대공	레오폴트 1세	1658~1705
	요제프 1세	1705~1711
	카를 6세	1711~1740
	마리아 테레지아	1740~1780
	요제프 2세	1780~1790
	레오폴트 2세	1790~1792
	프란츠 2세	1792~1806
오스트리아 황제	프란츠 1세	1806~1835
	페르디난트 1세	1835~1848
	프란츠 요제프	1848~1916

리아의 대공과 같은 여러 칭호를 갖고 있었다.

오스트리아의 합스부르크 왕가는 1493년 막시밀리안 1세가 즉위한 후부터 1711년 카를 6세가 즉위할 때까지 신성로마제국 황제라는 칭호를 물려받았고, 18세기 초에 스페인 왕관을 부르봉 왕조에 넘겨주긴 했으나 여전히 유럽 최강의 가문이었다. 카를 6세는 합스부르크가의 혈통과 영토를 유지하고자 외동딸 마리아 테레지아가 제위를 상속받도록 했다. 그는 여성 상속을 배제하는 게르만법을 고려하여 마리아 테레지아가 전 영토를 상속할 수 있도록 국사 조칙Prag-matic Sanction(카를 6세가 1713년에 제정한 법령. 신성로마제국 황제의 남자 상속인이 없을 경우 통치자의 딸이 상속하며, 딸도 없을 경우에는 누이, 그다음은 고모 순서로 상속받을 수 있게 했다)을 마련해 국내 귀족과 열강의 승인을 받아냈다. 그러나 1740년에 카를 6세가 사망하고 스물세 살의 마리아 테레지아가 그 뒤를 계승하자 대륙의 국가들은 국사 조칙

도판 8 1700년 당시 합스부르크 영토. 18세기 초 유럽의 최강대국은 오스트리아 합스부르크 제국이었다. 17세기에 영화를 누리며 오스만제국과 대결했던 스페인의 국력이 약화되고, 이후 프랑스와 오스트리아 제국이 대립하며 유럽 대륙에 영향력을 행사했고 영국도 대륙의 내정에 개입하기 시작했다.

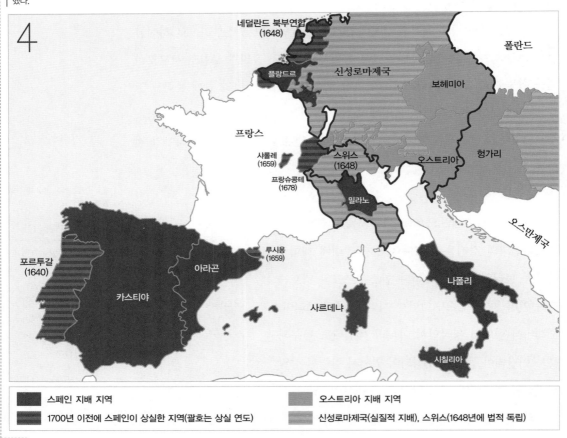

포르투갈 (1640)
카스티야
아라곤
루시용 (1659)
사르데냐
시칠리아
나폴리
밀라노
프랑슈콩테 (1678)
샤롤레 (1659)
스위스 (1648)
프랑스
플랑드르
네덜란드 북부연합 (1648)
신성로마제국
보헤미아
폴란드
헝가리
오스트리아
오스만제국

■ 스페인 지배 지역
▨ 1700년 이전에 스페인이 상실한 지역(괄호는 상실 연도)
■ 오스트리아 지배 지역
▥ 신성로마제국(실질적 지배), 스위스(1648년에 법적 독립)

을 존중하지 않았고, 프로이센의 프리드리히 대왕은 석탄과 철이 풍부한 슐레지엔 지방을 점령해버렸다. 그러자 영토 획득의 기회를 엿보고 있던 프랑스와 스페인이 프로이센의 편에 서면서 오스트리아 왕위계승전쟁(1740~1748)이 벌어지기 시작했다. 하지만 마리아 테레지아는 헝가리 군대와 영국의 재정 지원을 받아 적들을 물리치고 왕위를 인정받았으며, 프로이센도 슐레지엔을 그대로 영유했다.

마리아 테레지아 여제는 처음에는 개혁에 호의적이지 않았으나, 프로이센과의 우위권 다툼에 직면하자 개혁을 단행하여 광대한 영토에 이질적인 민족으로 구성된 오스트리아에 강력한 중앙집권화를 실현하고자 했다. |자료 5| 먼저 행정 구역을 개편하고 지방 장관을 임명하는 한편 근대적인 군대를 양성하고 재정 확보를 위해 재산세를 인상했다. 그리고 아들 요제프 2세와 공동 통치를 하면서 일련의 사회 개혁에도 착수했다. 교회를 통제하기 위해 성직자 면세를 폐지했고, 예수회 재산을 초등교육 재원으로 사용했으며, 초등학교와 교사양성학교의 재정을 지원했다.

요제프 2세도 계몽전제군주로서 형사소송 절차의 합리화, 검열 완화와 같은 개혁 정책을 시도했다. 그는 수도원의 재산을 몰수하고 폐쇄했으며 성직자들의 교육 독점권을 빼앗았다. 또한 농노를 해방하고, 사형과 고문을 폐지하고, 신앙의 자유를 선포하고, 교육 보급에도 힘썼다. 그러나 헝가리와 보헤미아 귀족들의 거센 반발에 봉착했고, 그 이후에 즉위한 프란츠 2세가 반동 정책을 실시함으로써 오스트리아의 자유화 실험은 막을 내렸다.

서유럽화 및 발트 해와 흑해 진출을 모색한 러시아

러시아의 절대주의는 표트르 대제 시대에 확립되었다. 표트르 대제는 서구의 생활과 풍습을 모방하여 러시아의 근대화를 추구했다. 그는 긴 수염, 장발, 긴 옷의 착용 등을 금지했고, 젊은이들을 유럽에 유학 보냈으며, 기술학교와 과학 아카데미를 세워 유럽식 교육 보급에 힘썼다. 조선공을 비롯한 외국 기술자를 초빙하여 유럽의 선진 기술을 도입했고, 면세 및 보호관세로 제조업자에게 특권을 주는 중상주의 정책도 폈다. 그러나 러시아 귀족은 급격한 서구화에 반대하는 슬라브파와 서유럽파로 나뉘어 대립했고, 이에 표트르는 대귀족 중심의 의회인 '두마Duma'를 해산하고 자신이 임명한 관료들로 구성된 원로원으로 대체했다. 또한 차르tsar(황제)가 지배하는 종교 회의Holy Synod를 통해 교회 지배권을 강화했으며 세금 증세를 위해 인두세도 신설했다.

표트르 대제가 시행한 근대화 정책에서 거둔 가장 큰 성과는 군대를 민병 중심에서 근대 정규군으로 전면 개편한 것이었다. 표트르 대제는 20만 대군을 양성하여 군사력을 확충한 후 흑해에 함대를 건설했고, 발트 해로 진출할 수 있는 출구를 얻기 위해 스웨덴을 상대로 '북방전쟁'을 벌였다. 1700년에서 1721년까지 지속된 북방전쟁의 결과로 표트르 대제는 에스토니아를 비롯해 일부 영토를 얻음으로써 발트 해 진출의 오랜 꿈을 이루었고 수도도 모스크바에서 상트페테르부르크로 옮겼다.

표트르 대제의 사후 러시아는 1725년에서 1762년까지 여섯 명의 지배자가 교체되는 혼란기를 거쳐 예카테리나 2세의 등장을 맞았다. 예카테리나 여제는 표트르 대제가 확립해놓은 제도들을 계승, 발전시키며 러시아의 서구화를 이루기 위해 노력했다. 예카테리나는 계몽사상의 영향을 받아 디드로를 후원하고 볼테르, 달랑베르 등과 서신을 주고받으며 계몽전제군주임을 자처했다. 그리고

프랑스어를 사용하며 프랑스 풍습을 모방하는 한편, 예술과 과학을 후원하고 병원과 고아원을 세우고 학교를 보급했으며 고문을 제한했다. 하지만 반란자들을 야만적으로 진압하고 응징함으로써 전제주의의 속성을 드러냈으며, 프랑스혁명이 발발한 후로는 계몽사상을 담은 서적을 금지하는 등 계몽군주의 탈을 벗었다.

예카테리나 통치기에 지주귀족 계급은 전제군주정의 협력자로서 병역 의무를 면제받았을 뿐 아니라 공장과 광산에 대한 독점권을 부여받았고, 막대한 국유지를 하사받았으며, 영지 농노에 대한 절대적 통제권을 누렸다. 그러나 농민들은 과중한 노역에 반발했고 예카테리나 치세 동안 수십 번 반란을 일으켰다. 특히 흑해 연안의 우크라이나 곡창 지대에서 1773년에 일어난 푸가초프Pugachov의 반란은 러시아 농민이 농노제에 맞서 일으킨 가장 큰 반란이었다. 러시아의 대외 전쟁에 참전했던 장교 출신의 지도자 푸가초프는 농노들에게 자유와 토지를 약속하며 합세를 이끌어냈고 공장 노동자와 광부들도 이 무리에 모여들었다. 1500명이 넘는 지주와 성직자를 살해하며 확산된 이 반란을 2년 만에 진압한 예카테리나 여제는 이후 귀족의 권한을 강화하며 더 강력한 중앙집권화를 시도했다. 즉 지방 행정기구를 정비하여 자신이 임명한 지방 장관에게 실권을 줌으로써 전제정치를 강화했다. 대외적으로는 오스만제국과 전쟁을 벌이며 흑해 방면으로 진출하고자 도모했는데, 배상금과 함께 흑해 연안 일대를 획득하고 자유 항해권을 확보한 데 이어 1783년에는 크림 반도 병합에 성공했다.

러시아의 농노제와 산업화

18세기에 대부분의 유럽 국가에서는 농노제가 약화되고 있었는데 러시아에서는 오히려 확산되었다. 토지에 비해 노동력이 절대적으로 부족했기 때문이다. 18세기에 개척되기 시작한 러시아 농토의 대부분은 토양이 척박했으며, 러시아에서 토지의 가치는 크기가 아니라 그 토지에 묶여 있는 농노의 수로 평가되었다.| 자료 6 | 러시아 농민들은 표트르 대제 때 인두세가 부과된데다가 수확량의 60퍼센트를 세금으로 내야 했기에 무거운 채무에 시달렸으며 빚을 갚기 위해 농노가 되었다. 지주들은 막대한 부를 쌓으며 세습 관리가 되었고 군대 징발권까지 부여받았다.| 자료 7 | 1800년대에 이르자 러시아 국민의 절반이 지주에게 종속된 사유 농노가 되었고 나머지 다수는 국가에 귀속된 국유 농노가 되었다. 국가의 토지가 귀족지주에게 할당되면 그 토지에 거주하는 사람들 역시 자동으로 지주의 농노가 되었다.

한편 러시아의 산업화는 정부의 강력한 산업 육성 의지로 뒷받침되었다. 표트르 대제는 러시아의 풍부한 광물 자원을 개발하기 위해 전국 차원의 자원 조사를 실시했으며 유럽에서 광산 기술자들을 불러들였다. 광물이 매장된 지역은 국가가 보상금을 지불하고 매입했다. 또 정부가 사업가들에게 광산 채굴권을 주고 농노를 광산 노동력으로 동원할 수 있게 하는 등 전폭적인 지원을 했다. 채굴한 광물을 운송해야 했기에 자연히 운송 수단과 교통망이 발달하게 되었으며 발트 해가 카스피아 해와 수로로 연결되었다. 그 결과 선철(무쇠) 생산 및 철광 수출이 크게 늘었고 광물과 벌목 산업을 중심으로 제조업도 발달하기 시작했다. 표트르 대제 재위 기간에 100개 미만이던 공장은 1800년에 이르러 3000개 이상이 되었다. 국가가 제조업자들로 하여금 농노를 노동력으로 이용할 수 있게 해주고 독점권까지 주면서 적극적으로 산업을 장려한 덕분이었다.

프로이센·오스트리아·러시아의 폴란드 분할

18세기 후반에 5대 강대국(오스트리아, 프로이센, 영국, 프랑스, 러시아)은 저마다 자국의 이익을 추구하면서 이해관계가 서로 충돌했다. 그 결과 세력 균형을 둘러싼 전쟁이 자주 벌어졌다. 강대국들은 노골적인 점령과 보상 및 배상을 통해 노획물을 챙기는 과정에서 약소국들을 희생시켰는데, 그 예로 폴란드는 러시아, 프로이센, 오스트리아 3국에 의해 분할되었다.

폴란드 국민은 슬라브계 민족이었으나, 슬라브족과 달리 그리스정교가 아니라 로마 가톨릭을 받아들였고 문화적으로나 정치적으로나 유럽 세계와 더 밀접한 관련을 맺고 있었다. 폴란드는 하천이 많은 평원 지대여서 외적을 방어하기가 어려웠고, 17세기에 스웨덴과 러시아 등 주변 세력의 공격을 받으며 국력이 쇠퇴한 상태였다. 게다가 귀족들로 구성된 폴란드 의회는 비효율적이었으며 귀족은 영지의 농노를 거느리며 상인과 도시 시민계급을 억눌렀다.

이러한 상황에서 러시아의 예카테리나 여제가 폴란드에 직접 영향력을 행사하여 왕을 세우고 러시아에 이권을 제공하게 만들었다. 이에 오스만제국은 1768년에 폴란드의 자유를 수호한다는 구실로 러시아에 선전포고를 했으나 전쟁에서 패배했다. 그 이후 1772년에 예카테리나는 프로이센의 프리드리히 대왕과 오스트리아의 마리아 테레지아를 끌어들여 폴란드 영토 중 3분의 1가량을 가져갔다. 러시아와 프로이센은 2차 분할에도 참여해 1795년에는 폴란드의 나머지 영토를 러시아, 프로이센, 오스트리아가 분할하여 차지함으로써 폴란드를 멸망시켰다. 결국 폴란드의 독립은 1차 세계대전이 끝난 후에 이루어졌다.

이상에서 살펴본 계몽적 전제정치는 내정 개혁으로 중앙집권을 꾀하고 밖으로는 영토 확장을 도모하는 특징을 보였다. 봉건적 잔재가 강하게 남아 있던 동유럽 국가들이 계몽사상에 따라 정치·경제·사회의 근대화 및 강력한 국가 건설을 기도한 것은 영국, 프랑스 등의 서유럽에 대항할 필요에서였다. 계몽전제 군주들은 봉건귀족 세력을 유지하면서 왕권을 강화하고 군국주의를 통해 국력 증대를 꾀하는 것을 목표로 삼음으로써 개혁에는 일정한 한계가 있었고 본질적으로 권위주의적 절대주의임에 변함이 없었다. 군주들은 정치·경제적 필요에서 개혁을 결정했고 그 과정에서 신민을 배려하는 정책도 펼쳤지만 신민의 이해는 '국가 이성reason of State'을 내세워 통치 행위를 합법화하는 구실로 삼았다. 계몽 절대주의의 본질은 기존 질서를 이성적으로 체계화하려는 데 있었고, 필요할 경우 군주는 국가의 이름으로 신민의 재산과 피를 요구할 수 있었다. 한마디로 계몽전제군주들은 '계몽'보다는 '전제'에 더 가까운 군주들이었다고 볼 수 있다.

자료
01

프랑스 개신교도 망명자들을 환영하는 프로이센의 왕

프리드리히 빌헬름 1세의 포고문, 1714; 도널드 케이건Donald Kagan 외,《서구 유산The Western Herita-ge》,

Macmillan Publishing Co., 1987, p. 518에서 재인용

브란덴부르크의 후작인 나 프리드리히 빌헬름은 … 모든 사람에게 다음과 같이 공포한
다. 프랑스 왕국의 잔인한 박해와 가혹한 처우 때문에 우리의 복음주의-개혁 신앙
Evangelical-Reformed faith을 따르는 독실한 신자들이 프랑스를 떠나 다른 땅으로 이주해야
했다. 따라서 우리는 지금 … 이 칙령을 통해 우리 영토를 그들에게 안전하고 자유로운
피난처로 제공하기로 했다. …

우리의 영토는 삶을 유지하는 데 필요한 모든 것이 풍요롭게 잘 갖추어져 있으며, 모든
종류의 제조업과 무역을 재수립하는 데 매우 적합하며 육로와 수로 교통도 잘 갖춰져
있다. 따라서 우리는 그곳에 정착하는 사람들에게 그들의 직업과 생활방식에 가장 편
리한 곳을 자유롭게 선택하도록 허용할 것이다. …

그들이 갖고 오는 개인 재산은 … 세금, 관세, 인가 혹은 어떤 이름의 부과금도 완전히
면제해주고 어떤 식으로든 압류하지 않을 것이다. …

복음주의-개혁 신앙을 가진 우리의 프랑스 동료 신자들이 어떤 마을이나 도시에 정착
하자마자 그곳에서 관행적인 주택권과 수공업의 자유를 무료로 누리게 할 것이다. 그
리고 이 땅에서 태어나 거주해온 우리의 신민들이 누리는 것과 동일한 혜택과 권리와
특권을 부여할 것이다. …

직물, 모직물, 모자 제조 혹은 다른 어떤 기술이 필요한 물품의 제조업을 시작하고 싶은
사람은 그에 필요한 모든 자유와 특권과 시설을 누릴 수 있으며 모든 시설과 설비를 제
공하여 그들을 도울 것이다. 그들이 자신들의 목적을 실현하는 데 필요하다면 돈을 비

롯한 어떤 것이든 가능한 한 최대로 도움을 줄 것이다.

이 나라에 정착하여 농업을 계속하고자 하는 사람들에게는 경작할 일정한 토지를 줄 것이며, 그들이 초기에 스스로 자립하는 데 필요한 것은 무엇이라도 제공될 것이다. …

자료

02

'왕실 관리들은 정확한 보고를 올리도록!'

프리드리히 빌헬름 1세의 훈령, 1722; 도널드 케이건 외, 《서구 유산》, p. 520에서 재인용

과거 상당 기간 동안 우리에게 보내진 보고들 특히 지방에 관한 보고가 종종 근거가 없는 진술을 담고 있다고 여러 차례 불만스럽게 언급한 바 있다. 보고서는 관련 상황의 진짜 모습을 최소한 양심적으로 신중하게 조사한 것에 근거하지 않았다. 나중에 세밀히 조사해본 결과, 해당 사건은 아예 일어나지도 않았거나 … 보고서에 기술된 대로 일어나지 않았다. 그래서 결국 우리는 무엇을 믿어야 하고 무엇을 믿지 말아야 하는지 알 수가 없게 되었다. 이처럼 부적절한 관행은 충직한 관리의 의무나 책임과는 정반대되는 것으로 앞으로는 완전히 근절되어야 한다. 또 모든 보고서는 정확하고 진실한 근거에 기초하여 모든 부대 상황에 대한 신중한 사전 조사에 기초하여 작성되어야 한다. 이를 정확히 따르지 않는 사람들에게 극도의 불쾌함과 분노를 느낀다. … 보고서의 작성자들은 신과 양심을 걸고 대답해야 한다. … 우리의 의도는 앞에서 말했듯이 국가와 도시에서 일어나는 모든 일에 대해 우리에게 주기적으로 완전한 정보가 전달되어야 한다는 것이다. 특히 토지세 혹은 도시 물품세에 손실이 있을 때 그리고 상업 영역에서 문제가 있을 때에는 그 진실한 상황을 알려야 한다. 군대 충원과 군인 숙소에 관련해서 종종 과도한 일이 저질러질 때, 규정에 의해 맨 처음 그러한 불만을 보고받은 지휘관이 그 사안을 개선하지 못했을 경우 그와 유사한 모든 사안에 대해 자세한 보고서를 우리에게 봉인하여 보내야 하며 그 사본은 전쟁총사령관에게 보내야 한다. 이에 우리는 이러한 내용을 여러분에게 공지하며, 앞으로 당신들만이 이 명령을 준수할 것이 아니라 관리들과 관련자들도 알게 하여 그들 각자가 처벌을 받거나 어려움에 처하지 않기를 바란다.

군주가 가야 할 길

프리드리히Friedrich, 〈브란덴부르크 가문의 역사를 위한 비망록Mémoires pour servir à l'histoire de la maison de Brandebourg〉, 《프리드리히 대왕 전집Œuvres de Frédéric le Grand》, 트리어대학 도서관의 전자원고Edition numérisée par la Bibliothèque Universitaire de Trèves, p. 142; http://friedrich.uni-trier.de/fr/oeuvres/1/toc/

사람들은 대개 군주들의 위엄을 선호하는 것 같다. 그러나 개인의 자유와 주권자의 자유는 별개이다. 군주Un prince는 국가 제일의 공복이며 제일의 관리이다. 군주는 그가 부과한 세금의 사용에 관해 결산할 의무가 있다. 그가 세금을 징수하는 것은 상비군을 통해 국가를 방어하기 위함이며, 군주가 지녀야 할 위엄을 뒷받침하기 위함이며, 복무와 공로를 보상하기 위함이며, 부자와 채무자 사이에서 일종의 균형을 맞추기 위함이며, 모든 부류의 사람과 모든 불행한 자들을 구제하기 위함이니 국가에 관련된 모든 것을 장엄하게 만들기 위한 것이다. 만약 주권자가 투명한 정신과 바른 마음을 가지고 있다면 그는 모든 비용을 공익을 위해서 그 인민들이 가장 큰 이익을 누리도록 쓸 것이다. 프리드리히 1세[1]가 좋아한 장엄은 이런 종류에 속하지 않는다. 그것은 오히려 허황되고 사치스러운 군주의 방탕이다. 그의 궁정은 유럽에서 가장 호화로운 것 중의 하나이다. 그의 사절들은 포르투갈의 사절들만큼 화려하였다. 그는 부자들을 살찌우려고 가난한 자를 짓밟았다. 그의 총신들은 막대한 연금을 받았으므로 그 인민들은 비참해졌다. 그의 옷도 사치스러웠고 그의 연회는 눈부셨으며, 그의 외양간과 사무실은 유럽의 위용보다는 아시아적 호사를 보였다.

1 | 앞에서 윌리엄 정복왕을 언급하는 것으로 보아서 프리드리히 1세 바르바로사를 지칭하는 것으로 보인다.

괴팅겐 산과 병원을 설립한 목적

괴팅겐 산과 병원 일지, 1808; 위르겐 슐룸봄Jürgen Schlumbohm, 《미시사의 즐거움: 17~19세기 유럽의 일상세계》, 백승종·장현숙 공편역, 돌베개, 2003, 212~238쪽에서 재인용

괴팅겐 산과 병원은 이곳에서 교육받기 위해 파견된 국내외 학생들을 명실상부한 산과 의사로 육성하는 것을 그 첫째 목적으로 한다. 둘째 목적은 지식과 기술 면에서 다른 일반 산파들을 능가하는 훌륭한 산파들을 양성한다는 것. 마지막으로 셋째 목적은 기혼

모와 미혼모를 막론하고 가난한 임산부라면 누구나 이 병원에서 안심하고 출산 전후의 시기를 보낼 수 있게 한다는 것이다. 임산부와 출생한 아기 모두 건강하게 지내는 데 필요한 보살핌과 도움, 보조를 받도록 배려한다. … 이 기관의 가장 중요한 설립 목적은 산과 대학생과 산파에게 도움을 주는 것, 다시 말해 그들이 능력 있는 직업인이 될 수 있도록 직접 보고 행하는 현장 실습의 기회를 주는 데 있다. 나아가 가르치는 사람의 입장에서는 평소에 이론으로만 강의했던 조산학을 실제 현장에서 다시 가시화해 보인다는 장점이 있다. 바꿔 말하자면 이 병원에 입원하는 임부와 산모들은 살아 있는 실습 모형에 다름 아니며, 따라서 대학생과 산파의 지식 습득에 도움이 되고 분만 작업을 더 용이하게 하기 위해서라면 [우리는] 이 대상에게 어떤 일이건―물론 산모와 태아의 생명과 건강은 항상 최대한 보호된다―실험해볼 수 있는 것이다.

… 나는 그녀에게 그 나이에 도대체 어떻게 사생아를 그것도 2명씩이나 낳을 수 있었느냐고 물었다. 그녀의 대답은 이러하였다. "사랑 앞에 불가능한 게 뭐 있겠어요!"

자료
05

귀족에게 특권을 베풀다 쇠락한 합스부르크 왕조

마리아 테레지아, 〈정치적 유언Politisches Testament〉, 1745; 카를 A. 로이더Karl A. Roider 편역, 《마리아 테레지아Maria Theresa》, Prentice-Hall, 1973, pp. 32~33에서 재인용

내 선조들의 이야기로 다시 돌아가면, 그들은 왕가 재산의 대부분을 나누어 주었을 뿐만 아니라 반란의 시기에 몰수된 자산의 빚도 부담했다. 이 빚은 아직도 연체 중이다. 레오폴트 황제(1658~1705)는 나누어 줄 것이 거의 없다는 사실을 알았지만, 그가 참여했던 지독한 전쟁 탓에 왕가의 재산을 추가로 저당 잡히거나 보증으로 걸어야 했다. 그의 계승자들도 이 부담을 벗어나지 못했고, 내가 왕위에 올랐을 때 왕실 재정은 간신히 8만 굴덴gulden이 남아 있는 데 불과했다. 내 선조의 시대에도 대신들은 제왕뿐만 아니라 지방 귀족에게서 엄청나게 많은 돈을 받았다. 그들은 오스트리아 왕실의 선의와 품위와 관대함을 이기적으로 이용할 줄 알았다. 다시 말하면 그 선조가 자비롭게 나누어 줌으로써 명예를 얻었다고 통치자들을 설득했다. 그들은 또한 지방 영주들과 성직자들의 귀를 솔깃하게 만들어 그들이 바라는 것을 전부 획득할 수 있었다. 왕실 재상들의 영향력은 너무 광범위하게 확산되어서 지방에서는 통치자보다 그들이 더 경외와 존경의 대상이 되었다. 그들은 군주에게서 모든 것을 취하고 나자 지방으로 눈을 돌려 추가 보

상을 구했다. 지방에서는 그들의 권위가 계속 올라갔다. <u>여러 불만이 군주의 귀에까지 들렸지만, 군주는 재상들에게 품위를 지키려고 그러한 착취가 이어지도록 허용했을 뿐이다.</u> … 재상들은 군주가 자신들을 지원하는 것이 군주 자신의 이해에도 유용하다고 판단하게 만든다. 지방의 영주들이 더 많은 특권을 누릴수록 군주도 그들의 영지에서 추출한 것을 더 많이 요구할 수 있다는 것을 군주는 경험으로 인지하고 있다.

자료
06

러시아 농노의 비참한 현실

윌리엄 콕스William Coxe, 《폴란드·러시아·스웨덴·덴마크 여행Travels into Poland, Russia, Sweden, and Denmark》,[2] 1784; 도널드 케이건 외, 《서구 유산》, p. 539에서 재인용

<u>개인에게 속한 농민은 마치 농기구나 소 떼처럼 지주의 사적 재산이다. 재산의 가치는 폴란드처럼 토지의 양이 아니라 농노의 수에 따라 측정된다.</u> … 폴란드 농노가 억압받으면 그는 다른 주인에게로 도망가고, 이 새 주인이 피난처를 제공하더라도 그는 어떤 금전적 처벌도 받지 않는다. 그러나 러시아에서는 다른 사람의 예속인을 받은 사람은 무거운 벌금형에 처해진다. <u>지주는 농노를 어떤 식으로 고용하든 그리고 어떤 강요를 하든 아무런 법적 제재를 받지 않는다.</u> 그는 농노의 시간과 노동의 절대적 주인이다. 그는 일부 농노를 농업에 고용하고 일부는 자신의 하인으로 쓰면서 임금은 주지 않는다. 또 다른 농노들에게서는 매년 세금을 걷는다.

그러므로 각 예속인은 주인의 임의 의지에 따라 평가된다. 어떤 농노는 1년에 4~5실링을 납부하고, 운송이나 장사를 하는 농노는 그들이 얻은 이윤에 비례하여 납부한다. … 그들의 근면함으로 획득한 이윤은 모두 압수되며 그 어떠한 보상도 없다. …

… 러시아의 일부 귀족은 농노를 모스크바나 상트페테르부르크에 보내 여러 수공 기술을 배우게 한다. 그들은 영지에 그 농노들을 고용하고 다른 사람에게 임대해주며 혹은 더 높은 값으로 팔기도 한다. 혹은 농노에게 장사를 하도록 허용하고 매년 보수를 받는다.

2 | 윌리엄 콕스는 동유럽 여러 곳을 여행한 영국인으로, 이 책에서 그는 잔혹한 러시아 농노제를 묘사하며 영국인이 누리는 시민의 자유가 러시아에는 없다는 사실에 놀라움을 나타낸다.

러시아의 농노제와 전제정의 횡포를 고발하다

알렉산드르 라디셰프Aleksandr Nikolaevich Radishchev, 《상트페테르부르크에서 모스크바로의 여행 A Journey from St. Petersburg to Moscow》, 레오 바이너Leo Wiener 옮김, Harvard University Press, 1958, pp. 46~48, p. 128, p. 160, p. 191.

도로에서 몇 발자국 떨어진 곳에서 쟁기질을 하고 있는 농부를 보았다. 더운 한낮에 일하는 그는 물론 지주에게 속한 농민이었다. 나는 그에게 일요일에도 일을 해야 하는지 물었다. 그는 "주중에는 6일 동안 주인의 땅에서 일해야 한다"고 했다. 그래서 평일 밤과 휴일에만 자신의 농지를 경작할 수 있다는 것이다. …

다른 농부는 지주에게 토지 임대권을 부여한 제도를 성토했다. "토지 임대인은 농민들을 산 채로 껍질을 벗긴다. 그들은 우리의 인두세를 내주는 대가로 한시도 우리를 가만두지 않고 그들만을 위해 일하게 한다. 이것은 필시 악마들이 하는 짓이다." …

이 농부의 말은 나에게 수많은 생각을 일깨웠다. 특히 농민 계급 내에서 왕실 농민과 영주 농민의 처우의 불평등을 생각했다. 왕실에 속한 농민은 정해진 세금을 납부하지만 영주의 농노는 주인이 요구하는 것은 무엇이라도 납부할 준비를 해야 한다. 이러한 생각은 내 피를 끓게 만들었다. 잔인한 지주들! …

폭정의 고용인들은 평화와 안정을 설교하면서 사람들에게 족쇄를 채우고 … 사상의 보편적 순응을 바라며 그들의 권력을 안전하게 향유하려 한다. … 이 사회에 천부적, 시민적 평등을 점차 회복하기 위해서는 귀족의 세습적 권리들을 줄이는 것이 중요하다. …

성직자들은 종교의 자유를 불쾌하게 여기고, 대지주들은 농민들의 자유가 그들 재산권에 대한 침해라고 말한다. 그들이 누리는 자유는 가신들에게서가 아니라 노예제라는 무거운 짐에서 비롯된 것이다.

| 출전 |

알렉산드르 라디셰프(1749~1802), 《상트페테르부르크에서 모스크바로의 여행》, 1790: 알렉산드르 라디셰프는 부유한 귀족 출신으로 독일에서 5년간 수학했으며 볼테르, 루소, 몽테스키외 등 계몽사상가들의 영향을 받았다. 이 책에서 그는 제정 러시아의 지주와 관리가 저지른 횡포를 고발하고 농노의 비참한 생활상을 묘사함으로써 전제정치와 농노제를 폐지할 것을 호소했다. 이 책을 본 예카테리나 2세는 그가 '푸가초프 이상의 모반자'라고 하며 격노했고 그를 시베리아 유형에 처하고 저서를 모두 소각하게 했다. 라디셰프의 사상은 데카브리스트(12월당원)와 푸시킨에게 큰 영향을 끼쳤다.

프리드리히 빌헬름 1세의 포고문, 1714: 브란덴부르크-프로이센의 호엔촐레른 왕가는 종교적으로 관용 정책을 채택했다. 이 가문은 칼뱅파였지만 그 신민들은 대부분 루터파였다. 프랑스의 루이 14세가 1685년에 낭트 칙령을 폐지하고 퐁텐블로 칙령을 반포하자, 프리드리히 빌헬름 1세는 그 기회를 포착하여 프랑스 개신교도들을 자신의 왕국에 초대했다. 이 포고문이 보여주듯, 그는 프로이센 왕국의 경제 발전을 도울 수 있는 기술을 가진 사람들을 끌어오려 했다.

프리드리히 빌헬름 1세의 훈령, 1722: 빌헬름 1세는 1722년 7월 20일에 프로이센 동북부의 포메라니아 Pomerania 주를 맡고 있던 관리들에게 이 훈령을 공포했다. 그는 훈령에서 수세, 군대 충원 등과 관련된 사안에 대해 베를린에 있는 자신과 자신의 관료들이 받은 정보가 부정확하다는 점 그리고 게으른 관리들이 나쁜 소식을 자신에게 감추려 한다는 점을 지적했다.

프리드리히, 〈브란덴부르크 가문의 역사를 위한 비망록〉: 1746년부터 프리드리히 대왕이 프랑스어로 저술하였는데, 이는 자신의 출생 가문을 회고하는 작품이다. 이 저술은 군주 자신에 대한 통찰로 가득하며 인용된 글은 가장 유명한 구절이다. 그렇지만 그의 실제 속마음은 이런 군주관과 달랐음을 보여주는 서신도 있다. 그는 계몽주의에 깊은 관심을 보여 계몽전제군주라는 말을 들었지만 계몽주의 서적이 프랑스에서 불타는 데도 "나무가 모자라면 추운 겨울에 땔감이 될 것"이라고 말했다고 한다. 프랑스 외교관들은 그가 극히 모순적인 성격을 가졌던 것으로 파악했다.

마리아 테레지아, 〈정치적 유언〉, 1745: 오스트리아 제국은 여러 언어를 사용하는 민족들(독일인, 헝가리인, 체코인, 슬로바키아인, 슬로베니아인, 크로아티아인, 폴란드인, 루마니아인 등)로 구성되어 있어서 하나의 강력한 중앙집권적 군주국으로 통합하기가 불가능했다. 마리아 테레지아는 이 글에서, 앞선 합스부르크 왕조의 통치자들이 별 성과도 없이 여러 지방 귀족의 정치적·군사적 지원을 매수하고자 시도하면서 얼마나 무력해졌는지를 설명한다. 또 통치자가 귀족에게 특권을 많이 줄수록 그들은 더 많이 얻기를 기대한다고 하면서 자신의 재위에 내재한 취약점을 말한다.

괴팅겐 산과 병원 일지, 1808: 1751년에 독일 최초로 괴팅겐에 임산부의 해산을 돕기 위한 기관이 설립되었는데, 원장이 '접수부'를 만들어 1808년부터 입원 환자의 이름, 고향, 나이, 종교 및 출산 관련 사항들을 기록했다. 이 병원 출생아의 98퍼센트가 사생아였으며, 산모는 보통 해산한 뒤 2주 만에 퇴원했다. 산과 병원에서 일어난 일들을 정리한 이 일지는 인간을 실험 대상으로 보았던 당시 의사들의 관점을 보여준다.

| 참고문헌 |

김장수, 《유럽의 절대왕정 시대》, 푸른사상, 2011.

임승휘, 《절대왕정의 탄생》, 살림, 2004.

Balazs, Eva H., *Hungary and the Habsburgs, 1765~1800: An Experiment in Enlightened Absolutism*, New York: Oxford University Press, 1997.

Israel, Jonathan, *Democratic Enlightenment: Philosophy, Revolution, and Human Rights, 1750~1790*, New York: Oxford University Press, 2011.

Scott, H. M., *Enlightened Absolutism: Reform and Reformers in Later Eighteenth Century Europe*, UK: Palgrave Macmillan, 1990.

4
미국혁명
: 영국 식민지인들, 근대 최초 공화국을 세우다

신생 국가의 탄생을 낳은 독립전쟁

18세기에 영국과 프랑스는 카리브 해의 서인도제도를 비롯하여 북아메리카, 인도 등지에서 식민지 쟁탈전을 전개했다. 18세기 초반 북아메리카의 영국 식민지 인구가 40만 명에서 같은 세기 중반에 100만 명으로 증가한 반면, 프랑스의 식민지 인구는 5만을 넘지 못했다.│자료 1│ 양국은 오스트리아 왕위계승전쟁으로 적대 관계가 심해졌는데, 인도의 플라시 전투에서 승리를 거둔 영국이 북아메리카의 퀘벡과 몬트리올까지 점령함으로써 식민지 경쟁에서 압도적 우위를 차지했다. 한편 프렌치-인디언 전쟁이 종결된 후에 체결된 파리 조약에서 프랑스는 캐나다의 영토와 미국 루이지애나 동부를 영국에 넘겨주었고, 프랑스 편에 섰던 스페인도 영국에 플로리다를 양도했다. 그 대가로 프랑스는 루이지애나 서부를 뉴올리언스와 함께 스페인에 넘겼다.

프랑스 식민지
영국 식민지
1713년 위트레흐트 조약으로
프랑스가 영국에 양도한 영토
스페인 식민지
● 도시(건설 연도)

허드슨 만

캐나다

뉴펀들랜드

퀘벡(1608)
몬트리올(1642)
아카디아
포트 로열(1605)

보스턴(1630)
뉴욕(1626)
필라델피아(1681)
볼티모어(1729)

태평양

루이지애나

대서양

잘스턴(1680)
서배너(1733)

배턴루지(1720)
뉴올리언스(1718)
모빌(1702)

멕시코 만

4

도판 12 18세기 초의 북아메리
카 대륙 지형도. 스페인 왕위계
승전쟁(1701~1714)의 결과로
체결된 위트레흐트 조약으로
영국은 프랑스의 북아메리카
영토 일부를 차지하게 되었다.

그런데 영국이 전쟁으로 떠안은 부채와 식민지 영토 방어에 필요한 군비를 북아메리카 식민지들에 분담할 것을 요구하면서 13개 식민지와 본국의 갈등이 촉발되었다. 또한 영국은 1763년부터 일련의 규제 법률을 만들어 식민지를 더욱 엄격하게 통제하려 했지만 식민지 주민들은 오히려 자치권 확대를 요구했다. 조지 3세가 식민지의 설탕 수입에 관세를 부과하는 설탕 조례(1764), 각종 증서에 인지를 붙일 것을 요구하는 인지 조례(1765)를 제정해 새로운 세금을 부과하자 버지니아 의회 등 식민지 대표들은 "대표 없이 과세도 없다"라며 항의했다. | 자료 2 | 그리하여 이 두 법안은 폐지되었지만 1767년에 다시 염료, 종이, 유리, 차茶 등에 관세를 부과하는 타운센드 법Townsend Acts을 제정했다가 역시 차에 부과하는 세금만 남고 모두 폐지되었다.

식민지인들은 영국 의회가 식민지의 자율성을 침해하는 행태를 보이는 데에 계속 반발했고, 급기야 1770년에 시위자 다섯 명이 영국군의 총격으로 사망하

도판 13 (왼쪽) 하워드 파일 Howard Pyle의 〈벙커힐전투〉 (1897). 1775년 벙커힐 전투를 묘사한 그림으로, 영국 군대가 밀집대형으로 자리 잡은 후 전진하여 사격하고 돌격하는 전투 형태를 보여준다.

도판14 (오른쪽)존 트럼블John Trum-bull의 〈영국군 버고인 장군의 항복〉(1822). 1777년에 영국군 존 버고인John Burgoyne 장군이 사라토가 Saratoga 전투에서 미국군 호레이쇼 게이츠Horatio Gates 장군에게 항복하는 장면이 담겨 있다. 사라토가 전투는 미국 독립전쟁의 전환점이자 프랑스가 참전하는 계기가 되었다.

는 '보스턴 학살 사건'이 일어났다. 이어서 1773년에 보스턴 항에 정박한 동인도회사 선박의 차茶를 식민지인들이 바다에 던져버린 '보스턴 차 사건'이 발발하자, 영국은 보스턴 항구를 폐쇄하고 매사추세츠 식민 정부의 권한을 박탈했다. | 자료 3 | 그리고 결국 1775년 4월에 영국 수비대가 식민지 민병대와 충돌하면서 전쟁이 발발했다. 식민 정책에 항거하여 일어난 전쟁은 영국이 원주민과 흑인 노예, 독일인 용병을 신병으로 모집하고 식민지 항구까지 봉쇄하면서 격화되었고, 영국과의 완전한 결별을 외친 토머스 페인Thomas Paine의 《상식》이 1776년에 발표된 이후 식민지인의 독립 의지는 더욱 견고해졌다. | 자료 4 |

영국의 식민 정책에 대응하기 위해 식민지 대표들은 1774년에 필라델피아에 모여 1차 대륙회의를 열었고, 2차 대륙회의 때인 1776년 7월 4일에 〈독립선언문〉을 발표했다. | 자료 5 | 버지니아 대표인 토머스 제퍼슨이 벤저민 프랭클린과 존 애덤스John Adams의 도움을 받아 기초한 이 선언문은 로크의 계약론을 반영한 것이었다. | 자료 6 | 다시 말해 정부는 '생명과 자유, 행복 추구'를 보장해주기 위해 수립되었다는 것이 선언문의 골자였다. 이제 각 식민지는 주state로 개편되어 1787년에 헌법이 제정될 때까지 주권을 지닌 국가로서 기능했다. 조지 워싱턴이 지휘봉을 잡은 대륙군Continental Army은 영국 군대에 맞서 선전했고 요크타운 Yorktown에서 식민지 군대와 프랑스 군대가 영국군을 격파함으로써 전쟁은 막을 내렸다. 또한 1783년에 맺어진 파리 강화조약으로 미국은 캐나다 남쪽 국경에서 플로리다 북쪽 국경, 대서양에서 미시시피 강에 이르는 방대한 땅을 영토

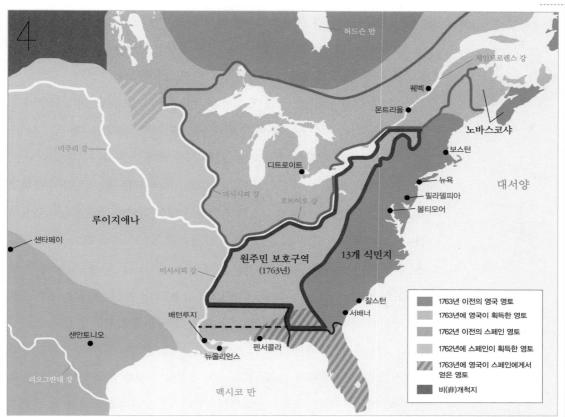

루이지애나

샌타페이

산안토니오

리오그란데 강

허드슨 만

세인트로렌스 강

퀘벡

몬트리올

노바스코샤

보스턴

디트로이트

뉴욕

필라델피아

볼티모어

대서양

원주민 보호구역
(1763년)

미시시피 강

미주리 강

미시시피 강

오하이오 강

13개 식민지

찰스턴

서배너

배턴루지

펜서콜라

뉴올리언스

멕시코 만

	1763년 이전의 영국 영토
	1763년에 영국이 획득한 영토
	1762년 이전의 스페인 영토
	1762년에 스페인이 획득한 영토
	1763년에 영국이 스페인에게서 얻은 영토
	비(非)개척지

도판 15 1760년대 북아메리카 지형도. 영국과 프랑스는 유럽, 인도에서뿐만 아니라 북아메리카 대륙에서 식민지 전쟁을 벌였다. 스페인은 같은 부르봉 왕가인 프랑스를 도와 참전했으나, 영국은 스페인의 식민지였던 쿠바의 아바나와 필리핀의 마닐라를 점령했다. 파리 조약으로 플로리다를 잃은 스페인에 루이지애나를 넘김으로써 프랑스는 북아메리카 식민지의 대부분을 상실했다.

로 확보했다. 스페인은 플로리다와 미노르카Minorca를 얻었고, 프랑스는 앤틸리스 제도Antilles Islands의 섬들을 얻었다. 영국은 식민지 통제력을 상실했지만 신생국 미국과의 상업망을 다시 가동했다.

연합정부에서 연방공화국으로 나아간 미국 건국 작업

13개 식민지 대표들로 구성된 대륙회의가 1781년에 채택한 '연합헌장Articles of Confederation'은 과세, 통상, 화폐 발행 등 실질적 통치권을 각 주의 정부에 부여했다. 주들은 상원과 하원을 구성하고 일정 재산을 소유한 시민에게 투표권을 부여했다. 사우스캐롤라이나와 조지아를 제외한 주들이 노예 수입을 금지했고, 버지니아와 메릴랜드는 노예 주인의 해방권을 인정했다. 북부에서는 1780년에 펜실베이니아가 노예제도를 위법으로 선언한 이후 뉴욕과 뉴저지를 제외한 모

든 주가 전쟁이 끝나기 전에 노예제를 폐지했다. |자료 7 |

그런데 1784년부터 1787년까지 전후 경기 불황이 이어지면서 연합정부는 화폐 공급 부족 등 경제 난관에 봉착했다. 그러자 연합정부와 주정부는 세금을 거둬서 엄청난 전쟁 부채를 갚았는데, 이미 빚더미에 올라 있던 농민들의 불만이 폭발하여 1786년에 셰이즈 반란이 일어났다. 뉴잉글랜드 농민인 대니얼 셰이즈 Daniel Shays 등이 지폐 발행, 세금 경감, 채무 지불 연기 등을 요구하며 일어난 사건이었다. 이 사건을 계기로 미국인들은 주들 사이의 갈등을 조정하지 못하고 셰이즈 반란에도 무기력하게 대응한 연합정부 대신 강력한 중앙정부가 필요하다는 사실을 깨닫게 되었다.

이에 1787년 필라델피아에서 열린 제헌회의 Constitutional Convention에서 각 주의 대표자들인 '건국의 아버지들 Founding Fathers'은 조지 워싱턴을 의장으로 선출하고 양원제 연방의회와 삼권분립의 연방정부를 내용으로 하는 헌법 초안을 작성했다. 상원은 각 주에서 두 명씩 선출하고 하원 의석은 각 주의 인구수에 따라 배정했다. 제임스 매디슨 James Madison이 초안을 작성한 미국 헌법이 가진 특징은 연방정부와 주정부 간의 권력 분할이었다. 즉, 상원과 하원의 견제, 의회의 대통령 권력 견제, 대통령의 의회 법안 거부권 등을 통해 효율적이고 균형 잡힌

표 5 홉스·로크·루소의 정치사상 비교.

구분	홉스	로크	루소
대표 저서	《리바이어던》(1651)	《관용에 대한 편지》(1689) 《인간오성론》(1690) 《통치론》(1690)	《인간 불평등 기원론》(1755) 《사회계약론》(1762) 《에밀》(1762)
자연 상태	만인의 만인에 대한 투쟁 (성악설)	자유와 평화 (백지설 tabula rasa)	성선설
사회계약	자연권의 전부 양도 (생명권 수호 계약)	자연권의 일부 양도 (저항권 인정, 소유권 수호 계약)	인민 상호 간의 계약 일반의지 성립 (주권재민)
정치 사상	군주에 대한 국민의 절대 복종	간접민주정치 2권 분립(입법, 집행)	직접민주정치
정치 형태	절대군주제 옹호	제한군주제 옹호	절대군주제 비판

중앙정부의 필요성을 충족하도록 고안되었다.

이 헌법은 주 비준회의state convention의 승인을 거쳐 1788년에 공식 발효되었다. 그 과정에서 조지 워싱턴, 존 애덤스, 알렉산더 해밀턴 등 중앙집권을 강조한 연방파Federalist와 제퍼슨, 매디슨 등 주의 권리를 확고히 하려는 공화파Republicans의 입장이 서로 갈렸다. 그들은 미국이 상업경제를 지향해야 할지 농본주의를 중시해야 할지에 대해서도 의견을 달리했다. 초대 대통령으로는 연방파였던 워싱턴이 선거인단의 만장일치로 당선되었고 재선에도 성공했다. 1800년 대통령 선거에서는 공화파 후보였던 제퍼슨이 연방파 후보였던 애덤스를 누르고 당선되었다. 이를 '1800년 혁명'이라고 부른다.

미국 헌법의 특징과 의의

미국 헌법이 지닌 가장 큰 특징은 공화주의다. 도덕적인 체제이긴 하나 부패와 내분에 취약한 것으로 여겨졌던 공화주의가 미국에 수립된 후 남아메리카에서도 공화정 정부가 잇따라 들어섰다. 새 헌법은 또한 영국의 입헌군주제를 본떠서 의회를 양원제로 구성하여 대통령의 권력을 견제하도록 했다. 대통령은 '선거에서 뽑힌 군주'와 유사했다. 다만 영국 헌법과 달리 중앙정부와 주정부 간의

권력을 분리하는 연방주의를 채택했다. 연방주의는 각 주마다 독립된 통치권을 갖는 정치형태로 미국 헌법만의 특색이다. 또한 국민주권의 원칙을 명확하게 표방한 점도 영국 헌법과 근본적으로 다른 점이었다. 1791년에 비준이 완료된 헌법 수정조항은 종교, 언론 및 출판의 자유, 집회 및 청원의 권리 등을 국민의 기본권으로 확정했다. |자료 8|

영국 식민지인들의 독립을 향한 열망으로 시작된 본국과의 전쟁은 식민지인의 승리로 막을 내렸다. 그러나 1781년의 연합헌장이 미국 헌법으로 탈바꿈하기까지 '건국의 아버지들'은 새 헌법 제정을 둘러싸고 치열한 논쟁을 벌였다. 패트릭 헨리Patrick Henry와 같은 반反연방주의자들은 중앙정부의 권한을 크게 확대한 새 헌법이 13개 주들의 권리를 축소하고 개인의 기본적 자유를 침해할 위험이 있다고 경고했다. 말하자면 〈독립선언문〉과 본질적으로 합치하지 않는 미국 헌법은 미국혁명을 배신한 것이라고 주장했다. 하지만 당시 주들의 연합 체제는 당면한 새 공화국의 여러 위기를 해결하기에 역부족이었고, 헌법 제정으로 창출된 '연방'이라는 새로운 체제가 중앙정부와 주정부의 권력 균형을 창출함으로써 미국혁명을 완성했다고 할 수 있다.

빵이 있는 곳에 조국이 있다

미셸 기욤 장 드 크레브쾨르Michel Guillaume Jean de Crèvecœur, 《한 미국 농부의 편지Letters from an American Farmer》, 1782, Fox, Duffield & Company, 1904, pp. 55~56

가난한 유럽 출신 이민자들이 자기 소유라고는 아무것도 없던 나라에 무슨 애착을 가질 수 있었겠습니까? 그 나라 말을 알고 자신처럼 가난한 친척 몇 명과 유대를 나눈 것이 그와 그 나라를 이어준 유일한 끈이지요. 지금 그에게 조국이란 땅과 빵, 보호를 제공하는 곳이므로 "빵이 있는 곳에 조국이 있노라Ubi panis ibi patria"는 모든 이민자들의 구호입니다. … 이곳에서는 온갖 나라에서 온 사람들이 새로운 인종으로 융합되며, 그들의 노동과 후손들이 언젠가는 세계에 큰 변화를 일으킬 것입니다. … 이 나라에서는 노동을 한만큼 수고한 대가를 받습니다. 그의 노동은 자기 이익이라는 본성에 토대하고 있으니 이보다 더 강한 유혹이 있겠습니까? … 과거에는 아내들과 아이들이 아버지에게 빵 한 조각도 얻지 못했습니다. 그런데 지금은 살이 올랐고 장난도 치며 땅을 개간하는 아버지를 즐겁게 돕고 있습니다. 이 나라에서는 그들 모두를 먹이고 입히는 데 충분한 곡물이 생산됩니다. 그렇지만 전제군주나 부유한 대수도원장이나 힘센 영주가 빼앗아 가는 일은 없습니다. 여기에서는 종교도 그에게 요구하는 것이 거의 없지요. … 사제에게 약간의 봉급만 제공하고 신에게 감사를 표할 뿐입니다.

'대표 없이 과세 없다'

존 애덤스[1]의 일기(1765년 12월 18~21일); https://www.masshist.org/digitaladams/archive/doc?id=D11

1765년은 내 인생에서 가장 놀라운 해였다. 아메리카의 권리와 자유를 부수려고 영국 의회가 고안한 그 엄청난 엔진 즉 인지조례는 … 조지아에서 뉴햄프셔에 이르는 모든 식민지인들의 엄청난 분노를 불러일으켰다. … 가장 하층계급의 사람들까지도 그들의 자유에 대해 이전보다 더 각성하게 되었고 그것을 지키고자 결심했다. 우리의 언론은 인지조례에 야유를 보냈고 성직자들은 큰소리로 비난했으며 의원들은 결의를 다졌다. …

우리가 이처럼 인지조례에 수동적으로 복종해야 하는 상황이 얼마나 오래 지속될지 불확실하다. … 그러나 우리에게 세금을 부과할 영국 의회의 권위를 인정한다면 아메리카의 붕괴는 불가피하게 될 것이다. …

인지조례는 무효이다. 영국 의회는 우리에게 내국세를 부과할 법적 권리가 없다. 왜냐하면 의회에 우리 대표자들은 없기 때문이다. 그러므로 인지조례는 공정성과 헌법에 위배된 것으로서 보류되어야 한다. …

보호와 충성은 상응하는 것이다. 우리가 왕의 보호를 받지 못한다면 우리는 충성을 바칠 의무가 없다. 그것은 영국 정부와의 유대가 해체되는 것이며 국왕의 퇴위를 선언하는 것이다. 그처럼 무시무시한 선언은 결국 우리를 반역으로 이끌 것이다!

1 | 존 애덤스는 인지조례 제정에 따른 반영反英 운동의 지도자이자 대륙회의의 대표로 활약했다. 주영 공사와 부통령을 지내고 1796년에 제2대 대통령이 되었는데, 애덤스가 파견한 신임 공사를 프랑스가 인정하지 않으면서 벌어진 갈등을 1800년의 조약 체결로 잘 무마하고 프랑스와의 전쟁 위기를 넘기는 데 성공했다.

미국인들의 자유정신

에드먼드 버크Edmund Burke의 하원 연설, 1775; 아널드 슈리어Arnold Schrier 외 편집, 《근대 유럽 문명: 르네상스부터 현재까지의 정치, 사회, 사상의 역사 사료Modern European Civilization: A Documentary History of Politics, Society, and Thought from the Renaissance to the Present》, Scott, Foresman and Com—pany, 1979, pp. 215~218에서 재인용

미국인의 특성에서 자유에 대한 사랑은 그들 전체를 특징짓고 구별하는 탁월한 특징이다. … 자유에 대한 이처럼 강인한 정신은 지구상의 다른 어떤 사람들보다 아마 영국

식민지인들에게서 더 강할 것이다. 그리고 이것은 여러 가지 다양한 원인들 탓이다. …
먼저 식민지인들은 영국인의 후예다. 영국은 과거에 자유를 숭배했고 내가 바라건대
여전히 존중하는 나라다. 식민지인들은 이러한 영국인의 특성이 가장 지배적이었을 때
영국을 떠나 이주했으며, 그들은 영국의 손을 떠나는 순간에 이러한 경향과 선입관을
취했던 것이다. 그러므로 그들은 자유에 애정이 깊을 뿐만 아니라 영국의 이념에 따라
그리고 영국의 원칙 위에서 자유에 헌신적이다. …

… 이 새로운 인민들이 종교를 서약하는 방식은 자유정신의 발로를 보여준다. 그들은
생각과 의견의 암묵적 복종을 가장 싫어하는 부류의 프로테스탄트다. 이들은 자유에
우호적인 종파일 뿐만 아니라 자유 위에 세워진 종파다. … 북부 식민지들에서 우세한
종교는 저항 원리에 근거한 이념 … 즉 비국교도 중에서도 가장 의견이 다른 프로테스
탄티즘이다. … 남부 식민지들에서는 영국 국교도가 대다수를 구성한다. … 하지만 버
지니아와 캐롤라이나에는 엄청난 수의 노예들이 있다. 이 경우 자유인들은 … 자유에
대해 훨씬 더 자부심을 가진다. 자유는 그들에게 단순한 즐거움이 아니라 일종의 지위
이자 특권이다. … 남부 식민지인들은 북부 식민지인들보다 자유에 대한 애착이 훨씬
더 강하다. … 모든 노예 주인들이 그러할 것이다. …

… 식민지에서의 이 견고한 정신의 성장과 영향에 기여한 것은 교육이다. 아마 이 세계
어느 나라에서도 법을 그만큼 연구하는 곳은 없을 것이다. … 의회에 진출한 대표자들
대부분이 변호사들이었다. 그리고 읽을 줄 아는 사람은 누구나 법학 지식을 조금이라도
얻으려고 노력한다. … 남부 농장 지역에 법학 서적이 가장 많이 수출된다고 한다. …

… 이러한 여섯 가지 주된 원인—출신(혈통), 정부 형태, 북부 식민지의 종교, 남부 식민
지의 풍습, 교육, 본국에서 멀리 떨어져 있는 상황—으로부터 열렬한 자유정신이 성장
했다. 자유정신은 식민지인이 성장하면서 함께 성장했고, 그들의 부가 커지면서 함께
커졌다.

영국의 폭정에 맞서 일어나라

토머스 페인, 〈15. 상식Common Sense〉(1776), 《토머스 페인 저작The Writings of Thomas Paine》, M. D. 콘웨이

Moncure Daniel Conway 편집, 1894, G. P. Putnam's Sons, pp. 67~68, 75, 83~86, 88~92, 97~100

(한국어판 출간 제목은 《토머스 페인 상식》)

장기간에 걸쳐 난폭하게 권한을 남용하면 그것이 과연 정의로운가 하는 의심을 불러일으킨다. … 영국의 왕이 자신의 '고유 권한'에 입각하여 '영국의 것'이라고 주장하며 의회의 지지를 얻으려 하고 있는 상황인데 … 큰 잣대로 보면 아메리카에 중요한 일은 전체 인류에도 중요한 일이다. (중략) 인류는 원래 창조 질서 안에서 평등한데 다음의 경우들로 인해 깨어지고 만다. 즉 부자와 가난한 자의 구분 … 그리고 왕과 백성subjects으로 사람들을 나누는 것이다. 남성과 여성은 자연의 구별이고, 선과 악은 하늘의 분별이다. (중략) 한마디로 군주정과 왕위 계승은 … 신의 말씀을 거스르는 정부 형태이며 그런 정부에는 유혈이 수반될 것이다. … 영국 사람들이 자부심을 가지는 것은 영국 헌정에서 공화정에 관한 부분이지 군주정에 관한 부분이 아니다. 즉 자신들 가운데서 하원의원을 선출하는 자유이다. 공화정의 미덕이 몰락하면 국민은 곧 노예상태로 전락하게 된다. … 어떤 사람은 아메리카가 대영제국과의 연계 속에서 번성했으며 그러한 연대가 아메리카의 장래 번영에 필요하며 동일한 결과를 가져다 줄 것이라고 말한다. 이런 주장보다 더 거짓된 것은 없다. … 나는 그 어떤 유럽 세력의 도움을 받지 않았더라도 아메리카가 이만큼 번영했을 것이며 아마도 훨씬 더 번성했을 것이라고 자신 있게 반박할 수 있다. … 어떤 사람들은 유럽이 우리를 보호해왔노라고 말한다. … 그러나 유럽은 무역하고 지배하기 위해서라면 터키라도 방어했을 것이다. … 영국이 어버이 나라라고 말하는 사람이 있다. 그렇다면 영국의 행위에 더 많은 수치심을 느끼게 될 것이다. 짐승도 제 새끼는 잡아먹지 않으며 야만인도 가족과는 전쟁을 벌이지 않는다. (중략) 나는 열렬히 화해를 주창하는 자에게 반대한다. … 우리가 생산한 곡물은 유럽 내의 어떤 시장에서도 제 값을 받을 것이다. … 우리가 영국과의 관계로 인해 받는 손해나 불이익은 헤아릴 수 없이 많다. 우리 자신을 위해서 그리고 인류를 위해서도 그러한 연계를 포기해야 한다. 왜냐하면 대영제국에 대한 종속이나 의존은 아메리카 대륙을 유럽인들이 벌이는 전쟁과 싸움에 휘말리게 할 경향이 있기 때문이다. … 유럽인들이 다시는 그런 분쟁을 벌이지 않으리라고 말하는 것은 안일한 환상이다. 우리는 인지조례 폐지 때 그

렇게 생각했지만 한두 해만에 진실을 깨달았다. … 내가 분리와 독립을 주장하게 된 것은 자만이나 당파심, 원한 때문이 아니다. 나는 그렇게 되는 것이야말로 이 아메리카 대륙의 진정한 이익이라는 점을 분명히 확신하고 있다. (중략) 따라서 나는 다음의 제안들을 제시한다. … 주의 하원은 매년 개최하며 각 주에 한 명의 의장만을 두도록 한다. 대표권은 더 평등하게 나누고, 하원의 임무는 오로지 주의 내부 문제에 국한하며 대륙의회 권위에 복종하게 한다. … 아메리카 정부가 영국의 손아귀에 다시 들어간다면… 우리들은 [윌리엄] 정복왕의 억압을 받았던 비참한 영국 사람들처럼 고생하게 될 것이다. 독립을 반대하는 그대들이여, 그대들은 무엇을 하는지 모르고 있소이다. 그대들은 정부의 자리를 비게 함으로써 영원한 폭정으로의 문을 열고 있는 것이오. 우리를 멸망시키려고 인디언들과 흑인들을 선동해온 바로 저 야만적이고 악마 같은 세력을 대륙에서 축출하는 것을 영광으로 생각할 사람들이 수천수만이나 있소이다. … 오! 인류를 사랑하는 그대들이여! 폭정뿐 아니라 폭군도 결연히 반대하는 그대들이여, 나아가자!

자료
05

미국 〈독립선언문〉의 기초, 〈버지니아 권리장전〉

〈버지니아 권리장전The Virginia Bill of Right〉, 1776; 한국미국사학회 엮음, 《사료로 읽는 미국사》, 궁리, 2006, 61~64쪽에서 발췌

1. 모든 인간은 날 때부터 똑같이 자유롭고 독립적이며 일정한 천부의 권리를 갖고 있다. 인간이 한 사회의 성원이 될 때 재산을 취득하고 소유하면서 그리고 행복과 안전을 추구하고 획득하면서 생명과 자유를 향유할 권리를 박탈당할 수 없다.

2. 모든 권력은 국민에게 귀속되며 국민으로부터 나온다. 따라서 관직을 맡은 사람들은 국민의 수탁자이자 종복이며 국민에게 순종할 의무가 있다.

3. 정부는 국민, 국가 또는 공동체의 공동 이익과 보호, 안전을 위해 존재하며 또 마땅히 그러해야 한다. 또 정부의 여러 유형과 방식 중에서 최대의 행복과 안전을 제공하는 … 정부가 최선의 정부이다. …

5. 국가의 입법권과 행정권 그리고 사법권은 분립되어야 하고 구별되어야 한다. 그리고 입법부와 행정부 구성원은 국민의 괴로움을 느끼고 체험함으로써 억압 행위를 삼갈 수 있으며, 임기를 정하여 민간인의 지위로 되돌아가게 하여 그로 인한 공석은 정규 선거에 의해 충원되도록 해야 한다. …

16. 종교 즉 창조주에 대한 우리의 의무와 실행 방식은 오직 이성과 확신을 따를 것이며 결코 강제나 폭력으로 해서는 안 된다. 따라서 <u>모든 인간은 양심의 지시에 따라 자유로운 종교 생활을 누릴 평등한 권리가 있으며</u>, 서로에 대하여 기독교적 관용과 사랑, 자선을 베푸는 것이 우리 모두의 상호적 의무이다.

13개 아메리카 국가 연합의 만장일치 선언

〈독립선언문Declaration of Independence〉, 1776; 앨런 브링클리Alan Brinkley, 《있는 그대로의 미국사The Unfinished Nation: A Concise History of the American People》1, 황혜성 외 옮김, 휴머니스트, 2011, 566~570쪽에서 재인용

우리는 다음과 같은 것을 자명한 진리라고 생각한다. <u>모든 사람은 평등하게 태어났으며, 조물주는 몇 개의 양도할 수 없는 권리를 부여했는데 그 권리 중에는 생명과 자유와 행복의 추구가 있다.</u> 그리고 이 권리를 확보하기 위해 인민은 정부를 조직하며, 이 정부의 정당한 권력은 피치자被治者의 동의에서 유래한다. 또한 <u>어떠한 형태의 정부이든 정부가 이 목적을 파괴할 때는 언제든지 인민은 정부를 변혁하거나 폐지할 권리가 있다.</u> … 영국의 현 국왕의 역사는 악행과 착취를 되풀이한 역사이며, 그 직접적인 목적은 아메리카 국가들 위에 절대 전제정치를 세우려는 데 있었다. 이를 증명하기 위해 다음의 사실들을 … 밝히는 바이다.

<u>국왕은 공공선을 위해 매우 유익하고 필요한 법률을 허가하지 않았다.</u> …

국왕은 우리 인민을 괴롭히고 인민의 재산을 낭비하도록 하기 위해 수많은 새로운 관직을 만들고 많은 관리를 파송했다.

국왕은 평화 시에도 우리 입법부의 동의 없이 상비군을 주둔시켰다. …

국왕은 … 우리와 전 세계 간의 무역을 차단하고, 우리의 동의 없이 우리에게 세금을 부과하고 … 우리의 특허장을 박탈하고, 우리의 귀중한 법률을 철폐했으며, 우리의 입법부를 정지시켰다. …

국왕은 우리 안에 내분을 선동했고 … 무차별로 살해하는 것을 전쟁의 규칙으로 삼고 있는 무자비한 원주민을 동원하려 노력했다.

이러한 탄압을 받을 때마다 우리는 시정是正을 탄원했다. 그러나 여러 차례 계속된 탄원에 대해 돌아온 것은 박해의 연속일 뿐이었다. 따라서 <u>모든 행동에서 폭군이라고 정의를 내리지 않을 수밖에 없는 국왕은 자유로운 인민의 통치자로 적합하지 않다.</u> …

이에 우리, 연합한 아메리카 국가들의 대표들은 전체 회의에 모여서 우리의 올곧은 의도를 세계의 최고 심판자에게 호소하며, 이 식민지들의 선량한 인민의 이름과 권능으로 엄숙히 공포하고 선언한다. 이들 연합한 식민지들은 자유롭고 독립된 국가이며 당연한 권리로서 자유롭고 독립된 국가여야 한다. 이 국가들은 영국의 왕에 대한 모든 충성의 의무를 벗으며, 영국과의 모든 정치적 관계는 해소되어야 한다. 따라서 이 국가들은 자유롭고 독립된 국가로서 전쟁을 개시하고 평화를 체결하고 동맹 관계를 협정하고 통상 관계를 수립하는 그리고 독립국가가 당연히 할 수 있는 모든 행동과 일을 할 완전한 권리를 지닌다. 따라서 우리는 우리의 생명과 재산과 신성한 명예를 걸고 신의 가호를 굳게 믿으면서 이 선언을 지지할 것을 서로 굳게 맹세한다.

자료 06

〈독립선언문〉과 미국 헌법의 토대

존 로크, 《통치론The Treaties on Government》; 마빈 페리Marvin Perry 외, 《서양 역사 사료 1: 고대부터 계몽 시대까지Sources of the Western Tradition, Vol. 1: From Ancient Times to the Enlightenment》. Houghton Mifflin Co., 1991, pp. 415~417에서 재인용

정치권력을 올바로 이해하고 그 기원을 도출하기 위해 우리는 모든 인간이 자연적으로 어떤 상태에 처해 있는가를 고찰해야 한다. 그러한 상태란 사람들이 타인의 허락을 구하거나 그의 의지에 구애받지 않고, 자연법의 테두리 안에서 … 자신의 행동을 규율하고 자신의 소유물과 인신을 처분할 수 있는 완전한 자유의 상태다.

그것은 또한 평등의 상태이기도 한데, 거기서 모든 권력과 권한은 호혜적이며 무릇 어느 누구도 다른 사람보다 더 많이 갖지 않는다. 이 점은 동일한 종류의 피조물이 차별 없이 자연의 동일한 혜택을 받고 태어나 동일한 재능을 사용하기 때문에 … 어떠한 복종이나 종속 없이 상호 간에 평등해야 한다는 데서 명백히 드러나 있다.

… 비록 대지와 모든 열등한 피조물은 만인의 공유물이지만, 모든 사람은 자신의 인신에 대해서는 재산권을 갖고 있다. … 본래 인간은 모두 자유롭고 평등하고 독립된 존재이므로, 어떤 인간도 자신의 동의 없이 이러한 상태를 떠나서 다른 사람의 정치권력에 복종할 수 없다. 어떤 사람이 자신의 자연적 자유를 포기하고 시민사회의 구속을 받아들이는 유일한 방도는 … 다른 사람들과 함께 공동체를 결정하기로 합의하는 것이다. 이러한 합의는 … 인류의 자유에 아무런 해를 끼치지 않는다. 사람들은 그 이전과 마찬

가지로 여전히 자연 상태에서 자유를 누리기 때문이다. 일정한 수의 사람들이 하나의 공동체나 정부를 구성하기로 동의할 때, 그들은 … 하나의 정치체를 결성하게 되며 거기서는 다수가 여타 사람들을 움직이고 결정할 권리를 갖는다.

그 이유는 … 사람들이 각각 개별적인 동의에 의해서 공동체를 결성했을 때 그들은 그 행위를 통해 그 공동체를 한 몸one body으로 만들었기 때문이다. 그 결과 공동체는 일체 one body로서 행동할 수 있는 권력을 갖게 되며 그 권력은 오직 다수의 의지와 결정에 따르게 된다. 왜냐하면 어떤 공동체든 그것을 움직이게 하는 것은 오직 그 구성원들의 동의뿐인데, 한 몸은 한 방향으로 나아갈 수밖에 없으므로 가장 커다란 힘 곧 다수의 동의가 그것을 한 방향으로 움직이게 하지 않을 수 없기 때문이다. … 그러므로 동의에 의해 모든 개인은 다수가 결정하는 바에 구속된다.

자료
07 ---

버지니아에서 해방된 흑인 노예의 노예제 비판

올라우다 에퀴아노Olaudah Equiano, 《아프리카인 구스타부스 바사 혹은 올라우다 에퀴아노의 삶에 대한 흥미로운 이야기The Interesting Narrative of the Life of Olaudah Equiano, or Gustavus Vassa, the African》, 1789; 로버트 J. 앨리슨Robert J. Allison 편집, 《올라우다 에퀴아노의 삶에 대한 흥미로운 이야기The Interesting Narrative of the Life of Olaudah Equiano》, Bedford Books, 1995, pp. 45~46, 57에서 재인용

아프리카인의 열등성을 이야기하는 것은 신의 뜻을 거스르는 것이다. … 아프리카인을 인간으로 대접했는가? 노예제는 사람의 정신을 쇠약하게 한다. … 거만한 유럽인들로 하여금 그들의 조상이 한때는 아프리카인들처럼 문명화되지 못하고 심지어는 야만적이었음을 상기하게 하라. 그들이 (외모나 피부색을 근거로) 우월함을 느끼는 태도를 버리고 검은 형제의 불행을 동정하도록 하라. … 신은 지구상의 모든 사람을 한 핏줄로 만드셨다. (중략)

마침내 바베이도스Barbeidos 섬의 모습이 눈에 들어왔다. … 배가 육지에 가까워지면서 항구와 다양한 크기의 배들이 보였고 곧 우리 배도 브리지타운Bridgetown 근처에 정박했다. 저녁이 다 되었는데도 많은 상인들과 농장주들이 배에 올라와 우리를 몇 명씩 무리 짓게 해서는 주의 깊게 살펴보았다. 우리보고 뛰어올라 보라고 하기도 하고 육지를 가리키면서 곧 그곳으로 갈 것이라고 손짓을 했다. 이런 모습을 보면서 우리들은 이제 이 추한 사람들한테 잡아먹히는구나 하고 생각했다. 곧이어 우리는 갑판 아래에 다시

간혔고 공포와 전율로 몸을 떨었다. 걱정으로 인한 비통한 울음소리가 밤새 들려오자 백인들은 우리를 달래기 위해 노예 생활을 오래 한 다른 노예들을 배에 올라오게 했다. 이 노예들은 우리가 잡아먹히는 것은 아니고 일을 하게 될 것이며 곧 상륙할 텐데 육지에 내리면 우리와 같은 동포를 많이 볼 것이라고 이야기해주었다. 그들의 이야기를 들으니 마음이 한결 편해졌다. 아니나 다를까 상륙하자마자 여러 아프리카 나라들의 언어가 들려왔다.

'우리는 모두 평등합니다'

벤저민 베니커가 토머스 제퍼슨에게 쓴 편지, 1791; 찰스 세라미Charles Cerami, 《벤저민 베니커: 측량사, 천문학자, 출판인, 애국자Benjamin Benneker: Surveyor, Astronomer, Publisher, Patriot》, John Wiley & Sons, Inc., 2002, pp. 163~167에서 재인용

우리 종족이 오랫동안 세상의 학대와 책망을 받으면서 일했다는 점, 오랫동안 경멸의 눈초리를 받았다는 점, 오랫동안 인간이라기보다는 짐승으로서 거의 정신적 능력을 갖지 못한 존재로 여겨졌다는 점은 당신에게도 너무나 잘 입증된 사실이므로 여기서 새삼 증명할 필요가 없는 진실이라고 생각합니다. … 나는 당신이 우리에 관해 매우 널리 퍼져 있는 그런 일련의 터무니없고 그릇된 사고와 의견을 일소할 수 있는 모든 기회를 갖게 되리라 생각합니다. 그리고 전능하신 하느님이 우리 모두를 창조했으며, 하느님은 하나의 육신으로 우리 모두를 만들었을 뿐만 아니라 조금의 치우침도 없이 우리 모두에게 똑같은 재능을 부여했다는 것, 그리고 우리가 아무리 다른 종교와 사회에 속해 있고 피부색과 처한 상황이 다르다 하더라도 우리 모두는 하나의 가족이며 신 앞에서는 동등하다는 생각을 저와 공유하리라 봅니다.

자료
08

로크가 미국 헌법의 '종교 자유' 조항에 끼친 영향

로크, 《관용에 관한 편지A Letter Concerning Toleration》, 최유신 옮김, 철학과현실사, 2009, 58~76쪽

종교 문제에 대해 다른 견해를 가진 사람들에게 관용을 베푸는 것은 예수 그리스도의 복음에도 그리고 인간의 순수한 이성에도 아주 들어맞는 일입니다. … 그러므로 시민 정부의 일과 종교의 일을 정확하게 구별해서 이 둘 사이에 올바른 경계선을 긋는 일이

필요합니다. …

내가 보기에 국가는 오로지 시민의 이익을 확보하고 보존하고 그리고 향상시키기 위해 구성된 사회입니다. 내가 시민의 이익이라고 하는 것은 생명, 자유, 건강, 신체의 편안함 그리고 돈, 토지, 가옥, 가구 등과 같은 외적인 것들의 소유를 말합니다. 평등한 법을 공정하게 시행함으로써 전체 시민 그리고 시민 각자가 이 세상에 살면서 정당하게 소유하고 있는 것들을 안전하게 지켜주는 것이 시민 통치자의 의무입니다. … 통치자는 다른 사람의 권리를 해치는 사람들을 처벌하기 위해 시민들이 부여한 권력과 힘으로 무장하는 것입니다.

… 인간 영혼의 구원을 돌보는 일은 통치자의 일에 속할 수 없습니다. 왜냐하면 엄격한 법과 형벌의 힘으로 사람들의 정신에 확신을 불어넣고 그들의 정신을 변화시킨다 해도 그것은 그들 영혼의 구원에는 전혀 도움이 되지 않을 것이기 때문입니다. …

… 어떤 개인도 다른 사람이 자기와 다른 교회나 종교에 속한다고 해서 그가 누릴 수 있는 시민적 권리를 결코 침해할 권리가 없습니다. … 서로 다른 종교를 가진 개인 간의 이러한 상호 관용은 다른 교회들 간의 관용에도 똑같이 적용된다고 생각합니다. … 통치자가 어떠한 교회에서 어떤 의식이나 의례를 법률로써 강제로 거행하게 할 권한이 없듯이, 어떤 교회에 의해 이미 받아들여지고 승인되어서 시행되는 의식과 의례의 거행을 금지할 권한도 없습니다.

나는 《신약》은 믿을 수 없다

페인, 《이성의 시대The Age of Reason》; 마빈 페리 외, 《서양 역사 사료 1》, pp. 423~424에서 재인용

나는 한 분이신 신을 믿을 뿐이다. 나는 이승에서의 행복을 희망한다.

나는 인간의 평등을 믿는다. 종교적 의무란 정의를 행하고 자비를 베풀며 동료 인간을 기쁘게 하려고 노력하는 것이라고 믿는다. …

나는 유대 교회, 로마 가톨릭교회, 그리스정교회, 터키 교회, 프로테스탄트 교회, 그리고 내가 알고 있는 어떤 교회가 공언한 신조도 믿지 않는다. 나의 정신이 곧 나의 교회다. …

… 십계명은 어떤 내적 신성神性의 증거도 담고 있지 않다. 그것은 입법자의 자격이 있는 사람이면 누구라도 초자연적인 힘의 개입에 의존하지 않고도 만들 수 있는 훌륭한 도덕적 가르침을 담고 있다.

동정녀 마리아Virgin Mary라고 불리는 여인이 남자와 잠자리를 갖지 않고서 아이를 가졌

다고 말했으며 그녀 남편인 요셉은 천사가 그렇게 말해줬다고 했는데 나는 그것을 믿지 않을 권리가 있다. 그러한 상황은 단순히 그들의 말보다 더 강력한 증거를 필요로 한다. 하지만 그러한 증거는 없다. 요셉이나 마리아 당사자가 그러한 일을 기록하지 않았다. 다만 그들이 그렇게 말했다고 다른 사람들이 기록했을 뿐이다. …

예수 그리스도가 신의 아들이라는 이야기에 대한 믿음을 설명하기는 어렵지 않다. … 예수가 신의 아들이라는 이야기는 새롭지도 않고 대단하지도 … 않았다. 그 이야기는 유대인이 아닌 사람들에게 팽배했던 생각과 유사했다. … 유일신에 대한 믿음을 엄격히 지키며 이교도 신화를 항상 거부했던 유대인만이 그 이야기를 결코 신뢰하지 않았다. …

… 예수 그리스도는 고결하고 온후한 사람이었다. 그가 설교하고 실천한 도덕은 가장 자애로운 것이었다. 유사한 도덕 체계를 공자와 일부 그리스 철학자들이 수백 년 전에 설교했고, 그 이후에는 퀘이커교도들이 그리고 각 시대마다 많은 훌륭한 사람들이 설교했지만 예수보다 뛰어나지는 못했다. … 부활과 승천은 설사 그것이 일어났다면 기구 풍선이 올라가듯이 혹은 정오에 태양이 떠 있듯이 적어도 전 예루살렘 사람들이 직접 눈으로 볼 수 있었어야 한다. 모든 사람이 믿으려면 그 증거와 흔적을 모든 사람이 똑같이 알 수 있어야 한다. 그 마지막 승천 행위를 대중이 보는 것은 부활을 확인하는 유일한 증거이므로 그 증거가 제시되지 않으면 이 모든 이야기는 믿을 수 없게 된다. 그런데 그 대신에 여덟 명 혹은 아홉 명밖에 안 되는 소수만이 전 세계의 대리인으로서 그것을 보았다고 말하고 세계의 나머지 모든 사람들은 그것을 믿도록 요구받는다. … 나는 믿지 않겠다. 도마나 다른 모든 사람들과 마찬가지 이유에서다.

이 문제를 변명하거나 기만하려는 시도는 헛되다. 초자연적인 부분에 관련된 이야기는 그 표면에 모든 사기와 속임수 표시가 찍혀 있다. … 우리가 이 문제에 대해 지금 갖고 있는 유일한 증거는 유대인이다. 그들은 이 부활과 승천이 일어났다고 하는 시대에 살았던 사람들의 후손이다. 그런데 그들은 그것이 사실이 아니라고 말한다.

| 출전 | ....

존 로크(1632~1704), 《통치론》, 1690: 이 글은 로크가 찰스 2세의 폭정에 맞선 민중의 저항을 정당화하려고 집필했으나, 실제로는 윌리엄 왕이 주도한 명예혁명을 논리적으로 방어하기 위한 목적이었다고 알려져 있다. 이 저서는 후에 미국의 〈독립선언문〉과 미합중국 헌법의 이론적 바탕과 정치철학을 제공했다. 로크와 휘그당은 당시 홉스의 《리바이어던》이 주장한 절대군주론의 높은 인기에 대적하고자 했는데, 로크는 인간의 자연 상태가 홉스가 주장하는 투쟁 상태는 아니라고 보았다. 로크의 생각을 요약하면 다음과 같다. 자연법적으로 인간은 자기의 생명·자유·재산을 해치지 않고 서로 평등하게 독립해서 살았으나, 재산

의 차이가 생기고 타인의 소유권 침해가 일어나면서 자연권의 일부를 한 사람에게 혹은 합의에 신탁해서 정치적 사회를 만들 필요가 생겼다. 이때 사회를 지배하는 법은 홉스의 말대로 절대왕권에 의해서가 아니라 인민의 대표인 입법기관에 의해 만들어지며 군주는 단순한 집행기관이어야 한다. 따라서 만일 입법부와 행정부가 인민의 생명·자유·재산을 침해한다면 인민은 저항할 권리(저항권)를 갖는다. 최고의 권력은 항상 인민에게 있고, 의회와 정부는 인민에게서 권력을 위탁받은 존재에 지나지 않는다. 이 위탁에 반할 경우 정부는 전복되고 의회는 해산되어도 좋다.

로크, 《관용에 관한 편지》, 1685: 로크가 찰스 2세의 암살 음모에 연루되어 네덜란드 암스테르담에서 정치적 망명 생활을 하던 때에 네덜란드의 한 신학자에게 편지 형식으로 쓴 글이다. 로크는 1689년에 여왕 메리 2세로 즉위한 오렌지 공주를 호위하며 영국으로 귀국했고, 홉스, 데카르트, 라이프니츠 등 철학자들과 갈릴레오 갈릴레이, 하비, 보일, 뉴턴 같은 과학자들과 거의 동시대를 살았다.

이 글은 가톨릭을 신봉하던 루이 14세가 낭트 칙령을 폐지하고 위그노를 박해하고 더 나아가 네덜란드에 군사적 압박을 가하자 그에 맞서 쓴 것으로, 로크는 정치와 종교를 분리하여 종교적 자유를 보장할 것, 관용으로 억압과 지배를 극복하여 개인과 공동체의 자유를 보장할 것을 강력히 주장한다. 로크의 이런 사상은 미국 헌법 조항에 "연방의회는 국교를 정하거나 자유로운 신교 행위를 금지하는 법률을 제정할 수 없다"라는 문구로 표현되었다. 로크는 또한 종교가 개인의 자유를 침해할 수 없다는 점을 분명히 했다.

에드먼드 버크(1729~1797), 하원 연설, 1775: 에드먼드 버크는 정치사상가이자 의원으로서 아메리카 식민지의 동향을 주시했다. 그는 비록 대영제국의 우수성을 강조했지만 자유를 향한 식민지인의 열망과 양립할 수 없는 것은 아니라고 보았다. 1775년 렉싱턴 전투 바로 전날 하원House of Commons에서 한 이 연설에서 버크는 식민지가 영국의 늘어나는 인구와 상업의 확장에 얼마나 중요한지를 지적하고 영국과 식민지들의 밀접한 연합이 강압 대신 타협을 통해 유지되어야 한다고 주장했다. 이와 더불어 미국인의 독특한 특성 및 그 요인들도 정리했다.

벤저민 베니커(1731~1806), 토머스 제퍼슨에게 쓴 편지, 1791: 18세기 말에 미국의 일부 흑인은 〈독립선언문〉에 명시된 인간의 천부권인 자유와 평등을 언급하면서, 대륙회의와 각 주 의회에 편지를 보내 노예제를 폐지하고 흑인에게도 동등한 권리를 달라고 청원했다. 제퍼슨에게 편지를 쓴 벤저민 베니커는 독학으로 수학과 천문학을 공부해 일식을 정확히 예측했는가 하면 미국 수도 워싱턴의 설계자로도 임명되었던 흑인이다.

올라우다 에퀴아노(1745~1797), 《아프리카인 구스타부스 혹은 올라우다 에퀴아노의 삶에 대한 흥미로운 이야기》, 1789: 올라우다 에퀴아노는 1745년 나이지리아에서 태어나 1756년 바베이도스로 잡혀갔다가 버지니아로 팔려갔는데 퀘이커교도 주인이 그를 해방시켰다. 그 후 1767년에 에퀴아노는 영국으로 건너가서 노예제 폐지론자로 활동했다. 이 책에서 그는 아프리카 고향 이야기와 서인도제도에서의 노예 생활, 그리스도교인 노예 주인의 잔인한 처우 등을 기록했다.

미셸 기욤 장 드 크레브쾨르(1735~1813), 《한 미국 농부의 편지》, 1782: 프랑스 출신의 미국 농민 작가인 드 크레브쾨르는 미국 뉴욕 식민지로 이주해 약 20년 동안 농장을 경영했는데, 독립전쟁이 일어났을 때는 왕당파를 지지해 유럽으로 돌아왔다. 그리고 미국에서 보고 느낀 체험을 바탕으로 신생 국가 미국의 특징을 서술했다.

토머스 페인(1737~1809), 〈상식〉, 1776: 페인은 식민지 아메리카인들에게 영국으로부터의 완전한 독립과 공화제에 입각한 새 나라 건설을 촉구하는 팸플릿을 발표했다. 영국과의 화해를 주장하는 의견에 대한 논박, 독립에 따르는 경제적 이익에 대한 논증, 세습 군주제의 불합리성에 대한 비판, 대의제에 따른 정치적 대표기구의 구성 방법 등에 관한 주장을 담았다. 이 팸플릿은 출간 직후 수십만 부가 팔린 베스트셀러가 되었으며 미국 정치 지도자들은 물론이고 일반 대중에게도 크게 영향을 주었고 미국 〈독립선언문〉의 기초가 되었다고 평가받는다.

페인, 《이성의 시대》, 1794~1795: 페인은 이 책에서 자신의 이신론을 자세히 피력했는데,《성서》의 일 반적인 오류를 비판하고《구약》과《신약》의 기록이 역사에 어긋나며 하느님의 말씀으로 적절하지 않다고 주장한다. 특히《신약》이《성서》로 채택된 경위와 비논리적 사실성을 지적하며, 예수 시대 이후 여러 제자 를 비롯한 다수에 의해 의도적으로 그리스도교에 유리한 내용이 기록되었다고 비판했다.

〈버지니아 권리장전〉, 1776. 6. 12: 조지 메이슨George Mason이 주로 기초한 것으로, 미국 〈독립선언문〉 과 프랑스 〈인권선언문〉에 영향을 주었다. 그 내용은 로크의 영향을 받아 국민을 모든 권력의 원천으로 보 고 자유시민의 여러 권리를 주장했는데, 약 3주 후에 대륙회의가 채택한 〈독립선언문〉의 문구와 거의 유 사하다. 당시 13개였던 영국 식민지들 중에 가장 강성했던 버지니아가 권리장전을 채택한 최초의 식민지 가 됨으로써 다른 식민지들에도 영향을 미쳤다.

미국 〈독립선언문〉, 1776. 7. 4: 1776년 6월 7일, 대륙회의 회의석상에서 버지니아의 리처드 헨리Richard Henry는 '식민지들은 자유롭고 독립적인 주가 될 권리가 있다'라는 내용의 결의문을 상정했다. 그 이후 〈독립선언문〉의 초안 작성은 제퍼슨이 맡았다. 그리하여 7월 4일에 채택된 〈선언문〉은 비준을 받기 위해 13개 주의 각 입법부로 보내졌다. 이 〈선언문〉은 민주주의와 자유에 관한 웅변적인 성명, 조지 3세의 식 민지 자유 침해에 대한 불만, 그리고 독립과 독립 정책에 대한 지지를 다짐하는 성명, 이 세 부분으로 구성 되어 있다.

| 참고문헌 |

베일린, 버나드,《미국혁명의 이데올로기적 기원》, 배영수 옮김, 새물결, 1999.

브링클리, 앨런,《있는 그대로의 미국사》1~3, 황혜성 외 옮김, 휴머니스트, 2011.

진, 하워드,《미국 민중사》1, 유강은 옮김, 이후, 2008.

하츠, 루이스,《미국의 자유주의 전통—독립혁명 이후 미국 정치사상의 해석》, 백창재·정하용 옮김, 나남, 2012.

Bailyn, Bernard, *Faces of Revolution: Personalities & Themes in the Struggle for American Independence*, UK: Vintage, 1992.

Wood, Gordon S., *The Idea of America: Reflections on the Birth of the United States*, UK: Penguin Books, 2012.

_____, *The Creation of the American Republic, 1776~1787*, North Carolina: University of North Carolina Press, 1998.

_____, *The Radicalism of the American Revolution*, UK: Vintage, 1993.

5

프랑스혁명
:10년간 펼쳐진 격동의 역사

앙시앵레짐의 동요—혁명의 배경

18세기 말, 유럽의 강대국이던 프랑스가 막대한 부채로 재정 위기를 맞이한 것은 영국과의 오랜 전쟁(1689~1815년, 2차 백년전쟁)이 한 원인이었다. 프랑스 왕실은 조세로 전쟁 비용을 충당하기가 어려워지자 공채를 발행했으나, 비효율적인 조세 수취 체제 탓에 채권자들에게 원금과 이자를 갚지 못했다. 게다가 미국의 독립전쟁을 지원하면서 재정 상태가 더욱 악화되었다. | 자료 1 | 귀족들은 면세 특권을 누리며 책임을 회피했고, 인구 증가에 따른 물가 상승과 지대 인상 및 실업률 증가, 임금 하락 등으로 농민과 하층민의 부담이 가중되었다. 게다가 흉작, 가축 전염병, 불황으로 인한 농업 침체 등 악조건이 겹쳤다. | 자료 2 |

신분제 사회였던 당시 프랑스의 제1신분은 교회 성직자들이었는데, 그들에겐 세금이 면제된 교회 소유 영지와 십일조에서 나오는 막대한 수입이 있었다.

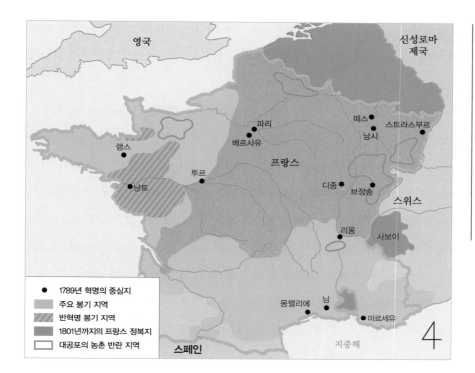

도판 17 프랑스혁명의 중심지는 파리, 베르사유, 리옹 등이었으며 서부와 남부까지 확산되었다. 프랑스 동부와 북부 일부 지역에서는 농민들이 농노제 문서를 불태우고 '대공포'의 반란을 일으켜 국민의회의 봉건제 폐지 선언을 이끌어냈다. 한편 혁명정부의 중과세와 징병에 반발하여 방데 지역에서 봉기가 일어났으나 혁명정부의 가혹한 응징으로 수만 명의 주민이 학살되었다. 혁명정부는 프랑스 내부의 봉기와 반란을 진압하는 한편, 프로이센과 오스트리아 등의 외국군과 전쟁을 벌이는 이중고에 시달렸다.

제2신분인 귀족층은 관복귀족noble of robe과 혈통귀족으로 나뉘었다. 세습 영지를 물려받은 혈통귀족과 달리 관복귀족은 행정 쪽과 사법 쪽의 관직을 사들여 귀족 작위를 얻은 사람들이었으며, 대표적으로 몽테스키외 남작, 미라보Mirabeau 공작, 라파예트Lafayette 후작 등이 프랑스혁명에서 지도적 역할을 했다. 제3신분은 정부 관리, 징세 청부업자, 전문 직업인, 금융인 및 상인, 소규모 상점주나 장인 같은 도시 중간계급이었다. 이들 중 부유한 상인·제조업자·법률가 들은 관직에 임명되거나 관직을 매입함으로써 신분 상승이 가능했으나, 제3신분 다수는 귀족들의 특권 독점에 반발하며 자신들의 권리를 요구하는 목소리를 높였다.

매관매직으로 부르주아 계급이 늘어나자 귀족 작위를 얻으려는 신분 상승의 병목 현상이 나타났다. 경제가 침체되고 위기가 닥쳐오는데도 특권계급이 면세 특권을 포기하지 않자, 부르주아들은 과세 평등을 요구하기 시작했고 여기에 도시와 농촌의 민중이 합세했다. 특히 성직자와 귀족에게 십일조를 비롯하여 영주 시설물 사용료, 공공 부역, 세금 등 다양한 의무를 지고 있던 농민의 불만

이 누적되었다. 기존에 휴경지나 공유지에 가축을 방목하는 등 공동체적 권리를 누리던 농민들은 영주들의 인클로저 운동으로 방목권까지 박탈당한 상황이었다. |자료 3|

그러자 당시 프랑스 사회사상가들은 이러한 앙시앵레짐ancien régime(구체제)을 개선하기 위해 다양한 사회 개혁의 청사진을 제시했다. 볼테르, 몽테스키외 등은 교회와 왕정의 특권을 제한하고 견제해야 한다고 보았고, 프랑수아 케네 François Quesnay를 비롯한 중농주의자들은 중상주의 규제를 풀어 곡물 가격 통제를 없애고 수요와 공급의 법칙이 시장가격을 형성하게 하자고 주장했다. 1774년에 루이 16세의 재정총감이 된 튀르고Anne-Robert-Jacques Turgot는 왕실 경비의 삭감, 농민의 부역 폐지, 지주에게 세금 부과, 규제 철폐를 통한 매뉴팩처 장려 등 일련의 개혁을 시도했다. 그러나 이러한 노력은 귀족의 반대에 부딪혀 봉쇄되고 말았다. 또 1774년에 곡물 유통에 대한 통제를 풀었을 때 흉작으로 파국적인 식량 기근이 발생하여 결국 중농주의 실험은 실패했으며 농업과 농산물 교역을 국가가 또다시 통제하기에 이르렀다.

1786년에 프랑스가 저율 관세와 자유무역 원칙을 골자로 영국과 체결한 이든 조약Eden Treaty도 프랑스혁명의 한 원인으로 작용했다. 영국은 전쟁 비용에 따른 재정난에 처해 있었고 프랑스도 해외 식민지의 대부분을 상실하여 원료 조달과 생산품 판로가 절박한 처지였다. 그런데 국가 간에 맺어진 최초의 자유통상 협정이 낳은 결과는 프랑스 산업의 몰락이었다. 관세 인하로 저가의 영국 면제품이 쏟아져 들어온 반면, 프랑스가 기대했던 포도주 등의 수출은 크게 늘지 않아서 경제난이 가중되었던 것이다. 그 결과 파리의 실업률이 50퍼센트를 넘어섰고 쌓이고 쌓인 민중의 분노는 프랑스혁명으로 이어졌다.

국민의회에서 총재정부까지—혁명의 전개 과정

프랑스혁명은 1789년 5월의 삼부회 소집으로 시작되어 나폴레옹 보나파르트 Napole'on Bonaparte(1769~1821) 장군이 권력을 장악한 1799년 11월의 쿠데타로 막을 내렸다. 이 '혁명의 10년'을 로베스피에르Robespierre가 몰락한 1794년 7월의

도판 18 자크루이 다비드 Jacques-Louis David의 〈테니스코트의 서약〉(1791). 제3신분 대표들은 머릿수 표결 방식이 채택되지 않자 1789년 6월 20일에 회의장을 테니스코트로 옮기고 헌법을 제정하기 위한 국민의회 조직을 선언했다.

'테르미도르 반동'을 기점으로 양분하면, 입헌군주제에서 온건 공화정, 민중 공화정으로 이어지는 혁명의 상승기와 보수 공화정에서 제정으로 연결되는 혁명의 안정기 혹은 후퇴기로 구분된다. 또는 1792년 9월 국민공회의 개원과 1794년 테르미도르 반동을 분기점으로 하여 3단계로도 나뉜다.

　루이 15세 치세에 칙령 거부권을 상실했던 고등법원court of record(국왕의 칙령을 등재하고 왕령을 공인하는 임무를 지닌 법원)이 루이 16세 때(1774~1792) 복원되면서 권력이 비등해진 귀족들은 국왕의 직접세 과세에 반대하여 신분제 의회 소집을 요구했다. 귀족들이 루이 16세가 왕실 재정 위기, 귀족과 부르주아의 대립과 분열, 높은 물가와 실업률, 경제 침체 등을 타개하려 한 노력을 외면한 것이다. 귀족들은 또 삼부회가 신분별로 모여서 따로따로 투표해야 한다고 주장하여 제3신분의 분노를 샀고, 그 결과 1789년 1월에 팸플릿 《제3신분은 무엇인가?》가 등장했다. |자료 4|

혁명의 제1단계―국민의회와 입법의회

루이 16세는 1789년 5월 5일에 소집한 전국 삼부회에서 귀족의 면세 특권을 폐지하려 했지만 파리 고등법원이 새 과세안을 부결시켰다. 그러자 제3신분은 신

| 표6 프랑스혁명 연표.

성격	대의기관(형태)	날짜	주요 사건
부르주아혁명	국민의회(제헌의회) 1789.6~	1789.5	삼부회 소집
		6.20	테니스코트의 서약: 국민의회 성립(법률·의회 혁명)
		6.27	귀족과 성직자들의 합류, 삼부회 폐지
		7.14	바스티유 함락
		7~8	농촌의 '대공포' (농민 혁명)
		8	'8월 4일의 밤': 봉건제 폐지 선언, 유상 폐지의 원칙
		8.10	국민방위대 창설
		8.26	인권선언 채택
		10	'10월 궐기': 베르사유로 행진
		11	교회 재산 몰수, 아시냐 발행
		1790.7	행정 개혁(전국을 83개 주로 조직)
		7.14	혁명 1주년
		10	수도원 해체, 성직자 민사 기본법(반혁명의 요인)
		1791.3	길드 폐지
		6.20	국왕(루이 16세)의 도주 사건
	입법의회 1791.10~1792.8	1791.10	'91년 헌법'에 의해 입법의회 소집(단원제, 입헌군주제, 재산 제한 선거제)
		1792.4	오스트리아와 프로이센에 선전포고
		6.20	파리 군중의 튈르리 궁 습격
		7	프로이센 군대가 파리를 위협
		7	의회, '조국이 위기에 처해 있다'고 선언, 의용군 모집 〈라마르세예즈〉 등장
		8	'8월 10일 봉기': 제2의 프랑스혁명 국왕의 권리 정지, 국민공회 소집 결정 * 입법의회(약 740석): 푀양파(260석), 평원파(340석), 자코뱅파(130석)
민중혁명	국민공회 1792.9~1795.10	1792.9	'9월의 학살': 파리 군중이 반혁명 용의자를 처단 상퀼로트 활약하기 시작
		9.20	국민공회 소집
		9.21	왕정 폐지
		9.22	국민공회, 혁명력 1년 선언, 제1공화국 탄생
		10	보안위원회 설치
		1793.1	국왕 재판
		1.21	국왕 처형(718명 중 387명 찬성)
		2.13	1차 대불동맹 결성(오스트리아, 프로이센, 영국)
		3	방데의 반혁명 발생
		3	지롱드파 대 산악파의 대립 격화 *국민공회(약 750석): 평원파(400석), 지롱드파, 산악파

부르주아 공화국	(공포정치) 1793.3~1794.7	1793.3.10	혁명재판소 설치
		4.6	공안위원회 설치
		6.2	'6월봉기', 지롱드파 몰락, 산악파 주도권 장악
		6	망명 귀족의 토지 몰수 및 매각
		6	'93년 헌법': 시행 안 됨
		7	로베스피에르 등이 공안위원회 주도
		7.13	마라 암살당함
		7.17	봉건적 공납 무상 폐지
		8.23	국민 총동원령(18~25세의 독신자)
		9	최고가격제 실시
		10.10	혁명정부 선언, 혁명력 제정(1806년 폐지)
		10.16	마리 앙투아네트 처형
		1794.3.30	로베스피에르, 당통파 처형
		7.27	테르미도르 반동, 로베스피에르 몰락
	(테르미도르파) 1794.8~	1794.11	자코뱅 클럽 폐쇄
		12	지롱드파 복귀
		1795.4.1	'제르미날 봉기': 상퀼로트의 봉기 실패
		8	'95년 헌법' 제정, 총재정부, 재산 제한 선거, 양원제
		10.5	'방데미에르 봉기', 왕당파의 봉기 실패
		10.16	총재정부 성립
	총재정부 1795.11~1799.11	11	제1차 총재정부
		1797.4	선거에서 왕당파 득세
		9.4	'프뤽티도르 쿠데타': 군대의 힘으로 왕당파 제거
		1798.4	선거에서 신新 자코뱅파 득세
		5.11	'플로레알 쿠데타': 군대의 힘으로 좌파 제거
		1799.10.27	나폴레옹 귀국
		11.9	'브뤼메르 18일' 쿠데타: 나폴레옹의 통령 정치 시작

분별 투표가 아닌 개인별 표결을 주장하며 독자적으로 '국민의회' 성립을 선언했다. |자료5| 그리고 같은 해 6월에 국민의회의 제헌권을 선언한 '테니스코트 서약'은 프랑스혁명의 출발점이 되었다. |자료6| 루이 16세는 조세 개혁안 통과를 기대하며 귀족들의 큰 반발을 무릅쓰고서 국민의회를 인정함으로써 마지못해 제3신분의 손을 들어주었다. 그런데 왕과 귀족의 공모 쿠데타를 의심한 파리의 상퀼로트sans-culotte('퀼로트'라는 반바지를 입지 않은 사람, 곧 긴바지를 입은 하층민을 뜻하는 말)들이 민병대를 조직한 후 7월 14일에 바스티유 감옥을 무너뜨리고 무기를 탈취했다. 장인, 수공업자, 소상인으로 구성된 상퀼로트들은 파리에 임시정부를 세

왔고 혁명의 열기는 지방으로 확산되었다. 농촌에서는 귀족들이 도적이나 외국 군대와 공모하여 반격할 것이라는 소문으로 엄청난 공포가 퍼졌다. 그러자 농민들은 영주의 저택을 약탈하고, 봉건적 권리문서를 불태우고, 수도원과 주교의 거주지도 파괴했다. 이에 국민의회는 봉건제 폐지를 선언함으로써 십일조와 강제 노역, 농노제를 폐지하고 귀족의 면세 특권도 없앴다. | 자료 7 | 곧이어 17개조의 인권선언(《인간과 시민의 권리 선언》)을 채택하여 언론과 출판의 자유 및 모든 시민의 법적 평등을 선언했다. | 자료 8 |

그러나 루이 16세는 봉건제 폐지를 비롯한 의회 법령의 재가를 거부하고 베르사유로 군대를 불러들였다. 그러자 파리 시민들은 또다시 무력 시위를 벌였다. 특히 여성들은 빵 값 상승에 격분하여 1789년 10월 5일 베르사유로 행진하여 왕에게 파리로 돌아와 국민의회에 협력하라고 요구했다. 결국 왕은 거처를 파리로 옮겼다. 하지만 1791년 6월에 루이 16세가 국외로 도망치려다 붙잡히는 사건이 발생했고 프랑스 국민들은 그를 폐위시키고 재판에 회부하라고 요구했다. 그러자 오스트리아와 프로이센의 군주들이 프랑스 왕의 권리 회복을 요구

하는 '필니츠Pilinitz 선언'을 발표하여 루이 16세를 옹호했다. 하지만 국민의회는 '1791년 헌법'을 채택하여 입헌군주제를 선언했고, 일정한 재산을 소유한 사람들에게 투표권을 부여하여 성인 남자의 거의 절반이 투표권을 얻었다. | 자료 9 |

 1791년에 구성된 입법의회는 지롱드파Girondins가 주도했다. 이들은 프랑스 국내의 반혁명 세력을 일소하고 혁명 이념을 국외에 전파할 목적으로 1792년 4월 오스트리아와 프로이센에 각각 선전포고를 했다. "조국이 위험에 처해 있다"라는 지롱드파의 구호는 국민 단결과 민중 동원을 이끌어내며 애국주의를 고양시켰다. | 자료 10 | 하지만 프랑스는 패전을 거듭하며 수세에 몰렸고 입법의회는 망명 귀족들에게서 몰수한 재산을 매각하기로 결정했다. 이어서 왕과 보수 귀족들이 적과 내통한다는 소문이 퍼지면서 8월 10일에 파리 대봉기가 일어났다. 수천 명의 파리 시민들이 국왕의 폐위를 요구하며 왕궁을 습격해 스위스 용병 친위대 수백 명을 죽였고, 입법의회는 왕족을 구금한 후 왕권 정지와 보통선거에 의한 새 의회 구성 및 새 헌법 제정을 결의했다. 이 '8·10 사건'으로 공화주의 헌법을 만들기 위한 '국민공회'가 소집되었다.

 1789년 6월부터 1792년 8월까지의 이 기간은 혁명의 제1단계에 해당한다. 이 시기에는 온건한 성향의 제3신분 대표들이 국민의회를 주도하며 교회 재산을 몰수하고 성직자를 선출하게 했으며, 검열 제도 폐지, 행정구역 및 사법제도 정비, 내부 관세 및 동업조합 폐지 등 개혁을 추진했다. 이 단계에서 거둔 성과는 봉건적 특권 폐지, 〈인간과 시민의 권리 선언〉, 교회의 세속화, '1791년 헌법' 제정이었다.

혁명의 제2단계─국민공회

혁명의 2단계에서는 급진 공화파가 강경 노선을 추구한 급진적 혁명이 진행되었다. 1792년 9월에 새로 선출된 국민공회는 왕정을 폐지하고 공화정을 선포했다. 제1공화정은 1804년에 제정으로 바뀔 때까지 12년간 유지되었다. 750명으로 구성된 국민공회는 초기에 다수인 지롱드파가 온건 부르주아 노선을 취하며 주도했으나, 파리 상퀼로트들은 최고가격제와 최저임금제 등 통제 경제, 강력한 중앙집권제, 대중민주주의를 표방한 로베스피에르 등 소수 자코뱅파Jacobins에 기울고 있었다.| 자료 11 | 정치범들이 탈옥을 시도한다는 소문이 돌자, 파리의 상퀼로트들은 정치범들을 약식 재판에 회부하여 1000여 명을 반혁명 혐의로 즉결 처형했다. 이 '9월 학살'은 리옹을 비롯한 다른 도시에서도 일어났으며, 그 이후 12월에 시작된 재판에서도 지롱드파는 루이 16세를 구명하려 애썼지만 결국 그에게 사형이 선고되었다.| 자료 12 |

　1793년 1월, 루이 16세의 처형 소식을 접한 영국, 오스트리아, 프로이센, 스페인 등 유럽 각국의 군주들은 대불동맹을 결성하며 혁명의 확산을 막고자 했다. 국민공회는 대불동맹군과 전쟁을 치르는 한편 국내의 지속적인 물가 상승과 인플레이션에 대처해야 했다. 결국 상퀼로트들의 지지를 받은 자코뱅파가 6월에 새 헌법을 제정했고,| 자료 13 | 모든 남성을 대상으로 내려진 '총동원령'으로 조직을 통합, 정비한 혁명군이 승리를 이어갔다.| 자료 14 | 로베스피에르를 비롯한 자코뱅 세력은 '1793년 헌법(자코뱅 헌법)'에 따라 재산에 따른 참정권 제한을 철폐하는 보통선거제를 약속하고 모든 봉건적 공납의 무상 폐지를 의결함으로써 1789년의 '봉건제 폐지 선언'을 최종적으로 실현했다. 또한 국민공회는 프랑스 식민지의 노예제를 폐지하고, 최고가격제를 실시하여 곡물과 생필품의 가격을

법으로 고정시키고, 도량형을 통일하고(미터법), 혁명력革命曆을 제정하고, 장자
상속권을 폐지하여 유산이 균등하게 분배되도록 하고, 그리스도교 대신 이성교
the worship of Reason를 채택하여 모든 신앙의 용인을 선포했다. | 자료 15 |

한편 혁명정부를 이끌던 '구국위원회'는 감찰관을 지방으로 파견하여 왕당파
와 지롱드파 등 공화국을 위협하는 세력을 탄압했다. 1793년 3월에서 1794년
7월까지 18개월에 이르는 이 공포정치 기간에 2만 명(혹은 3만 5000명) 정도가 처
형될 정도였다. | 자료 16 | 하지만 구국위원회는 인플레이션을 해결하지 못해 하층
민의 지지를 잃었고, 자코뱅의 독재에 염증을 느낀 의원들이 숙청에 의구심을
갖기 시작했다. 이때 국민공회에 저항하려는 음모가 발각되면서 로베스피에르
는 반역 혐의로 처형되었다. 1794년 7월에 일어난 이 '테르미도르 반동'은 이후
혁명적 추세가 힘을 잃게 만든 일대 전환점이 되었다.

혁명의 제3단계―총재정부

혁명의 세 번째 단계는 국민공회에 남아 있던 온건파가 이끌었다. 공포정치를
펼쳤던 기구들은 사라지고 급진파의 극단적 정책들이 무효화되었다. 최고가격
제도 폐지되었고, 정치범이 석방되었으며, 지롱드파가 복권되었고, 성직자 및

왕당파가 복귀했고, 해외 망명자들도 귀국했다. 1795년에는 프로이센·스페인과 강화하여(바젤 협정) 1차 대불동맹을 와해시켰으며, 양원제 및 5인 총재의 행정부를 도입한 새 헌법을 제정했다. 이 '1795년(혁명력 3년) 헌법'으로 출범한 총재정부 Directoire는 일정한 교육을 받고 재산을 가진 성인 남자에게만 선거권을 부여하여 유산자 계층의 이익을 대변했는데, 이로써 입헌군주제를 지지하는 정파와 공화제를 지지하는 정파 간의 대립으로 혼란이 이어졌다. 대외 전쟁에 따른 재정난, 물가고, 정치 불안이 가중되는 가운데 2차 대불동맹이 체결되어 대외 위기가 커지자, 총재들은 이탈리아와 이집트 원정에서 혁혁한 전공을 올린 나폴레옹 보나파르트에게 지원을 요청했다. 나폴레옹은 1799년 11월 9일에 이른바 '브뤼메르 18일 쿠데타'를 일으켜 총재정부를 통령정부로 바꾸고 스스로 제1통령(임기 10년)이 되었다. 그는 나머지 두 통령에게는 자문 역할을 맡겼고 스스로 1802년에 종신통령이 되었으며 1804년에는 황제가 되어 1814년까지 권력을 독점했다. 이렇듯 전국 삼부회 소집에서 나폴레옹의 쿠데타에 이르는 10년간 프랑스의 정체는 입헌군주정과 공화정의 실험을 거쳐 제정으로 귀착되었다.

프랑스혁명의 의의와 한계

나폴레옹의 쿠데타로 프랑스혁명은 10년 만에 막을 내렸지만 인권선언으로 제시된 자유와 평등의 이념, 공화주의 정신은 유럽 전역에 전파되어 자유주의의 흐름을 이끌었다. 또한 루이 16세의 처형에 위기를 느낀 인접 국가들의 반혁명 세력이 보수주의 이념으로 단합하는 기폭제도 되었다. |자료 17|

그러나 프랑스혁명은 재산을 가진 사람들의 혁명이었다. 입헌군주제 헌법, 공화제 헌법을 제정하며 절대군주의 전제정을 무너뜨리고 봉건제라는 구체제의 모순을 무너뜨리는 데 기여했지만, 참정권은 여전히 재산을 가진 사람들에게 한정되었고 농민과 노동자의 권익을 대변하는 이념을 제시하지 못한 부르주아 혁명이었다. 또한 프랑스혁명이 내건 자유와 평등은 '형제애'를 나누는 남성들에게만 해당하는 것이었고, 가부장적인 질서에 맞서 여성의 권리를 옹호하고 남성과 동등한 참정권을 주장한 〈여성과 여성 시민의 권리 선언〉은 계몽사상가

나 혁명가들에게 외면을 받았다.|자료 18| 여성은 공화국 시민의 기본 권리를 부여받지 못한 것이다. 특히 여성을 '열등한 존재'로 보고 여성의 공적 참여를 제한해야 한다고 본 루소의 여성관은 올랭프 드 구즈Olympe de Gouges와 같은 당대 여권 선구자들에게 통렬한 비판을 받았다.|자료 19|

자료
01

프랑스혁명이 발발한 이유

조지프 웨버Joseph Weber,[1] 《회고록Mémoirs》; E. L. 히긴스E. L. Higgins 외 편집, 《당대인들이 기록한 프랑스혁명The French Revolution as Told by Contemporaries》, Houghton Mifflin, 1938, pp. 122~140에서 재인용

나는 프랑스혁명과 관련하여 직접적이고도 중요한 세 가지 원인을 인정한다. 재정의 혼란, 인민의 사고방식, 미국 독립전쟁이 바로 그것이다. 만일 국고의 질서가 확립되고 지출과 수입의 균형 상태가 완전했다면 … 만일 루이 16세 통치 하에서의 인민의 생각이 루이 14세 치하에서와 … 같았더라면 … 그리고 미국에서 전쟁이 일어나지 않았더라면 … 갑자기 폭동으로 … 치닫지는 않았을 것이다. … 이 세 가지 원인 중에 한 가지를 피했더라면 다른 두 가지는 무력해졌을 것이다. … 루이 16세는 이것들을 극복하는 방법을 알지 못했다. … 불행한 루이 16세의 성격을 … 네 번째 중요한 원인으로 제시할 수 있을 만큼 혁명의 발발에 이바지했다는 것은 명백한 사실이다. … 그러나 … 한 인물이 없었다면 아마도 다른 인물이 나타났을 것이다.

1 | 조지프 웨버(1755~?)는 어릴 적 마리 앙투아네트의 친구였고, 1782년에 그녀를 따라 파리에 왔다. 1789년까지 프랑스 왕실에 고용되어 혁명의 주요 사건을 직접 목격했다. 이후 왕실을 옹호하려다가 체포, 구금되었으나 영국으로 도피하는 데 성공했다.

자료
02

흉작으로 고통에 빠진 농민들

튀르고, 〈프랑스 농촌의 상황〉, 1769; 도널드 케이건Donald Kagan 외, 《서구 유산The Western Heri~tage》, Macmillan Publishing Co., 1987, p. 542에서 재인용

이 지역에 영향을 미친 심각한 흉작에 대한 소식을 모두 들었다. 1769년의 추수는 모든 면에서 우리가 기억하는 한 최악이었다. 1709년과 1739년의 기근도 이보다 덜 잔혹

했다. 호밀뿐만 아니라 밤, 메밀, 스페인 밀 등이 거의 수확이 없었다. 농민들은 거의 일
년 동안 값싼 이들 곡식에 의존하여 생계를 유지했다. 그리고 옥수수를 최대한 많이 저
장하여 마을 주민들에게 팔았다. … 사람들은 저장고의 곡식을 축내면서 살아가고 있
다. 헐값에 가구들을 팔고 심지어 옷을 팔기도 한다. 주민 다수가 일거리를 찾거나 구걸
을 하기 위해 아내와 자녀들을 교구의 자선에 맡기고 자신은 다른 지방으로 떠나면서
가족이 흩어지고 있다.

각 교구에서 가난한 사람들을 구제할 수 있도록 상황이 더 나은 지주들과 주민들로 하
여금 스스로 세금을 내라고 공적 기관이 요구할 필요가 있다. 인구의 거의 4분의 1이
자선기금에 의존하고 있다. 각 지역이 이미 이러한 우울한 고통을 감내해온데다 작년
의 기근으로 식량이 고갈된 상태다. 따라서 설사 올해의 수확이 좋다 하더라도 주민들
이 빈궁하니 그들을 구제하도록 최대의 노력이 경주되어야 한다. 그러나 올해도 수확
이 또다시 부족하다는 암울한 사실에 직면하고 있다.

자료 03

혁명 전 프랑스의 상황

아서 영Arthur Young, 《프랑스 여행기 1787~1789Travels in France during the Years 1787, 1788 and 1789》,
London, 1792; 케네스 세튼Kenneth M. Setton과 헨리 윙클러Henry R. Winkler, 《서양 문명의 제문제Great
Problems in European Civilization》(2판), Prentice Hall, 1966, p. 353에서 재인용

페이락을 지나 수많은 가난뱅이들을 만났다. 이것은 우리가 경험하지 못한 것이다. 소
녀와 부녀자들이 신발도 양말도 없이 지낸다. 또 농민은 일터에서 나막신도 없고 양말
도 신지 않았다. … 국가 번영의 뿌리를 손상시키는 것은 가난이다. … 국부國富는 부의
순환과 소비에 달려 있으며, 가난한 사람들이 가죽과 양털 제품을 접하지 못하는 것은
가장 큰 죄악으로 간주되어야 한다. 이 점은 아일랜드의 참상을 떠오르게 한다. …
… 잉글랜드의 일부에도 … 베아른Bearn 지역과 닮은 곳이 있다. 그러나 내가 포Pau에
서 모넹Moneng까지 12마일을 가면서 본 것과 같은 것은 거의 없다. 극소수의 사람이 모
든 것을 소유하고 있으며 그들 농장의 크기도 매우 커서 가난하고 비참한 사람들은 기
회를 가질 수 없게 되어 있다. … 프랑스 정부는 대혁명 전야 상태이고 모든 것이 대혁
명이 일어날 것을 암시한다. 재정 혼란이 극심하다는 것에 모든 사람이 동의하고 있다.
왕국의 모든 신분 사람들이 참여하지 않고서는 적자를 해결할 수 없는데 … 권력 안팎

을 둘러봐도 완화책이 아닌 치료 방안을 약속할 만큼 뛰어난 재능을 가진 관료가 없다. 권좌에 앉은 군주는 뛰어난 자질을 갖고 있지만 그런 위기에서 관료들 없이 통치할 수 있는 방책을 갖고 있지는 않다. 궁정은 쾌락과 사치에 빠져 있으며 상황을 개선하기 위해 노력하는 대신 오히려 고통을 더하고 있다. 모든 계급 사람들이 들썩이며 일어나고 있다. 그들은 변화를 간절히 원하지만 자신들의 기대나 전망을 정확히 알지는 못한다. 미국 혁명 이래로 자유라는 강력한 누룩이 계속 자라고 있다.

만약 어떤 탁월한 재능과 불굴의 용기를 가진 인물이 사건들에 떠밀리는 대신 시류를 이끌어 갈 조타석의 핸들을 잡지 않는다면 어떤 행동이 분출되어 나올지 예측하기 어렵다.

04

제3신분은 국민 전부다

에마뉘엘-조제프 시에예스Emmanuel-Joseph Sieyès, 《제3신분은 무엇인가Qu'est-ce que le Tiers État?》, Éditions Du Boucher, 2002, pp. 1~5

우리가 스스로에게 제시할 질문은 세 가지이다.

1. 제3신분은 무엇인가? – 전체이다.

2. 현재까지 정치 위계 속에서 무엇이었나? – 아무것도 아니었다.

3. 무엇을 요구하는가? – 무엇인가 되는 것이다.

… 제3신분이 전체에서 20분의 19를 이루고 있으며, 이들은 참으로 힘든 일들 즉 특권 계층이 이행하려 하지 않는 의무를 도맡아 하고 … 명예롭고 영리적인 자리들은 오직 특권 신분만이 장악하고 있다. …

정부가 특정 계층의 전유물이 된 이래 정부는 도를 넘어 팽창하고 자리를 늘렸다. 이는 피지배자가 아닌 통치자의 필요를 위한 것임을 사람들은 아는가? 이런 사태와 타락은 … 고대 이집트 역사와 인도제국의 여행기를 읽을 때나 발견할 수 있는 것이다. …

또 만약 특권신분이 유익하고 영예로운 직책을 모두 독점한다면, 그것은 단언컨대 시민 전체에 대한 가증스런 불공평이며 국가에 대한 반역이다. …

그러므로 제3신분은 무엇인가? 전체이다. 그러나 족쇄가 채워지고 억압받고 있는 전체일 뿐이다. 특권 신분이 없다면 무엇이 될까? 전체, 그러나 자유롭고 건강한 전체가 될 것이다. 이들이 없다면 되는 일은 아무것도 없을 것이다. … 특권을 받은 자들이 국민에

1부 계몽과 혁명의 시대
124

게 유익하기는커녕 오로지 국민을 약화시키고 파멸시킬 뿐이라는 것을 지적한 것으로
는 충분치 않다. …

귀족은 자신을 대변하는 자들이 있지만, 이 대변자들은 인민을 전혀 대리하지 않는다.
… [귀족 대표단은] 국민에게 낯선 존재인데, 무엇보다 대표단 파견이 인민에게서 위임
받은 바 없고 국민 전체의 이익이 아니라 특정한 이익을 지키는 것을 목적으로 하기 때
문이다.

그러므로 제3신분은 국민에게 속한 전체를 포괄한다. 그리고 제3신분이 아닌 모든 것
은 국민에게 속하는 것으로 간주될 수 없다. 제3신분이란 무엇인가? 전체이다.

자료
05

국민의 자유, 재산권, 안전은 보장되어야 한다

베르사유 제3신분의 보고서; 메릭 위트콤Merrick Whitcombe 편집, 〈1789년의 보고서Typical Cahiers of 1789〉,
《유럽사 사료The Original Sources of European History》, Department of History, University of Penn-
sylvania, 1898. vol. 4, no. 5, pp. 24~36에서 발췌

베르사유 제3신분의 불만과 불평과 진정

제1항 국왕과 국민은 입법권을 갖는다.

제2항 국민은 입법권을 개별적으로 행사하기에는 그 수가 너무 많으므로 모든 계층에
　　　서 자유롭게 선출된 대표에게 그 권한을 위임한다.

제6항 국민은 그들의 당연한 권리인 법률 제정의 몫을 박탈당할 수 없으며 … 삼부회는
　　　적어도 2년 또는 3년마다 개최되어야 한다.

제9항 대표의 신체는 불가침이다. 그들은 임기 중에 민사 사건으로 기소될 수 없으며
　　　행정 당국은 의회에서 행한 연설에 대해 책임을 물을 수 없다. …

제11항 국민의 자유, 재산권, 안전은 분명하고 정확하게 그리고 결코 폐기될 수 없도록
　　　수립되어야 한다.

제14항 범죄 혐의로 수감된 자는 무죄가 입증될 경우에 자신의 명예와 재산이 훼손되
　　　었음을 입증할 수 있다면 국가로부터 그 피해를 보상받을 권리를 지닌다.

제15항 더 광범위한 출판 및 언론의 자유가 보장되어야 한다. …

제17항 형벌에서 모든 차별은 철폐되어야 한다. …

제18항 모든 경우에 형벌은 범죄에 비례하고 온당해야 한다. 모든 종류의 고문, 학대,

화형은 폐지된다. 사형 선고는 법으로 규정된 극악한 범죄에 한해 예외적으로 선고되어야 한다.

제21항 인민의 대표들이 동의하지 않고 국왕이 승인하지 않은 모든 조세는 불법이다.

제37항 … 왕이 소유하고 있는 모든 영지는 이미 저당 잡힌 것뿐만 아니라 국왕의 사냥 터도 즉각적으로 매각되어야 한다. …

제49항 아직까지 일부 지방에 남아 있는 농업 또는 인신과 관련된 농노제의 잔재들은 폐지되어야 한다.

제50항 … 삼부회는 노예제 폐지를 위한 수단을 강구한다. …

제51항 입법, 행정, 사법의 세 기능은 분리되며 신중하게 구별된다.

자료
06

국민의회는 결코 해산하지 않을 것이다

국민의회의 테니스코트 서약, 1789; 존 홀 스튜어트John Hall Stewart, 《프랑스혁명 사료집A Docu-mentary Survey of the French Revolution》, Macmillan Co., 1951, p. 88에서 재인용

국민의회는 왕국의 헌법을 확립하기 위해, 공공질서를 쇄신하기 위해, 군주정의 참다 운 원리를 유지하기 위해 소집되었다는 점을 고려할 때 어느 장소에서 모이도록 강요 된다 하더라도 어떤 것도 국민의회가 그 논의를 지속하는 것을 막을 수 없다. 그리고 그 구성원이 어디에서 모이든 국민의회는 존재한다.

이 의회의 모든 구성원은 왕국의 헌법이 수립되고 확고한 토대 위에서 굳건해질 때까 지 해산하지 않을 것이며 어떤 환경에서도 다시 모이기로 즉각 맹세할 것을 선언한다. 그리고 이 맹세는 모든 구성원 한 사람 한 사람이 개인적으로 서명하여 이 확고부동한 결의를 재가할 것임을 선포한다.

자료
07

봉건적 특권의 폐지

국민의회의 봉건제 폐지 법령, 1789; http://history.hanover.edu/texts/abolfeud.html에서 발췌

제1조 국민의회는 봉건제를 완전히 폐지한다. 봉건적이며 연공年貢과 관련된 부과조와 의무 중에서 인신적·물적 양도 불능에 관련된 것들, 인신적 예속에 관련된 것들,

그리고 그러한 권리와 의무를 대변하는 것들은 보상 없이 폐지될 것이다. …

제3조 사냥과 개방 방목지에 대한 독점권도 폐지된다. 모든 토지 소유자는 오직 자신의
땅에서 … 사냥할 권리를 지닌다. … 국왕의 사냥터를 포함한 … 모든 수렵 통제
구역은 폐지된다.

제4조 모든 영주 법정은 보상 없이 폐지된다. 그러나 이들 법정의 법관들은 국민의회가
새로운 사법 체계를 수립하기 전까지는 자신들의 업무를 계속 수행할 것이다.

제5조 … 재속사제 단체와 수도 단체, 성직록 수취자, 교회 재산관리위원회 … 등이 권
리를 보유하고 있는 모든 종류의 십일조와 그 대체 부과조들은 폐지된다. 본당
사제의 생계비를 위하여 속인에게 그 권리가 양도된 것들도 함께 폐지된다. 그
대신 미사 비용, 성직자의 생계 유지비, 빈민 구호 자금, 교회와 사제관의 보수비
등 … 현재 십일조로 유지되는 기구들을 지원할 다른 방식이 고안될 것이다.

제7조 사법관직 또는 시 행정관직의 매매는 즉각 폐지된다. 재판은 무상으로 이루어질
것이다.

제9조 … 징세는 모든 시민과 모든 부동산에 대해서 같은 방식과 같은 형태로 이루어질
것이다. 올 하반기 징세를 위해서도 모든 납세의 공평한 납부를 위한 계획이 수
립될 것이다.

제11조 모든 시민은 출생에 관계없이 성직, 사무직, 군사직의 모든 직무와 위계에 오를
수 있다. …

제17조 국민의회는 루이 16세를 프랑스인의 자유의 복구자로서 엄숙히 선포한다.

자료 08

모든 인간은 자유롭고 평등한 권리를 갖고 태어난다

국민의회의 인권선언, 1789; 웨슬리 D. 캠프Wesley D. Camp 편집,《계몽 시대부터 1980년대까지의 서구
문명의 기원Roots of Western Civilization, Vol. II: From Enlightenment to the 1980's》, John Wiley & Sons, 1983,
p. 19에서 발췌

제1조 모든 인간은 자유롭고 평등한 권리를 갖고 태어난다. 사회적 차별은 공공복리를
위해서만 있을 수 있다.

제2조 모든 정치적 결사의 목적은 인간의 천부적이고 소멸할 수 없는 권리를 보전하는
데 있다. 그 권리란 자유, 재산, 안전, 압제에 대한 저항이다.

제3조 모든 주권의 근원은 본질적으로 인민에게 있다. 어떤 개인이나 집단도 명백히 인민에게서 나오지 않은 권한을 행사할 수는 없다.

제4조 자유는 타인에게 피해를 주지 않는 한 모든 것을 행할 수 있는 권리다. …

제5조 법은 사회에 유해한 행위만을 금지해야 한다. 법으로 금지되지 않은 것은 어떠한 행위도 방해받을 수 없다. 또한 법이 명하지 않은 일은 누구에게도 강요할 수 없다.

제6조 법은 일반의지의 표현이다. 모든 시민은 직접 혹은 대표를 통해 법 제정에 참여할 권리를 갖는다. 보호를 하든 처벌을 하든 법은 모든 사람에게 동일하다. 모든 사람은 법 앞에서 평등하다. …

제7조 누구도 법이 정한 경우가 아니라면 … 기소되거나 체포되거나 구금될 수 없다. … 법에 의해 소환되거나 체포된 모든 시민은 즉시 복종해야 한다. 그것에 저항할 경우 유죄가 된다.

제9조 모든 사람은 유죄로 선고되기 전까지는 무죄로 추정되므로, 그를 체포하는 것이 불가피하다고 판단되더라도 신병을 확보하는 데 필요하지 않은 강제 조처는 법으로 준엄하게 규제된다.

제11조 사상과 의견의 자유로운 소통은 인간의 가장 고귀한 권리 가운데 하나다. 따라서 모든 시민은 자유롭게 말하고 쓰고 출판할 수 있다. 단, 법이 정한 경우에는 그 자유의 남용에 대해 책임을 져야 한다.

제13조 공적 무력의 유지와 정부의 기타 비용을 충당하기 위해서는 공적 조세가 불가결하다. 단, 이는 공동체 구성원들 사이에 그 능력에 따라 평등하게 분담돼야 한다.

제17조 재산권은 침해될 수 없고 신성하다. 따라서 명백한 공적 필요성이 있다고 법적으로 인정되고 정당한 사전 보상이라는 조건이 없는 한 누구도 침탈당할 수 없다.

입법의회 구성을 위한 헌법—1791년 9월 3일 헌법

최갑수, 〈1789년의 '인권선언'과 혁명기의 담론〉, 《프랑스사 연구》 4, 2001, 34~35쪽에서 재인용

국민의회를 구성하는 프랑스 인민의 대표자들은 인권에 대한 무지, 망각 또는 멸시가 공공의 불행과 정부 부패의 유일한 원인이라고 간주하여, 엄숙한 선언을 통해 인간의

천부적이고 양도할 수 없는 신성한 권리를 밝히기로 결의했다. 그리하여 이 선언이 사회 모든 구성원에게 자신의 권리와 의무를 끊임없이 깨닫게 하고 … 헌법의 유지와 만인의 행복에 이바지할 수 있도록 하고자 한다. 따라서 국민의회는 신의 축복과 가호 아래 다음과 같은 인간과 시민의 신성한 권리들을 승인하고 선포한다.

국민의회는 스스로 승인하고 선포했던 원리들에 입각하여 프랑스 헌법이 수립되기를 원하는바, 자유와 권리의 평등을 해치는 제도들을 최종적으로 폐지한다. … 관직 매매나 공직의 세습은 더 이상 존재하지 않는다.

헌법은 다음의 사항들을 자연권 및 시민적 권리로서 보장한다. …

- 모든 사람은 가고 머물고 떠날 자유를 갖는다. 그는 헌법이 규정한 형식에 의하지 않고서는 체포 또는 구금될 수 없다.
- 모든 사람은 자신의 사상을 말하고 쓰고 인쇄하고 출판할 자유와 그가 애착을 갖는 종교 예배를 드릴 자유를 갖는다. 집필한 것은 출판될 때까지 어떠한 검열이나 조사를 받지 아니한다.
- 시민은 치안 관련법을 지킨다면 무기를 소지하지 않고 평화롭게 회합할 자유를 갖는다.
- 시민은 헌법기관에 개별적으로 서명한 청원을 제출할 자유를 갖는다. 입법부는 … 헌법이 보장하는 자연권 및 시민적 권리 행사에 타격을 가하고 방해하는 어떠한 법도 제정할 수 없다.
- 그러나 자유는 타인의 권리와 공공의 안전에 피해를 주지 않는 한 보호받으므로 … 법은 공공의 안전이나 타인의 권리를 공격하여 사회에 피해를 주게 될 행위들에 대해 형벌을 규정할 수 있다. 헌법은 재산권의 불가침성을 보장하며, 공공의 필요에 의해 재산권을 희생하게 될 경우 정당한 사전 보상을 보장한다.
- … 시민은 종교 의식 집전자들을 선출하거나 선택할 권리를 갖는다. … 버려진 아이들과 가난한 장애인을 돕고 … 빈민에게 일자리를 제공하는 … '공공 구제' 종합기관을 창설하고 조직한다. 모든 사람에게 필수적인 교육을 제공하는 무상의 '공공 교육'을 창설하고 조직한다. …
- 프랑스혁명의 기억을 보존하고, 시민들 간의 우애를 유지하고, 그들을 헌법, 조국, 법에 결합시키기 위해 국민적 축제를 조직한다. 전 왕국에 적용할 민법전을 제정한다.

"압제에 맞서 피 묻은 깃발을 들었다"—〈라마르세예즈〉

주한 프랑스 대사관 웹사이트 http://www.ambafrance-kr.org에서 발췌

1절

가자, 조국의 아들들아

영광의 날이 왔다!

압제에 맞서

피 묻은 깃발을 들었다 (두 번 반복)

들판에서도 들리는가

저 포악한 병사들의 외침이

그들이 여기까지 닥쳐와

당신의 자식과 아내를 죽이려 한다.

후렴

무장하라, 시민들이여

무리를 지어라

행진하자, 행진하자!

불순한 피가

우리의 밭을 적실 때까지!

3절

뭐라고! 외국의 무리들이

우리 땅을 지배한단 말인가!

뭐라고! 저 돈에 팔린 용병들이

우리의 자랑스런 전사들을 쳐부순단 말인가! (두 번 반복)

신이시여! 결박당한 우리 손

속박 하의 우리 전선이 쓰러진단 말인가!

비열한 폭군이 우리 운명의

주인이 된단 말인가!

6절

거룩한 조국애여,

복수를 위한 우리의 팔을 이끌고 들어 올려라

자유여, 귀중한 자유여

너의 수호자와 함께 싸워라!

우리의 깃발 아래로 승리가

너의 강인한 노래에 발맞추고

쓰러져가는 네 적이

너의 승리와 우리의 영광을 보기를!

7절

우리는 그 길로 들어가리라

우리의 선열들은 더 이상 없는 그때

거기서 그들의 흔적과

용기의 자취를 발견하리라

그들을 대신해 살아남기보다는

죽음을 함께하고자 하는

우리는 숭고한 자존심을 지키리라

그들의 복수를 이루고 그들을 따르리라.

자료
11

상퀼로트의 미덕 예찬

〈주제넘은 질문에 대한 답변: 상퀼로트는 누구인가?Reply to an Impertinent Question: What is Sans-culotte?〉;

머린 윌리엄스Merryn Williams 편집, 《1775~1830년의 혁명들Revolutions: 1775~1830》, Penguin Books,

1971, pp. 100~101에서 재인용

… 상퀼로트는 불량배인가? <u>그는 항상 발로 걷는 사람</u>이며, 당신들 모두가 갖고 싶어 하

는 돈도 없는 사람이고, 자신을 위한 시종이나 성도 없으며, 4층이나 5층에서 아내와 아

이들과 함께 단출하게 사는 사람이다.

<u>그는 유용하다.</u> 왜냐하면 그는 들판에서 일하는 법을 알고, 쇠를 주조할 줄 알고, 톱을

사용할 줄 알며, 쇠붙이 가는 줄을 사용할 줄 알며, 집에 지붕을 얹을 줄 알고, 신발을 만들 줄 알고, 공화국의 안전을 위해 자신의 마지막 피 한 방울을 흘릴 줄 알기 때문이다. 그리고 그는 노동을 하므로 당신은 카페 드 샤르트르Café de Chartres에서 그를 만나지 못할 것이고, 사람들이 작당을 하고 도박을 하는 도박장에서도 보지 못할 것이다. 국립극장에서도 … 문학 클럽에서도 마찬가지다. …

저녁에 그는 분칠하지도, 향수를 뿌리지도, 혹은 여성 관중의 눈을 사로잡으려고 말쑥한 부츠를 신지도 않은 채 자신의 구역으로 간다. 그리고 온 힘을 다해 좋은 제안을 지지하고, 혐오스러운 정치인 도당이 제시한 제안들을 분쇄할 준비가 되어 있다.

마지막으로, 상퀼로트는 혁명의 모든 적들의 귀를 자를 날카로운 사브르[칼, 기병도]를 항상 지니고 있다. 때때로 그는 창을 들고 나가기도 한다. 그러나 최초의 북소리가 울리면, 그는 방데Vendée를 위해, 알프스의 군대를 위해, 혹은 북부의 군대를 위해 떠날 준비가 되어 있다.

마리 앙투아네트가 시누이 엘리자베스에게 보낸 편지[2]

http://www.deslettres.fr/lettre-de-marie-antoinette-a-madame-elizabeth-adieu-adieu-je-ne-vais-plus-que-moccuper-de-mes-devoirs-spirituels/

1793년 10월 16일

내가 마지막으로 편지를 쓰는 이는 그대, 내 시누이이지요.

나는 유죄판결을 받았지만 그것은 부끄러운 죽음—이것은 죄인이나 받아야지요—이 아니라 그대 오라버니와 재회하러 가는 겁니다. 그이가 무죄였던 것처럼, 나도 오라버니가 마지막 순간에 보인 것과 똑같은 꿋꿋함을 보여주고 싶네요.

양심에 거리낌이 없을 때의 사람들이 그러하듯 나도 평안해요. 무척 후회스러운 것은 내 불쌍한 아이들을 떠난다는 것이지요. 그대도 내가 아이들과 착하고 정다운 시누이를 위해서만 살았음을 알고 있어요. 그대는 우의 때문에 우리와 함께하려고 모든 것을 희생했지요. 내가 그대를 그런 자리에 두다니!

법정에서 나는 내 딸이 그대와 떨어져 있다는 것을 알았답니다. 아! 불쌍한 아이에게 나는 편지를 쓸 용기가 없네요. 내가 보낸 편지를 받지 못해왔으니 이것도 그대에게 도달할지 알 수 없네요. 두 아이를 위해 여기서 내가 하는 축복을 받아주세요. 언젠가 아이

2 | 1791년 6월에 오스트리아 망명을 기도하다 바렌 Varennes에서 붙잡혀 실패한 루이 16세와 그 가족은 혁명정부의 감시를 받으며 파리 시내의 튈르리 궁전에 감금되어 있었다. 그러다 1793년 1월에 루이 16세가 처형되었고, 9개월 후에 마리 앙투아네트도 단두대에서 이슬로 사라졌다. 이 글은 사형을 선고받은 왕비 마리 앙투아네트가 1793년 10월, 처형당하기 몇 시간 전에 쓴 마지막 편지. 남은 두 아이의 장래를 걱정하며 시누이에게 그 후견을 맡아달라고 부탁하는 내용이 담겨 있다.

들이 자라면 그대와 함께하게 되길, 그대의 따뜻한 사랑을 전부 받게 되길 바랍니다. 두 아이가 내가 늘 일렀던 것을 따라 생각했으면….

13
사회의 목적은 공동의 행복—1793년 헌법의 골자

최갑수, 〈1789년의 '인권선언'과 혁명기의 담론〉, 《프랑스사 연구》 4, 2001, 37~40쪽에서 발췌

프랑스 인민은 인간의 자연권에 대한 망각과 멸시가 세계 불행의 유일한 원인이라고 확신하여 엄숙한 선언을 통해 양도할 수 없는 신성한 이 권리들을 제시하기로 결의했다. …

제1조 사회의 목적은 공동의 행복에 있다. 정부는 인간의 자연적이고 소멸할 수 없는 권리 향유를 보장하기 위해 설립된다.

제2조 이 권리들은 평등, 자유, 안전, 재산권이다.

제3조 모든 사람은 법 앞에서 평등하다.

제4조 법은 일반의지의 자유롭고 엄숙한 표현이다. 그것은 보호해주는 경우에도 처벌을 가하는 경우에도 만인에게 동일하다. …

제7조 자신의 사상과 의견을 언론을 통해서나 다른 방식에 의해서나 표명하는 권리, 평화롭게 집회할 권리, 예배의 자유로운 집전은 금지될 수 없다. …

제9조 법은 통치자의 압제에 대항하여 공적이고 개인적인 자유를 보호해야 한다.

제10조 누구도 법이 정한 경우가 아니라면 또 법이 규정한 형식에 의하지 않고서는 고소, 체포 또는 구금되어서는 안 된다. …

제13조 모든 사람은 유죄로 선고되기까지는 무죄로 추정된다. …

제15조 법은 엄격하고 명백하게 필요한 형벌만을 내려야 한다. 형벌은 범법 행위에 합당해야 하며 사회에 유용해야 한다.

제16조 모든 시민은 자신의 재산, 수입, 노동과 근면의 산물을 마음대로 향유하고 처분하는 소유권을 갖는다.

제21조 공공 구제는 신성한 책무이다. 사회는 불행한 시민들에게 노동을 제공해주거나 노동할 수 있는 상태가 아닌 자들에게는 생존 수단을 보장해줌으로써 생계의 의무를 지닌다.

제22조 교육은 만인에게 필요한 것이다. 사회는 공공 이성의 진보를 온 힘을 다해 촉진

5 프랑스혁명
133

하고 모든 시민들이 교육받을 수 있게 해야 한다.

제25조 주권은 인민에게 있다. 그것은 단일하고 불가분하며 소멸하거나 양도할 수 없다.

제27조 주권을 찬탈하는 개인은 자유인들에 의해 즉시 죽음에 처한다.

제30조 공직은 기본적으로 잠정적이다. 그것은 차별이나 보상이 아니라 의무로 간주된다.

제33조 압제에 대한 저항은 인간의 다른 권리들의 귀결이다.

제35조 정부가 인민의 권리들을 침해할 때 봉기는 인민의 가장 신성한 권리이자 가장 불가결한 의무이다.

자료
14

모든 프랑스인은 군대를 위한 의무가 있다

국민공회의 '국민 총동원령levée en masse'; 도널드 케이건 외, 《서구 유산》, p. 645에서 발췌

1. 이 순간부터 적을 공화국의 땅에서 몰아낼 때까지 모든 프랑스인은 군대 복무를 위한 영구 징발에 처한다. 젊은 남자들은 전장으로 가야 한다. 기혼 남자는 무기를 만들고 군수품을 운송해야 한다. 여자들은 텐트와 옷을 만들고 병원에서 일해야 한다. 어린이들은 낡은 아마포를 재활용하는 일을 해야 한다. 나이 든 사람들은 공공장소로 나가서 전사들의 용기를 북돋고 왕들을 향한 증오심과 공화국의 단합을 설교해야 한다.

2. 국가의 건물은 막사로 전환되고 공공장소는 무기 작업장으로 전용한다. 지하 토양은 초석을 추출하기 위해 세척한다.

3. 표준 구경의 무기들은 적들에 대항하여 나가는 군인들을 위해 비축해둔다. 국내에서 필요할 경우에는 수렵용 구경과 부차적 무기로 수행한다.

4. 안장을 갖춘 말들은 기병대를 구축하는 데 징발된다. 농업에 사용되는 말을 제외하고 모든 징발된 말은 대포와 식량을 운반한다.

5. 공공안전위원회는 모든 종류의 무기를 지체 없이 제작하는 데 필요한 조치를 취한다. 그리하여 이 작업 수행에 필요한 작업장, 공장, 제분소 그 밖의 다른 기관들이 공화국 전 지역에서 징발되며 필요한 기술을 지닌 장인과 노동자도 징발된다.

6. 이 법의 시행을 위해 파견된 인민의 대표는 그들의 관할구역에서 공안위원회와의 공조 하에 활동하며 위원회와 똑같은 권력을 지니게 된다. 이들은 인민의 대표에게

부여된 무제한적 권력을 부여받고 군대에 파견된다.

7. 누구도 자신이 소집된 직책을 대리시킬 수 없다. 공무원들은 자신들의 위치를 사수할 것이다.

8. 징세는 전체에 공통으로 부과한다. …

자료
15
'프랑스인은 신의 존재를 믿는다'

국민공회의 종교 입법, 1794; 존 홀 스튜어트, 《프랑스혁명 사료집》, pp. 526~627에서 발췌

1. 프랑스인은 신의 존재와 영혼의 불멸을 인정한다.

2. 프랑스인은 신의 자격이 있는 존재를 숭배하는 것이 인간 의무를 준수하는 것이라고 인정한다.

3. 프랑스인은 그러한 의무 중에 나쁜 신조와 폭정을 혐오하는 것, 폭군들과 반역자들을 벌하고, 불행한 자들을 구제하고, 약한 사람들을 존중하고, 억압받는 자들을 옹호하고, 남들에게 할 수 있는 모든 좋은 일을 하고, 모든 사람에게 공정하게 대하는 것을 가장 중시한다.

4. 축제는 신의 개념과 그 존재의 위업을 사람들에게 깨닫게 하기 위해 시행한다.

7. 데카드décade[혁명력의 매달 특정한 날에 주어진 이름]의 날들에는 다음과 같은 축제들을 거행한다.

신과 자연에게, 인류에게, 프랑스 국민에게, 인류의 은인들에게, 자유의 순교자들에게, 자유와 평등에, 공화국에, 세계의 자유에, 조국에 대한 사랑에, 폭군과 반역자에 대한 혐오에, 진리에, 정의에, 겸양에, 영광과 불멸에, 우정에, 검약에, 용기에, 좋은 신념에, 청렴함에, 금욕에, 사랑에, 부부간의 사랑에, 부정父情에, 어머니의 애정에, 자식의 효심에, 어린아이에게, 젊은이에게, 성인에게, 노인에게, 불행에, 농업에, 근면에, 우리의 선조에게, 번영에, 행복에.

8. '공공 안전 및 공공 교육 위원회'가 위에서 말한 축제를 조직하고 계획을 세울 책임을 진다.

9. 국민공회는 찬가와 시민의 노래로 국민공회 수립에 동의하는 것을 기념하여 인류의 대의에 공헌할 만한 재능을 가진 사람들을 모두 소환한다. …

"혁명의 토대는 미덕과 '공포'입니다"

로베스피에르의 연설[3] ; 리처드 T. 비엔브뉴Richard T. Bienvenu 편집,《테르미도르 9일: 로베스피에르의 몰락The Ninth of Thermidor: The Fall of Robespierre》, Oxford University Press, 1968, pp. 32~49에서 재인용

시민 여러분 그리고 인민의 대표 여러분,

… 오늘 우리는 국내 정책의 원리들을 설명하고자 합니다. … 이제 혁명의 목적과 우리가 나아가고자 하는 바를 명확히 밝힐 때입니다. … 우리가 추구하는 목적이 무엇입니까? 그것은 자유와 평등의 평화로운 향유입니다. 영원한 정의의 지배입니다. … 우리 조국은 모든 개인의 행복을 보장하며 각 개인은 당당하게 조국의 번영과 영광을 향유합니다. … 공화국의 모든 미덕과 기적이 왕정의 모든 악과 부조리를 누르고 승리하기를 바랍니다.

… 어떠한 종류의 정부가 이렇게 놀라운 일을 실현할 수 있을까요? 오직 민주적이고 공화주의적인 정부만이 할 수 있습니다. 이 두 단어는 일상적인 연설에서 남용되고 있지만 사실 동의어입니다. …민주정은 스스로 만든 법에 의해 인도되는 인민이 스스로 자신이 잘 할 수 있는 모든 것을 하며 직접 할 수 없는 모든 일은 대표를 통해 하는 정치입니다. … 그러나 우리 안에 민주정의 기초를 닦고 강화하기 위해서 … 우리는 폭정에 대한 자유의 전쟁을 끝내야만 하고 혁명의 폭풍을 뚫고 나아가야만 합니다. 그것이야말로 여러분이 세운 혁명 체제의 목적입니다. … 우리는 군주정의 모든 악덕과 불합리를 공화국의 모든 미덕과 경이로움으로 대체할 것입니다. …

인민의 정부 혹은 민주정부의 근본 원리는 무엇입니까? 그리고 그것을 작동하게 하는 주요 동인은 무엇입니까? 그것은 미덕입니다. … 이 미덕은 조국과 그 법을 사랑하는 공공 미덕입니다. 그러나 공화국 또는 민주정의 본질은 평등이므로 조국에 대한 사랑은 필연적으로 평등에 대한 사랑을 포함합니다. … 프랑스인은 모든 사람에게 평등과 시민의 완전한 권리를 부여하면서 진정한 민주정을 수립한 세계 최초의 인민입니다. … 공화국의 영혼은 미덕과 평등이고 여러분의 목적은 공화국의 수립과 강화입니다. … 우리는 공화국 프랑스를 스파르타식으로 만들고자 하지 않습니다. …

평화 시에 인민정부의 기초가 미덕이라면 혁명의 토대는 미덕과 '공포'입니다. 미덕을 결여한 공포는 치명적이고 공포를 결여한 미덕은 무기력합니다. 공포는 단호하고 신속

3 | 로베스피에르는 1794년 2월 5일에 행한 이 연설에서 혁명의 토대는 공포라고 선언하고 공포가 곧 정의라고 하면서 테러를 옹호했다. 그는 '자유의 적들'에 대항하고자 극단적인 공포정치를 주장했다. 자유에는 미덕이 필요하고 민주주의를 경험하지 못한 프랑스인은 아직 미덕이 부족하므로 공포를 통해 그들을 단속하고 미덕을 가르쳐야 한다는 것이다.

하고 무정한 정의입니다. 그러므로 공포는 미덕 그 자체에서 나옵니다. 그것은 어떤 특별한 원리라기보다는 우리 조국이 가장 시급하게 필요로 하는 민주정의 일반원리의 귀결입니다. … 자유의 적들을 공포로 정복한다면 공화국의 창건자인 여러분은 정당합니다. 혁명정부는 폭군에 반하는 자유의 전제정입니다. …

17
프랑스혁명에 대한 한 평가 — 굶주린 대중과 폭도의 폭동

에드먼드 버크, 《프랑스혁명에 관한 성찰Reflections on the Revolution in France》, 이태숙 옮김, 한길사, 2008, 49, 82~92, 130~141, 375~377쪽

모든 정황을 종합해볼 때 프랑스혁명은 이제까지 세상에서 벌어진 일 중 가장 경악스러운 일이다. … 경박함과 잔인함이 빚어내고, 모든 종류의 죄악이 모든 종류의 어리석은 짓과 더불어 뒤범벅이 된 괴상한 이 혼란 속에서 … 멸시와 분노가 번갈아 치밀어 오르고 웃음과 눈물이 냉소와 공포가 교차한다. (중략)

우리는 세습되는 국왕과 귀족제를 갖고 있다. … 우리의 정치체제는 세상의 질서와 … 상응하며 조화 속에 자리 잡고 있다. … 당신들이 그럴 마음이 있었다면 우리를 모범으로 삼음으로써 혜택을 누릴 수 있었을 것이다. … 당신네 헌법은 완성되기 전에 정지되어버렸다. … 당신네는 잘못 시작했다. 왜냐하면 당신들에게 속하는 모든 것을 멸시하면서 시작했기 때문이다. …

프랑스는 다른 나라들이 매우 확실한 축복을 획득하면서 지불한 것보다 더 비싼 값에 기품이라고는 전혀 찾아볼 수 없는 재앙을 얻었다! 프랑스는 범죄를 저지르며 빈곤을 산 것이다! … 프랑스 사람들은 온화하고 합법적인 군주에 대해 더 사납고 더 격렬하고 더 공격적으로 반항했다. …

이 모든 무서운 일이 필요했던가? 평화롭고 번영하는 자유라는 조용한 해변에 이르기 위해 유혈과 소란을 헤쳐 나가야 했던 결의에 찬 애국자들의 필사적인 투쟁이 초래한 불가피한 결과였던가? 아니다! 결코 그렇지 않다. … 프랑스가 겪은 근래의 폐허는 내전에 따른 참화가 아니다. 태평스러운 시기에 채택된 성급하고 무지한 기획이 초래한 바를 보여주는 비극적인 그러나 교훈을 주는 기념비다. …

그들은 자신들의 왕을 감금하고 동포 시민들을 살해하고 수천의 존경스런 인물과 가문들을 … 빈곤과 고통 속에 빠뜨렸다. … 나라 전체에 걸쳐 배신과 강탈과 강간과 암살과

5 프랑스혁명
137

살육과 방화를 허가한 결과였다. (중략)

프랑스 왕과 왕비의 수난: '10월 6일의 잔악한 광경'

… 나는 당신들이 국민으로서 극도의 수치심과 공포를 느낀다고 믿는다. … 국민의회는 품위도 자유도 없는 채 심의라는 익살 광대극을 연출하고 있다. …

… 혼탁·경악·낭패·살육의 하루가 지난 1789년 10월 6일 아침에 … 잔인한 악당과 암살자 무리가 피비린내를 풍기면서 왕비의 방으로 몰려 들어가 총검으로 침대를 쑤셔댔다. … 궁전은 … 유혈이 낭자하고 학살로 더럽혀지고 절단된 신체와 시체가 나뒹구는 상태였다. …

… 존엄한 인물[루이 16세]이 저 굴욕적인 사태에서 비록 자신을 지탱했지만 … 백성들의 이상하고 무서운 변모에 대해 비탄에 젖었다고 한다. 그의 강인함은 손상되지 않았고 오히려 인간성의 성가를 무한히 높였다. … 위대한 귀부인 왕비도 그날을 견디어냈고 … 자기 신분과 혈통에 적합한 태도로 … 고요한 인내심을 지니고 견디어냈다고 한다. … 최악의 사태에서도 그녀는 최후의 치욕에서 자신을 지킬 것이고 … 결코 비천한 자의 손에는 쓰러지지 않을 것이다. (중략)

국민의회의 무능과 모범적 영국 헌정

지도자들이 대중 인기의 경매장에서 스스로 응찰자로 나서기로 했을 때 … 그들은 아첨꾼이 될 것이다. 민중의 지도자가 아니라 민중의 도구가 될 것이다. … 나는 내 나라 사람들이 우리 이웃나라들에게 영국 헌정의 예를 추천하기 바란다. … 나는 우리의 행복한 상태가 헌정 덕분이라고 생각한다.

프랑스혁명은 인권이념을 위한 투쟁이다

토머스 페인, 《인권 1부 The Rights of Men》; 웨슬리 캠프 편집, 《계몽 시대부터 1980년대까지의 서구 문명의 기원》, pp. 28~29에서 재인용

아메리카에서 시작된 작은 불꽃으로부터 꺼지지 않을 불길이 솟아올랐다. … 불길은 바람을 타고 이 나라에서 저 나라로 퍼져나가고 있으며 조용히 승리하고 있다. …

정부의 헌법과 형태가 무엇이건 그것은 오직 공공의 행복 외에는 다른 목적을 가지지 않는다. … 유럽의 모든 정부─현재 프랑스를 제외하고─는 보편적 문명의 원리에 기반한 것이 아니라 그와 정반대의 원리에 입각해 있다. …

… 나는 버크 씨의 팸플릿이 흉악한 허위 진술을 포함하고 있고, 프랑스혁명과 자유의

원칙에 대고 퍼부은 난폭한 욕설이자 나머지 '세계에 대한 협잡'임을 알고 있다. …
프랑스혁명을 다룬 버크 씨의 팸플릿은 감정을 자극하는 무례한 행동의 본보기다. 프랑스의 인민이나 국민의회는 영국이나 영국 의회에 대해 전혀 왈가왈부하지 않는다. … 버크 씨는 … 혁명을 빛낸 존엄한 사람들을 '찬탈자'라는 말로 비난한다. … 그러나 프랑스혁명은 이념을 위한 투쟁이다. … 프랑스가 처한 정세는 루이 16세의 인격이나 성품과 직접 관련되어 있지 않다. 군주의 세습적 전제주의 아래에서 자라난 … 수많은 억압이 프랑스에서 개혁을 기다리고 있었다. … 프랑스혁명은 개인에 대한 증오가 아니라 … 인권에 대한 합리적 사고에서 비롯되었다. …

인민은 보복하지 않았다. … 국민의회가 누구를 단두대로 보냈는가? 한 사람도 보내지 않았다. … 그들은 누구에게도 보복하지 않았다. … 무력이 난무하는 혼란한 기간 중에도 국민의회와 파리 시가 그토록 자제할 수 있었다는 것은 실로 명예로운 일이다. …

베르사유 행진도 평화적이었다. … 근위대 가운데 한 사람이 … 총을 쏴서 파리 민병 한 사람을 죽였다. 이로 인해 평화가 깨지고 … 두세 사람이 죽은 뒤에 사태가 수습되고 평온이 회복되자, 민중 사이에서 "왕을 파리로! 왕을 파리로!"라는 구호가 터져 나왔다. 그것은 평화의 아우성이었고 왕은 즉시 그들의 요구를 받아들였다. … 베르사유에서 출발해 파리로 가는 이 행진에는 30만 명 이상이 참여했고 도중에 어떤 방해도 받지 않았다. …

… 미국과 프랑스의 혁명을 통해 우리가 지금 세계에서 보는 것은 … 도덕과 정치적 행복과 국민 번영의 결합이다

1. 모든 인간은 자유롭고도 평등한 권리를 갖고 태어났다. 따라서 사회적 차별은 공공의 이익에 근거해서만 있을 수 있다.

2. 모든 정치적 결사의 목적은 자연적이고 소멸될 수 없는 인간의 권리를 보전하는 것이다. 그리고 여기서 권리란 자유·재산·안전의 권리 및 압제에 저항할 권리다.

3. 모든 주권의 근원은 본질적으로 국민이다. 어떤 개인이나 단체도 명백히 국민에게서 나오지 않은 권한을 행사할 수 없다.

    … 인류의 계몽 상태로 미루어 볼 때 세습 국가가 몰락의 단계에 들어섰고 국민주권과 대표제 국가라고 하는 기반 위에서 유럽의 혁명이 전개되고 있다는 사실은 분명하다.

프랑스혁명은 군주정을 무너뜨렸다

페인, 《인권 2부》; 〈인권Rights of Man〉, 《토머스 페인 저작The Complete Writings Of Thomas Paine》1. 필립 S. 포너Philip S. Foner 편집, The Citadel Press, 1945, pp. 353~354, 366, 374~375, 448~449

미국 혁명은 이론으로만 있던 것을 정치에서 드러나 보이게 했다. 구세계의 모든 정부가 너무 깊이 뿌리를 내렸으며 폭정과 구습이 굳게 자리 잡았기에 … 전 지구에서 자유는 쫓기는 처지였으며 이성은 반역으로 간주되었고 공포라는 굴레는 사람들이 생각하는 것을 두려워하게 만들었다. …

미국 독립은 단지 영국에서의 분리라고 간주되었고, 정부 운영 원리와 실천의 혁명이 수반되지 않았다면 별로 중요하지 않은 사건이었을 것이다. 미국은 자신만을 위해서가 아니라 세계를 위해서도 싸웠다. … 아메리카야말로 보편 개혁원리가 시작될 수 있는 정치세계의 유일한 장소였다. (중략)

버크Burke 씨에 관해 말하자면, 그는 군주정에 집착하는 자인데 그것은 그가 비록 연금수령자이어서만이 아니라 정치인이기 때문이라고 나는 믿는다. … 그러나 그에 관해 바르게 말하자면, 그는 아메리카를 존경하면서 아첨을 매우 잘 해왔다. 그는 아메리카 국민이 영국이나 유럽 내 다른 나라 국민보다 더 계몽되어 있어서 그들 정부가 쇼를 벌일 필요[군주제의 필요]가 없다고 항상 주장했다. (중략)

군주정이란 모두 거품이요 단지 돈을 조달하는 궁정 책략이라는 점은 [적어도 내게는] 분명하다. … 그렇지만 프랑스에서 또 영국에서 한 인간을 지원하기 위한 왕실 비용만 해도 미국 연방정부의 총지출보다 8배나 크다. (중략)

내 생각에, 앞에서 언급한 세력들[잉글랜드, 프랑스, 네덜란드]이 미합중국과 함께 남아메리카를 독립시키고 엄청난 영토와 부를 가진 저 국가들을 세계무역에 개방시키자고 스페인에 제안하면 확실히 효과를 거둘 수 있을 것이다. …

미국과 프랑스에서 일어난 두 혁명으로 조성된 엄청난 기회는 잉글랜드와 유럽 전체에 일찍이 없었던 것이다. 미국혁명으로 미국은 서구 세계에서 자유의 챔피언이 되었고, 프랑스혁명으로 프랑스가 유럽에서 자유의 우승자가 되었다. 다른 국가들이 프랑스에 동참하면 전제주의와 악한 정부는 감히 출현할 수 없을 것이다. … 지금 이 시대는 앞으로 '이성의 시대'라고 불릴 자격이 있다.

혁명에서 여성은 무엇을 얻었는가?

올랭프 드 구즈, 〈여성과 여성 시민의 권리 선언Declaration of the Rights of Woman and the Female Citizen〉;

http://chnm.gmu.edu/revolution/d/293/에서 발췌

어머니들, 딸들, 자매들 그리고 인민의 대표들은 국민공회의 구성원이 되기를 요구한다. 여성의 권리에 대한 무지와 망각과 멸시가 공공의 불행과 정부 부패의 유일한 원인이라고 믿으면서, 여성들은 타고난 권리이자 양도할 수 없는 신성한 여성의 권리를 엄숙하게 선언하기로 결의한다. …

제1조 여성은 자유롭게, 남성과 동등한 권리를 갖고 태어나며, 또 그렇게 존속한다. 사회적 차별은 오직 공공의 유익에 입각할 때에만 가능하다.

제2조 모든 정치적 결사의 목적은 여성과 남성의 자연적이고 소멸할 수 없는 권리들을 보전하는 데 있다. 이 권리들은 자유·재산권·안전의 권리이며, 특히 압제에 저항할 권리다.

제3조 모든 주권의 근원은 본질적으로 국민이며, 이 국민은 곧 여성과 남성의 결합과 다를 바 없다. 어떤 개인이나 단체도 명백히 국민에게서 나오지 않은 권한을 행사할 수 없다.

제4조 자유는 타인에게 피해를 주지 않는 한 모든 것을 행할 수 있는 권리다. 여성의 자연권 행사의 유일한 장애물은 남성의 영구적인 폭정이다. 이러한 제한은 자연과 이성의 법에 의해 개혁돼야 한다.

제6조 법은 일반의지의 표현이다. 모든 여성과 남성 시민은 직접 또는 그 대표를 통해 법 제정에 참여할 권리를 갖는다. 법은 모든 사람에게 똑같아야 한다. 남성과 여성 시민은 법 앞에서 평등하므로, 그들의 능력, 덕성과 재능에 따른 차별 외에는 남녀 평등하게 모든 공적인 지위, 직무에 오를 수 있다.

제10조 누구도 자신의 기본적 의견에 대해 침묵할 것을 강요받아서는 안 된다. … 여성은 법이 규정한 공공질서를 어지럽히지 않는 한 연단에 오를 권리를 가져야 한다.

제11조 … 사상과 의견의 자유로운 소통은 여성의 가장 고귀한 권리들 중 하나다. …

제13조 … 여성은 모든 의무와 힘든 임무를 공유한다. 따라서 여성은 지위, 고용, 직무, 명예와 직업의 배분에서 똑같은 몫을 공유해야 한다.

제17조 재산권은 함께 있거나 헤어졌거나 관계없이 남성과 여성 모두에게 속한다. 남성과 여성 각각에게 재산권은 불가침의 신성한 권리다. …

여성들이여, 깨어나라. 이성의 경종이 전 세계에 울리고 있다. 당신들의 권리를 찾아라. … 자유를 얻은 남성은 그의 동반자에게 부당한 존재가 되었다.

오, 여성이여, 여성이여! 언제나 당신은 눈을 뜰 것인가? 혁명에서 여성은 무슨 이익을 얻었던가? 더 분명해진 경멸 더 명확해진 모욕이 있을 뿐이다. … 이성의 힘으로 맞서라. 철학의 규범 위에서 스스로 단결하라. … 자신을 해방하는 힘은 당신에게 있다. …

구체제 아래서는 모든 것이 악이고 유죄였다. … 여자는 오직 아름다워야 했고 귀여워야 했다. … 여성 매매는 사회 제1계급에게 일종의 산업이었다. …

결혼은 신의와 사랑의 무덤이다. … 결혼하지 않은 여인은 오직 미미한 권리만을 갖는다.

자료
19

루소의 여성관에 대한 통렬한 비판

메리 울스턴크래프트Mary Wollstonecraft, 《여성의 권리 옹호A Vindication of the Rights of Woman》; 웨슬리 캠프 편집, 《계몽 시대부터 1980년대까지의 서구 문명의 기원》, pp. 29~31에서 재인용

여성은 아름다워야 하고 다른 것은 전혀 필요 없다고 … 듣고 배워왔다. 우리보고 오직 순한 가축이 되라고 충고했던 사람들은 얼마나 야비하게 우리를 모욕한 것인가! … 루소를 비롯하여 … 작가들은 여성을 … 부자연스럽고 나약한 성격으로 만들고 사회적으로 쓸모없는 존재가 되게 했다. … 루소는 여성은 단 한순간도 자신이 독립적이라고 느껴서는 안 되고, 여성이 타고난 교활함을 발휘하려 하면 두려움으로 다스려야 하고, 좀 더 사랑스러운 욕망의 대상 즉 남자가 쉬고 싶을 때면 언제라도 선택할 수 있는 달콤한 동반자가 되도록 하기 위해 교태를 부리는 노예로 만들어야 한다고 했다. … 그는 여성에게는 복종의 미덕을 엄격하게 가르쳐야 하기 때문에 모든 인간적 덕성의 초석이 되는 진실과 용기는 어느 정도 제한을 두어 양육해야 한다고 은근히 암시하기조차 했다. 이 얼마나 말도 안 되는 얘기인가! 여성이 타고나기를 남성보다 열등하다 하더라도 남녀의 덕성은 등급이 아니라 질적으로 같은 것이 분명하고, … 결과적으로 남녀의 행동은 동일한 원리에 토대를 두어야 하고 동일한 목적을 가져야 한다. … 하지만 루소와

그의 뒤를 따르는 남성 작가들은 여성 교육의 모든 방향은 한 가지 지점 즉 남성을 즐겁게 해주기 위한 쪽으로 모아져야 한다고 열심히 되풀이해서 가르친다. … 부드러운 매너, 유순함, 인내 등은 호감을 주는 자질이다. … 그런 이유로 여성의 기본 덕목으로 사뭇 권장됐다. … 여성은 남성의 장난감이자 방울로 만들어졌으며, 남성이 위안받고 싶어하면 이유 불문하고 언제라도 그 귓전에서 딸랑대야만 한다.

… 여성 관습에 혁명을 실행할 때다. 그들의 잃어버린 위엄을 회복하고, 그들이 인류의 한 구성원으로서 세계를 개혁하기 위해 스스로를 개혁하도록 만들 때다. … 남성과 여성에게 진리란 동일해야 한다. … 여성이 수행해야 할 임무가 있다면 그것은 인간적인 의무다. … 여성은 자신이 이성적 존재라는 것을 인식하면 그들 스스로 미덕을 획득하도록 자극받을 것이다. … 인간은 자신의 자유와 행복에 대해 스스로 판단하도록 허용되어야 하며 … 여성이 남성과 이성이라는 재능을 공유한다면 누가 남자만을 유일한 재판관으로 만들겠는가? … 여성이 편리한 노예일지 모르지만, 노예제는 주인과 그 야비한 부양가족들의 가치를 떨어뜨리는 결과를 초래할 것이다.

| 출전 | --

올랭프 드 구즈(1748~1793), 〈여성과 여성 시민의 권리 선언〉, 1791: 올랭프 드 구즈는 프랑스혁명을 환영했으나 혁명이 내건 자유와 평등이 남성에게만 해당하자 이 선언문을 발표했다. 하지만 여성의 시민권에 대한 그녀의 주장은 계몽사상가들에게 외면받았고 국민공회는 모든 여성 단체를 해산시켰다. 그리고 드 구즈는 로베스피에르의 공포정치를 비판했다는 이유로 처형되었다. 단두대에서 그녀는 "여성이 사형대에 오를 권리가 있다면 의정 연설 연단 위에 오를 권리도 당연히 있다"라는 유명한 말을 남겼다. 드 구즈가 이 선언문을 쓴 해에 프랑스에서 최초의 헌법이 제정되었으나, 여성은 재산 없는 남성 시민과 더불어 투표권과 정치 참여에서 배제되었다.

에드먼드 버크, 《프랑스혁명에 관한 성찰》, 1790: 버크는 아메리카 식민지 주민의 권리를 옹호한 인물로 영국에 유화 정책과 타협을 촉구했으나, 프랑스혁명에 대해서는 사회질서에 대한 가공할 범죄라고 공격했다. 버크는 1790년 11월에 프랑스혁명의 초기 1년만 보고 굶주린 대중과 폭도가 유산자의 재산을 빼앗은 일종의 폭동으로 파악했다. 또 기존 제도의 과격한 파괴가 무정부 상태와 독재자의 출현을 초래할 것이라고 예견했다. 버크가 프랑스혁명에 대해 쓴 이 팸플릿은 영국에서 엄청난 반향을 불러일으켰고, 유럽 대륙에서도 프랑스어와 독일어로 번역되면서 반혁명 담론의 시발점이자 구심점이 되었다. 그러나 그가 1794년 하원 의원직에서 은퇴한 후에 상당한 연금을 수령하자, 그의 프랑스혁명 비판과 국왕 제도 옹호가 연금 때문이었다는 비난이 제기되었다.

에마뉘엘조제프 시에예스(1748~1836), 《제3신분은 무엇인가》, 1789: 귀족에 대항하는 제3신분의 분노를 담은 시에예스의 이 팸플릿은 1789년 1월에 발표되었는데 큰 반향을 불러일으켰다. 시에예스는 원래 성직자였는데 제3신분의 의원으로 당선되었고, 루소의 사상에서 제3신분이 곧 국민이며 주권자라는 주장을 이끌어냈다. 당시 귀족계급과 성직자 계급은 전체 2600만 인구 중에 53만 명 정도만을 대표했다. 이 글에는 귀족에 대한 철저한 경멸, 제3신분에 대한 찬양, 시에예스의 사고에 미친 계몽사상의 영향이

드러난다.

아서 영(1741~1820), 《프랑스 여행기 1787~1789》, 1793: 아서 영은 영국의 농업경제학자이자 중농주의자로 특히 농업 기술 개선과 새로운 농법 보급에 힘썼다. 또한 혁명을 전후한 시기의 프랑스 상황을 고루 관찰하고 자국인 영국과 비교했다.

메리 울스턴크래프트(1759~1797), 《여성의 권리 옹호》, 1792: 프랑스혁명을 직접 눈으로 보기 위해 파리에 갔던 영국 저술가 울스턴크래프트는 1790년에 《인간의 권리 옹호 A Vindication of the Rights of Men》라는 소책자를 출간했고, 2년 후에는 루소의 《에밀》을 겨냥하여 이 책을 발표했다. 이 책에서 그녀는 "열등한 이성을 지닌 여성이 남성에게 종속되는 것이 곧 자연법"이라고 주장한 루소의 의견을 비판하고, "여성도 남성과 동등한 이성과 인권을 갖고 있으며, 여성이 복종해야 할 대상은 아버지나 남성이 아니라 인간 고유의 이성"임을 역설한다. 그리고 남성 시민이 향유하는 정치적·사회적 권리를 여성들에게 확장하는 것이 인류 전체에 도움이 된다고 하면서 여성의 자각과 교육의 중요성을 강조한다.

튀르고(1727~1781), 〈프랑스 농촌의 상황〉, 1769: 튀르고는 프랑스의 정치가이자 중농주의 경제학자로 상공업에 대한 국가의 과도한 간섭에 비판적이었다. 루이 16세 치하에서 재정총감을 지내며 프랑스의 재정 위기를 타파하기 위해 다양한 개혁을 시도했으나, 1775년 식량 폭동의 책임을 지고 자리에서 물러나면서 그의 개혁은 실패했다. 이 글에서 튀르고는 곡물 흉작과 기아로 고통받는 사람들을 구제하는 일에서 개인의 자선과 정부 정책이 하는 역할을 강조했다.

토머스 페인, 《인권 1부》, 1791: 이 책은 에드먼드 버크의 《프랑스혁명에 관한 성찰》에 대한 답변으로, 미국 워싱턴 대통령에게 자유 이념을 수립하는 데 공헌했다는 찬사가 헌정되어 있다. 페인은 단지 프랑스혁명을 옹호하는 데 그치지 않고 인권의 기원, 헌법과 국가의 원리, 공화제 정부의 구성, 정치의 기본 원칙 등을 논하고, 더 나아가 아동 교육, 빈민과 실업자의 구제, 노인 복지 등 국가가 수행해야 할 사회정책의 내용과 그에 필요한 재원 조달 방법 등을 제시했다. 《인권》은 《성찰》보다 열 배 이상 팔렸다.

페인, 《인권 2부》, 1792: 페인의 《인권 1부》에 대해 버크가 재반박하자, 페인은 《인권 2부》를 발표하여 맞받아쳤다. 《인권》 1, 2부는 프랑스혁명을 지원하는 사상적 기초가 되었을 뿐 아니라 유럽 사회의 구조적 모순의 원인을 분석하고 가난·문맹·실업·전쟁 등에 대한 해결책을 모색한 저서다.

〈라마르세예즈〉, 1792: 1792년 프랑스가 오스트리아에 전쟁을 선포하자 스트라스부르에서 근무 중이던 프랑스 장교 루제 드 릴 Rouget de Lisle이 이를 기념하여 〈라인 강의 군대를 위한 진군가〉를 작사, 작곡했다. 노래 가사는 라인 강변으로 출정하는 용사들의 심경을 그린 것으로 노래라기보다는 절규에 가깝다. 이 노래는 1792년 8월에 마르세유 자원병들을 위해 열린 송별회 자리에서 연주되면서 단숨에 인기를 얻어 의용군들이 즐겨 불렀기에 '라마르세예즈(마르세유 군단의 노래)'로 통하게 되었으며, 1795년 7월 14일에 국민의회는 이 노래를 프랑스 국가로 지정했다. 그 이후 몇 차례 금지되었다가 제3공화국 때인 1879년에 다시 국가로 지정되었다.

작자 미상, 《상퀼로트는 누구인가? Mais... Qu'est-ce qu'un Sans-culotte?》, 1793. 4: 이 팸플릿은 상퀼로트 혹은 그에 동조하는 사람이 쓴 글로, 상퀼로트를 전쟁에서 용감하게 희생정신을 발휘하는 애국 시민이자 열심히 일하는 유용한 사람으로 묘사한다. 그리고 상퀼로트의 미덕을 귀족의 나태와 사치, 정치인들의 사적 이익 추구와 대비한다. 상퀼로트는 1792년 9월 이후 혁명을 주도했던 하층 시민들로 수공업자나 소상인이 많았으며, 2단계 혁명을 주도한 자코뱅파의 권력 기반이 되었다.

베르사유 제3신분의 보고서, 1789. 5: 삼부회에서는 관례적으로 군주가 재원을 늘리기 위해 새로운 세금을 부과할 수 있었고 그 대신 참가자들이 내놓은 불만 사항들을 검토하곤 했다. 루이 16세는 그렇게 많은 불만 사항이 있으리라고는 예상하지 않았는데, 1789년 5월에 베르사유에서 삼부회가 소집될 때까지 4만 건이 넘는 불만 목록이 전국에서 수집되었다. 이것을 통해 앙시앵레짐의 모순이 만천하에 드러났다.

국민의회의 테니스코트 서약, 1789. 6. 20: 1789년 삼부회가 열리는 동안 왕이 삼부회를 해체하려 하거나 군대를 동원할 것이라는 공포가 지속되었다. 제3신분 의원들은 6월 17일에 삼부회를 '국민의회'로 이름을 바꾸었고 여기에 자유주의적 성직자와 일부 귀족도 합류했다. 이에 루이 16세가 국민의회 해산을 결정하고 삼부회 회의장을 폐쇄하자, 제3신분 의원들은 6월 20일에 베르사유 궁전의 테니스코트에 집결했다. 국민의회 초대 의장인 장 실뱅 바이 Jean Sylvain Baillie는 "헌법을 제정하고 사회질서를 회복할 때까지 (국민의회를) 해산하지 않는다"라고 맹세하는 선언문을 발표했다. 결국 국왕이 6월 27일에 귀족과 남은 성직자 대표에게 국민의회에 참가하라고 지시했다.

국민의회의 봉건제 폐지 법령, 1789. 8. 11: 1789년 8월에 농민의 폭동 소식이 전해지자, 파리 국민의회 대표들 중에는 자신들이 가진 봉건적 권리나 재산권에 위협을 느낀 이들도 있었으나 국민의회는 농민의 지지를 얻기 위해 결국 봉건제 폐지를 선언했다. 그러나 실제로 폐지된 것은 형식적인 명예 특권이었고, 실질적인 봉건적 공납은 되사기 곧 유상 폐지로 결정되었다. 어쨌든 이 선언은 구체제 붕괴에 기여했다.

국민의회의 인권선언(인간과 시민의 권리 선언), 1789. 8. 26: 이 인권선언은 자연권 사상과 로크의 자연 법사상을 수용하고(1조, 2조), 국민주권론을 담았으며(3조), 법 앞의 평등(6조), 종교적 관용을 명시하고(10조), 사상과 의사 표현의 자유(11조)를 주장했으며, 재산권을 불가침의 신성한 권리로 선언했다(17조). 국민의회는 이 선언 이후 성직자의 재산을 몰수했고, 행정구역을 재편해 자치를 실시하고 길드를 폐지하는 등 개혁을 단행했다. 인간의 기본권과 근대 시민사회의 정치 이념을 명확히 표현한 이 선언은 1891년의 프랑스 헌법을 비롯하여 이후 세계 여러 나라의 헌법과 정치에 크게 영향을 미쳤다.

1791년 9월 3일 헌법: 1791년 9월에는 제한 선거와 입헌군주제를 골자로 한 새로운 헌법이 제정되었으며, 일정한 세금을 납부하는 성인 남자에게 선거권이 부여되었다. 10월에 실시된 선거에서 새 의회인 입법의회(1791. 10~1792. 9)가 구성되었다. 입법의회는 단원제로, 의원의 임기는 2년이며 소득 금액에 따른 제한 선거로 선출되었다. 따라서 국민 다수를 차지하는 농민과 하층민은 정치에서 배제되었다. 입법의회는 지롱드파가 주도권을 장악했는데, 지롱드파는 부유한 상공업자를 비롯한 중산층을 지지 기반으로 삼았다.

1793년 헌법, 1793. 6: 이 헌법은 국민공회가 1793년 6월 24일에 채택한 헌법이다. 당시의 정식 명칭은 '공화국력 1년 헌법'이나, 자코뱅파가 지롱드파를 숙청하고 주도권을 장악해 만든 헌법이어서 '자코뱅 헌법' 또는 '몽테뉴(산악파) 헌법'이라고도 불린다. 국민주권, 남성 보통선거, 봉건적 공납 무상 폐지, 토지 분배, 의무교육 등의 내용을 담고 있다. 국민투표에서 압도적 지지를 받아 통과되었지만, 전쟁 때문에 실제로 시행되지는 않고 보류되었다가 테르미도르 반동 이후 총재정부에서 재개정되어 '1795년 헌법'으로 이어졌다.

국민공회의 '국민 총동원령', 1793. 8: 프랑스는 1793년 8월 23일 이 포고문을 발표함으로써 유럽에서 최초로 전쟁 수행을 위해 국민을 소집했다. 공공안전위원회는 이 포고문을 발표하고서 국가를 전시체제로 편성했다. 곡물, 일용품 등의 물가 상승을 막기 위해 최고가격제를 실시했고, 일정 기간 동안 강제로 병역에 복무시키는 징병제를 실시했다. 그리하여 기존에 허용된 30만 모병과 달리 각 계층의 국민을 평등하게 징병하여 새로 120만 명이 군에 복무했다. 이것은 용병을 군대의 주력으로 삼던 당시 유럽 군주제 국가에서는 상상할 수 없을 만큼 큰 병력이었다. 거대한 국민군으로 바뀐 프랑스군은 혁명전쟁의 주요 전투에서 승리를 거머쥐었다.

국민공회의 종교 입법, 1794. 5: 1794년 5월 7일, 국민공회는 매우 특별한 혁명 입법을 통과시켰다. 그것은 신Supreme Being의 숭배를 국가 종교로 수립한 법안으로, 프랑스 가톨릭의 공격에 맞서 '이신론'의 종교 개념을 차용하여 새 국가의 종교적 토대를 마련했다.

| 참고문헌 |

갈로, 막스, 《프랑스 대혁명》, 박상준 옮김, 민음사, 2013.

노명식, 《프랑스혁명에서 파리 코뮌까지》, 책과함께, 2011.

백인호, 《프랑스혁명과 종교》, 한국문화사, 2007.

버크, 에드먼드, 《프랑스혁명에 관한 성찰》, 이태숙 옮김, 한길사, 2008.

샤르티에, 로제, 《프랑스혁명의 문화적 기원》, 백인호 옮김, 일월서각, 1998.

서정복, 《프랑스혁명》, 살림, 2007.

육영수, 《혁명의 배반, 저항의 기억—프랑스혁명의 문화사》, 돌베개, 2013.

이세희, 《프랑스혁명사 연구》, 부산대학교출판부, 2004.

주명철, 《오늘 만나는 프랑스혁명》, 소나무, 2013.

토크빌, 알렉시 드, 《앙시앵레짐과 프랑스혁명》, 이용재 옮김, 지식을만드는지식, 2013.

6
나폴레옹 시대
:영토 확장으로 유럽 최대 국가가 되다

나폴레옹의 등장과 유럽 제패

1799년에서 1815년까지 나폴레옹이 집권한 15년은 세 시기로 나뉜다. 황제가 될 때까지 5년간 나폴레옹은 프랑스혁명의 성과를 공고히 했고, 그다음 5년간 의 패권기에는 전쟁에서 승리함으로써 800년에 샤를마뉴 대제가 건설한 제국 이래 유럽 최대의 영토를 확보했다. 마지막 5년은 주도권을 상실하고 몰락해간 시기다.

1799년 쿠데타를 감행한 나폴레옹은 제1통령으로서 실권을 장악하고 1790년 대의 개혁 성과들을 유지하는 한편 권력 분립의 원칙을 포기하고 행정조직을 중앙집권화했다.│자료 1│ 농촌의 봉건적 부과조 폐지, 국유 재산의 매각 보장, 교회 재산의 몰수와 재분배, 귀족과 성직자의 면세 특권 폐지와 같은 조치를 단행하는 한편 언론 검열과 통제를 강화했다.│자료 2│ 또 국책 은행을 세워 상공업에

융자와 수출을 대폭 확대해주고, 고등학교와 군사·기술학교를 세우고, 망명 귀족의 귀환을 장려하며 반대파를 사면하는 유화 조치로 정치적 화해와 결속을 추진했다. 교황과 정교협약(콩코르다트Concordat)을 체결하여 가톨릭계와도 화해했으며, 추방당한 성직자의 귀국과 구금되었던 성직자의 석방을 허락했다.┃자료 3┃ 하지만 혁명기에 수립된 종교의 자유 원칙은 고수했다.

나폴레옹은 또한 근대 시민법의 원리를 담은 성문법을 처음으로 제정하여 재산 소유권, 법 앞의 평등, 직업과 신앙의 자유, 노동의 자유, 저당권의 확립, 균등 분할 상속 등 2000가지 이상의 조항이 담긴 《민법전Code civil des Français》을 1804년에 선포했다.┃자료 4┃ 《민법전》은 프랑스 각지에 산재해 있던 360권이 넘는 법전들을 정리한 것으로 배타적 소유권 확립이 핵심이었다. 이외에도 민법, 상법, 민사소송법, 형법, 형사소송법 등을 다룬 다섯 가지 법전을 제정하여 《나폴레옹 법전》을 완성했다.

1804년, 나폴레옹은 교황 비오 7세Pius VII가 참석한 가운데 나폴레옹 1세로서 황제 축성을 받아 제정(제1제정, 1804~1814)을 수립했다. 그런 뒤 그는 동쪽으로는 모스크바까지 서쪽으로는 포르투갈까지 진군했을 뿐 아니라 대서양 연안과 북해 해안에도 군대를 두어 프랑스를 유럽의 패권국으로 만들었다. 또 오스트리아·영국과 강화조약을 체결하여 2차 대불동맹을 와해시켰다. 그러나 영국의 선전포고로 다시 전쟁이 시작되었고 트라팔가Trafalgar 해전에서 패했다. 나폴레옹 1세는 영국을 경제적으로 고립시켜 무너뜨리기 위해 1806년 대륙봉쇄령(베를린 칙령)을 내렸고,┃자료 5┃ 프로이센에 대승을 거둔 후 라인연방Rheinbund을 세웠으며, 사르데냐와 시칠리아를 제외한 이탈리아 전체를 속국으로 거느렸다.┃자료 6┃ 오스트리아는 네덜란드 등지를 프랑스에 할양하고 황녀 마리루이즈Marie-

Louise를 나폴레옹 1세와 혼인시켜야 했다.

나폴레옹의 몰락

이처럼 나폴레옹은 제1제정의 전성기를 누리며 이탈리아, 독일, 네덜란드에 개혁안을 강요했다. 성문법, 조세 제도의 근대화, 영주 법정과 교회 법정의 폐지, 법 앞에서의 평등, 옛 관습과 특권의 폐지 등을 실현하여 제국 행정을 용이하게 하고 세금으로 군대 자금을 모으려는 목적이었다. | 자료 7 | 1810년에 프랑스는 암스테르담, 브뤼셀, 함부르크, 로마 등지로 제국의 국경선을 확장했고, 오스트리아와 프로이센과 러시아는 패전으로 무력화되어 프랑스의 동맹국이 되었다.

하지만 대륙봉쇄령은 영국의 해양 장악과 대륙 내의 관세 장벽으로 실패하고 말았고, 오히려 영국과의 무역 금지로 손실을 입은 대륙 국가들의 불만이 커지는 결과를 낳았다. | 자료 8 | 프랑스의 지배에 저항하는 움직임도 거세졌으며, 나폴레옹 1세의 형 조제프Joseph가 왕위를 차지한 스페인은 대대적으로 게릴라전을

표 7 대불동맹 연표. 프랑스혁명 사상의 유입을 막기 위해서 프랑스에 대항하여 만든 대불동맹은 나폴레옹의 등장 이후에도 이어져 그가 추방될 때까지 계속 결성되었다.

구분	기간	주요 내용
1차 대불동맹	1793~1797	• 루이 16세의 처형과 혁명군의 오스트리아령 네덜란드(벨기에) 침략(1793) • 영국·오스트리아·프로이센·스페인 등 중심
2차 대불동맹	1799~1802	• 나폴레옹의 이집트 원정(1798) • 오스만제국·영국·오스트리아·러시아 • 1802년 아미앵 조약 체결
3차 대불동맹	1805~1806	• 영국 주전파 윌리엄 피트 수상의 재집권으로 영국·오스트리아·러시아가 주축 • 1805년 트라팔가 해전 승리 • 1806년 신성로마제국 해체
4차 대불동맹	1806~1807	• 라인 동맹 결성으로 프랑스의 패권이 중부 독일까지 확장되자 프로이센은 위기의식 • 대륙봉쇄령으로 각국의 불만 고조 • 프로이센·러시아·영국 등 • 1807년 틸지트 조약 체결
5차 대불동맹	1809. 4~1809. 10	• 나폴레옹이 스페인에서 고전하자 오스트리아가 영국과 동맹(나폴레옹 전성기)
6차 대불동맹	1813~1815	• 1812년 나폴레옹의 러시아 원정을 계기로 영국과 러시아가 동맹 • 1813년 프로이센은 프랑스와의 동맹 파기, 오스트리아·스웨덴·라인연방도 동참 • 1814년 퐁텐블로 조약 체결, 나폴레옹 추방

벌여 프랑스 군대를 스페인 국경 너머로 퇴각시켰다.│자료 9│국내의 경제 사정마
저 악화된 상황에서 민중 봉기가 다시 나타나고 잦은 징집에 따른 불만의 목소
리가 높아지자 나폴레옹 1세는 러시아 원정으로 돌파구를 마련하려 했다.

마침 러시아 황제가 프랑스와의 우호 동맹을 파기하고 영국과 통상협정을 맺
자, 나폴레옹은 1812년 봄에 국내외 병사 60만 대군을 이끌고 러시아 침공에 나
섰다. 그해 9월에 나폴레옹은 모스크바 입성에 성공했으나,│자료 10│10월 말에
퇴각하기까지 프랑스 병사들은 추위와 질병, 굶주림으로 거의 30만 명이 목숨
을 잃었다. 결국 1813년에 프랑스군은 프로이센·러시아·오스트리아·영국의 6차
대불동맹군에게 대패했고 이듬해에는 연합군이 파리에 입성했다. 이로써 나폴
레옹은 폐위되어 엘바 섬으로 추방되었으며 부르봉 왕가의 루이 18세가 즉위했
다. 나폴레옹은 1815년에 유배지를 탈출하여 50만 군대를 모아서 재기를 노렸
지만, 워털루 전투에서 패해 결국 세인트헬레나 섬에 유폐되었다.│자료 11│

나폴레옹 체제의 공과 실

나폴레옹은 혁명의 터전 위에서 인민주권과 대의제를 해체하고 제정을 구축했

도판 24 조제프 봄Joseph Beaume의 〈엘바 섬을 탈출하여 프랑스에 상륙한 나폴레옹〉(1836). 1815년 3월, 엘바 섬을 탈출한 나폴레옹은 프랑스 남해안 골프주앙Golfe-Juan에 상륙했다. 그리고 근위대 병사 600명을 데리고 18일 만에 파리에 입성했다.

지만 세속적이고 행정적이며 중앙집권적인 근대국가의 전형을 제시했다. 관료제와 상비군, 엄격한 행정 규율, 강력한 경찰력, 법적 평등에 입각한 새 국가는 매우 효율적으로 운영되었고 유럽의 여러 지역에까지《나폴레옹 법전》과 관료제, 교육 체제 등이 영향을 미쳤다.

그러나 점령지에서 배상과 보조금을 거둬들여 대규모 군대와 관료제를 부양하려던 계획은 막대한 전쟁 경비 때문에 위기에 처했고, 영국에 대륙봉쇄령을 내린 이후 급증한 밀수와 부패를 통제하지 못했으며 물가 상승도 잡지 못했다. 결국 프랑스 국민은 전쟁에 지치기 시작했고 나폴레옹은 몰락을 맞게 되었다.

브뤼메르 군사 쿠데타의 성공

나폴레옹 비망록(일기); 존 홀 스튜어트John Hall Stewart, 《프랑스혁명 사료집A Documentary Survey of the French Revolution》, Macmillan Co., 1951, pp. 763~765에서 재인용

파리로 돌아온 후에 나는 모든 권력자가 분열되어 있고 단 한 가지에만 동의한다는 것을 알았다. 바로 헌법이 절반은 파괴되었고 자유를 구할 수 없다는 것이었다.

모든 분파 사람들이 나에게 와서 자신들의 계획을 털어놓고 비밀을 들려주고 내게 지원을 요청했다. 나는 한 당파의 사람이 되기를 거절했다.

원로회Coulcil of Elders가 나를 소환했다. 나는 그 호소에 응답했다. 자유와 평등과 재산의 수호자들로 여겨지는 사람들이 복구안을 고안했다. … 원로회는 그 입법부Legislative Body 독립에 필요한 무력을 배치할 권한을 나에게 주었다. 나는 그 명령을 받아들이는 것이 나의 동료 국민들, 우리 군대에서 죽어간 군인들, 그들의 피를 흘린 대가로 얻은 국가의 영예에 대한 내 의무라고 믿는다. …

원로회 의원들이 나를 받아들이고 성원했듯이, 나도 500인회에 무장하지도 않고 모자를 벗고서 홀로 나 자신을 드러냈다. 나는 원로회 다수에게 그들의 소망을 상기시키고자 했다. …

의원들을 위협한 단검들이 즉각 그들의 '해방자'에 대항하여 들어 올려졌다. 스무 명의 암살자들이 나를 향해 돌진했고 내 가슴을 노렸다. 내가 공회당 입구에 남겨둔 입법부 척탄병들이 앞으로 달려 나와 암살범들과 나 사이에 섰다. 이 용감한 척탄병 중 한 명의 옷에 단검이 꽂혔다. 그들이 나를 밖으로 데리고 나갔다.

동시에 … '무법자'라는 외침이 쏟아졌다.

그들은 위협의 말을 하며 손에는 무기를 들고 통령을 둘러쌌다. 그들은 통령보고 나를

내쫓으라고 명령했다. 나도 이 말을 들었다. 나는 통령에게 자신을 먼저 구하라고 지시했다. 그리고 입법부의 척탄병 여섯 명이 그의 안전을 지켰다. 그 후 곧바로 입법부의 척탄병들이 공회당으로 들어가 그곳을 정리했다.

파당들은 위축되어서 흩어졌고 도망갔다. …

프랑스인들이여, 당신들은 이 행위에서 공화국에 헌신한 한 시민 그러니까 한 자유의 병사가 지닌 열정을 확인했을 것이다. 원로회를 억압했던 반역자들이 흩어지자 보수 이념, 수호 이념, 자유 이념이 올바른 상태로 회복되었다.

자료
02
"혁명은 끝났습니다"

프랑스혁명의 종결 선언[1] ; 존 홀 스튜어트, 《프랑스혁명 사료집》, p. 780에서 재인용

프랑스 국민 여러분!

여기 여러분 앞에 하나의 헌법을 공개합니다.

이 헌법은 임시정부가 대외 관계에 그리고 공화국의 국내 상황 및 군사적 상황에 끌어들인 불확실성에 종언을 고합니다.

헌법이 수립한 기관들에 그 성공에 헌신할 최초의 행정 장관들을 헌법이 임명합니다.

헌법은 대의정부의 참다운 원리와 재산·평등·자유라는 신성한 권리에 근거하고 있습니다.

헌법이 부여한 권력은 강하고 안정적일 것이며 시민의 권리와 국가의 이해를 보장하기 위한 것입니다.

시민 여러분, 혁명은 그것이 시작된 원리 위에 확립되었습니다. 혁명은 끝났습니다.

1 | 브뤼메르 쿠데타로 집권한 나폴레옹을 포함하여 세 명의 통령은 1799년 12월 15일에 프랑스혁명의 종결을 공식적으로 선언했다.

자료
03
나폴레옹과 교황의 화해

콩코르다트, 1802; 도널드 케이건Donald Kagan 외,《서구 유산The Western Heritage》, Macmillan Publishing Co., 1987, p. 660에서 재인용

프랑스 공화국 정부는 로마 가톨릭 종교가 프랑스 시민 대다수의 종교라는 것을 공인한다.

로마 교황께서도 이 종교의 최고의 유익과 위엄이 프랑스의 가톨릭 신앙과 공화국 통령들의 개인 신앙 선서에서 비롯되었다는 것을 인정한다. …

이러한 상호 공인의 결과에 따라 그리고 국내 평화 유지와 종교의 유익을 위해 그들은 다음과 같이 합의했다.

1. 로마 가톨릭교회는 프랑스에서 자유롭게 허용될 것이다. 교회 의식은 공개적으로 정부가 공공의 안정을 위해 필요하다고 판단한 규정에 따라 허용될 것이다. …

4. 공화국의 제1통령은 교황 칙령 공표 후 3개월 이내에 새 구역의 주교와 대주교들을 임명할 것이다. 교황은 프랑스 정부에 변화가 생기기 이전에 수립된 양식에 따라 교회법에 의한 성직 임명을 수여할 것이다. …

6. 직무를 시작하기에 앞서 주교들은 제1통령의 뜻에 따라 충성을 맹세할 것이다. 그 선서는 정부가 바뀌기 전에 사용되던 선서로서 다음과 같이 표현된다.

"나는 신 앞에 맹세하고 약속한다. 《성경》에 맹세코 프랑스 공화국 헌법에 의해 수립된 정부에 복종하고 충성할 것을. 나는 또한 공공의 평화에 해가 되는 어떤 동맹을 지원하거나 어떤 변호인의 도움을 받거나 어떤 교섭도 하지 않을 것임을 약속한다. 그리고 나의 교구 혹은 다른 어떤 곳에서 국가를 침해하는 일이 꾸며진다는 사실을 알게 되면 그것을 정부에 알릴 것이다."

자료
04
근대 시민법의 원조가 된 《나폴레옹 법전》

명순구, 《프랑스 민법전》, 법문사, 2005에서 발췌

제2조 법률은 장래에 대하여만 적용된다. 법률은 소급효를 갖지 아니한다.

제3조 경찰 및 공안에 관한 법률은 프랑스 영토에 거주하는 모든 자에게 강제력을 갖는다.

부동산은 프랑스 법률에 의해 규율되며 외국인 소유라 하더라도 또한 같다. …

제6조 누구도 개별 약정에 의해 공공질서와 선량한 풍속에 관한 법률을 배제할 수 없다.

제156조 민적관이 … 부모·조부모 또는 친족회의 동의 없이 이루어지는 만 18세 미만의 혼인식을 실행하거나 이들의 혼인증서를 작성한 때에는 … 정하는 벌금을 부과한다.

제161조 혼생 또는 비非혼생을 불문하고 직계 존속과 직계 비속 및 직계 인척 사이의 혼인은 금지된다.

제163조 혼생 또는 비혼생을 불문하고 숙부와 질, 숙모와 질 사이의 혼인 또한 금지된다.

제212조 부부는 서로 충실·구조·협조 의무를 진다.

제213조 부부는 공동으로 가족의 정신적·물질적 생활을 보장해야 한다. 부부는 자녀의 교육 여건을 조성하고 자녀의 미래를 준비시켜야 한다.

제228조 여자는 전혼前婚이 해소된 때로부터 만 300일 후에야 다시 혼인할 수 있다. …

제230조 부부 쌍방이 공동으로 이혼을 청구하는 때에는 그 이혼 이유를 설명할 필요가 없다. 부부 쌍방은 이혼 후의 상황을 규율하는 합의계획서를 제시하고 법관의 인준을 받으면 된다. …

제544조 소유권이란 법령에 의해 금지된 용법으로 사용하지 않는 한 절대적인 방법으로 물건을 사용·수익하고 처분할 수 있는 권리이다.

제545조 공익상의 필요 및 정당한 사전 보상에 의하지 않고는 누구도 소유권의 양도를 강제하지 못한다.

제711조 물건에 대한 소유권은 상속, 증여, 유증 및 채권의 효과로서 취득·이전된다.

제713조 주인이 없는 재산은 국유로 한다.

제1109조 합의가 착오, 강박 또는 사기에 의한 것이라면 유효한 합의가 없는 것이다.

제1123조 법률에 의해 무능력으로 선언되지 않는 한 누구든지 계약을 체결할 수 있다.

제1126조 모든 계약은 당사자 일방이 권리를 이전할 의무를 부담하거나 어떠한 일을 행하거나 행하지 아니할 의무를 부담하는 것을 목적으로 한다.

자료
05

대륙봉쇄령을 공포하다

나폴레옹의 베를린 칙령, 1806; https://archive.org/details/correspondenced03napogoog에서 발췌

프랑스의 황제, 이탈리아의 왕인 나폴레옹은 다음과 같이 포고한다.

1. 영국은 모든 문명화한 국민이 보편적으로 따르고 있는 국제법을 결코 인정하지 않고 있다.

2. 그리고 영국은 적대 국가의 모든 주민을 적으로 간주하여 전함의 승무원뿐만 아니라 상선과 상인들 심지어는 여행 중인 상인이나 대리상마저 전쟁 포로로 만들고 있다. …

4. 영국은 … 봉쇄령을 상업 항구와 강 하구까지 확대하고 있다. …

5. 이처럼 천인공노할 봉쇄령 남용은 국가들 간의 교통을 막고 대륙의 상업과 산업을 황폐하게 만들고 자국의 상업과 산업을 옹호하려는 것 외에 다른 목적을 갖고 있지 않다.

이에 우리는 다음의 결정을 공포하는 바이다.

1. 영국 제도諸島에 대한 봉쇄를 선포한다.

2. 영국과의 모든 교역과 서신 왕래를 금지한다.

3. 모든 영국민은 신분과 조건을 막론하고 우리와 동맹국의 군대에 의해 점령된 지역에서 발견되는 즉시 전쟁 포로가 될 것이다.

4. 영국민의 창고와 상품은 … 합법적인 전리품으로 간주된다.

5. 영국 상품의 교역은 금지되며 영국 또는 영국의 공장과 식민지에서 만들어진 모든 제품 역시 합법적인 전리품으로 간주된다.

10. 이 포고령은 우리의 외무성 장관에 의해 스페인, 나폴리, 네덜란드, 그 외 다른 동맹 국들의 국왕에게 전달될 것이다. 이 나라 국민들 또한 우리처럼 영국의 해상 법령이 지닌 야만성과 부당함의 희생자들이다.

자료
06

프로이센과 러시아를 압박한 나폴레옹

틸지트 조약, 1807; http://www.napoleon-series.org/research/government/diplomatic/c_tilsit.html에서 발췌

프랑스와 러시아의 평화조약

1. 이탈리아의 왕이자 프랑스의 황제인 나폴레옹과 러시아의 황제는 … 서로 간의 완전한 평화와 우호를 약속한다.

5. 과거 프로이센 영토인 서폴란드를 분할하여 (프랑스의 괴뢰국인) 바르샤바 대공국을 세운다.

6. 단치히는 … 다시 독립 자유시로 만든다. …

14. 러시아는 … 조제프 나폴레옹을 나폴리 왕으로, 루이 보나파르트 나폴레옹을 홀란드의 왕으로 인정한다.

20. 러시아는 … 프로이센 왕의 양보로 프랑스가 얻게 될 영토를 인정할 것을 약속한다.

프랑스와 프로이센의 평화조약

1. 프로이센과 프랑스는 … 완전한 평화와 우호를 약속한다.

10. 프로이센은 … 라인 강과 엘베 강 사이의 영토를 영구히 포기한다.

14. 프로이센은 단치히를 영구히 포기한다.

27. 프로이센은 … 영국과의 항해와 무역을 중단할 것이며, 영국과 영국 식민지에서 프로이센으로 오가는 상선의 선적을 금지할 것이다.

자료

07

나폴레옹의 '프랑스 우선' 원리[2]

나폴레옹의 일기; 주디스 코핀과 로버트 스테이시Judith Coffin & Robert Stacey, 《새로운 서양 문명의 역사 Western Civilizations》하, 손세호 옮김, 소나무, 2014, 206쪽

이탈리아 왕국의 모든 생사生絲는 영국으로 가는데 그 이유는 독일에 비단 공장이 없기 때문이라오. 따라서 짐은 이 통로를 짐의 프랑스 제조업자들에게 유리하도록 돌렸으면 … 하오. 그렇지 않으면 프랑스 상업의 주요 기반 중 하나인 짐의 비단 공장들이 상당한 손실을 겪게 될 것이라오. … 짐의 원리는 '프랑스 우선'이라오. 그대는 만약 영국의 상업이 공해상에서 최고라면 그것이 영국의 제해권으로 인한 것이라는 사실을 결코 잊지 말기 바라오. 프랑스가 가장 강력한 지상 강대국으로서 대륙의 상업적 패권을 장악해야 할 것이오. 그것이야말로 우리의 유일한 희망이라오. …

피에몬테와 파르마 역시 비단을 생산한다오. 짐은 거기에서도 프랑스를 제외한 어떤 나라에도 비단 수출을 금하였다오. … 이탈리아는 프랑스에 이탈리아를 합병할 어떤 구실도 주지 않도록 조심해야 할 것이오. … '프랑스 우선'을 그대의 좌우명으로 삼으시오.

2 | 나폴레옹은 자신이 정복한 유럽의 국가들로 형제들을 보내 왕으로 앉혔다. 1810년, 이탈리아의 한 속국을 맡긴 자신의 양자養子 외젠에게 보낸 이 편지는 이탈리아의 비단 무역을 프랑스에 유리한 쪽으로 돌리려 했던 나폴레옹의 의지를 보여준다.

'영국과 통상하는 상선은 나포될 것이다'

나폴레옹의 밀라노 칙령, 1807; http://www.napoleon-series.org/research/government/
france/decrees/c_decrees16.html에서 발췌

프랑스의 황제이자, 이탈리아의 왕, 라인연방의 보호자인 나폴레옹은 지난 11월 11일
영국 정부가 내린 결정에 대해서 … 다음과 같이 포고한다.

1. 모든 함선은 국적을 불문하고 영국 함선에 의해 조사를 받거나 영국행에 동의할 경
   우 그리고 영국 정부가 부과하는 세금을 지불할 경우, 그 국적을 더는 인정받지 못하
   며 그 국기國旗가 제공하는 보호를 박탈당함은 물론 영국의 재산이 된다.

2. 영국 정부의 이러한 자의적 행동에 의해 국적을 박탈당한 함선이 우리와 동맹국의
   항구로 들어오거나 우리 전함과 사략선私掠船에 장악될 경우 합법적인 전리품과 재
   산으로 간주될 것이다.

3. 영국은 바다와 육지에서 모두 봉쇄된 국가임을 선포한다. 모든 함선은 그 국적과 화
   물의 내용을 막론하고 영국과 영국의 식민지, 영국군에 의해 점령된 지역의 항구에
   서 항해하거나 정박할 경우 [만일 우리에게 장악될 경우에는] 정당한 전리품이 될
   것이다.

4. 이러한 조치는 알제리 해적들을 흉내 내는 영국 정부의 야만적인 체제에 대한 정당
   한 보복일 뿐이다. 이 조치들은 영국에게 자국의 국기를 존중해줄 것을 요구하는 국
   가들에 대해서는 어떠한 효력도 발휘하지 않는다.

"조국을 위해 죽노라": 스페인 게릴라군의 유언

사령관 파르캥Commandant Parquin, 《회고록Souvenirs》; 장 카르팡티에Jean Carpentier 외, 《프랑스인의 역사
Histoire de France》, 주명철 옮김, 소나무, 1996, 270~271쪽에서 재인용

다시 한 번 분견대가 바야돌리드 방향으로 길을 떠났다. 우리는 항상 유격대 노릇을 하
였고, 적은 계속 우리의 행군을 미리 알고 피했다. 그러나 어느 날 우리가 네바 델 레이
의 마을에 도착하기 전 … 한 부대와 교전하여 그들을 궤주시켰다. 우리는 포로를 잡아
재판하여 사형에 처하였다. 왜냐하면 우리는 행군 도중에 우리 편 보병들이 교수당한

것을 보았기 때문이다. 이 불행한 사람들은 호송대를 이탈했다가 사로잡혔던 것이다. [파르캥은 다른 포로들을 잡았다.] 우리는 그들이 가장 악착같은 사람들인 사제나 환속한 수도자의 게릴라 부대에 속한 것을 알았다. 그들은 바야돌리드와 살라망카 사이의 길을 막고 있었다. 그[파르캥]는 일부러 길에 세운 교수대에 포로들을 매달았다. … 이 가련한 스페인 포로들은 만일 사령관이 그들을 수색하라는 명령을 내리지만 않았어도 목숨을 건질 수 있었을 것이다. 그러나 … 그들 중에 장교처럼 보이며 얼굴에 오래되지 않은 칼자국을 가진 사람이 프랑스어로 쓴 쪽지가 든 지갑을 갖고 있었다. … 이 지갑은 프랑스 장교의 것이었는데, 우리는 그의 시체가 땅바닥에 누워 있는 것을 보았다. 결국 이 유격대원들의 재판은 오래 걸리지 않았다.

베리니 사령관은 그들의 머리채를 붙잡아 매어놓은 오막살이 벽 정면에 그들을 꿇려 앉혔다. 총살 집행대가 무기를 들었고, 그들은 성호를 긋고 나서 "신을 위해 죽노라, 조국을 위해 죽노라, 이것이 스페인 사람 모두가 죽는 방식이다"라고 외치며 총에 맞아 쓰러졌다.

자료
10

나폴레옹의 모스크바 입성 클로드 프랑수아 드 메느발 남작Baron Claude François de Méneval, 《나폴레옹 1세의 전기를 위한 회고록Memoirs to Serve for the History of Napoleon I》, R. H. 슈레드R. H. Sherad 옮김, 1894; 존 캐리John Carey, 《역사의 목격자Eyewitness to History》, Avon Books, 1987, pp. 278~280에서 재인용 (한국어판 출간 제목은《역사의 원전》)

호기심을 자아내며 이 대도시가 인상적인 경관으로 모습을 드러냈다. 이 도시는 유럽풍보다는 아시아풍인데, 황량하고 메마른 평원의 끝에 펼쳐져 있으며 1200개의 뾰족탑과 하늘빛 쿠폴라[3] 들이 덮고 있다. 거기에는 황금 별들이 박혀 있고 도금한 사슬로 서로 연결되었다. 이 정복은 많은 희생이 따랐으나 그 당시 나폴레옹은 자신이 그곳에 평화를 누리게 할 수 있다는 희망에서 위안을 받았다. 그곳에 제일 먼저 들어간 나폴리의 왕은 모스크바 시가 비었으며 어떤 민사·군사 관리도 어떤 귀족도 어떤 사제도 모습을 드러내지 않았노라는 전갈을 보냈다. 러시아 군대는 모스크바 시민들 대부분을 데리고 대오에 합류시켜 떠났던 것이다. … 시내에는 불과 수천 명이 남았는데, 일이 어떻게 전개되더라도 잃을 게 없었던 최하층민에 속한 사람들이었다. … 황제의 입성에는 흔히 큰 도시를 점령할 때 볼 수 있는 소란이 없었다. 시가지의 적막을 깨는 소리가 없

3 | cupola. 이탈리아어이며 뾰족한 형태의 돔을 가리킨다. 모스크바의 성당들은 주로 이탈리아 장인들이 와서 제작하였다.

었고 오로지 대포와 운반수레들이 내는 덜커덩거리는 소리만이 있을 뿐이었다. 모스크바는 깊은 잠에 빠져 있는 것처럼 보였는데 마치 《천일야화》에서 본 마법에 걸린 성 같았다. …

황제가 크렘린에 들어가기 무섭게 키타이고로드 시장에서 불이 났다. … 진화하려는 노력이 수포로 돌아갔으며 … 마치 시장에서 난 불이 신호가 된 것처럼 도시 전체에서 불길이 타올랐고 … 이 불은 빠르게 번져 3일 만에 모스크바 시의 4분의 3을 삼켰다. … 이 울부짖는 소리에 이 무서운 사태에 … 더해진 것은 … 처참한 상황에 놓인 사람들의 비명과 신음이었다. … 움직이지도 못하고 망연자실하여 소리도 내지 못한 채 우리는 이 무섭고도 엄청난 광경을 보고만 있었으며 아무런 도움도 줄 수 없다는 무기력함을 절실히 느끼고 있었다.

자료
11 -
영웅의 명성과 몰락

나폴레옹 비망록; 웨슬리 D. 캠프Wesley D. Camp 편집, 《계몽 시대부터 1980년대까지의 서구 문명의 기원 Roots of Western Civilization, Vol. II: From Enlightenment to the 1980's》, John Wiley & Sons, 1983, pp. 33~ 34에서 재인용

1800년 6월 17일

나는 방금 밀란Milan에 도착했다. … 예전 포로들이었던 일부 헝가리인들과 독일인들이 "보나파르트 만세!" 하고 열정적으로 소리쳤다. … 이곳 사람들은 여전히 내 존재에 감동을 받는다. 그들은 나를 위해 어떤 일이라도 할 것이다. 이와 똑같은 일이 모든 곳에서 오랫동안 벌어졌다! 그러한 반응은 광신이다.

1802년 12월 30일

내 힘은 내 명성에서 나오고 내 명성은 나의 승리에서 나온다. 더 많은 승리와 더 많은 영광으로 내가 그것을 떠받치지 않으면 그것은 무너질 것이다. 정복은 현재의 나를 만들었고 정복만이 나를 지탱해준다. 우정은 말뿐이다. 나는 아무도 사랑하지 않는다. 심지어 내 형제들도 사랑하지 않는다. … 나에게 참다운 친구가 없다는 것을 너무도 잘 알고 있다. … 남자는 강한 심장을 가져야 하며 단호해야 한다. 그렇지 않다면 전쟁과 정치에서 손을 떼라.

1804년 11월 4일

나는 [조세핀과] 이혼하지 않겠다. … 어떻게 이 훌륭한 여인과 이혼할 수 있겠는가? … 나는 그녀를 불행하게 만들지 않겠다.

12월 1일

조세핀이 이혼에 동의한다는 전갈을 보내왔다. 우리가 저녁을 먹기 위해 앉았을 때 그녀가 갑자기 평평 울었고 기절했다.

12월 15일

이혼 당일 튈르리 궁전에서 의식이 행해졌다. 매우 감동적인 의식이었고 모든 사람이 울었다. … 나의 소중한 애정을 희생하여 오로지 국가의 이익만을 생각하게 했고 우리의 결혼을 취소하도록 했다. 나의 현재 결정이 나에게 얼마나 많은 대가를 치르게 했는지 신만은 아실 것이다. 하지만 프랑스의 이익이 되는 것으로 보일 수만 있다면 용기를 내서 희생할 것이다.

1816년 6월 8일, 세인트헬레나

고해신부 없이 죽겠다는 것이 나의 신념이다. 나는 분명 무신론자와는 거리가 멀지만 … 내 이성에 반하여 믿을 수는 없다. … 맨정신으로 신성모독을 할 수는 없었다. … 나는 두려움 없이 신의 법정에 서서 그의 심판을 기다릴 수 있다. 나는 프랑스의 영광과 힘과 위업을 위해서만 일했다. 그것을 위해 나의 모든 능력, 노력, 시간을 소비했다.

1817년 3월 3일, 세인트헬레나

내 명예에 대한 어떠한 두려움도 없다. 후세대가 나를 정당하게 평가할 것이다. … 나는 비범했다고 평가될 것이다. … 나는 쉰 번의 정정당당한 전투에서 싸워 이겼다. 나는 … 내 이름으로 된 법전을 고안하고 시행했다. 나는 무無에서 일어나 세계에서 가장 강력한 군주가 되었다. 유럽이 내 발아래 있었다.

나폴레옹 비망록(일기): 나폴레옹은 프랑스령의 외딴섬인 코르시카 출신으로 가난 속에서 군사학교를 졸업했고 프랑스에서 구국의 영웅이 되었다. 그는 30대 초반에 프랑스 황제로 등극하여 유럽의 절반을 제패하고 교육, 종교, 문화, 법률 등 오늘날 프랑스의 초석을 만든 인물이다.

'자료1'의 1799년 기록을 보면 총재정부의 시에예스가 정국을 안정시키기 위해 이집트 원정에서 막 돌아온 나폴레옹을 이용하여 군사 쿠데타를 계획한 일이 나온다. 나폴레옹은 11월 9일, 혁명력으로 브뤼메르달 18일에 군사 호위대를 이끌고 양원제 의회의 하나인 원로회에 들이닥쳐 권력을 내놓으라며 협박한 '브뤼메르 쿠데타'를 벌였다. 선출 의회인 500인회에서는 더 격렬한 반응에 맞닥뜨렸고 신체적 공격까지 당하기도 했지만, 결국 나폴레옹을 제1통령, 시에예스를 제2통령으로 하는 3인 통령정부 형태의 새로운 정치기구가 등장했다.

'자료11'의 1810년 일기는 조세핀과 이혼하고 오스트리아 공주 마리루이즈를 황후로 맞이할 당시의 심경 등 내밀한 속내를 짐작케 한다.

클로드 프랑수아 드 메느발 남작(1778~1850), 《나폴레옹 1세의 전기를 위한 회고록》, 1845: 러시아는 1807년의 틸지트 조약 이래 프랑스와 동맹 관계에 있었지만 결국 1812년에 스웨덴, 영국과 함께 대불동맹을 맺었다. 이에 나폴레옹은 45만 대군을 이끌고 러시아 정벌에 나섰다. 러시아군은 20만 병력으로 나폴레옹 군대의 전력을 소진시키는 초토화 작전을 벌였고, 그해 9월에 모스크바에 입성한 나폴레옹의 군대는 보급 식량을 전혀 확보할 수 없었다. 한 달 후 나폴레옹 군은 철수하기 시작했지만 혹한을 뚫고 12월 중순 바르샤바에 도착했을 때는 병력이 3만으로 줄어 있었다. 이 책은 나폴레옹을 수행했던 드 메느발 남작이 남긴 회고록이다.

사령관 파르캥, 《회고록》, 1843: 나폴레옹은 1808년부터 1814년까지 포르투갈을 포함한 이베리아 반도가 대륙봉쇄령에 따르게 하려고 스페인 전쟁을 벌였다. 사령관 드니 파르캥Denis Parkin은 젊은 시절 나폴레옹 군대의 경기병 장교로서 전쟁 기록을 남겼는데, 이 기록은 스페인 전쟁이 가치 없는 게릴라전이었음을 보여준다. 또한 당시 스페인 사람들이 성직자들의 지지를 받아 애국심에 불타는 맹렬한 저항을 벌였음을 보여준다.

콩코르다트(정교협약), 1802: 1802년 종신통령에 오른 나폴레옹은 교황 비오 7세와 콩코르다트를 맺고 로마 가톨릭교회가 프랑스에서 자유롭게 활동하는 것을 허용했다. 이로써 프랑스에서 로마 가톨릭교회의 지위를 명시하고 프랑스혁명기에 실시된 교회 개혁 조치와 재산 몰수로 빚어진 불화에 종지부를 찍었다. 이 협약은 가톨릭이 프랑스 국민 대다수의 신앙임을 인정하는 것이었다. 또한 성직자를 선출하는 대신 주교는 정부가 지명하고 교황이 서임하며 교구 신부는 주교가 임명하기로 했다. 또한 교회는 십일조와 혁명 때 몰수된 재산을 포기하는 대신 국가에서 성직자의 봉급을 지급하기로 했다.

나폴레옹 법전(프랑스 민법전), 1804: 1804년에 제정을 선포하고 황제에 오른 나폴레옹은 3편, 2281조로 이루어진 법전을 공포했다. 법적 평등, 취업의 자유, 신앙의 자유, 사유재산의 존중, 계약의 자유 등 혁명의 원리를 부분적으로 계승하긴 했으나, 고문을 일부 인정하고 개인의 권리보다 국가의 이익을 우선시하는 등 혁명 원리와 상치하는 부분도 있었다. 이 법전은 2차 세계대전 후까지도 큰 수정 없이 시행되었으며, 소유권의 절대성, 계약 자유의 원칙, 과실 책임주의 등은 근대 시민법의 기본 원리로서 나중에 제정된 각국 민법전의 모범이 되었다.

나폴레옹의 베를린 칙령, 1806. 11. 21: 트라팔가 해전을 겪고 난 뒤 직접적인 침공을 단념한 나폴레옹은 1806년 베를린의 황제 캠프에서 칙령을 반포하여 이른바 대륙 봉쇄 체제를 수립했다. 이는 유럽 대륙과 영국과의 통상을 금지한 조치로, 영국에 경제적 타격을 가하는 동시에 프랑스의 시장을 확대하려는 목적이었다. 하지만 이 칙령은 동맹국과의 마찰을 야기하고 나폴레옹을 향한 적개심을 부채질하는 결과를 낳았다. 영국은 1807년 추밀원령에 따라 프랑스의 항구들뿐 아니라 프랑스 동맹국 항구들과의 모든 교역을 불법이라고 선포하면서 보복했다. 그러자 나폴레옹은 밀라노 칙령을 반포해 대륙봉쇄령을 확장했다.

틸지트 조약, 1807. 7: 이 조약은 러시아 제국 영토였던 틸지트Tilsit에서 맺어진 프랑스 제국(나폴레옹 1세)과 프로이센 왕국(프리드리히 빌헬름 3세), 러시아 제국 사이에 맺어진 강화조약이다. 나폴레옹은 이 조약으로 프로이센을 예속시켜 프랑스의 속국과 유사하게 만들고자 했다.

나폴레옹의 밀라노 칙령, 1807. 12. 17: 나폴레옹은 밀라노 왕궁에서 칙령을 반포하여 영국과 통상하는 상선의 나포를 명령했다. 하지만 효과가 없는 대륙 봉쇄의 실상을 본 러시아는 1810년 대륙봉쇄령을 파기하고 영국과 무역을 재개했으며, 나폴레옹 1세는 러시아를 처벌하기 위해 러시아 원정(1812년)을 감행했으나 실패했다.

| 참고문헌 | --

김재홍, 《나폴레옹 전쟁》, 21세기북스, 2013.
마크햄, 펠릭스, 《나폴레옹》, 이종길 옮김, 길산, 2001.
보르도노브, 조르주, 《나폴레옹 평전》, 나은주 옮김, 열대림, 2008.
우텐, 제프리, 《워털루 1815》, 김홍래 옮김, 플래닛미디어, 2007.
혼, 앨리스테어, 《나폴레옹의 시대》, 한은경 옮김, 을유문화사, 2006.
홈즈, 리처드, 《나폴레옹의 영광》, 정지원 옮김, 청아출판사, 2006.

2부

근대 국민국가와 내셔널리즘

19세기의 유럽은 나폴레옹 체제로 문을 열었다. 나폴레옹은 스페인을 정복하고 이탈리아 본토의 대부분을 장악했으며 프로이센의 영토에 라인연방을 건설했다. 이 거대한 프랑스 제국은 나폴레옹의 몰락으로 해체되었으나 프랑스혁명의 자유주의 이념이 유럽 각지에 전파되었고 나폴레옹의 지배에 저항하는 과정에서 민족주의 사상이 태동했다. 나폴레옹이 실각한 후에 열린 빈 회의는 혁명 이전의 상태를 복구하려는 메테르니히 체제를 등장시켰지만, 7월혁명과 2월혁명의 발발로 왕정은 위기에 처하고 메테르니히도 퇴각했다. 이후 프랑스는 제정과 공화정의 실험을 거치며 근대화에 박차를 가했고, 독일과 이탈리아는 민족 통일의 과업을 완수했다. 미국 역시 남북전쟁을 통해 명실공히 단합된 국민국가의 토대를 다졌고, 러시아도 농노 해방을 거쳐 제정 개혁을 실현하는 한편 남하 정책을 통해 영토 확장에 나섰다. 19세기 말 유럽 각국은 확고한 근대 국민국가 체제를 완성하고 내셔널리즘에 기초한 대외 정책을 전개함으로써 제국주의 전쟁을 치르게 된다.

7

빈 회의와 메테르니히 체제

: '혁명 이전 상태를 복구하라'

1806년 나폴레옹이 신성로마제국을 해체하고 남서 독일 16개국을 연합한 라인 연방을 조직한 이후, 프랑스가 점령한 엘베 강 서쪽 지역에서는 동일한 정치제도와 행정 업무가 시행되었다. 그리고 이때부터 서유럽과 동유럽의 차이가 생겨나기 시작했다. 프랑스 지배 지역에서는 강력한 사법권과 더불어 전문성과 효율성을 갖춘 정치조직이 도입되었고, 《나폴레옹 법전》에 따라 통치되었으며, 각 지역 고유의 도량형도 십진법에 기초한 프랑스 도량형으로 대체되었다. 라인연방에 가입한 군주는 나폴레옹의 원정에 지원군을 보내야 했는데, 이들 지역은 18세기 말에 300개가 넘는 소국들이 난립하다가 재편을 거쳐 1815년에 38개국으로 줄어들었다. 나폴레옹은 또한 귀족 제도를 해체하고 정치와 종교를 분리하는 원칙을 도입했는데, 그 결과 독일에서 가톨릭교회와 합스부르크 가문의 영향력이 줄어들었고 하위 왕국인 프로이센의 영향력은 커졌다. 프로이센은

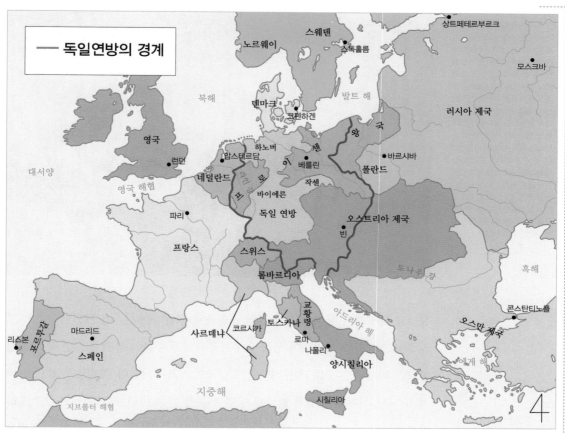

독일연방의 경계

도판 25 1815년 빈 회의 이후 유럽의 세력 판도. 빈 회의는 프랑스혁명과 나폴레옹 전쟁의 후속 조치를 논의하기 위해 열린 국제 회의였다. 오스트리아 재상 메테르니히의 주창으로 1814년 9월에서 1815년 6월에 걸쳐 빈에서 열렸다. 오스트리아, 프로이센, 러시아, 영국 등은 혁명 이전의 유럽 질서 회복 및 영토 확장을 도모했다.

라인 지방을 장악하고 그 지역 광물 자원을 토대로 강력한 게르만족 국가로 성장해갔다.

유럽 재편을 도모한 빈 체제의 성립

나폴레옹이 몰락한 후 오스트리아·프로이센·러시아·영국 등 열강은 오스트리아의 수도 빈에 모여 나폴레옹 전쟁의 사후 수습을 논의했다. 빈 회의Congress of Wien(1814~1815)의 목표는 혁명 이전의 정치 이념을 복구하여 거의 25년간 겪은 혁명전쟁의 재발을 막고 구체제의 평화와 안정과 질서를 재구축하는 것이었다. 빈 회의에 모인 군주, 재상을 비롯한 열강의 대표들은 나폴레옹 시대에 중단되었거나 폐위된 왕이나 왕조를 부활시키고 각국의 영토와 지배권을 혁명 이전

상태로 복구하며 강대국 간의 세력 균형을 추구한다는 원칙을 세웠다.|자료 1| 그리하여 스페인과 시칠리아 왕국에 부르봉가의 군주들이 복귀했고, 프랑스가 정복했던 네덜란드 공화국은 네덜란드 왕국으로 복원되었다. 프랑스는 1792년에서 1814년 사이에 점령한 영토의 상당 부분을 잃은 반면, 프로이센과 오스트리아와 러시아의 영토는 확장되었다. 오스트리아는 베네치아 공화국의 지배권을 인정받아 실제로 이탈리아 여러 지역의 내정에 간섭할 수 있는 지위를 확보했으며 제노바 공화국은 이탈리아 사르데냐 Sardegna 왕국에 귀속되었다. 프로이센은 라인 강 서쪽 땅과 작센 왕국 일부를 양도받았고 러시아는 폴란드의 영토 일부를 받았다. 영국은 프랑스가 장악하고 있던 남아프리카와 실론 섬을 양도받았다.

빈 체제는 오스트리아의 재상 클레멘스 폰 메테르니히 Klemens von Metternich (1773~1859)가 주도했기 때문에 '메테르니히 체제'라고도 불린다.|자료 2| 메테르니히는 프랑스혁명의 이념인 자유와 평등의 확산을 막는 반동적·복고적 협력 체제를 구축하는 데 앞장섰다. 그리고 유럽 각국은 빈 회의 이후 30여 년 동안 국내외 질서 회복에 노력을 기울이며 보수주의 정책을 취했다. 즉 군대와 비밀경찰을 설치하고, 서적과 인쇄물 등 언론을 검열하는 제도를 강화하고, 대학을

감시하는 일 등을 통해 자유주의 운동을 억압했다. 또한 오스트리아·러시아·프랑스·영국 등이 유럽 대륙의 패권을 나눠 가짐으로써 어느 한 나라가 다른 나라보다 더 강해지지 않도록 하는 세력 균형을 추구했다.

빈 회의가 만들어낸 국제 질서를 유지하기 위해 오스트리아·프로이센·러시아의 군주들은 1815년 그리스도교 형제국의 우의를 강조하는 '신성동맹Heilige Allianz'을 결성했다. 그리고 이 동맹을 통해 혁명 이념의 확산을 저지하고 특히 주권재민론 및 입헌주의 이념을 방지하여 군주정을 다시 확립하고자 했다. |자료 3|신성동맹은 영국에 이어 프랑스가 가입하면서 5국 동맹으로 확대되었고, 이들은 정부를 타도하려 하거나 국경선을 무너뜨리는 일과 같은 소요 사태가 일어나면 서로 협력하여 진압하기로 약속했다. 이 동맹은 자유주의 혁명에 공동으로 대응하고 유럽의 질서를 유지하기 위한 열강들의 군사적·외교적 협의 기구이자 협조 체제였다.

저항에 직면한 빈 체제의 쇠퇴

그러나 빈 체제에 대한 저항은 1820년대 초부터 유럽 각국에서 나타나기 시작했다. 빈 체제는 이미 유럽에 번진 자유 이념을 근절할 수 없었으며 사상의 탄압은 오히려 반발을 초래했다. 프랑스혁명과 나폴레옹 전쟁은 유럽 여러 나라에 민족 단결과 국민 통합의 필요성을 일깨웠고 각국 국민의 저항을 불러일으켰다. 독일 대학생들은 1815년에 학생조합인 부르센샤프트Burschenschaft를 결성하여 반동 정책을 지지하는 서적들을 불태우고 자유와 조국 통일의 기치를 내세웠다. |자료 4| 하지만 메테르니히는 학생조합을 해산하고 대학에 감독관을 파견하여 감시와 검열을 강화했다.

독일 밖의 여러 나라에서도 이러한 저항과 탄압이 이어졌다. 이탈리아에서는 1820년에 피에몬테Piemonte와 나폴리에서 '카르보나리Carbonari(숯 굽는 사람) 운동'이 일어나 통일과 외세 축출을 도모했으나, 메테르니히가 반란을 진압해 사르데냐와 롬바르디아와 베네치아를 오스트리아의 지배 하에 두었다.

스페인과 포르투갈은 1820년에 보통선거와 입헌군주제를 명시한 헌법을 채

도판 27 페터 폰 헤스Peter von Hess의 〈아테네에 입성하는 오톤 국왕〉(1839). 1832년 런던 회의Convention of London 에서 그리스의 초대 국왕으로 추대된 오톤 왕은 그다음 해에 아테네에 입성했고 티세이온 Thiseion 신전 앞에서 그리스 인들의 환영을 받았다.

택했는데, 프랑스가 20만 대군을 파병하여 자유주의자들의 항거를 진압하고 페르난도 7세의 통치권을 되찾아주었다. 러시아에서는 1825년에 데카브리스트 Dekabrist(12월을 뜻하는 '데카브리'에서 유래한 말로 12월당원이라고도 함) 운동이 일어났다. 이 운동은 알렉산드르 1세의 보수적인 정책에 반발하여 귀족 출신 고급 장교들이 주도한 자유주의 운동이었으나 니콜라이 1세(재위 1825~1855)의 탄압으로 실패했다.

빈 체제는 라틴아메리카 여러 나라의 독립, 그리스의 독립, 그리고 프랑스 샤를 10세 폐위와 루이 필리프Louis Philippe의 입헌왕정을 연 7월혁명이 1830년에 발발하면서 붕괴되기 시작했다. 미국의 제임스 먼로James Monroe 대통령은 1823년에 〈먼로 선언〉을 발표하여 라틴아메리카 독립운동에 대한 메테르니히의 개입 시도를 차단했고 아메리카 대륙과 유럽의 상호 불간섭, 비非개입주의를 천명했다. 그리스는 1821년부터 오스만제국의 오랜 압제에서 벗어나기 위해 독립운동을 벌였는데 메테르니히는 오스만의 그리스 지배가 정당하다고 옹호했다. 하지만 러시아는 남하 정책을 기저에 두고 오스만에 전쟁을 선포했고, 이에 영국과 프랑스가 러시아를 견제하기 위해 개입하여 그리스의 자유주의자들을 지원했다.

이처럼 5국 동맹이 붕괴된 상태에서 1829년에 그리스의 독립이 승인되었고 유럽의 반동·보수 체제는 크게 흔들렸다. 독립한 그리스는 발칸 반도의 여러 민족에게 민족주의라는 새로운 이념을 전파했다. |자료 5|

옛 영토를 회복하다

빈 조약, 1815; http://en.wikisource.org/wiki/Final_Act_of_the_Congress_of_Vienna/
General_Treaty

1. 러시아는 폴란드 바르샤바 대공국 대부분을 차지하며 핀란드도 계속 보유한다. 그
   리고 오스만제국 베사라비아Bessarabia의 영유권도 갖는다.

2. 프로이센은 (나폴레옹을 지지했던) 작센의 영토 58퍼센트를 갖고, 바르샤바 대공국의
   일부인 포젠 공국과 단치히, 라인란트, 베스트팔렌을 차지한다.

3. 옛 신성로마제국의 제후국들을 정리하여 38개의 영방국가Territorialstaat를 모아 독일
   연방German Confederation을 창설한다. 연방의 의장은 오스트리아 황제가 맡는다.

4. 네덜란드는 … 오스트리아령 네덜란드와 리에주Liege 주교령을 흡수하여 네덜란드
   연합왕국을 구성한다.

5. 스웨덴은 포메라니아Pomerania를 프로이센에 양여한다(대신 덴마크로부터 노르웨이를
   얻는다).

6. 스위스의 중립은 8국 위원회(영국, 프로이센, 오스트리아, 러시아, 프랑스, 스웨덴, 포르투갈,
   스페인)에 의해 보장된다.

메테르니히의 '신념 고백'

메테르니히, 《회고록Memoirs of Prince Metternich, 1773~1815》, 1820; 아널드 슈리어Arnold Schrier 외 편집,

《근대 유럽 문명: 르네상스부터 현재까지의 정치, 사회, 사상의 역사 사료Modern European Civilization:

A Documentary History of Politics, Society, and Thought from the Renaissance to the Present》, Scott, Foresman

and Company, 1979, pp. 249~253에서 재인용

현 사태의 원인은 … '교만'이다. … 이 악은 사회에 비참한 긴장을 초래했다. … 정부들의 나약함과 무력감이 그 원인이다. … 이러한 도덕적 부패가 영향을 미치는 것은 주로 사회의 중간계급이다. … 중간계급은 왕과 그 신민 사이에 존재하며 군주의 왕권을 부수고 인민의 탄원을 전용한다. … 이 중간계급은 맹목적인 분노와 적대감에 빠져 있다. … 그들은 언론을 소유하고, 종교의 법과 국가의 법에 대한 불경함과 불복종을 증진하는 데 언론을 이용하고, 살인이 선을 바라는 사람들의 의무라고 설교하기까지 한다. … 해악은 명백하다. … 국가의 강력하고 적극적인 해결책 없이는 앞으로 사회를 지킬 수 없다.

… 불행히도 프랑스의 중심부에서 … 도덕성과 권위 그리고 이것들과 연관된 모든 것이 철저한 증오심과 함께 공격받았다. … 혁명의 씨앗은 모든 나라에 침투하여 어느 정도 보급되었다. 그것은 보나파르트의 군사 독재 정권 하에서 크게 성장했다. 그의 정복은 수많은 법률과 제도, 관습 들을 바꾸어놓았고 … 혁명 정신은 독일과 이탈리아와 스페인에서 애국심이라는 장막 아래에 은폐되었다. …

… 정부는 분열된 국민을 포기하지 않고 정당하고 현명하고 강인하다는 것을 보여야 한다. 실패한다면 그 결과는 사회의 몰락이다. … 군주들 사이의 연합은 사회의 파멸을 막기 위해 지금 행해야 할 기본 작업이다. … 모든 국가의 주된 관심은 … 법의 안정과 그 법이 방해받지 않고 실행되는 것이다. 그러므로 정부가 통치하게 하라. …

정부들은 … 권력을 독점하려는 정당들에게 양보하지 마라. 양보하면 결코 승리하지 못할 것이고 단지 그들의 권력 욕구를 더 대담하게 만들 것이다.

이처럼 어수선한 시기에 [정부는] … 꼭 필요하지 않은 개선을 시도할 때 조심하라. 그러한 선한 시도가 정부에 대한 반대를 불러오지 않도록 … 정부는 국가의 재정 상태에 세밀하게 관심을 가져라. 그래서 공공의 부담을 줄여 국민이 평화로운 실질적 혜택을 누리게 하라.

정부는 공정하게 행하라. 그러나 강인해야 한다. 선량하게 대하라. 그러나 엄격히 해라. 정부는 종교 원리들이 순수하게 유지되도록 하고 그 신앙이 공격받는 것을 허용해서는 안 된다. … 정부는 사회를 부패시키는 비밀결사들을 억제하라. 요컨대 위대한 군주들은 동맹을 강화하고, 그 동맹이 유익하며 유럽의 정치적 평화를 보장한다는 것을 세상에 증명하라.

자료
03

러시아·프로이센·오스트리아가 맺은 신성동맹

웨슬리 D. 캠프Wesley D. Camp 편집, 《계몽 시대부터 1980년대까지의 서구 문명의 기원Roots of Western Civilization, Vol. II: From Enlightenment to the 1980's》, John Wiley & Sons, 1983, pp. 55~58에서 재인용

신성하고 불가분의 동맹이라는 이름으로,
지난 3년간 유럽에 변화를 일으킨 큰 사건들을 보고 … 오스트리아 황제, 프로이센 왕, 러시아 황제는 이 동맹이 … 정의와 박애와 평화라는 신성한 종교Holy Religion의 가르침만을 유일한 지침으로 받아들일 것을 엄숙하게 선언한다. …

제1조 모든 인간을 서로 형제로 여기라고 명령한 《성경》 말씀에 순종하여 조약을 체결한 세 군주는 확고한 형제애의 참다운 유대로 항상 단결할 것이다. 그리고 … 그들은 모든 경우에 … 서로에게 도움과 원조를 제공할 것이다. 그들이 신민과 군대를 대할 때는 가부장으로서 종교와 평화와 정의를 보호하는 … 형제애의 정신으로 그들을 이끌 것이다.

제2조 … 세 동맹 군주는 한 그리스도교 가족의 구성원인 오스트리아와 프로이센과 러시아를 통치할 것을 신에게서 위임받았다고 여기고, … 우리의 구세주 예수 그리스도 안에서만 사랑과 지식과 무한한 지혜의 보배가 발견되므로 … 그리스도 외에 어떤 다른 주권자도 없다는 것을 고백한다. … 따라서 이 세 군주는 그 인민에게 최고의 따뜻한 배려의 마음으로 … 거룩한 구세주가 인류에게 가르쳐준 원칙 안에서 의무를 실천하며 매일 스스로를 더욱 강하게 만들라고 권고한다.

제3조 어느 군주라도 이 결의를 만들어낸 신성한 원칙들을 경건하게 공언하기로 선택한다면 그리고 … 이 진리를 위해 모든 힘을 행사해야 한다는 것을 인지한다면 그들은 똑같은 열정과 애정으로 이 신성한 동맹에 받아들여질 것이다.

세 통으로 작성되고 파리에서 서명됨, 1815년 9월 14/26일.

서명자: 프란츠[오스트리아 황제], 프리드리히 빌헬름[프로이센 왕], 알렉산드르[러시아의 황제이자 차르]

부르셴샤프트 운동가의 신념 고백

프란츠 헤르만 헤게비슈Franz Hermann Hegewisch, 〈신념 고백〉, 1817; http://www.uky.edu/~popkin/
Haitian%20Revolution%20Lecture.htm에서 발췌

1. 독일은 하나이고 하나로 남을 것이다. 우리는 독일이 38개의 섬으로 구성되어 있다는 사실을 받아들일 수 없다. 우리 독일인은 형제이자 친구가 되기를 바란다. …

2. 우리는 독일의 자유를 위해 투쟁하다가 쓰러진 사람들을 잊을 수 없다. … 10월 18일[1813년 라이프치히 전투에서 승리한 날]을 기념하는 것은 명예를 존중하는 경건한 독일인과 독일 제후들의 의무다.

3. 독일이 북부 독일[프로이센]과 남부 독일[오스트리아]로 분열되어야 한다는 논리는 그릇되고 잘못된 것이다. 그것은 악의에 찬 적의 논리다. 우리는 이 논리에 대항해서 싸울 것을 … 그리고 독일의 인위적인 분열을 조장하는 모든 세력 및 적대적인 이념에 대항할 것을 서로에게 맹세한다. …

7. 우리는 합법적이며 고매한 바이마르 대공을 존경한다. … 그는 빈에서 독일 제후들이 맺은 서약을 완수했고 그의 영토에 개정 헌법을 … 도입했다. …

10. 우리는 라인연방에서 나온 전제주의적 개념인 '주권'이라는 단어와 연합할 수 없으며 연합하지 않을 것을 선언한다. 나아가 우리는 영국이 오랫동안 시행해온 '법 앞에서의 평등' 이외에 다른 어떤 평등도 갈망하지 않는다는 것을 선언한다.

17. 우리는 장래에 우리들 중에 누군가가 관직에 들어간다면 우리들 중의 누구도 비밀경찰을 목적으로 하는 어떤 관직도 받아들이지 않을 것을 … 그리고 출판된 서적의 검열과 관련된 어떤 관직도 받아들이지 않을 것을 맹세한다.

18. 우리가 관직을 점유하게 된다면 더 자유로운 자치 행정의 도입을 … 그리고 독일에서 전국적인 화폐를 만들고, 전국적인 무게 단위와 측량 단위 제도를 그리고 더 개선된 도로와 우편 제도를 만들 것을 우리는 약속한다.

독일 학생운동의 정신

하인리히 폰 가게른Heinrich von Gagern의 편지; 마빈 페리Marvin Perry 외, 《서양 역사 사료 2: 과학혁명에서 현재까지Sources of the Western Tradition, vol. II: From the Scientific Revolution to the Present》, Houghton Mifflin Co., 1987, pp. 96~97에서 재인용

예나, 1818년 6월 17일

아버지에게 학생운동의 정신을 설명하기가 매우 어렵지만 몇 가지 특징만이라도 설명 하겠습니다. … 과거의 보통 학생들에게 대학 시절은 생활을 즐기고 … 틈새를 만드는 시기였습니다. … 그들이 대학에서 가진 의무는 단지 시험에서 낙방하는 것을 피하는 것이었습니다. 시험을 통과할 수 있겠다는 생각이 들면 그들은 만족했습니다. 오늘날 에도 여전히 이런 종류의 학생들이 많습니다. … 그러나 여러 대학에서 특히 이곳에서 는 진보적인 무리가 … 분위기를 만들고 주도권을 장악하려 합니다. …

… 이러한 정신을 공유한 사람들은 대학 생활에서 매우 다른 경향을 보입니다. 조국에 대한 사랑이 그들의 주요 원칙입니다. 그들의 목표는 조국을 위해 더 나은 미래를 만들 고 민족의식을 보급하고 … 더 좋은 헌정을 구성하는 것입니다. … 그들은 … 시민사회 속으로 들어가 자신들의 이념을 적용하려 합니다. 그들은 전통적인 독일 외투를 착용 한다고 비난받지만 … "독일 고유의 외투를 발명할 때까지 선조가 입었던 외투를 착용 할 것"이라고 말합니다. …

존경하는 아버지, 당신은 지금 말하겠지요. "그것은 모두 옳다. 그러나 실질적인 목적 이 무엇이냐? 너는 독일이 무엇이기를 원하느냐? 너의 정치적 관점은 무엇이냐?" … 우 리는 독일의 여러 국가가 더 많은 공동체 의식을 갖고 더 통일된 정책과 정부 원칙을 시 행하기를 원합니다. 무엇보다 우리는 독일이 하나의 나라, 독일인들이 하나의 국민이 기를 원합니다. … 우리는 정신적으로 하나의 국민입니다. … 우리는 각 군주가 자신의 선호나 사적 이익에 따라 국민에게 부여하는 것보다는 시대정신과 계몽사상을 간직한 국민을 위한 헌정을 원합니다. 무엇보다 우리는 국가가 군주들을 위해 존재하는 것이 아니라 군주들이 국가를 위해 존재한다는 원칙을 군주들이 이해하고 따르기를 원합니 다. … 독일 헌정의 중요한 원칙은 모든 국가에 적용되어야 하고 독일연방 의회에 의해 대표되어야 합니다. 이러한 헌정은 재정, 사법, 행정, 교회, 군사와 같은 필수적인 것뿐 만 아니라 교육을 비롯해 다른 많은 부문으로 확대되어야 합니다.

그리스, 오스만 투르크의 320여 년 지배를 벗어나다

그리스 〈독립선언문〉, 1822; 존 콤스톡John L. Comstock, 《사료로 보는 그리스 혁명사History of the Greek Revolution: Compiled from Official Documents of the Greek Goverment》, William W. Reed & Co., 1828, pp. 499~500에서 재인용

국민의회가 그리스 국민에게,

혹독한 오스만의 압제에 짓눌려온 그리스 국민은 어떠한 희생을 치르고서라도 그 멍에를 깨부수기로 결의하고 국민의회에 모인 합법적 대표기구의 이름으로 신과 인류 앞에서 독립을 선언한다.

고결하고 개명된 민족의 후손이여 … 우리의 고통은 이제 차고 넘칠 지경에 이르렀다. 비겁함과 어리석음의 허물을 감수하지 않는 한 우리는 이제 더는 오스만 지배의 가혹한 채찍을 참고 견딜 수 없다. 4세기 동안 투르크인들은 이성과 정의를 짓밟았고 … 우리는 오만한 전제군주가 우리 조국에 끼친 숱한 위해들[을] … 앙갚음하기 위해 분연히 무기를 들었다.

투르크인들에 대한 우리의 전투는 선동적인 자코뱅주의 운동의 영향이나 어떤 야심 찬 한 당파의 구실이기는커녕 오로지 우리의 권리를 되찾고 우리의 생존과 명예를 보장받기 위해 행하는 국민적 전쟁이다. … 유럽 그리스도교도들과 동등한 존재로서 문명의 길로 나아가기를 희망하면서, 우리는 오랫동안 오스만제국에 맞서 벌여왔던 국지적이고 은밀한 투쟁들을 하나의 전쟁으로 결집했다. 우리는 승리하여 조국이 정의로운 법에 의해 지배되는 모습을 볼 것이다. …

… 그리스 대륙, 펠로폰네소스와 도서島嶼 지역들이 … 혁명의 진전을 이끄는 데 필수적인 헌법 체제를 위한 길을 준비했다. … 여러 지방과 도서의 대표들이 정당하게 권한을 부여받고 국민의회에 모여 … 장차 조국의 운명을 주재할 기본적이고 임시적인 정부 형태를 공표했다. 정의에 기초하고 만인의 동의에 의해 세워진 이 정부는 이제 유일하게 합법적인 국민의 정부다. 그러므로 그리스 국민은 곧 이 정부를 승인할 것이다.

… 행정부와 입법부가 … 사법부의 지원을 받으며 국정을 통솔할 것이다.

의회는 이제 그 맡은 바 임무를 완수했으므로 이 날을 기하여 자진 해산함을 국민 앞에 선언한다. … 그리스인들이여! … 그대들의 자유와 독립을 공고히 할 수 있는 것은 오직 화합뿐이다. … 국민의 진정한 이익을 뚜렷이 인식하고 관료와 인민이 … 온 힘을 다한

다면 우리가 오랫동안 갈망해온 조국 번영의 기초를 닦는 데 성공할 것이다.

| 출전 |

하인리히 폰 가게른(1799~1880): 가게른은 부르셴샤프트 운동에 앞장선 자유주의자다. '자료 4'에서 인용한 편지는 1818년에 그가 아버지에게 보낸 것인데, 독일 학생운동의 민족주의적 목표를 설명하고 하나의 국가 하나의 국민을 향한 자신의 염원을 말한다. 훗날 가게른은 프랑크푸르트 국민의회 초대 의장으로 선출되었으며 1차 슐레지엔 전쟁에도 참여했다.

메테르니히, 《회고록(비망록)》, 1820: 1820년에 오스트리아 황제는 러시아의 클레멘스 알렉산드르 1세에게 보낼 정치적 '신념 고백'을 작성하라고 메테르니히에게 요청했다. 이 '신념 고백'에서 메테르니히는 중간계급 자유주의자들의 정치적 해악을 서술했다. 그는 계몽주의의 영향으로 지적 교만에 빠진 자유주의자들이 군주에 대한 신민의 자연스러운 충성을 해치려 한다고 주장했다. 또 자유 언론이 정치적 불안을 일으키는 데 기여한다고도 주장했다. 메테르니히는 이러한 보수적인 철학을 관철시켜 동유럽에서 광범한 언론 검열을 조장하는 데 큰 역할을 했다.

프란츠 헤르만 헤게비슈(1783~1865), 〈신념 고백〉, 1817: 1815년 이후 독일 대학생들은 학생조합(부르셴샤프트)을 결성하여 자유주의와 민족주의 운동에 앞장섰다. 그들은 1817년 10월에 라이프치히 전승 4주년과 루터의 종교개혁 300주년을 기념하는 축제를 열어 보수 성향의 서적과 프로이센 병사의 군복 등을 불살랐다. 1819년에는 예나^{Jena}에서 한 대학생이 당시 러시아 황제의 스파이로 지목된 코체부^{Kotzebue}라는 문필가를 암살하는 사건이 발생했다. 그러자 메테르니히는 곧 독일의 여러 군주와 회합하여 '카를스바트^{Karlsbad} 법령'(1819)을 결의했다. 이 법령은 학생조합을 해산하고 대학에 감독관을 파견하여 교수와 학생의 동태를 감시하고 출판물 검열을 강화한다는 내용이었다. 의사이자 정치활동가였던 헤게비슈는 《정치적 자유에 대하여^{Von der Politischen Freiheit}》라는 책을 가명으로 발표했다. '자료4'에서 인용한 부분은 빈 조약에 따라 만들어진 독일연방을 비판하고, 프로이센과 오스트리아가 분열하고 대립하는 것에 반대 의사를 표방하고, 비밀경찰 제도와 언론 검열 등을 비판하는 대목이다.

빈 조약, 1815. 6: 빈 회의를 지배한 정신은 '정통성의 원리'였다. 이에 따라 프랑스와 스페인과 나폴리에는 혁명 전의 부르봉 왕조가 복귀했고 포르투갈 옛 왕실도 복귀했다. 영토 문제는 '보상 원칙'에 따라 해결했는데, 특히 폴란드에 대한 러시아의 요구와 작센에 대한 프로이센의 요구가 지나쳐서 한때 회의가 교착상태에 빠지기도 했다. 오스트리아는 벨기에를 포기하는 대신 이탈리아에서 롬바르디아를 회복하고 베네치아를 얻었다. 그 결과 이탈리아는 외국 세력이 지배하는 분열 상태로 돌아갔다. 영국은 지중해의 요지인 몰타^{Malta} 섬과 네덜란드 식민지였던 케이프와 실론을 얻었다.

그리스 〈독립선언문〉, 1822: 15세기 이래 오스만 투르크의 지배를 받아온 그리스가 독립전쟁을 벌이자, 메테르니히는 투르크에 의한 진압을 예상하고 개입하지 않았다. 러시아는 그리스가 동방정교회의 일원인 데다가 그리스 독립이 러시아의 지중해 진출을 가능케 하리라는 계산에서 그리스를 지원했다. 그러자 러시아의 세력 확장을 경계한 영국과 프랑스도 원조에 나섰다. 당시 유럽은 친그리스 정서가 강하여 독립전쟁을 '자유를 위한 투쟁'의 재현으로 간주했다. 영국 시인 셸리는 "우리 모두가 그리스인"이라고 했고, 바이런은 직접 참전하여 전선에서 병사했으며, 프랑스 화가 들라크루아는 〈키오스 섬의 학살〉이라는 그림을 그렸다. 1829년 그리스 독립은 빈 체제가 동요하게 된 중요한 계기였다.

| 참고문헌 |

Jarrett, Mark, *The Congress of Vienna and Its Legacy: War and Great Power Diplomacy after Napoleon*, London: I. B. Tauris, 2003.

King, David, *Vienna, 1814: How the Conquerors of Napoleon Made Love, War, and Peace at the Congress of Vienna*, New York: Broadway Books, 2009.

Nicolson, Harol, *The Congress of Vienna: A Study in Allied Unity: 1812~1822*, New York: Grove Press, 2001.

Zamoyski, Adam, *Rites of Peace: The Fall of Napoleon and the Congress of Vienna*, New York: Harper, 2007.

8
라틴아메리카의 독립
: 스페인·포르투갈의 지배에서 벗어나다

페닌술라르와 크리오요의 대립으로 촉발된 독립 의지

유럽 국가 중에 가장 먼저 신대륙에 식민지를 건설한 스페인은 브라질을 제외한 남아메리카 전역과 북아메리카의 캘리포니아와 플로리다를 식민지로 다스렸다. |자료 1| 스페인 본국의 왕실위원회가 식민 정책을 수립했고, 식민지의 중요 직책은 모두 모국에서 파견된 관리들로 채워졌다. 스페인 본토인들인 페닌술라르Peninsular가 식민 정부 최고위직을 차지하자, 스페인인을 부모로 하여 식민지에서 태어난 크리오요Crillo는 본국 출신들의 관직 독점에 불만을 품었다.

1800년 당시 1800만 명이었던 라틴아메리카 인구의 다수는 원주민과 메스티소, 흑인이었지만 크리오요도 300만 명이 있었다. 부유한 크리오요는 원주민이 경작하는 거대 영지에서 나온 수입으로 부를 독점한 식민지 귀족이었으나 본토인들에게 밀려나 높은 직책에 오르지 못했다. 그들은 점차 스페인 태생의 관리

들에게 맞서 지배 권력을 차지하려 했고, 북아메리카의 영국 식민지들이 거둔 성공과 프랑스혁명 그리고 가까운 서인도제도의 아이티 공화국 수립 |자료 2|에 주목하면서 독립운동에 힘을 모았다.

1780년대에 지금의 콜롬비아, 파라과이, 에콰도르, 베네수엘라 등지에서 라틴 아메리카 식민지들이 벌인 최초의 반란은 산발적 운동이어서 쉽게 진압되었다. 그런데 1808년 유럽의 나폴레옹 소요는 스페인과 그 식민지들을 연결했던 정치적 유대를 약화시켰다. 그해에 나폴레옹은 자기 형인 조제프 보나파르트를 스페인 왕좌에 앉혔으나 남아메리카의 스페인 식민지들은 조제프의 권위를 인정하지 않았고, 스페인에서도 프랑스 지배에 항거하여 게릴라 전쟁이 일어났다. 1810년에 스페인 게릴라 지도자들이 식민지인들에게 "당신들의 운명은 당신들

도판 28 페루 쿠스코의 학교에 소장된 〈마르틴 데 로욜라 Martín de Loyola와 베아트리스Beatriz 그리고 돈 후안 보르하Don Juan Borja와 로렌사 Lorenza 공주의 결혼〉(1718). 스페인 귀족 마르틴과 잉카 제국의 마지막 공주 베아트리스 커플, 그리고 이들의 딸인 로렌사 공주와 스페인 귀족 돈 후안 커플을 통해 잉카 왕실과 스페인의 완전한 결합을 보여주려는 의도로 그려진 그림. 이들의 결혼은 각기 1598년과 1614년에 이루어졌다. 오른쪽 뒤편은 로렌사의 마드리드 결혼식 장면이다. 두 신랑이 예수회 창시자 가문 출신이어서 성 이그나티우스 데 로욜라Sanctus Igna-tius de Loyola와 성 프란시스 보르지아Francis Borgia가 가운데에 서 있다.

| 표 8 라틴아메리카의 인종 구성.

인종	특징
크리오요Criollo	라틴아메리카 태생의 스페인인. 메스티소, 인디오, 흑인을 지배하는 특권을 누렸지만 본국에서 온 관리들의 지배에서 벗어나고자 함.
메스티소Mestizo	백인과 인디오 사이의 혼혈. 다수가 크리오요에게 고용되어 말단 지배층 노릇을 함.
인디오Indio	라틴아메리카 원주민. 광산이나 플랜테이션 농장에서 노예처럼 노동.
물라토Mulato	흑인과 백인의 혼혈. 노새를 뜻하는 모욕적인 명칭. 노예나 다름없는 대우를 받음.

손에 있다"라고 공언하자 즉각 반란이 식민지들을 휩쓸었다. 크리오요는 본국의 속박에서 벗어나고 스페인 왕실의 잔존 세력도 쫓아내고자 했다.

라틴아메리카의 두 독립 영웅, 산마르틴과 시몬 볼리바르

독립전쟁은 수년간 계속되었고 스페인 정부는 반란을 막을 여력이 없었다. 스페인은 결국 쿠바와 푸에리토리코를 제외한 신대륙 제국 전체를 상실하고 말았다. 스페인 식민지들은 영국의 승인과 미국의 〈먼로 선언〉에 힘입어 |자료 3| 1811년에서 1825년에 이르는 동안 독립에 성공했다.

스페인에서 교육받고 나폴레옹 전쟁에 참여한 호세 데 산마르틴José de San Martín(1778~1850)은 남아메리카에 돌아와 1816년에 아르헨티나 독립을 이끌었다. 이어서 칠레와 페루에서도 스페인 군대를 물리치고 독립을 실현함으로써 시몬 볼리바르Simón Bolívar (1783~1830)와 함께 라틴아메리카 해방의 영웅으로 숭앙받게 된다.

멕시코의 경우 스페인 식민지 중에서도 인구가 가장 많고 경제 규모가 컸기에 스페인의 감시와 통제도 가장 심했는데, 가톨릭 신부들이 이끄는 게릴라 부대의 활약으로 독립 투쟁이 지속되었고 마침내 1821년에 독립 공화국을 세우는 데 성공한다.

브라질의 독립은 전투 없이 무혈로 이루어졌다. 1807년 프랑스가 포르투갈을 침략하자 섭정 왕자가 리스본에서 리우데자네이루로 도피하여 그곳을 사실상의 수도로 삼았다. 그는 1820년에 왕의 신분으로 포르투갈에 돌아갔으나 브라질에 아들 페드로를 남겨두고 갔고, 이 왕자는 귀국을 종용하는 모국 정부에 맞서 1822년 독립을 선언하고 브라질의 황제가 되었다.

스페인 식민지들이 벌인 독립 투쟁에서 가장 탁월한 지도자는 시몬 볼리바르였다. 그는 베네수엘라의 크리오요 귀족에 속한 부유층 출신의 군인이자 정치가였는데, 1807년부터 5년간 유럽에 체류하며 스페인의 몰락을 목도했다.

도판 29 1800년대 라틴아메리카 국가들의 독립. 라틴아메리카의 독립운동은 부르봉 왕조가 꾀했던 식민 통치 정책에 대한 크리오요의 저항 의식에서 시작되었다. 시몬 볼리바르와 산마르틴 등 독립 영웅들의 활약으로, 1811년부터 1825년 사이에 라틴아메리카의 거의 모든 식민지가 독립했다.

귀국 후 볼리바르는 오늘날의 콜롬비아, 베네수엘라, 에콰도르, 볼리비아 등지에서 스페인 통치에 맞서 혁명을 이끌었고 독립을 성취했다. | 자료 4 |

라틴아메리카 연방의 실패

1820년대에 콜롬비아와 페루의 대통령으로 재직한 볼리바르는 베네수엘라, 콜롬비아, 에콰도르를 연합한 대★콜롬비아 공화국Gran Colombia을 1819년에 수립하는 데 기여했으나, 연방주의자들과 분리주의자들의 내분으로 이 공화국은 1831년에 해체되었다. 라틴아메리카 국가들이 연맹을 결성할 목적으로 1826년에 개최한 파나마 회의도 성과를 얻지 못했다.

도판 30 1690년경 멕시코에서 제작된 것으로 추정되는 이 병풍은 당시 원주민의 결혼식 날 광경을 보여준다. 오른편에 막식을 올린 부부가 교회를 떠나는 모습, 화려한 옷을 입고 아즈텍 목테주마 춤을 추는 댄서들, 플라잉 폴에 매달려 있는 사람들, 발로 저글링을 하는 모습 등을 볼 수 있다.

이처럼 라틴아메리카의 공화국들은 스페인 식민지였다는 유산을 공유했으나 대륙의 단일 국가로 통일을 이루지는 못했다. 또한 교회가 막대한 토지 소유자로서 정치에 큰 영향력을 행사했으며, 새로운 국경선을 둘러싸고 국가들 사이에서도 전쟁이 이어졌다. 아르헨티나와 브라질, 우루과이는 1864년에서 1870년까지 파라과이를 상대로 전쟁을 벌여 승리했고, 1878년에서 1883년까지 치러진 태평양전쟁에서 칠레는 페루와 볼리비아를 이겼다. |자료 5|

01

스페인 식민지 무역항 포르토벨로에서 열린 정기 시장

호르헤 후안과 안토니오 데 울로아George Juan & Antonio de Ulloa, 《남아메리카 여행De Viaje a la América del Sur》, 1772; 벤저민 킨Benjamin Keen 편집, 《1492년에서 현재까지의 라틴아메리카 문명 사료Readings in Latin-American Civilization 1492 to the Present》, Houghton Mifflin, 1955, pp. 107~108에서 재인용

포르토벨로Portobello라는 마을은 공기가 좋지 않고 식량과 농사지을 토양이 부족하여 인구가 거의 없었으나, 스페인의 돛배들이 도착했을 때는 남아메리카 전체에서 인구가 매우 많은 곳 가운데 하나가 되었다. …

곧 배들이 항구에 정박했고, 첫 작업은 화물을 받기 위해 배의 돛으로 만든 텐트를 광장에 세우는 것이었다. 물품 주인들이 표지를 보고 자신들의 짐을 찾기 위해 현장에 와 있었다. 이 짐들은 각 배의 선원들에 의해 각각의 장소로 운반되었다. … 뱃사람들과 유럽 상인들이 일하는 동안 그곳은 파나마에서 온 노새 떼로 뒤덮였다. 각 무리는 100마리가 넘었고 금과 은을 담은 궤들이 실려 있었다. 일부는 물품과 교환하여 그 궤들을 노새에서 내렸고, 다른 사람들은 광장 가운데에 내려놓았다. 그러나 그처럼 많은 사람이 서두르는 혼란 속에서도 도난이나 분실, 소동은 전혀 없었다. … 항구가 정적에 싸여 있던 시기에 이곳을 본 사람은 갑작스러운 변화에 놀라움을 금치 못할 것이다. 바삐 움직이는 수많은 사람들, 모든 집이 북적이고, 광장과 거리는 물품 더미들과 모든 종류의 금궤, 은궤로 막혀 있다. 항구는 돛단배와 큰 배들로 가득하고, 어떤 배들은 … 카카오, 기나피, 모직물, 위석 등 페루의 물품을 가져오고 … 식량도 싣고 온다. 그래서 사람들에게 외면받던 이곳이 구세계와 신세계가 가진 부富의 집산지가 되었다. 그리고 지구 전체에서 규모가 가장 큰 무역 지부의 하나가 되었다.

… 물품 구매와 판매는 … 스페인과 페루에서 온 브로커들에 의해 이루어진다. 이후 모

든 사람이 자신의 물품을 처리하기 시작한다. 스페인 브로커들은 자신들의 돈주머니를 배에 싣고, 페루 브로커들은 자신들이 구매한 물품을 배에 실어 보낸다. 그리고 포르토 벨로의 정기 시장은 막을 내린다.

02
아이티 독립의 아버지 투생 루베르튀르의 연설

조지 F. 타이슨 주니어George F. Tyson, Jr. 편집,《투생 루베르튀르Toussaint L'Ouverture》, Prentice Hall, 1973, p. 28; http://www.uky.edu/~popkin/Haitian%20Revolution%20Lecture.htm

나는 투생 루베르튀르입니다. 여러분은 아마 제 이름을 알 겁니다. 나는 여태껏 복수의 칼날을 갈아왔습니다. '자유와 평등'이 생도맹그Saint-Domingue에서 실현되기를 원했기 때문입니다. 나는 '자유와 평등'을 실현하기 위해 노력하고 있습니다. 형제들이여, 우리 모두 하나가 됩시다. 우리, 같은 대의를 위하여 함께 싸웁시다.

아이티의 〈독립선언문〉

마커스 레인스퍼드Marcus Rainsford,《아이티 흑인제국에 대한 역사적 고찰An Historical Account of the Black Empire of Hayti》, London, 1805, pp. 439~441에서 발췌

1. 생도맹그라고 불리던 섬의 거주자들은 이 지상의 다른 어떤 나라로부터도 독립된 자유로운 국가를 아이티 제국이라는 이름으로 세우는 데 동의한다.

2. 노예제는 영원히 폐지된다.

3. 아이티 국민은 국내에서는 모두 형제. 즉 법 앞의 평등이 분명히 보장되고, 자유와 독립에 필요한 경우가 아니라면 어떤 직함이나 이득이나 특권도 인정되지 않는다.

4. 법은 보호하거나 처벌할 때 모두에게 평등하다. …

6. 재산권은 신성하며 그 침해는 엄중한 처벌을 받는다. [그러나 백인 프랑스인이 과거에 소유한 재산은 모두 국가 소유로 몰수된다.] …

12. 어느 나라에서 온 백인이라도 주인 혹은 지주의 이름으로 이 땅에 발을 디딜 수 없으며 향후 어떤 재산도 취득할 수 없다.

13. 위 조항은 정부에 의해 아이티인으로 귀화한 백인 여자에게는 전혀 영향을 미치지 않으며 그 여자의 아이들에게도 적용되지 않는다. …

50. 법은 어떤 종교도 국교로 인정하지 않는다.

51. 신앙의 자유를 허용한다.

03
라틴아메리카 국가들에 간섭하지 말라

〈먼로 선언Monroe Doctrine〉, 1823; 한국미국사학회 엮음,《사료로 읽는 미국사》, 궁리, 2006, 109~112쪽에서 재인용

미국의 권익과 관련된 원칙으로, 자유와 독립을 확보하고 유지해온 아메리카 대륙은 향후 유럽 열강에 의해 식민의 대상으로 간주될 수 없음을 선언한다. …

… 미국 국민은 대서양 맞은편에 사는 동료들의 자유와 행복을 우호적으로 지지한다. 유럽 대륙 내부의 문제로 유럽 열강이 전쟁을 벌일 때 우리는 어느 쪽도 편들지 않았거니와 그렇게 편든다는 것은 우리의 정책에 맞지도 않다. 우리는 오로지 우리의 권리가 침해당하거나 심각하게 위협받을 때에만 모욕에 분개하고 방어 태세를 갖춘다. … 따라서 우리는 동맹 열강이 자신들의 체제를 이 반구의 어디로든 확장하려는 여하한 시도도 우리의 평화와 안전에 대한 위협으로 간주한다는 것을 선언한다. 어떤 유럽 강국의 기존 식민지나 혹은 속령에 관해서도 우리는 간섭한 적이 없거니와 또한 앞으로도 없을 것이다. 그러나 이미 독립을 선언한 정부 … 그리고 우리가 독립을 승인한 정부에 대해 유럽 국가가 그들 정부를 억압하거나 그들의 운명을 통제하려는 간섭을 할 경우 미국에 대한 비우호적 의도를 드러낸 것으로 볼 것이다. 아메리카의 새 정부들이 스페인과의 전쟁 끝에 국제적 승인을 얻을 때 우리는 중립을 선언했고 그것을 견지해왔다. … 우리는 앞으로도 그 원칙에 충실할 것이다.

스페인과 포르투갈에서 최근 일어난 사건들은 유럽이 아직도 불안정하다는 것을 보여준다. … 유럽에 대한 우리의 정책은 … 어떤 국가의 내정에도 개입하지 않는다는 것이다. … 또한 우리는 사실상의 정부를 합법적인 정부로 간주할 것이고 그 정부와 우호적인 관계를 증진시키며 … 그 관계를 유지해나갈 것이다. 하지만 아메리카 대륙에 관해서는 상황이 전혀 다르다. … 어느 누구도 우리 남쪽의 형제들(라틴아메리카)이 동맹 열강의 정치체제를 채택하리라고 믿지 않을 것이다. … 중남미의 신생 독립국들의 문제를 그들 스스로에게 맡겨두려는 것이 지금 미국의 진정한 정책이며 다른 열강도 같은 길을 따르기를 바라는 바이다.

시몬 볼리바르가 자메이카 총독에게 보낸 편지

빈센트 레쿠나Vicente Lecuna 수합, 해럴드 비어크 주니어Harold Bierck, Jr. 편집, 《볼리바르의 저술집 Selected Writings of Bolivar》, 루이스 버트런드Lewis Bertrand 옮김, The Colonial Press Inc., 1951; http://faculty.smu.edu/bakewell/BAKEWELL/texts/jamaica-letter.html

킹스턴, 자메이카, 1815년 9월 6일

친애하는 경께,

"나는 그대들이 압제에 시달리는 남아메리카인들의 적인 스페인을 곤란에 빠뜨리기를 바랍니다"라고 편지에 남긴 말씀, 고맙게 읽었습니다. … 우리의 노력은 성공으로 보상 받을 것입니다. 아메리카의 운명은 이미 돌이킬 수 없게 결정되었기 때문입니다. 스페인이 아메리카를 옥죄던 줄은 끊어지고 있습니다. … 수세기에 걸친 아메리카 반구 거주자들의 역할은 소극적이었습니다. 정치적으로 존재하지 않는 것이나 마찬가지였습니다. 우리는 여전히 노예보다 못한 처지입니다. …

제가 설명해드렸던 대로, 우리는 격리되었고 그에 따라 국가 행정과 정부 운영의 세계를 알지 못했습니다. … 우리는 한 번도 부왕이었거나 총독이 된 적이 없었고, 대주교나 주교도 드물었으며, 외교관이 된 적도 없습니다. 군인으로서는 항상 하위층에만 머물렀고 귀족이 되어도 고귀한 특권은 얻지 못했습니다. 우리는 법관도 재정가도 상인도 되지 못했습니다. … 아메리카의 주들은 자유를 위해 싸우고 있습니다. 그리고 궁극적으로 그들은 승리할 것입니다. 몇몇 주는 그 일환으로 연방 혹은 중앙집권적인 공화국을 형성할 것입니다. …

베네수엘라인들이여, 스페인에 저항해 무장하라

볼리바르의 포고문, 1813; 빈센트 레쿠나 수합, 해럴드 비어크 주니어 편집, 《볼리바르의 저술집》, 루이스 버트런드 옮김, pp. 31~32

베네수엘라인들이여, 콜롬비아가 보낸 당신 형제의 군대가 여러분을 해방하기 위해 왔다. 압제자들을 쫓아낸 군대는 … 이제 여러분과 함께 있다.

우리는 스페인인들을 파괴하고, 아메리카인들을 보호하고, 한때 베네수엘라 연합을 형성했던 공화국 정부를 다시 건설하기 위해 왔다. 우리 군대가 방어한 국가들은 자유와 독립을 충분히 향유하면서 다시 과거의 헌법과 법정의 통치를 받는다. 우리의 사명은 … 통치권을 행사하는 것이 아니라 아직도 우리 도시들을 묶고 있는 예속의 사슬을 끊는 것이다.

당신들을 강탈하고 죽음과 폐허로 몰아넣은 야만적인 스페인인들 때문에 여러분이 겪어야 했던 고난을 우리는 외면할 수 없었다. 그들은 각 국가의 신성한 권리를 침해했다. … 그들은 베네수엘라 공화국을 황폐화하는 범죄를 저질렀다. 그러므로 정의는 복수를 요구하며 우리는 보복을 시행해야 한다. 콜롬비아 땅을 피로 물들인 괴물들을 영원히 몰아내자. … 우리의 치욕을 씻어내고 세계 여러 국가에 아메리카의 아들들이 죄를 묵과하지 않는다는 것을 보여주자. …

… 그러나 베네수엘라 공화국의 재건에 협조하는 스페인인들에게는 타협과 우애의 길을 열어주고 그들을 아메리카인들로 여길 것이다. … 그리고 여러분은 이제부터 명예와 생명과 번영을 보장받는다. '아메리카인'이라는 단일한 이름이 여러분을 지켜줄 것이다. 우리 군대는 여러분을 보호하기 위해 왔으며 여러분 중의 누구 하나도 다치게 하지 않을 것이다.

"자유는 즙이 많은 음식이지만 소화하기 어려운 것"

〈볼리바르의 베네수엘라 국회 연설An Address of Bolivar at the Congress of Angostura〉(1819년 2월 15일), Press of B. S. Adams, 1919, pp. 9~14; https://archive.org/details/addressofbolivar00boluoft

태생으로는 아메리카인이요 법적으론 유럽인인 우리는 원주민과 소유권을 놓고 다투어야 하고 침략자에 맞서 우리가 태어난 나라에서 살기 위해 투쟁해야 하는 이중적인 갈등에 봉착해 있습니다. 우리의 입장은 이토록 특이하고 복잡합니다. 게다가 우리의 역할은 항상 지나치게 수동적이었고 정치적으로 무력했기에 자유를 성취하기가 더욱 어렵습니다. … 무지, 독재, 악덕이라는 세 가지 멍에에 종속되어 아메리카인은 지식, 권력, 혹은 [시민] 미덕을 갖출 수 없었습니다. … 무지한 국민은 스스로를 파멸로 몰아갑니다. …

루소가 말하기를, 자유는 즙이 많은 음식이지만 소화하기 어려운 것이라고 했습니다. 우리의 나약한 동료 시민들은 몸에 좋은 '자유'라는 영양소를 소화하기 전에 자신들의 정신을 크게 강화해야 할 것입니다. … 법에 의한 통치는 독재자의 통치보다 더 강력합

니다. … 법의 기초는 힘에 있는 것이 아니라 적절한 도덕에 있으며 또한 정의의 실천이
바로 자유의 실천입니다.

… 의원 여러분, 당신의 선택이 … 올바른 정부 형태에 토대하지 않는다면 우리 개혁의
결과는 다시 노예제가 될 것입니다. … 북아메리카의 모범이 그렇게 성공적으로 지속
되고 역경과 위험 속에서도 전복되지 않았다는 것은 매우 경이로운 일입니다. … 연방
체제처럼 허약하고 복잡한 정부 형태로 통치할 수 있었다는 것은 놀라운 일입니다. …
그러나 베네수엘라에 미국의 법을 적용하기는 어려운 일일 것입니다. …

미국과 마찬가지로 우리는 상원과 하원으로 분리된 양원 대표제를 채택하고 있습니다.
하원의 경우 어떤 근본적인 개정을 필요로 하지 않지만 … 상원은 선출되지 않고 세습
되는 것이 우리 공화국의 기초요, … 정치적 격변기에도 상원은 정부의 협박을 막아낼
수 있고 폭력적인 대중의 반발도 물리칠 수 있을 것입니다. … 세습 상원은 정부에 헌신
할 것이고 … 세습 상원을 만든다고 정치적 평등이 침해되는 것은 아닙니다. 저는 귀족
층을 만들고자 하지 않습니다. … 모든 것이 선거의 기회와 결과에 맡겨져서는 안 됩니
다. … 세습 상원은 또한 정부와 인민 사이에서 평형추의 기능을 할 것입니다. …

… 우리는 정부 체제 전체를 강화해야 합니다. 권력 균형이 … 쇠퇴하지 않도록 해야 합
니다. 민주주의는 어떤 정부 형태보다 허약하므로 그 구조적 틀이 더욱 견고해져야 합
니다. 또한 그 제도들이 안정을 유지하도록 계획되어야 합니다. 그렇지 않으면 … 통치
불가능하고 혼란스러운 무정부 사회를 맞이하게 될 것입니다. … 절대 자유는 반드시
절대 권력으로 퇴보합니다. 이 두 극단 사이의 중도가 최상의 자유입니다.

05

브라질 노예제는 폐지되어야 한다

호아킴 나부코Joaquim Nabuco, 《노예제 폐지론: 브라질의 반노예제 투쟁Abolitionism: The Brazilian Antislavery
Struggle》, 로버트 콘래드Robert Conrad 옮김, University of Illinois Press, 1977, pp. 148~151,
171~173

아메리카에서 브라질이 식민지 경제로 낙인찍히는 것에 불만인 사람들은 모두 노예제
가 신속히 폐지되어야 한다고 인식한다. 생명을 구하기 위해 썩은 팔이나 다리를 잘라
내야 하는 것처럼 노예제는 없어져야 한다.

하지만 불행히도 노예제가 나라 전체를 망치고 있으며 … 노예제의 고객들은 노예제에

의존하는 자신들의 삶을 수치스러워하고 … 자기 땅이 아닌 토지를 경작하며 생존하고 있는 사람들은 … 농노와 같은 자신들의 처지를 거부할 것이다. (중략)

여론은 정부에 미칠 힘과 영향력을 갖고 있으며 … 노예제 폐지를 요구하는 국민적 양심이 매일 더 강하게 압박하고 있다. … <u>브라질 사람들은 모두 노예제에 반대하고 자유의 편에 공감한다.</u>

다만, 노예제를 폐지할 힘을 가진 국가가 내켜 하지 않는 태도를 보인다. … 그러므로 행동을 취하지 않는 것은 나라의 품위를 손상하고 나라를 망치는 것이라는 여론을 계속 환기하여 정부를 압박해야 한다. … 우리가 지키고자 하는 조국의 이상과 현재 브라질을 비교해보라. 모든 사람이 자유로운 나라, 우리 제도의 자유와 개방성에 이끌린 유럽 이민이 건강하고 활동적인 코카시안의 피를 계속 보낼 나라를 … <u>반면에 대지주들은 우리 인종을 더 오염시키고 부패하게 할 중국인의 이민 물결을 초래하고 있다.</u> …

… 과거는 길을 비키고 국가보다 개인을, 개인적 자유를, 문명을, 동등한 법적 보호를 위한 사회를 구축해야 한다. … 노예제 폐지주의자들은 노예가 없는 브라질을 믿으며 자유노동의 기적을 기대하는 사람들이다. … 우리를 막는 사람들과 우리 중에 누가 승리할 것인가? 이것이 바로 브라질이라는 나라의 운명에 주어진 수수께끼다.

| 출전 |

호아킴 나부코(1849~1910), 《노예제 폐지론: 브라질의 반노예제 투쟁》, 1881: 호아킴 나부코는 브라질 노예제 폐지 운동의 지도자였다. 1871년에 노예를 해방하려는 노력이 실패하자, 그는 노예제에 반대하는 주장을 책으로 펴내 노예제 폐지 이후의 브라질 사회의 비전을 제시했다. 브라질의 노예제는 1888년에 폐지되었다.

투생 루베르튀르^{Toussaint L'Ouverture}(1743~1803): 1804년, 서인도제도의 프랑스령 식민지인 아이티에서 흑인 노예들이 혁명을 일으켜 아이티 공화국을 수립했다. 투생 루베르튀르가 지도자로 나서서 이룬 아이티의 독립은 유럽과 라틴아메리카에 커다란 충격을 주었고, 독립국가 수립 운동이 라틴아메리카 전역으로 확산되게 하는 자극제가 되었다. '자료2'는 루베르튀르가 1793년에 최초로 한 연설의 일부다.

시몬 볼리바르(1783~1830): 볼리바르는 1810년부터 스페인에 맞서 싸웠고 라틴아메리카 5개국을 해방시킨 독립전쟁의 영웅으로 '라틴아메리카 독립의 아버지'로 여겨진다. 1815년에 자메이카 총독에게 쓴 편지에서 그는 스페인 지배 아래 있던 여러 라틴아메리카 식민지의 현실을 날카롭게 비판하고 분석했다. 그는 라틴아메리카가 해방되지 못하는 이유로 식민지인들의 정치 교육 부재와 크리오요들의 수동적 태도, 정치적 무관심을 지적했고 자유를 얻기 위한 투쟁이 필요하다고 역설한다.

볼리바르는 프랑스혁명과 미국혁명, 유럽 계몽주의의 정치 이념을 잘 알고 있었고, 베네수엘라와 콜롬비아와 북부 안데스 지역을 통합하여 단일 국가를 건설하려 했다. 1813년에 발표한 포고문에는 베네수엘라인들에게 스페인의 지배에 저항할 것을 촉구하는 내용이 담겨 있다.

볼리바르는 또한 1819년에 콜롬비아를 세웠고, 1821년에는 베네수엘라를, 1822~1824년에는 에콰도르, 페루, 볼리비아를 독립시켰다. 1819년 2월에 베네수엘라 제2국회에서 행한 연설에서 그는 '보수적 공화국'을 위한 계획을 발표했다. 이 연설에서는 라틴아메리카에 내재된 독특한 문제들을 인식한 현실주의자의 면모가 엿보인다. 그는 미국과 같은 양원 대표제를 채택하는 동시에 상원을 세습제로 하는 것이 정치적 평등을 침해하는 일이 아니며 오히려 상원이 정부와 인민 사이에서 중도의 역할을 수행할 것이라고 강조한다.

호르헤 후안과 안토니오 데 울로아, 《남아메리카 여행》, 1772: 스페인은 1503년 세비야Sevilla에 무역관을 설치해 선단 체제를 구축하고 식민지와의 무역을 통제했다. 식민지와의 교역은 18세기까지 세비야와 카디스Cádiz의 상인들이 주도했다. 스페인은 남아메리카 식민지와의 무역을 몇 군데 지정한 항구로 제한하려 했다. 이러한 무역항에는 베라크루스Beracruz, 카르타헤나Cartageha, 포르토벨로 등이 있었다. 이들 중 가장 유명한 항구가 파나마 해협에 자리한 포르토벨로였는데, 이곳은 스페인과 남아메리카 서부 해안 사이의 무역을 촉진했다. '자료1'은 정기적으로 열리는 포르토벨로 시장을 묘사한 부분으로, 거래된 물품이 매우 다양했고 물품 수송 거리가 어마어마했다는 사실을 보여준다.

아이티의 〈독립선언문〉, 1803: 아이티의 지도자들은 1803년에 '예비 선언Preliminary Declaration'이라는 제목으로 〈독립선언문〉을 발표했다. 그러자 아이티를 북아메리카 대륙의 영토 루이지애나와 연결하는 전략적 요충지로 여기던 나폴레옹은 반란을 진압하기 위해 5만 대군을 즉각 아이티에 파병했다. 하지만 말라리아라는 복병과 게릴라전에 말려들어 나폴레옹은 결국 군대를 철수해야 했다.

〈먼로 선언〉, 1823: 미국의 5대 대통령 제임스 먼로가 메테르니히가 라틴아메리카의 독립에 간섭하는 데 반대하며 발표한 선언이다. 먼로는 1823년 12월 2일 의회에 보낸 연차교서年次敎書에서 유럽의 아메리카 대륙에 대한 불간섭, 아메리카의 비非식민지화, 미국의 유럽 불간섭이라는 세 가지 원칙을 근간으로 하는 미국 외교의 기본 정책을 발표했다. 1815년 나폴레옹 전쟁이 끝난 후 남아메리카의 여러 식민지가 독립을 선언했는데, 아메리카 대륙 진출을 시도하던 제정 러시아가 신성동맹 국가들과 손을 잡고 중남미의 독립 국가들을 간섭하려 하자 미국이 그러한 움직임을 자국에 대한 위협으로 간주하고 내놓은 대응책이기도 하다.

| 참고문헌 |

반 룬, 헨드릭 빌렘, 《시몬 볼리바르―라틴아메리카의 해방자》, 조재선 옮김, 서해문집, 2006.
우덕룡 외, 《라틴아메리카―마야, 잉카로부터 현재까지의 역사와 문화》, 송산출판사, 2000.
채스틴, 존 찰스, 《아메리카노―라틴아메리카의 독립투쟁》, 이성형·황보영조·박구병·최해성 옮김, 길, 2012.
푸엔테스, 카를로스, 《라틴아메리카의 역사》, 서성철 옮김, 까치글방, 1997.
Bushnell, David & Neill MacAulay, *The Emergence of Latin America in the Nineteenth Century*, Oxford: Oxford University Press, 1994.
Harvey, Robert, *Liberators: Latin America's Struggle for Independence*, New York: Overlook Press, 2002.

9

7월혁명과 2월혁명
: 위기에 처한 프랑스 왕정과 메테르니히의 퇴각

샤를 10세와 루이 필리프의 몰락

오스트리아와 프로이센, 러시아라는 보수 열강이 맺은 신성동맹은 라인 강 서쪽 지역에는 그다지 영향을 미치지 못했다. 프랑스에서는 루이 18세(재위 1814~1824)가 왕위를 계승하며 부르봉 복고왕정이 들어섰고 입헌군주제 헌법을 발표했다. 1824년에는 루이 18세의 동생인 샤를 10세(재위 1824~1830)가 그 뒤를 이었다. |자료 1| 샤를 10세는 열렬한 군주정 지지자로 자유주의와 혁명의 유산을 무너뜨리려 했다. 의회는 토지가 몰수되었던 망명 귀족들에게 국가가 배상하게 했고, 교회가 학교 교육에 대해 독점적 권리를 다시 주장할 수 있도록 허용했다. 또한 자유주의자가 다수인 의회를 해산한 뒤에 실시한 선거에서 다시 패배하자, 선거권의 대폭 축소, 언론 통제, 출판의 자유 철폐, 의회 해산과 재선거 등을 골자로 한 '7월 칙령'을 1830년에 발표했다. |자료 2|

도판 31 오라스 베르네 Horace Vernet의 〈오를레앙 공 루이 필리프가 1830년 7월 31 일에 파리 시청까지 가기 위해 말을 타고 왕궁을 떠나는 모습〉 (1832). 프랑스혁명기에 오스트리아 군대로 도망가 미국, 영국에서 지내던 루이 필리프는 1814년 루이 18세의 왕정 복고가 이루어지자 프랑스로 돌아왔다. 그리고 1830년 7월 27일부터 사흘간 벌어진 혁명이 끝난 뒤인 8월 9일에 왕위를 수락했다. 그는 처음에는 중도노선을 지키며 권력을 강화했으나, 점차 억압적인 통치 수단을 더 많이 이용했다.

　그러자 이에 대항해 노동자, 수공업자, 학생, 문인 등으로 구성된 공화파가 파리 시민과 합세하여 시위를 벌였다. |자료 3| 무장봉기로 일어선 시민들은 사흘간의 시가전 끝에 샤를 10세를 축출하고 공화정 수립을 촉구했다. 하지만 금융가, 상인 등 중간계급은 입헌군주정을 지지하여 오를레앙 공작duc d'Orléans 루이 필리프를 왕으로 추대했다. |자료 4| 이렇게 해서 수립된 7월왕정(1830~1848)은 부르봉 복고왕정에 비하면 자유주의에 더 가까웠지만 개혁에는 소극적이었다. |자료 5| 예컨대 참정권자를 10만 명에서 20만 명으로 확대했으나 선거권은 여전히 소수 유산층에 한정했다. 1830년 당시 프랑스 인구가 영국의 두 배였는데도 투표권을 얻은 사람은 영국의 3분의 1 수준에 불과했다. |자료 6|

　1830년 7월혁명 이후 프랑스에서는 입헌군주정 반대 여론이 여전했고 식량 부족과 경제난도 계속되었다. 아일랜드 대기근을 비롯하여 1840년대 유럽 곳곳에서 재난이 이어졌으며, 프랑스도 극심한 불경기로 물자 부족에 시달렸고 실업 문제도 심각했다. 이 시기에 오귀스트 블랑키Auguste Blanqui를 비롯한 급진적

사회주의 세력이 노동계급의 권리를 증진하고자 그들의 이익을 옹호할 비밀결사를 조직했다. 그러자 정부는 급진적인 정치조직들을 불법화하고 2000여 명의 공화파 지도자를 체포했다. | 자료 7 | 하지만 정부에 반대하는 불만의 목소리는 더 커졌으며, 마침내 1848년 2월에 노동자, 학생, 부르주아 등이 루이 필리프 국왕과 내각의 총사퇴, 보통선거 실시, 경제개혁을 요구하는 집회를 계획하기에 이르렀다. 정부는 곧 집회 금지령을 내렸고 군대는 항의하는 시위대를 향해 발포했다. 이에 파리 시민은 무력으로 대응하며 이틀간 대규모 폭동과 바리케이드 시가전을 벌였다. 결국 이 2월혁명으로 루이 필리프가 물러나고 7월왕정은 막을 내렸으며 10인으로 구성된 임시정부가 공화정을 선포했다. | 자료 8 |

6월봉기와 제2공화국의 수립

임시정부는 국립작업장Ateliers nationaux을 설치했고, 정치 클럽 결성과 정치적 문건 유포에 가해졌던 모든 제한 조치를 철폐했으며, 성인 남자에게 보통선거권을 부여하여 그해 5월에 총선을 실시했다. 하지만 급진적 사회주의자들의 득표는 미미했고, 온건한 공화주의자들과 군주정 지지자들이 최대 세력을 구축한 새

의회는 보수주의 성향을 보였다. 더구나 국립작업장들이 폐쇄되고 신규 채용이 이루어지지 않자, 수천 명의 노동자들이 그에 반발하여 6월 23일부터 파리 전역에 다시 바리케이드를 쌓고 정부군과 싸웠다. |자료 9| 나흘간의 시가전이 끝난 뒤 시위 참가자들을 색출하는 과정에서 3000여 명이 살해되고 1만 2000명 이상이 체포되었는데, 그중 다수가 알제리의 강제 노동 수용소로 추방되었다. |자료 10| 이 '6월봉기'를 진압한 프랑스 정부는 같은 해 12월에 대통령 선거를 실시했고, 나폴레옹 1세의 조카인 루이 나폴레옹 보나파르트Louis Napoléon Bonaparte 가 압도적 지지로 제2공화국의 대통령에 당선되었다. |자료 11|

프랑스 2월혁명은 발발 이후 수개월간 유럽의 여러 지역에서 봉기를 촉발시켰다. 오스트리아는 여러 민족과 언어 집단으로 나뉜 국민을 합스부르크라는 지배 가문과 관료제를 통해 통합하고 철도와 도로 건설 및 관세 제도로 경제 내셔널리즘을 고취했는데도 자유주의와 민족주의의 반격에 직면해야 했다. 수도 빈에서 노동자와 대학생의 주도로 3월혁명이 일어나자, 메테르니히는 영국으로 망명했고 제헌의회가 구성되었다. 오스트리아의 지배를 받던 체코, 크로아티아, 슬로바키아, 폴란드, 헝가리, 이탈리아에서도 독립을 추구하는 혁명이 일어났다. 그러나 오스트리아 군대는 이탈리아 사르데냐를 제압했고, 독자적인 헌법을 만든 보헤미아 왕국과 헝가리의 반란도 진압했다. 프로이센을 비롯한 독일 지역에서도 자유주의 개혁 추구는 실패로 끝났다.

| 표 9 7월혁명과 2월혁명 비교

	7월혁명(1830)	2월혁명(1848)
성격	부르주아를 중심으로 한 자유주의적 정치 개혁	노동자와 사회주의자를 중심으로 한 정치 변혁
배경	샤를 10세의 보수 반동 정치(의회 해산, 언론과 출판의 자유 억압)	7월왕정의 금권정치와 제한선거에 반발, 사회주의 사상 보급
진행	파리 시민 봉기, 국왕 추방 → 7월왕정(루이 필리프, 상층 시민 기반)	중소시민·노동자 주도(선거권 확대 요구) → 7월왕정 붕괴(루이 필리프 축출) → 보통선거, 대통령 선출 → 제2공화정 수립(루이 나폴레옹이 대통령으로 당선)
영향	벨기에가 네덜란드로부터 독립, 독일과 이탈리아의 자유주의 운동	오스트리아의 3월혁명으로 메테르니히 추방 → 빈 체제 붕괴, 독일과 이탈리아의 민족운동

표 10 7월혁명이 유럽에 미친 영향.

벨기에 독립혁명	1830. 8	브뤼셀에서 독립을 위한 자유주의 혁명 발발
	1830. 11	독립 선언 및 입헌군주제 헌법 제정
	1839	네덜란드, 벨기에의 독립 인정
폴란드의 11월봉기	1830. 11	폴란드 혁명 발생. 대귀족 중심의 보수파(백색파)와 중소 지주 중심의 진보파(적색파)가 혁명을 주도했으나 둘 다 농민의 지지를 받지 못함
	1833	러시아에 의해 진압. 니콜라이 1세는 계엄령 체제를 강요하고 바르샤바 대학을 폐쇄
이탈리아 혁명	1831	카르보나리 중심으로 혁명 발발
		메테르니히의 오스트리아군에 의해 진압됨
독일 혁명	1832. 5	북부 독일의 일부 군주 특히 작센과 하노버의 군주가 자유주의적 헌법 제정
		혁명 동조자들은 독일을 하나의 공화국으로 만들려고 프랑크푸르트 점령을 시도하나 진압됨

1848년 말에 프랑스 신생 공화국의 대통령으로 취임한 루이 나폴레옹은 왕당파 등 보수주의자들이 다수를 차지한 의회를 통해 노동자 등 하층민의 선거권을 박탈했고, 가톨릭교도의 지지를 얻기 위해 학교 교육에 대한 가톨릭계의 지배권을 되돌려주었다. 또한 대통령으로 장기 집권하고자 중임重任을 허용하는 개헌을 하려 했으나 그것이 여의치 않자 친위 쿠데타를 일으켰고, 이에 반발한 수백 명을 죽이고 수만 명을 체포했다. 자료 12 그리고 비상조치의 필요성을 들어 의회를 해산하고 보통선거로 실시한 국민투표에서 95퍼센트 이상의 찬성으로 나폴레옹 3세라는 칭호를 얻게 되었다. 자료 13 이렇게 된 데에는 공화국의 탄생과 함께 등장한 노동자와 사회주의자의 과격한 시가전에 다수 프랑스 국민들이 불안과 공포를 느껴 루이 나폴레옹에게 압도적 지지를 보낸 점, 그리고 농민층의 낮은 정치의식과 그에 따른 보통선거의 역기능도 작용했다고 볼 수 있다.

7월혁명과 2월혁명의 의의

유럽의 19세기는 문자 그대로 '혁명의 시대'였다. 프랑스의 1830년 7월혁명과 1848년 2월혁명은 양대 분수령이었고 1871년 '파리 코뮌'은 그 결정판이었다. 1789년 프랑스혁명의 시대정신이 앙시앵레짐의 굴레를 끊는 '자유'였다면 19세기 혁명 이념의 정수는 '평등'이었다. 7월혁명은 유럽 각국의 자유주의자들을 고무하며 반동적 신성동맹인 빈 체제에 조종을 울렸고, 2월혁명은 유럽의 전통적 국가 질서에 파열음을 내고 공화제 이념의 실현과 확산이라는 열매를 맺었다.

나폴레옹이 몰락한 후 프랑스에는 부르봉 왕가의 루이 18세가 왕위에 오르고

프랑스 2월혁명	1848. 2. 22	국왕과 내각 총사퇴 요구하는 집회 발발
	1848. 2. 24	시민군의 시청 점령, 바리케이드 시가전
	1848. 5	총선 실시
	1848. 6. 23	국립작업장 폐쇄에 반발하는 파리 노동자의 폭동 발발
	1848. 12	대통령 선거, 제2공화국 수립
베를린 혁명 (3월혁명)	1848. 3. 18	베를린 시가전
	1848. 5	프랑크푸르트 국민의회 구성
	1849. 3	입헌군주제 통일 헌법 제정
빈 혁명 (3월혁명)	1848. 3. 12	노동자와 대학생의 궐기로 메테르니히 망명
	1848. 5	혁명위원회가 빈 지배
	1848. 7	제헌의회 소집
	1848. 9	농민의 부역 의무 폐지
헝가리 혁명	1848. 3. 15	'코수트'를 중심으로 정치적 자치권 획득; 귀족의 면세 특권 및 농노제 폐지
보헤미아 혁명	1848. 3. 22	체코의 민족주의자들이 헝가리와 동일한 권리 요구
	1848. 6	범슬라브 회의 소집; 슬라브족 단결
이탈리아 혁명	1848	밀라노, 베네치아 공화국 수립
	1849. 2	사르데냐, 자유주의 헌법 채택
	1849	오스트리아가 베네치아 점령

표 11 2월혁명이 유럽에 미친 영향.

도판 33 앙리 필리포토Henri Phillipoteaux의 〈파리 시청사 앞에 선 라마르틴이 적기를 거부하다〉(1848). 1848년 2월 25일에 시청사 앞에 모인 파리 군중에게 시인 알퐁스 드 라마르틴Alphonse de La-martine은 적기가 테러와 유혈을 상징한다고 말하며 깃발을 거부했다. 그다음 날 조직된 임시정부는 제2공화정을 선포하고 그를 대통령으로 임명했다.

많은 망명 귀족과 고위 성직자가 돌아왔다. 새로이 제정된 헌법은 양원제 의회와 내각제 및 언론·사상·신앙의 자유와 사유재산의 불가침 등을 규정했으나, 상원은 국왕이 직접 임명했고 하원 의원 선거는 재산 규모로 크게 제한된 선거였다. 더구나 왕당파는 혁명으로 상실한 특권과 재산을 수복하려 했다. 하지만 장기간에 걸친 혁명과 전쟁에 지친 프랑스 국민은 평화와 안정을 원했고 루이 18세의 치세에 큰 동요는 없었다.

그러나 샤를 10세는 즉위 초부터 반동 정치를 실시하고 망명 귀족에게 10억 프랑의 보상을 약속했다. 그 재원은 국채 이자를 낮춰 마련했기 때문에 국채 소유자인 시민계급의 희생을 강요한 것이었다. 1830년 총선거에서 자유주의자들이 하원에 대거 진출하자 샤를 10세는 의회 해산을 결정했고, '7월 칙령' 반포로 촉발된 혁명은 파리 시민의 시가전을 거쳐 부르봉 왕조의 종언을 선언했다. 한마디로 7월혁명은 보수 왕정에 대한 자유주의 부르주아 세력의 반격이었다.

'영광의 3일'로 성립한 7월왕정은 제한선거에 입각한 입헌군주제를 원했던 온건파의 산물이었다. 오를레앙가의 루이 필리프는 보수적인 입헌왕정立憲王政을 자유주의적 입헌왕정으로 바꾸었다. 하지만 보통선거권과 공화정을 요구하는 대중 집회를 억압하면서 '혁명적 변화를 원하지 않는' 부르주아 자유주의자들은 위기에 봉착했다. 노동계급이 선거권 확대를 비롯한 경제 개혁을 요구하며 2월혁명을 일으키기 하루 전인 2월 21일에는 마르크스와 엥겔스의 《공산당 선언》이 런던에서 독일어로 출판되었다.

2월혁명으로 수립된 임시정부는 노동권을 보장하고 노동자의 결사의 자유를 인정했으며 실업자 구제를 위해 국립작업장을 설치하는 등 개혁을 추진했으나, 혁명을 주도한 공화파가 아니라 다시 온건파 부르주아가 세력을 잡고 나폴레옹의 후광을 업은 루이 나폴레옹이 신생 공화국의 대통령에 당선되었다. 이처럼 프랑스 2월혁명은 입헌군주정을 공화정으로 바꾼 것 외에는 별다른 성과를 얻지 못했고 그나마 공화정도 3년 만에 제정으로 바뀌고 말았다. 그러나 노동계급이 부르주아 집단의 정치 질서에 도전하여 만든 균열은 계속 커졌으며 곧이어 '파리 코뮌'에 이르렀다.

01
루이 18세와 샤를 10세의 태생적 한계

아쉴 드 볼라벨Achille de Vaulabelle, 《두 복고왕정의 역사Histoire des deux restaurations》 VIII, Perrotin,
1855~1856, pp. 448~451

복고왕정의 몰락을 재촉한 원인 두 가지는 <u>군주들의 복위에 따른 고통스러운 상황,</u>
<u>그리고 헌법을 제정하겠다는 약속을 유명무실하게 만들거나 폐기하고 대혁명이 그들</u>
<u>에게서 앗아간 우월권과 영향력을 되찾으려는 옛 특권계급과 성직자들의 책동</u>이다.
물론 1814년에 적을 우리 국경에까지 불러들였다고 부르봉 왕조를 비난할 수는 없다.
… 이 군주들은 1813년의 유럽 동맹이나 오스트리아, 프로이센, 러시아에 우리 국토와
파리의 문을 열어주었던 불행에 대해서도 결코 책임이 없다. 그러나 유럽 동맹이 승리
한 덕에 그들이 왕좌를 얻었으며 우리 군대가 패배하고 조국이 몰락한 덕에 그들이
돌아왔다는 사실만으로도 이 군주들은 … <u>공화정과 제정의 수많은 병사들의 증오를</u>
샀다. …

1792년에 전복된 이후 다시 왕좌에 복귀한 이 <u>부르봉 왕정은 … 대혁명이 낳은 제도와</u>
<u>법을 언제나 계속해서 위협했다.</u> 구체제의 세대는 아직 사라지지 않았다. … 왕국 전역
에 흥분과 동요와 무질서가 널리 퍼져 있었다. … 특권이 소멸되고 영지를 잃은 옛 귀족
이 존재하는 곳에서는 어디서나 불만과 분노가 잠재해 있었다. 바로 이런 상황이 … 지
난 15년 동안 끊이지 않고 계속된 투쟁을 설명해준다. 두 왕의 치세 동안 나타난 이 줄
기찬 투쟁의 마지막 종착역이 바로 7월의 봉기였다. … <u>7월봉기의 결과가 단순한 왕조</u>
<u>의 교체를 넘어서 진정한 혁명이 된 것은 바로 이러한 의미에서다.</u>

… 루이 18세와 샤를 10세의 의도는 좋았다. … 그러나 이 두 왕의 출신이 문제였다. …
국민 대중에게 어쩔 수 없이 불만을 살 운명이었다. 복위했다는 조건 자체로 … 이 군주

들과 각료들은 대혁명의 공적을 퇴색케 했다. … 물론 국왕의 각료들은 … 대혁명이 낳은 제도들을 결연히 받아들이고자 하는 듯이 보였다. 그러나 그 즉시 궁정인, 지방 귀족, 옛 망명 귀족, 관복귀족, 성직자들, 한마디로 모든 왕당파 무리가 들고일어나 분노를 터뜨렸고 국왕과 왕국을 배신한다고 각료들을 비난했다. …

… 정통 왕정은 노골적인 반反혁명의 경향 탓에 … 마침내 국민들 한가운데에서 이처럼 스스로 나약하고 고립되는 처지를 자초하고 말았다.

02
7월혁명을 촉발한 샤를 10세의 '7월 칙령'

1830년 7월 칙령; http://web.pdx.edu/~swalton/OLD-psu-svp/fr335U/july-ordinances.pdf

제1조 언론의 자유를 정지시키는 법령

1. 정기간행물의 출판이 중지된다.

2. 어떤 신문, 정기간행물, 준準정기간행물도 저자와 발행인이 당국으로부터 승인을 얻지 않고서는 파리나 다른 지역에서 출판될 수 없다. 이 허가는 3개월마다 갱신되어야 하며 취소될 수 있다.

3. 이 허가는 신문, 정기간행물, 준準정기간행물을 담당하는 주지사에 의해 임의로 부여되고 취소될 수 있다.

4. 2항을 위반하여 출간된 신문과 간행물은 즉시 압수될 것이다. …

5. 20쪽 이하의 어떤 간행물도 파리의 내무장관과 주지사의 허가 없이는 출판될 수 없다. …

제2조 하원Chamber of Deputies 해산의 법령

1. 각 주의 하원은 해산된다. …

제3조 선거에 관한 법령

12. 지방 선거인단의 구역별 대표자들은 지방 선거인단 중에서 지사가 임명할 것이다.

13. 지방 선거인단 중 최고령 유권자 2명과 최대 납세자 2명이 검표 작업을 수행할 것이다.

03

7월혁명이 발발한 이유

알프레드 네트망Alfred Nettement, 《복고왕정의 역사Histoire de la restauration》, 1868; British Library, 2010, pp. 617~619

만일 이 군중을 동요케 한 원인을 찾는다면 의심할 나위 없이 7월 칙령이 거대한 봉기의 신호탄이 되었다고 보아야 한다. 그러나 진정한 동기는 … 왕정과 부르주아에 대한 깊은 경멸감이다. 이것이 위기를 낳았다. … 여기에 통상과 산업의 위기가 겹쳤다. 또한 민중은 제1제정의 파탄과 시대의 불행으로 인해 프랑스가 말려들었던 유럽 침략에 막연히 분노를 느끼고 있었다. … 그런데 언론이 해로운 비방 책동을 벌여, 그 자체로서는 숭고하고 애국적인 민중의 감정을 타락시켰고 마침내 이들에게 복고왕정과 외국이 서로 공모한다는 생각을 심어주었다. 복고왕정이 … 침입을 초래하기는커녕 침략으로 인한 피해를 줄이고 그 결과가 나라에 덜 해롭도록 만들었는데도 말이다. … 7월혁명과 그에 따른 불행의 책임은 당시 몰락해가던 프랑스 왕정으로부터 전리품을 얻을 심산으로 그저 당국을 공격해댈 생각에만 골몰한 극단적 반대파에게 있다. 이처럼 7월혁명을 낳은 원인은 왕정과 부르주아에 대한 이중의 경멸감, … 왕정에 적대적인 자들의 악의, 대신들의 실책, 엄청난 통상 위기, 인민의 편견 등이다.

티에르의 루이 필리프 추대 연설[1]

노명식, 《프랑스혁명에서 파리 코뮌까지》, 책과함께, 2011, 313~314쪽

1 | 루이 필리프는 오를레앙가의 장자로, 계몽사상의 영향을 받고 프랑스혁명군에 가담하여 공을 세웠으나 왕정 몰락 후 망명하여 각지를 유랑했다. 1830년 티에르 등에 의해 프랑스 국왕으로 추대되어 7월 왕정을 열었으나, 2월혁명으로 왕정이 붕괴하자 영국으로 망명하여 그곳에서 사망했다.

샤를 10세는 결코 파리로 돌아오지 못하리라. 그는 자기 동포의 피를 흘리게 했다. 공화정은 우리를 위험스런 분열에 직면케 할 것이고 우리를 유럽 여러 나라의 적으로 만들 것이다. 오를레앙 공은 혁명의 대의에 몸 바친 왕족이다. 그는 우리를 적대하여 싸운 일이 없다. … 오를레앙 공은 시민의 왕이다. 오를레앙 공은 적의 포화 아래서 삼색기를 휘날렸다. 오를레앙 공만이 그 삼색기를 다시 휘날리리라. 우리는 어느 다른 깃발도 모두 거부한다. 오를레앙 공은 스스로 설치고 나서지 않고 있다. 그는 우리가 뜻을 표시하기를 기다리고 있다. 자, 이제 우리의 뜻을 선포하자. 그러면 그는 우리가 바랐던 헌장을 수락할 것이다. 그가 받아 쓸 왕관은 프랑스 국민으로부터 나온 것이다.

프랑스혁명의 유산과 7월왕정에 대한 평가

프랑수아 기조François Guizot의 연설[2] ; 토머스 C. 멘덴홀Thomas C. Mendenhall 외, 《1715년부터 현재까지 유럽의 권력론 탐구The Quest for a Principle of Authority in Europe, 1715~Present》, Henry Holt, 1948, p. 144

각 시기는 저마다 특별한 임무를 지닌다. 1789년 혁명은 구체제를 무너뜨릴 의무를 지녔다. 혁명은 그 일에 적합한 원리와 힘으로 그것을 완수했다. 그러나 혁명은 구체제를 무너뜨린 그 힘과 원리로 자체 정부를 확립하고자 했으나 무정부 상태와 뒤섞인 폭정만을 남겨주었다. 우리는 그 혼합을 두 가지 형태로 경험했다. 국민공회 하의 강력한 정부와 총재정부 하의 약한 정부 …

[나폴레옹] 제국은 혁명이 건설한 시민사회의 초석인 중요한 질서 즉 대외 질서를 재구축하기 위해 세워졌다. 제국은 이 사상을 유럽 전역에 전파했다. 이것이 제국의 사명이었고 성공적으로 수행되었다. 그러나 제국은 영구적인 정부를 세우는 데 실패했다. 필수 여건이 미흡했던 탓이다. 제국은 결국 몰락하고 왕정 복고에 의해 계승되었다.

왕정 복고는 무엇을 약속했는가? 그것은 문제를 해결하고 질서를 자유와 조화시킬 것을 약속했다. … 하지만 문제를 해결할 수 없었고 왕정 복고는 도중에 그 부담에 압도되어 소멸되었다.

그 임무를 부과받은 것은 바로 7월혁명의 주체인 우리다. 질서만을 혹은 자유만을 수립하는 것이 아니라 질서와 자유를 동시에 확립하는 것이 우리의 의무요 책임이다. 이 이중 의무를 피할 길은 없다. 그렇다. 신사 여러분, 우리의 의무는 양면적이다. 우리는 질서의 원리와 제도, 자유의 원리와 제도를 동시에 확립하도록 위임받았다. 그것이 7월혁명이 한 약속이다.

2 | 프랑수아 기조는 7월왕정기에 루이 필리프의 재상 중에서도 핵심적인 위치를 차지했던 인물로, 1840년 이후에는 실질적으로 정권을 이끌었다. 1831년 하원에서 행한 이 연설에서 그는 새 정부의 목표를 자유와 질서를 확립하는 것이라고 정의했다. 하지만 시간이 지나면서 기조와 루이 필리프는 자유보다는 질서에 더 관심을 보였다.

06

1830년의 혁명적 정서

루이 블랑Louis Blanc, 《1830년에서 1840년까지 10년의 역사Histoire de dix ans 1830~1840》, Pagnerre Editeur, 1846, pp. 19~25

1830년의 유럽 혁명들

이탈리아는 오스트리아의 지배 아래서 신음했다. … 이탈리아인은 … 자유를 침해당했으며 … 작은 소요에도 로마에서 토리노, 나폴리까지 오스트리아 군대와 맞닥뜨려야 했다. … 이탈리아 독립에 열정을 가진 … 이들은 통일을 성취함으로써만 독립을 얻을 수 있다고 생각했다. … 프랑스가 이탈리아를 원조해주고 오스트리아인들이 알프스 산맥을 넘어오지 못하도록 막아주기만 한다면 이탈리아는 해방되리라. … 교황은 자신의 세속 권력을 잃겠지만 정신적 권위는 온전히 보전할 수 있을 것이다. … '통일'이 바로 이탈리아 애국자들의 청사진이었다. …

벨기에는 어려운 상황이었지만 이탈리아만큼 동요하지는 않았다. 물질적인 면에서 벨기에는 네덜란드에 병합된 이후 더욱 풍족해졌다. 네덜란드의 식민지들은 벨기에 생산품의 중요한 수출구를 제공했다. … 그러나 1815년에 네덜란드에 병합된 벨기에를 다스린 군주 빌럼 1세는 철두철미한 네덜란드인이었다. 그는 … 차별 대우 및 공직 배분에서의 편파성을 초래했다. … 더구나 두 민족은 언어와 종교, 풍속이 달랐다. 400만 벨기에인이 200만 네덜란드인보다 의회에서 대표자 수가 더 적었다. … 자유주의자들과 가톨릭교도 사이에 형성된 동맹은 1830년에 가장 견고했으며 날이 갈수록 네덜란드에 위협이 되었다. …

폴란드의 상황은 벨기에의 경우와 마찬가지로 혁명의 씨앗들을 품고 있었다. 폴란드 귀족은 1815년 조약을 치를 떨며 받아들였으며 여러 차례 그 조약을 파기하려 했다. … 바르샤바에서 니콜라이 황제의 즉위식 때 꾸며진 음모는 실패로 돌아갔다. … 농노제에 길들여진 폴란드 농민들은 그다지 독립의 열의를 보이지 않았다. … 귀족들은 이름뿐인 특권을 안은 채 궁핍하게 살았고 … 무질서에 따른 공포에 시달리기보다는 차라리 외국의 지배를 감내하려 했으며 … 러시아로부터 작위를 받기도 했다. 하지만 폴란드에서 혁명이 일어나리라는 것은 쉽게 예상할 수 있었으며, 1830년 7월에 프랑스에서 발생한 것과 유사한 사건들이 혁명을 필연적인 일로 만들었다.

요약하자면 … 오스트리아는 독일의 자유정신과 이탈리아의 독립 정신에 의해 위협받았다. … 포르투갈과 스페인은 왕위계승전쟁을 눈앞에 두고 있었다. 이탈리아, 벨기에, 폴란드는 1815년 조약을 증오했으며 신호만 주어지면 봉기할 태세였다. 바로 이것이 1830년 혁명이 유럽을 깜짝 놀라게 했을 때의 유럽 정세였다.

19세기 유럽 청년의 고뇌

알프레드 드 뮈세Alfred de Musset, 《세기아世紀兒의 고백La Confession d'un enfant du siècle》, 1836; http://
www.gutenberg.org/files/3942/3942-h/3942-h.htm

나폴레옹이 죽자 신과 인간의 힘이 되살아났지만 그 힘에 대한 믿음은 없었다. … 당시
까지도 귀족을 미워하고 성직자를 강경하게 반대하며 왕에 대한 모반을 꾸미는 사람들
이 있었다. 권력 남용과 편견에 저항하는 목소리가 높았던 것이다. 그러나 놀라운 것은
사람들이 미소를 지었다는 사실이다. 만약 귀족이나 성직자 또는 왕이 곁을 지나간다
면, 전쟁에서 돌아온 소작농들은 머리를 흔들며 "아니, 왜 또 저 사람들이야? 그래도 표
정은 완전히 다르군!"이라고 말할 것이다. 왕의 권좌와 교회의 제단에 대해서라면 "그
것들은 길이 몇 자짜리 나무일 뿐이지만 우리가 못을 박았고 또 우리가 못을 뺐지"라고
할 것이다. 또 "여러분, 여러분이 스스로 운명을 개척했고 스스로 당신네 국왕과 사제들
을 다시 불러들였소"라는 말을 들으면, "그렇지 않소, 저 허풍쟁이들은 우리가 안 불렀
소"라고 대답하겠지. 누군가 "지난일은 잊으시오. 일하고 복종하시오!"라고 하면, 그들
은 앉아 있던 자리를 떠날 것이고 그 자리에는 분노의 낮은 울림만이 남을 것이다. 그런
말은 마치 오두막 한구석에서 이 빠진 무딘 칼날을 휘둘러대는 것과 같다. 그런데 그때
누군가가 서둘러 덧붙인다. "아니, 그냥 그 자리에 앉아 있기만이라도 하시오. 아무도
당신을 괴롭히지 않는다오. 괴로움을 애써 찾아다니지 말란 말이오." 불행히도 농부들
은 이 말에 고개를 끄덕이고 만다. … 금세기의 모든 고통은 두 가지에서 비롯되었다.
1793년[국민공회 헌법 제정]과 1814년[입헌헌장 제정]이다. 이 시간을 겪은 사람들의
마음에는 두 가지 상처가 나 있다. 이 상처들은 이제 더는 존재할 수 없고, 앞으로도 존
재할 수 없을 것이며, 이미 존재하지 않는다.

07

다양한 층위의 하층민

아돌프 블랑키Adolphe Blangui, 《1848년의 프랑스 노동계급Des Classes ouvrières en France pendant l'année 1848》; 장 카르팡티에Jean Carpentier 외, 《프랑스인의 역사Histoire de France》, 주명철 옮김, 소나무, 1996, 281쪽에서 재인용

도시의 노동자와 농촌의 노동자, 대규모 공장 노동자와 장인 수공업자를 혼동하는 일은 심각한 오류가 될 것이다. 이 다양한 산업 역군들은 아주 차이가 나는 생활고를 겪는다. 자유롭게 들판에서 일하는 농부, 자신이 태어난 오두막집에서 살고 있는 노동자-주임, 그리고 초라하고 비위생적인 오막살이에 살며 기계의 톱니바퀴에 매인 공장 노동자 사이에는 큰 차이가 있다. 여름에는 경작을 하고 겨울에는 시계공이나 자물쇠공으로 사는 쥐라와 피카르디의 손재주 있는 노동자들과, 끔찍하게 불결한 주거지에 뒤죽박죽으로 엉켜 사는 릴 지하실의 창백한 주민들을 혼동해서는 안 된다. 파리에서도 생마르탱 거리의 지적이고 한적한 곳에서 붙박이로 일하는 노동자는 무프타르 거리와 포부르 생자크에서 떠돌아다니는 넝마주이와 전혀 다른 삶을 살고 있다.

08

1848년 혁명이 발발한 이유

알렉시 드 토크빌Alexis de Tocqueville, 《회고록Souvenirs》, Gallimard, 1964, pp. 83~87

이리하여 7월왕정이 무너졌다. … 나는 2월혁명 직후부터 기조와 몰레Molé, 티에르가 이 사건은 뜻밖의 일이며 그저 단순한 우연일 뿐이라고 말하는 것을 여러 차례 들었다. … 이 세 사람은 루이 필리프 아래서 18년 동안 프랑스의 여러 업무를 이끌어왔다. 그런데 이들은 루이 필리프를 왕좌에서 몰아낸 파국을 가져온 것이 바로 그의 실정失政이라는 사실을 쉽게 인정할 수가 없었다.

… 지난 30년 동안 산업혁명은 파리를 프랑스 제1의 제조업 도시로 만들었으며 완전히 새로운 노동자 집단을 파리 성벽 안으로 끌어들였다. 여기에 인클로저로 인해 당장 일거리가 없어진 농사꾼들이 가세했다. … 2월혁명의 원인은 여러 가지다. 은밀하게 군중에게 스며든 … 민주주의라는 질병, … 지배계급에 대한 전면적이고 뿌리 깊은 경멸감, … 그리고 60년도 안 되는 세월 동안 큰 혁명을 일곱 번이나 겪은 이 흔들리는 사회

의 제도와 이념과 습속 등이다. … 또한 개혁을 내세우며 봉기를 준비했던 왕조 반대파의 어설픈 열정, 이 봉기를 향해 가해졌던 폭력적인 마구잡이식 진압, 새 각료들의 실책과 무능력 … 특히 루이 필리프의 믿기 어려운 우둔함과 나약함, 이것들이 2월혁명을 가져온 요인들이다.

… 2월혁명은 누구에게나 '돌발사'였다. 그러나 그 누구보다도 특히 국왕에게 그러했다. … 인민을 매수하고, 헌법 정신을 왜곡하고, 나라의 폐습을 또 다른 폐습으로 메우고 … 그가 일생 동안 가졌던 생각은 바로 이런 것들이었다. …

… 입헌왕정이 구체제를, 공화정이 왕정을, 제정이 공화정을, 그리고 복고왕정이 제정을 뒤따랐다. 이 연이은 격변을 겪으면서 사람들은 프랑스 대혁명이 그 사명을 완수하고 마침내 끝을 맺었다고 말했다. … 그런데 프랑스 대혁명이 다시 시작되고 있지 않은가. … 우리는 완벽하고 심오한 사회변혁에 이를 것인가? 아니면 그저 끝없는 무질서, 만성적이고 치유할 길 없는 질병에 이르고 말 것인가? … 우리가 그토록 오래 찾아 헤맨 종착지는 과연 실제로 존재하는가 아니면 그저 영원히 바다를 떠도는 것이 우리의 운명인가!

09
국립작업장 폐지에 분노한 파리 노동자들의 편지[3]

로저 프라이스Roger Price 편집·번역, 《1848년 파리에서1848 in France》, Cornell University Press, 1975, pp. 103~104

공화국의 재무 장관에게,

당신이 진실로 공화국 최초의 재무 장관인가요? 노동자들의 용기 덕택에 그들의 피의 대가로 성취한 공화국이 … 모든 아이들에게 매일 빵을 보급하겠다는 것을 첫 번째 약속으로 서약한 이 공화국이 … 국가가 일거리를 주지 않으면 누가 우리에게 일을 주겠습니까? 노동자들은 공화국의 순교자들로서 바리케이드를 막고 국가경비대의 병사로서 국가를 지켰으니 국가는 이들에게 무언가를 빚지고 있다고 생각합니다. …

국립작업장이 왜 그렇게 당신의 비난을 불러일으켰나요? … 당신은 작업장의 개선을 요구하지 않고 완전한 폐지를 요구했습니다. 그러나 초라한 임금을 받으려고 자신과 가족의 생존 수단을 매일 기다리는 11만 노동자들을 어떻게 할 건가요? 그들이 절망 후에 따라오는 기아와 난폭함의 유해한 영향에 휩쓸리도록 내버려둬야 하나요?

3 | 프랑스 공화국 정부는 1848년 실업자들에게 도움을 주기 위해 만든 국립작업장을 같은 해에 없앴다. 이 편지들은 작업장 폐지에 노동자들이 느낀 분노와 배신감을 잘 보여준다.

신문 편집자에게 보내는 편지,

나는 노동계급의 거주지에 삽니다. 나는 캐비닛을 만드는 장인이며, 국립작업장에 등록하여 다시 일할 날을 기다리고 있습니다.

어디서도 빵을 구할 수 없을 때 나는 작업장에 갔습니다. 그 후 사람들은 우리가 그곳에서 구호금을 받았다고 말합니다. 그러나 나는 그곳에서 거지가 되었다고 생각하지 않았습니다. 부유한 내 형제들이 자신들이 절약해야 할 것의 일부를 나에게 주었다고 믿었죠. 단지 내가 그들의 형제라는 이유로.

내가 국립작업장에서 아주 열심히 일하지 않았다는 것을 인정합니다. 그러나 나는 내가 할 수 있는 것을 했습니다. 나는 이제 너무 늙어서 직업을 쉽게 바꿀 수 없습니다. 이것이 하나의 변명입니다. 그러나 또 다른 설명도 있습니다. 사실 국립작업장에는 할 일이 절대적으로 아무것도 없습니다.

10

"6월봉기는 정치투쟁이 아니라 계급 간의 전투"

토크빌, 《회고록》, 1893; 도널드 케이건Donald Kagan 외, 《서구 유산The Western Heritage》, Macmillan Publishing Co., 1987, p. 750에서 재인용

이제 마침내 6월봉기에 이르렀다. 이는 우리 역사에서 그리고 아마도 여느 다른 역사에서 일어난 일들 중 가장 엄청나고 가장 놀라운 사건이리라. 단 나흘 동안 10만 명이 넘는 사람들이 가담했으며 다섯 장군이 목숨을 잃었다는 점에서 가장 엄청난 사건이며, 봉기자들이 지도자도 깃발도 없이 … 경이로운 단결력과 군사적 경험을 발휘하며 싸웠다는 점에서 가장 대단한 사건이다.

지난 60여 년 동안 우리에게 일어난 이런 종류의 사건들 가운데서 6월봉기가 남다른 점은 그것이 통치 형태의 변화를 목표로 한 것이 아니라 사회질서의 변화를 목표로 했다는 데 있다. 6월봉기는 실로 정치투쟁이 아니라 계급 간의 전투였으며, 문자 그대로 전쟁이었다. 사회주의 이론이 2월혁명의 이념이었다면 6월봉기는 그것을 행동에 옮긴 것이었다. … 노동자들의 거칠고 맹목적이지만 강렬한 노력 … 사회주의 사상은 노동자들에게 그들이 부당한 억압 하에 있으며 복지 추구는 그들의 권리라고 설파해왔다. 6월봉기가 발생하고 또 엄청난 사건으로 변모한 것은 바로 이런 탐욕적인 욕망과 거짓 이론의 혼합 탓이었다. … 또 재산의 불평등은 자연의 질서에 어긋날 뿐만 아니라 도덕

과 사회의 질서에도 어긋나는 것이라고 설파했다. … 권리에 대한 이러한 애매하고 잘못된 개념이 … 그 위세를 더했다.

<u>이 끔찍한 봉기가 몇몇 음모가들의 기도가 아니라 한 부류의 국민 전체가 다른 부류에 맞선 반란이었다는 점에 유의해야 한다.</u> 여기서 여성들은 남성들 못지않게 큰 역할을 했다. 남성들이 싸우는 동안 여성들은 탄약을 준비하고 실어 날랐다. 그리고 마침내 항복해야만 했을 때 여성들이 제일 마지막에 총을 내려놓았다. …

알다시피 봉기의 신호탄이 된 것은 국립작업장의 해산이었다. 이 가공할 민병들을 단한 번에 해산시킬 엄두를 못 낸 정부는 일부 노동자들을 지방으로 돌려보냄으로써 무장해제하려 한 것이다. 노동자들은 떠나기를 거부했다. 6월 22일, 그들은 무리를 지어 파리를 돌아다녔으며, 장단 맞추어 단조로운 음색으로 "우리는 떠나지 않는다, 우리는 떠나지 않는다"라고 노래했다.

11

사회적 불평등의 옹호

기조, 《프랑스의 민주주의에 대하여De la Démocratie en France》, Victor Masson, 1849, pp. 73~78

제2공화정기 사회적 불평등의 옹호

프랑스 시민사회를 규정하는 중요 원리는 법률의 동일성과 권리의 평등이다. 모든 가족, 재산, 노동은 동일한 법률에 의해 규제되며 동일한 시민적 권리들을 소유하거나 부여한다. 특권은 있을 수 없다. … 이는 인류사에 나타난 하나의 새롭고 중대한 사실이다. 그러나 … 무수히 많은 다양성과 불평등이 명백히 존재한다. … 재산 문제에서 부자와 빈자가 존재한다. … 이들 사이에는 실질적인 차이가 존재하며 그 차이는 시민사회에서 아주 다양하고 불균등한 사회 상황을 낳을 정도로 크다.

재산의 상황에서 노동의 상황으로 넘어가서, 가장 숭고한 지적 노동에서부터 가장 천박한 육체노동에 이르기까지 모든 유형의 노동을 고찰해보자. 여기서도 나는 마찬가지 사실을 발견한다. 여기서도 다양성과 불평등이 생겨나며 이 불평등은 동일한 법률들과 평등한 권리들의 한가운데에서 줄곧 유지된다. … 대다수는 할 일 없이 궁색함 속에서 별 볼일 없이 살아간다. … 직업이 누구에게나 평등하게 개방된 이후, 노동이 자유로워지고 동일한 법률들에 의해 규제받게 된 이후 … 늘어난 것은 이류급 존재들이며 보잘 것없고 한가한 다수일 뿐이다. … 다른 직업들 특히 육체노동의 경우에도 마찬가지로 다양하고 불평등한 상황이 존재한다. …

이처럼 노동에서든 재산에서든 우리 시민사회의 전 영역에 걸쳐서 상황의 다양성과 불평등이 양산되고 유지되며 나아가 법률들의 통일성 및 권리들의 평등과 더불어 공존한다. 어떻게 달리 될 수 있겠는가? 장소와 시대를 막론하고 모든 인간 사회를 한번 검토해보라. 인간 사회에 존재하는 여러 조직의 통치와 규모 그리고 인류 문명의 유형과 정도를 막론하고 우리는 세 가지 형태의 사회적 상황을 발견한다. …

동산이든 부동산이든, 토지든 자본이든, 자신의 재산을 자신의 노동에 의해 증식시키지 않고도 그 재산에서 나오는 수입으로 살아가는 사람들이 있다. … 그리고 자신이 소유한 모든 유형의 재산을 자신의 노동으로 만들고 증식시키고자 하는 사람들이 있다. … 끝으로, 토지도 자본도 없이 그저 자신의 노동으로 먹고사는 사람들이 있다.

인간들의 사회적 상황의 이 다양성, 이 불평등은 어느 시대나 국가에 특유한 우연적인 사실이 결코 아니다. 그것은 어떤 상황에서나 매우 다양한 법률의 지배 아래서도 모든 인간 사회에서 자연적으로 양산되는 보편적인 사실이다.

12
루이 나폴레옹의 파리 쿠데타가 낳은 비극

빅토르 위고, 《죄악의 역사The History of a Crime》, 1886; 존 캐리John Carey, 《역사의 목격자Eyewitness to History》, Avon Books, 1987, p. 328에서 재인용(한국어판 출간 제목은《역사의 원전》)

연대 단위의 부대들과 견인차에 연결된 포차들이 파리 근교를 떠나 소리 없이 대로변에 자리 잡았다. … 모든 것이 중심부로 다시 밀려들어 왔고 부대와 민간인들이 모여들었다. 2시 무렵 … 1만 6400명의 병력이 평화 거리와 수산물 거리 사이에 … 사다리꼴로 배치되었다. 여러 문의 대포가 모든 길의 입구를 향해 조준되어 있었다. … 보병은 총을 어깨에 걸치고 있었으며 장교들은 검을 뽑아들었다. 이게 무슨 의미인가? … 사람들은 외쳤다. "타도 나폴레옹!" … 갑자기 머스킷 총에서 한 발이 발사되는 것을 신호로 어디에서인지 누구에 의해서인지 알지 못한 채 총탄이 소나기처럼 군중들에게 퍼부어졌다. … 눈 깜짝하는 사이에 1200미터쯤 되는 거리에 학살이 벌어졌다. … 포탄이 발사되어 집 스물여덟 채가 완전히 파괴되었다. … 토르토니 카페에서 대량 학살이 있었다. 파리의 한 구역 전체가 허겁지겁 도망치는 엄청난 군중과 끔찍한 비명으로 채워졌다. 열세 살 먹은 아이가 장난감 더미 아래 … 몸을 숨기고 있었다. 그 아이는 붙잡혀 죽었다. 아이를 죽인 자들은 웃으면서 검으로 아이의 상처를 벌렸다. 한 여인이 내게 말하길, "저 불쌍한 작은아이의 비명소리는 통로에서도 전부 들을 수 있었어요." 같은 가게 앞에서 네 명이 총살되었다. … 그들은 환기구를 통해서 지하 방에 총을 쏘았다. … 생드니 문에 있던 바리케이드가 제거되자 더 이상 싸움이 아닌 학살이 전개되었다. … 미친 학살이었다. … 한 여자가 도망가고 있었고 애를 밴 그 여자가 넘어지자 그들은 머스킷 총의 개머리판으로 유산시켰다. … 나는 킬링필드field of murder로 갔다. … 필설로는 다할 수 없는 장면이었다. 이 죄, 이 학살, 이 비극을 나는 목도했다. … 이 책에 목격자 Eye-witness라고 서명한 것은 바로 이러한 사실 때문이다.

13

제국 건설의 당위성을 설파하다

루이 나폴레옹의 보르도 상공회의소 연설문,[4] 《세계신보Le Moniteur universel》, No. 286, 1852년 10월 12일자

신사 여러분,

보르도 상공회의소 및 재판소의 초청을 기꺼이 받아들여 이 자리에 서게 된 나는 성대하게 환대해주신 여러분의 이 위대한 도시에 감사드립니다. …

… 국민은 각 정파가 곧 수면에 떠오를 난파한 배의 잔해 위에 자신들의 깃발을 꽂으려는 욕심을 부리고 있어서 1852년에 사회가 파멸로 치달으리라는 것을 알고 있습니다. 그들은 내가 오로지 프랑스의 깃발을 내걸어 그 배를 구한 것을 고맙게 여기고 있습니다. 허무맹랑한 공론에 환멸을 느낀 국민은 자칭 개혁가들이 한낱 몽상가들에 지나지 않았음을 깊이 깨닫게 되었습니다. … 내가 공상가들의 무리에 속하지 않기에 오늘날 프랑스는 내게 뜨거운 공감을 보내고 있습니다. … 그리고 프랑스가 제국으로 복귀하기를 바라고 있는 것처럼 보입니다.

… 어떤 이들은 불신에 사로잡혀 이렇게 말합니다. 제국 그것은 곧 전쟁이다. 하지만 나는 이렇게 말합니다. 제국 그것은 곧 평화다. 그것은 평화입니다. 프랑스가 제국을 원하고 프랑스가 스스로 만족할 때 온 세계가 평온하기 때문입니다. … 나는 그 황제[나폴레옹 1세]처럼 실로 이루어내야 할 정복이 수두룩하다는 점을 인정합니다. 나는 그 이처럼 반대파들을 정복하여 화합으로 이끌고 자멸의 길로 나아가는 그들을 … 되돌아오게 하고 싶습니다.

4 | 루이 나폴레옹은 2월혁명 이후에 치러진 프랑스 사상 첫 대통령 선거에서 무려 75퍼센트의 득표로 압승했다. 노동자와 농민은 나폴레옹이라는 이름과 루이 나폴레옹의 정책안에 기대를 걸었고, 자본가들도 사회주의 정부가 들어설지 모른다는 공포감에서 보나파르트를 밀었다. 그러나 제2공화정의 대통령은 1851년 12월에 의회를 해산하고 헌법 개정을 국민투표에 붙여 10년 임기 대통령이 되었다. 그리고 그다음 해 11월에 다시 국민투표를 실시해 제정을 승인받고 12월에 황제의 자리에 앉았다. 보르도Bordeaux에서 한 이 연설은 11월 국민투표 직전에 한 것이다.

나는 ⋯ 그리스도의 가르침을 모르는 ⋯ 수많은 사람들을 정복하여 신앙과 도덕과 안락으로 이끌고 싶습니다. 우리에게는 <u>일궈야 할 광활한 처녀지들이 있고</u> ⋯ 도로와 항구를 건설해야 하며 ⋯ 운하와 철도망을 완성해야 합니다. ⋯ 우리는 마르세유 앞에 프랑스에 동화시켜야 할 거대한 한 왕국[알제리]을 마주하고 있습니다. ⋯

제국이 다시 서야 한다면 바로 이것이 내가 이해하는 제국의 모습입니다. 바로 이것들이 내가 궁리하고 있는 정복입니다. 나를 지지하며 나와 같이 우리 조국의 행복을 염원하는 여러분, <u>여러분은 바로 나의 병사들입니다.</u>

| 출전 |

프랑수아 기조(1787~1874), 《프랑스의 민주주의》, 1849: 기조는 원래 점진적 자유주의자였으나, 1830년 '7월 칙령' 반대 성명을 발표한 이후부터 보수화되어 1848년 2월혁명 전까지 외무 장관, 총리 등을 역임했다. 그는 선거권을 요구하는 노동자들에게 노동하여 재산을 축적하면 유권자가 될 수 있다고 함으로써 부르주아의 관점과 이익을 대변한 인물이다. '자료11'에서도 다양한 층위의 계급 집단이 존재하는 프랑스 사회가 보편적인 사회이며 불평등은 자연스러운 현상이라고 보고 있다.

알프레드 네트망(1805~1869), 《복고왕정의 역사》, 1868: 네트망은 1849년부터 2년간 의원으로 선출되어 활동했으나 1851년 쿠데타에 반대하다가 투옥되었다. 그 이후 역사와 문학 저술에 몰두했고 정치비평가로도 활동했다.

알프레드 드 뮈세(1810~1857), 《세기아世紀兒의 고백》, 1836: 낭만파 시인이었던 뮈세의 이 작품은 일종의 자전소설인데, 19세기 초 유럽 청년들을 괴롭힌 이른바 '세기병'을 그렸다. 즉 왕과 귀족과 성직자에게 불만과 반항심을 품고 있으나 결국에는 현실에 안주하고 마는 농민의 모습을 보여준다.

아쉴 드 볼라벨(1799~1879), 《두 복고왕정의 역사》, 1855~1856: 프랑스 언론인이자 정치가인 볼라벨은 1848년 4월에 제헌의회 의원으로 선출되기도 했으나 12월 대통령 선거에서 반대편에 합류한 후 의원선거에서 패배하고 정계를 떠났다. 그 뒤로는 역사 연구와 저술에 몰두했다. '자료1'에서 그는 프랑스혁명의 유산을 계승하지 못한 옛 특권계급과 성직자들의 복고 책동이 7월혁명의 요인이었다고 보고 부르봉 왕조를 비판했다.

루이 블랑(1811~1882), 《1830년에서 1840년까지 10년의 역사》, 1846: 루이 블랑은 생시몽의 영향을 받아 마르크스에게 영향을 미친 사회주의자이자 노동운동가다. 1839년에 《진보평론Revue du progrès》지를 창간하고 이어서 《노동의 조직L'Organisation du travail》을 출판하여 일약 저명인사가 되었다. 정부가 '국립작업장'을 설립하여 노동의 조직화를 꾀한다는 그의 구상은 보통선거를 요구하는 공화파의 운동과 노동자운동의 연결을 시도한 것으로 당시 노동자들에게 열광적으로 받아들여졌다. '자료6'은 7월혁명이 이탈리아, 벨기에, 폴란드 등 다른 유럽 국가에 미친 영향을 서술한 부분이다.

아돌프 블랑키(1798~1854), 《1848년의 프랑스 노동계급》, 1849: 자유주의 경제학자 블랑키가 1848년 당시 프랑스 노동계급에 관해 저술한 보고서. 이 글에서 블랑키는 노동자 세계의 지역·활동·생활조건의 다양성을 강조했다. 후에 블랑키스트라고 불린 사람들은 아돌프의 동생이자 급진적 사회주의자인 오귀스트 블랑키Auguste Blanqui를 추종한 사람들을 말한다.

빅토르 위고, 《죄악의 역사》, 1886: 루이 나폴레옹은 2월혁명으로 새 공화국의 대통령으로 선출되었으나 곧 장기 집권을 위해 쿠데타를 일으켰고 파리 시민 수백 명을 죽였다. 1851년 12월 4일에 파리 시내에서 벌어진 나폴레옹 군대의 파리 진압 장면을 프랑스 문호인 빅토르 위고가 자세히 기록한 작품이다.

알렉시 드 토크빌, 《회고록》, 1893: 프랑스 자유주의 정치가이자 사상가인 토크빌은 1848년 2월혁명 이후 제헌의회 의원으로 당선되었고 제2공화국의 헌법제정위원으로 활동했으며 외무 장관을 지냈다. 그러나 1851년에 나폴레옹 쿠데타를 반대하는 연설을 한 이후 모든 공직을 박탈당했으며 그 뒤로는 역사 서적 집필에 몰두했다. 회고록에서 토크빌은 구체제의 전제적 정치 행태를 극복하지 못한 지배층, 그리고 자유주의 민주사회 전통을 만들어나가는 데 역부족인 대중의 몽매함을 2월혁명의 원인으로 지목했다. 또한 파리에서 6월봉기가 일어나자 토크빌은 그것을 계급전쟁이라고 보고 앞선 정치적 변혁과의 차이 및 향후 유럽 정치에 미칠 영향을 서술했다.

샤를 10세의 7월 칙령, 1830. 7. 26: 샤를 10세는 헌법 제14조에 따라 포고령을 발표한다고 선언하고 그 내용을 파리 신문인 《세계신보》에 실었다. 이 칙령은 프랑스 국민을 억누르기 위한 것이었지만 그 의도와 반대로 국민의 분노를 불러일으켰다. 언론인들은 아돌프 티에르Adolphe Thiers 등이 창간한 일간신문사인 '나시오날National'의 본부에 집결하여 항의했는데 이 일이 7월혁명의 도화선이 되었다.

| 참고문헌 |

노명식, 《프랑스혁명에서 파리 코뮌까지, 1789~1871》, 책과함께, 2011.
뒤프, 조르주, 《프랑스 사회사 1789~1970》, 박단 옮김, 동문선, 2000.
몸젠, 볼프강 J., 《원치 않은 혁명, 1848》, 최호근 옮김, 푸른역사, 2006.
프라이스, 로저, 《혁명과 반동의 프랑스사》, 김경근 옮김, 개마고원, 2001.

10
프랑스 제2제정과 제3공화정
: 나폴레옹 3세의 몰락과 공화국 헌법 제정

제2제정의 산업화 추진과 대외 정책의 실패

프랑스 제2제정은 황제에게 재정·군사·외교의 전적인 통제권을 부여하고 자유주의를 억압했다. 또 언론을 탄압하고 공직자에게 충성 서약을 요구했으며 2만 명에 달하는 시민을 투옥하거나 추방했다. 자료 1 그 대신 나폴레옹 3세는 경제 발전에 전력했다. 국영 철도를 전국 각지에 건설했으며 항만 시설을 개량하고 운하를 개설하는 등 대규모 토목공사를 벌였고 도시 계획을 통해 파리에 방사선 모양의 대로를 개통했다. 인구 과잉, 비위생, 전염병 취약 지역으로 악명 높은 파리를 런던과 같이 위생적인 모델 도시로 개조하고자 한 것이다. 1855년에는 '파리 박람회'를 개최하여 프랑스의 경제 번영을 세계에 과시했다. 그의 정책으로 프랑스의 자본주의 발전과 산업화가 급속도로 진행되었으며 토목공사를 비롯한 공공사업은 노동자들의 새로운 일터를 창출했다. 더 나아가 정부는 국민

의 단결을 구호로 내세우며 노동자 주택을 건설하고 노동자 병원 설립과 무료 의료 지원 계획을 세우기도 했다. |자료 2|

그런데 나폴레옹 3세의 외교 정책은 크게 성공하지 못했다. 호전적인 대외 정책을 전개하여 사르데냐의 이탈리아 통일전쟁을 지원한 일로

사건	기간
크리미아 전쟁	1853~1856
애로 호 사건	1856~1860
인도차이나 출병	1858~1867
이탈리아 통일전쟁	1859
멕시코 출병	1861~1867
프로이센-오스트리아 전쟁	1866
프로이센-프랑스 전쟁	1870~1871

표 12 나폴레옹 3세의 대외 정책 연표. 나폴레옹 3세는 크림 전쟁을 비롯하여 유럽 대륙에서 전개된 각종 전쟁에 개입했다. 프로이센과 오스트리아 사이에서 자국의 이익을 도모했고, 이탈리아 통일전쟁에도 개입하여 영향력을 과시하려 했다. 또 영국과 함께 애로 호 사건에 참여하여 중국에 세력을 떨치고 인도차이나에 출병하는 등 아시아에서 식민지 확대를 꾀하고 멕시코에까지 출병하여 식민제국으로 발돋움하려 노력했다.

이탈리아 애국자들에게 반발을 사고 국내 가톨릭 세력과 공화파의 공격을 초래했다. 1853년에서 1856년까지 크림 반도에서 러시아와 치른 전쟁에서도 그다지 소득을 얻지 못했고, 1861년 멕시코의 내란에 개입하여 군대를 파견했으나 실패로 끝났다. 나폴레옹 3세는 멕시코의 공화정을 폐기하고 오스트리아 황제 요제프 1세의 아우인 막시밀리안Maximilian 대공을 황제로 옹립했다. 그러나 멕시코인들의 저항과 미국의 압력 때문에 군대를 철수해야 했고 막시밀리안은 1867년에 총살당했다. 그 이후 나폴레옹 3세는 권위주의 체제를 완화하며 체제 변화를 시도했으나, 1870년 프로이센에 선전포고를 하고 치른 프로이센-프랑스 전쟁(보불전쟁)에서 패전을 거듭함으로써 제정의 몰락을 선언하기에 이르렀다.

이처럼 1851년 쿠데타 이후 1870년까지 20년간 이어진 나폴레옹 3세 치세는 성과와 함께 한계도 드러냈다. 집권 초기에는 보수적 농민과 가톨릭 세력과 자본가층의 지지를 받으면서 비스마르크와 유사한 철혈 정책으로 산업화를 이끌었다. 제철소 설립과 제철·제강의 확장, 철도 부설에 주력하는 한편, 유럽 대륙 및 아시아 등에 군대를 파견하여 국력을 과시했다. 하지만 치세 말기에 관세 인하에 따른 산업자본가들의 반감, 검열과 탄압에 저항하는 공화파의 반정부운동과 노동운동의 확산 등으로 국내 위기에 봉착하고 대외정책에서도 실패하면서 안팎으로 궁지에 몰려 막을 내리게 된 것이다.

| 표 13 프랑스 역대 통치자 연표.

명칭	통치 기간
루이 14세	1643~1715
루이 15세	1715~1774
루이 16세	1774~1792
제1공화국	1792~1799
나폴레옹 제1통령	1799~1804
나폴레옹 1세	1804~1814
루이 18세	1814~1824
샤를 10세	1824~1830
루이 필리프	1830~1848
제2공화국	1848~1852
나폴레옹 3세	1852~1870
제3공화국	1870~1940

파리 코뮌과 제3공화정

나폴레옹 3세 체제가 붕괴한 후에 세워진 과도정부는 공화정을 선포했다. 그리고 프로이센에 알자스Alsace와 로렌Lorraine의 일부를 양도하고 배상금으로 50억 프랑을 지불하는 프랑크푸르트 조약을 맺었다. 하지만 1871년 프로이센에 마지막까지 저항했던 파리에서 임시정부에 저항하는 폭동이 일어났다. 프로이센에 당한 패배로 상처 입은 파리 시민들이 굴욕적인 강화조약에 불만을 품고 프로이센과의 전쟁에서 사용한 무기를 들고 정부를 향해 분노를 폭발시킨 것이다. 과도정부는 자발적 시민군인 '파리 국민방위대Paris National Guard'를 무장해제하려 했으나 국민방위대는 항복하기를 거부하고 파리 시의 자치를 선언했다.│자료 3│그리고 혁명위원회 이른바 '파리 코뮌Commune de Paris'(1871년 3월 18일~5월 28일)을 수립하고서 곧장 코뮌 의원 90여 명을 선출했다.│자료 4│

코뮌 구성원은 프랑스혁명 때의 자코뱅파와 유사한 하층 중간계급에 속한 사람들이 대부분이었다. 코뮌 가담자들은 파리의 대주교를 포함해 수십 명의 인질을 살해하고 군법회의를 열어 수천 명을 투옥하거나 누벨칼레도니Nouvelle

Caledonie(뉴칼레도니아)로 유배 보냈다. 또 파리 국민방위대는 파리를 독립 지역으로 편제하고 프랑스 전역을 자치 코뮌 연합으로 조직하려 했다. 하지만 파리 시민들은 2개월이 넘도록 포위되어 식량난에 시달렸고, 결국 정부군의 공격으로 1871년 5월 '피의 일주일'의 전투에서 최후에 남은 200여 명의 코뮌 투사들은 총살당했다. |자료 5| 파리 중심가의 대부분을 불태운 이 전투 이후 약 2만 명의 코뮌 투사가 처형되었고 수만 명이 체포되었다. |자료 6|

72일간의 파리 코뮌 투쟁이 진압된 후 실시된 선거에서 왕당파가 약 500명이 선출되어 200여 명에 그친 공화파를 누리고 승리를 거두었다. 하지만 왕당파의 분열로 루이 아돌프 티에르Louis-Adolphe Thiers를 초대 수반으로 한 과도정부는 공화파인 레옹 강베타Léon Gambetta에게 장악되었다. 프랑스 왕당파 중에서 부르봉파는 루이 18세와 샤를 10세의 가계에 충성했고, 오를레앙파는 루이 필리프의 가계를 추종했으며, 보나파르트파는 나폴레옹 3세의 아들인 루이 나폴레옹 외젠을 기대했다. 이들 왕당파의 왕정 복원 시도에 따른 충돌과 타협을 거쳐 공화정 헌법은 1875년에야 간신히 한 표 차이로 채택되었다. 내각책임제를 기반으로 7년 임기의 대통령을 두고 상원과 하원이 구성되었으며, 간접선거로 선출

도판 36 에밀 졸라는 〈대통령에게 보내는 편지〉를 당대 최고 신문인 《르피가로》지에 기고했는데 게재를 거부당하자 1898년 1월 13일 《로로르(여명)》지에 〈나는 고발한다〉라는 제목으로 발표했다. 졸라는 독일 간첩 누명을 쓰고 투옥된 드레퓌스 대위가 무죄임을 격정적으로 밝혔으며, 이후에 드레퓌스 재심 운동이 재개되게 하는 데 기여했다.

된 상원보다는 성인 남자 보통선거로 선출된 하원이 실권을 가졌다.

제3공화정은 프랑스혁명을 계승했음을 국내외에 천명하고 군부와 왕당파와 교권주의자들의 영향력을 제어했다. 1880년대에는 초등교육의 무상 의무교육을 실시하고 교육과 종교의 분리 원칙을 세우는 등 근대적인 국민교육 제도의 기초를 수립했다. | 자료 7 |

한편 공화국 내 반동 세력이 '반反유대인 동맹'을 만든데다 유대인 육군 대위 알프레드 드레퓌스Alfred Dreyfus가 독일에 군사기밀을 넘겼다는 누명으로 무고하게 종신형을 선고받자 에밀 졸라Émile Zola를 비롯한 지식인들이 재심을 요구하는 운동이 일어났다. | 자료 8 | 결국 드레퓌스는 1899년에 무죄 판결을 받아 군에 복귀했는데, 이 사건으로 드레퓌스의 유죄를 주장했던 왕당파와 군부와 가톨릭교회는 크나큰 타격을 입었다.

제3공화정은 프랑스혁명이 일어난 지 100년이 지나서야 프랑스에 확립된 공화정이었지만 다양한 군소 정당이 난립하는 가운데 정치적으로 불안정했다. 그러나 정체가 바뀌지 않은 덕분에 중앙집권적 관료기구가 안정될 수 있었고, 드레퓌스 사건으로 공화주의 및 사회주의 세력과 지식인 집단이 단결함으로써 공화정의 안정을 다지는 데 기여했다. 공화정의 수립과 함께 노동자의 활동 공간도 넓어져 1884년에는 노동조합이 합법화되면서 노동운동 세력이 강성해졌다. 1905년에는 프랑스 통합사회당이 결성되어 당을 중심으로 프랑스의 사회주의 세력이 집결했다.

자유의 다섯 가지 조건

아돌프 티에르[1]의 논설문, 《세계신보 Le Moniteur universel》, 1864년 1월 12일자

여러분, 자유의 영역에서 필수로 통하는 다섯 가지 조건이 있습니다. 그 첫 번째는 시민의 안전을 확보하는 것입니다. … 시민은 개인적 폭력으로부터 보호되어야 할 뿐만 아니라 권력의 독단적 행위로부터도 보호되어야 합니다. …

그러나 시민이 안전을 확보했다 해도 … 그가 평온한 무기력 속에서 잠들어 있다면 그는 안전을 오래 보존하지 못할 것입니다. 시민은 공공 업무를 감시해야 합니다. … 동료 시민 모두가 서로 눈여겨보아야 하며, 자신의 의견을 서로 교환하고 여론이라 불리는 이 공통의 생각에 도달해야 합니다. … 따라서 언론이 자유로워야 합니다. … 언론의 자유는 글쓴이가 시민의 영예를 욕되게 하지 않고 나라의 안녕을 해치지 않는다는 조건 하에서 존재합니다. …

이는 선출의 자유를 전제로 합니다. … 정부가 대표자를 선출하는 데 선택을 강요하거나 자신의 의지를 부과해서는 안 됩니다. … 이 선거의 자유가 바로 국민적 대표성의 자유입니다. 마지막 자유의 목표는 다수에 의해 입증된 여론이 정부를 이끌게 하는 것입니다. 여러분, 사람들은 이 자유에 이르기 위해 두 가지 수단 즉 공화정과 군주정을 생각해왔습니다. … 공화정에서는 헌법 조문에 의거해서 4년이나 6년이나 8년마다 국가의 수반을 바꾸면 됩니다. 그런데 … 군주정에서는 여론의 뜻을 국가수반에게 부과하기는커녕 국가수반의 권위를 위탁받은 자들에게 여론을 전달했을 뿐입니다. … 이렇게 해서 군주는 우리의 정치 토론에서 벗어난 저 위에 머물러 있고, 국가는 자신의 생각과 의견으로 스스로 통치하는 이 기묘한 현상이 생겨난 것입니다.

1 | 아돌프 티에르는 샤를 10세에 반대하고 오를레앙파를 지지했으며, 7월왕정 때 수상이 되었다가 외교 정책의 마찰로 프랑수아 기조에게 자리를 넘겨주었다. 이후 2월혁명을 실현하고자 노력했으며, 의회에서 반反보나파르트파를 형성했다. 루이 나폴레옹의 쿠데타 이후 추방되었다가 1852년에 귀국하여 보불전쟁 때는 외교 사절로서 일했으며, 제3공화국 초대 대통령을 지냈다. 티에르는 파리 코뮌을 강경하게 탄압했다.

피임을 비난하는 프랑스 의사[2]

주디스 코핀과 로버트 스테이시Judith Coffin & Robert Stacey, 《새로운 서양 문명의 역사Western Civili-zations》
하, 손세호 옮김, 소나무, 2014, 252~253쪽

자연이 인간에게 준 가장 강한 본능 중의 하나는 인류의 영속이라는 목적을 갖게 해준
것이다. … 그런데 우리는 결혼이 그다지 다산으로 이어지지 않으며 인구 증가가 이전
비율에 미치지 못한다는 말을 끊임없이 듣는다. … 이러한 가증스런 이기주의적 타산
과 수치스러운 타락은 … 거의 전적으로 대도시들과 허영에 빠진 상류계급 사람들에게
서 찾아볼 수 있다고 생각할 것이다. 반면 작은 마을과 시골에서는 아직도 '가장'이 자신
의 수많은 후손들을 보여주는 것을 자랑스러워하는 소박한 예절을 유지하고 있을 것이
라고 생각한다. 하지만 그러한 생각은 사실이 아니며 따라서 나는 가부장적 관습에 무
제한한 신뢰를 갖고 있는 사람들이 잘못되었다는 것을 보여줄 것이다. 사실상 오늘날
의 모든 계급이 그러한 속임수[피임]를 자행하고 있다. …

노동계급은 일반적으로 수음의 관행에 만족한다. … 그들은 콘돔Condom 박사가 발명
한 후 그의 이름을 따서 명명된 콘돔에 그다지 익숙하지 않다. 반면에 부유한 사람들 사
이에서 이 예방법의 사용은 널리 알려져 있다. 하지만 … 이 속임수는 완전히 안전한 방
법은 아니다. …

이 부부는 모두 창백하고 여위었으며 병약하다. … 결혼한 지 10년 된 이 부부는 처음
연년생으로 두 명의 자녀를 두었지만 가족이 늘어나는 것을 피하기 위해 부부간의 속
임수[피임]에 의존해왔다. … 부인은 복부 아래 부위와 신장에 계속적인 통증이 있다고
불평한다. 이 통증은 위의 기능을 저해하고 그녀를 신경질적으로 만든다. … 그리고 만
성 자궁염의 모든 징후를 찾아볼 수 있다.

2 | 19세기 유럽인들이 임신을
막기 위해 사용한 유일한 방법
은 금욕과 체외 사정이었다.
하지만 이런 방법의 효능도
제한적이었다. 1880년대까지
도 의사들은 계속해서 여성의
생리 기간과 그 전후 시기에 가
장 임신이 쉽다고 믿었기 때문
이다. 인용한 부분은 1870년
에 한 프랑스 의사가 갖고 있
었던 의학 지식과 의견의 사례
를 보여주는데, 그는 콘돔 사
용이 널리 행해지고 있지만 피
임을 완벽하게 막아주지도 않
고 여성의 건강에도 해를 끼친
다고 비난한다.

프롤레타리아는 해방을 성취하리라

〈3월 18일 혁명La Révolution de 18 mars〉,[3] 《파리 코뮌 공보Journal officiel de la Commune de Paris》, 1871년

3월 20일자; http://classiques.uqac.ca/classiques/commune_de_paris/Journal_officiel_

Commune_de_Paris/Journal_officiel_Commune_de_Paris.html

반동적 신문들은 지난 사흘 동안 파리를 무대로 한 정치적 사건들을 의도적인 적대감으로 곡해함으로써 줄곧 여론을 기만하고 있다. 엄청난 위험을 무릅쓰고 공화정을 구하려는 사람들에 대해 … 지독한 비방과 거짓된 모략을 퍼붓고 있다.

정의로운 역사는 이들에게 응당 돌아가야 할 평가를 내릴 것이며 3월 18일 혁명이 진보를 향한 중요한 새 단계임을 입증할 것이다.

어제까지는 이름조차 없었으나 곧 만천하에 그 이름을 날릴 이 미천한 프롤레타리아들[국민방위대 중앙위원회 성원들]이 정의와 권리에 대한 깊은 애정과 프랑스와 공화정에 대한 끝없는 헌신으로 충만하여 침략당한 조국과 위협받는 자유를 구하러 단호히 일어섰다. …

지배계급의 배신 앞에서 파리의 프롤레타리아는 스스로 공공 업무를 장악함으로써 상황을 수습해야 할 때가 왔다고 깨달았다. … 이토록 공정하고 정직하고 민주적인 행위에 … 파렴치한 언론이 어떻게 중상과 욕설과 능욕을 퍼부어댈 수 있는지 … 지난 70여 년간 자신들의 해방을 이루어냈고 혁명의 길에 먼저 들어섰던 부르주아는 이번에는 프롤레타리아의 해방이 도래했다는 것을 알지 못하는가?

부르주아의 정치적 무능력과 도덕적·지적 쇠퇴는 프랑스를 공적 파탄과 재난으로 몰아넣었다. … 이제 부르주아의 시대가 끝났다는 것을, 부르주아가 1789년에 자신에게 주어진 과업을 다 완수했다는 것을, 그리고 … 노동자들이 스스로 사회적 해방을 이루도록 내버려두어야 한다는 것을 바로 이 부르주아에게 증명하고 있다. … 왜 부르주아는 그토록 맹목적이고 고집스럽게 프롤레타리아에게 그 정당한 해방의 몫을 주려 하지 않는가? … 프롤레타리아는 … 마침내 스스로 운명의 주인이 되고 통치 권력을 장악함으로써 그 승리를 확보하는 것이 자신의 진정한 의무이자 절대적 권리라는 것을 깨달았다. 이것이 바로 프롤레타리아가 … 정부의 분별없고 범죄적인 만행에 혁명으로 응답한 이유다.

… 진보의 행진은 비록 한순간 멈칫했지만 이제 다시 계속 이어질 것이다. 그리고 프롤

3 | 파리 코뮌은 1871년 3월 18일부터 5월 28일까지 72일간 파리 민중이 세운 정권이다. 임시정부 수반인 티에르가 국민방위대의 무장해제를 명령하자 노동자가 중심이 된 민중은 이에 저항했고, 3월 26일 선거를 통해 정부를 구성하고 파리 코뮌을 발족했다. 5월 21일에는 파리 시내로 진입한 정부군과 시민 사이에 공방전이 벌어졌으며, 약 2만 명이 사망한 '피의 일주일'이라 부르는 대학살이 이어졌다. 《파리 코뮌 공보》에 실린 이 기사는 당시 노동계급의 해방 의지를 보여준다.

레타리아는 만난을 무릅쓰고 해방을 성취하리라!

코뮌의 권리를 선포하다

〈파리 코뮌 선언〉, 1871; G. A. 케르테츠G. A. Kertesz 편집, 《1815~1939년의 유럽 정치사 사료Documents in the Political History of the European Continent, 1815~1939》, Clarendon Press, 1968, pp. 312~313에서 재인용

3월 18일의 혁명과 국민방위대의 즉각적이고 용기 있는 행동으로 파리는 자치를 다시 회복했다. … 프랑스가 피비린내 나는 참혹한 패배를 겪기 이전 프랑스는 … 군주제, 교권주의, … 타협적인 반동을 겪어야 했다. 우리나라는 다시 일어서고 부흥하고 새로운 삶을 시작하고 … 프랑스혁명의 코뮌 전통을 다시 회복하고 있다. … 이 전통은 앞으로 여러 나라에 독립과 부, 평화로운 영광과 형제애를 가져다줄 것이다. … 우리 조상이 시작하고 우리가 마침표를 찍은 혁명은 … 피를 흘리지 않고 인민의 의지가 가진 힘으로 진행되고 있다. …

코뮌은 … 모든 정치체제의 토대다. 코뮌은 자치를 보유해야 한다. 즉 코뮌의 독특한 특성과 전통과 필요를 인정하는 자치행정, 자치정부를 가져야 한다. 코뮌의 모든 집단은 … 마치 자유도시의 시민처럼 그 집단의 완전한 자유와 주권을 보호해야 한다.

최대의 경제 발전, 국가 및 영토의 독립, 안전을 확보하기 위해서는 연합이 불가피하다. 다시 말해 모든 코뮌의 동맹인 통일국가를 구성해야 한다.

코뮌의 자치는 그 시민들에게 자유를 보장한다. 각 구성원의 호혜주의, 병력, 부, 시장, 자원에 의해 모든 코뮌의 동맹은 전체 이익을 증대시킨다.

1871년 3월 18일에 승리한 것은 … 코뮌의 이념이었다. 그 이념은 자유와 인민 통치에 부합하는 유일한 정치형태인 공화국을 의미한다.

코뮌의 자치를 요구한다

〈프랑스 인민에게 고함Déclaration aux peuple français〉,[4] 《파리 코뮌 공보》 1871년 4월 20일자; http://
classiques.uqac.ca/classiques/commune_de_paris/Journal_officiel_Commune_
de_Paris/Journal_officiel_Commune_de_Paris.html

이 고통스럽고 끔찍한 투쟁에서 여론이 분열되어서는 안 되며 … 파리와 프랑스는 지금 진행되는 혁명의 성격, 원인, 목적이 무엇인지를 알아야 한다. 우리가 당하는 이 비탄, 고통, 불행의 책임이 프랑스를 배신하고 파리를 외국에 내준 후 … 이 위대한 도시의 파멸을 재촉하는 이들에게 있는 것은 당연하다.

코뮌은 파리 주민들의 열망과 바람을 확인하고 명확히 할 의무가 있다. … 파리는 무엇을 요구하는가? … 인민의 권리, 자유롭고 정상적인 사회 발전에 부합하는 유일한 통치 형태인 공화정을 인정하고 공고히 할 것을 요구한다. … 모든 프랑스인이 인간·시민·노동자로서 능력과 자질을 완전히 행사할 수 있도록 보장해주는 코뮌의 절대적 자치를 요구한다. 코뮌의 자치는 계약을 맺은 다른 모든 코뮌들—이 코뮌들의 연합이 프랑스의 통일성을 보장해주어야 한다—의 동등한 자치권에 의해서만 제약받을 것이다.

코뮌의 고유한 권리는 다음과 같다. 수입과 지출 등 코뮌 예산의 표결; 조세의 산정과 할당; … 행정·치안·교육의 조직; 코뮌에 속한 재산 관리; 모든 직급의 코뮌 행정관과 공무원을 선거나 경쟁을 통해 선출 … ; 개인적 자유와 양심의 자유 절대 보장; 사상의 자유로운 표방과 이익의 자유로운 옹호 … (집회권 및 표현권의 자유롭고 정당한 행사를 감시하고 보장할 책무); 도시 방어 및 국민방위대의 조직(지휘관 선출 및 도시의 질서 유지).

파리는 연합한 코뮌들의 대표단인 중앙 행정부가 위와 같은 원칙들의 실현과 실천을 회복한다는 조건 아래 이 이상의 것을 원하지 않는다. …

오늘날까지 … 우리에게 부과된 통일은 전제적이고 무분별하며 독단적이고 비용이 많이 드는 중앙집권화에 지나지 않는다. 파리가 원하는 정치적 통일은 … 만인의 복지와 안전이라는 공통의 목적을 위한 자발적이고 자유로운 협조다. … 코뮌 혁명은 프롤레타리아를 노예로 만들고 조국을 불행과 재난으로 몰아넣은 낡은 통치의 … 종식이다. … 국민방위대의 불굴의 투지로 … 우리는 프랑스에 호소한다.

보라, 무기를 든 파리는 용맹과 평온을 지키고 … 열정과 활력으로 질서를 유지하고 있다. … 파리는 만인의 자유와 영광에 헌신하고자 무기를 들었을 뿐이다. 프랑스여, 이

4 《파리 코뮌 공보》에 실린 이 글은 코뮌의 정당성을 역설하면서 코뮌이 요구하는 바를 밝히고 코뮌이 가진 권리도 구체적으로 명기하며 궁극적 승리를 다짐하는 내용이다.

피의 항쟁을 막아주길 … 프랑스는 … 코뮌 이념의 승리 아니면 파리의 폐허로 끝날 이 투쟁에서 우리의 동맹자가 되어야 한다. … 우리는 투쟁할 의무, 승리할 의무가 있다.

자료
05

소년의 기품 있는 마음

빅토르 위고, 〈바리케이드 위에서〉, 1871; 가쓰라 아키오桂圭男, 《파리 코뮌バリ·コミューン》, 정명희 옮김, 고려대학교출판부, 2007, 11~12쪽에서 재인용

죄 있는 피와 죄 없는 피로 씻기고 붉게 물든

포석 사이의 바리케이드 위에서

열두 살 소년이 동료들과 함께 체포되었다.

"이 촌놈, 너도 이 녀석들과 한 패냐?"

아이는 답했다. "우리는 동지입니다."

"좋아" 하고 사관이 말했다. "총살시켜 줄 테니 네 차례를 기다리고 있어."

아이는 보았다. 총구가 확 불을 뿜고, 동지들이 모두 담벼락 앞에 쓰러지는 것을.

그때 아이는 사관에게 말했다. "이 시계를 집에 계시는 어머니에게 갖다드리고 와도 될까요?"

"도망칠 참이군." "돌아올게요."

"… 이 녀석, 겁먹었군. 너희 집이 어딘데?" "저기예요, 저기 분수 옆이요. 그대로 돌아올게요, 대위님."

"가 봐, 건방진 놈." 아이는 달려갔다.

뻔한 속임수. 그렇게 생각하며 병사들은 사관들과 함께 웃었다.

이 웃음소리가 섞여 드는 사이로, 죽어가는 사람들의 마지막 숨소리가 들렸다.

그러나 웃음소리가 급히 멎었다. 갑자기 그 창백한 아이가 불쑥 모습을 보였기 때문이다.

벽에 등을 대고 아이는 소리쳤다. "나는 여기 있을래요."

어리석은 처형은 수치를 부른다. 그래서 사관은 놓아주었다.

아이여, 나는 알 수 없다. 선도, 악도, 영웅도, 도둑도,

모두를 끌어넣어 흘러가게 하는 회오리 속에서

무엇이 너를 이 전투에 끌어들였는지. 하지만 나는 말한다.

아무도 모르는 너의 마음이야말로 가장 기품 있는 마음이었음을.

코뮌의 순교자들은 계급 철폐를 추구했다

카를 마르크스Karl Marx, 《프랑스 내전The Civil War in France》, 1871; International Publishers Co., 1969, pp. 54~82; https://www.maxists.org/archive/marx/works/1871/civil-war-france/ch05.htm

1871년 3월 18일 새벽, 파리는 "코뮌 만세!"라는 우레와 같은 함성과 함께 일어났다. … 프랑스혁명의 거대한 빗자루는 과거의 유습을 모조리 쓸어냈다. … 제1제정은 … 유럽의 반半봉건적 동맹전쟁의 산물이었다. 그 뒤를 이은 정부는 … 거대한 국채와 조세 부담의 온상이 되었다. … 산업 발전이 자본과 노동의 계급 대립을 확대하고 심화하는 만큼, 국가권력은 더욱더 노동계급을 억압하기 위한 공적 권력이자 계급 지배 기구의 성격을 띠게 되었다. …

제정의 직접적 대립물이 코뮌이었다. … 파리가 저항할 수 있었던 것은 … 파리에 군대가 없었고 주로 노동자들로 구성된 국민방위대가 군대를 대체했기 때문이다. … 따라서 코뮌의 최초 포고령은 상비군을 폐지하고 무장 인민으로 대체하는 것이었다.

코뮌은 파리 시의 각 구區에서 보통선거로 선출된 … 시 위원들로 구성되었다. 그 성원의 다수는 노동자들이거나 노동계급의 공인된 대표들이었다. 코뮌은 의회 기구가 아니라 활동하는 행정부이자 입법부였다. … 코뮌은 모든 교회를 해체하고 몰수했으며 … 모든 교육기관은 인민에게 무상으로 개방되었고 … 행정관들과 판사들도 선거로 선출되었고 … 코뮌은 본질적으로 노동계급의 정부였으며, 착취계급에 맞선 생산계급의 투쟁이 낳은 성과였고, 노동의 경제적 해방을 가져올 정치형태였다. …

… 코뮌은 다수의 노동을 소수의 재산으로 만드는 계급 소유를 철폐하고자 했다. 코뮌은 착취자에 대한 착취를 목표로 했다. … 협동 생산이 자본주의 체제를 대체한다면 … 이것이 공산주의, 그것도 '가능한' 공산주의가 아니라면 달리 무엇이겠는가? …

… 이것은 대다수 파리의 중간계급—상점주, 수공업자, 상인—에게조차 노동계급이 사회의 주도권을 쥘 수 있는 유일한 계급으로 공공연히 인정받은 최초의 혁명이었다. … 코뮌이 파리에서 이룬 변화는 진정 경탄할 만했다! … 시체 공시소에 시체가 더는 보이지 않았으며, 야간 강도나 좀도둑질도 없었다. 실로 1848년 2월혁명 이후 처음으로 파리의 거리는 안전을 누렸다. …

… 프랑스 노동계급은 근대 프롤레타리아트의 전위대일 뿐이다. … 노동자들의 파리는

코뮌과 더불어 새로운 사회의 영광스러운 선구자로 영원히 칭송될 것이다. 그 순교자들은 노동계급의 위대한 가슴속에 자리 잡고 있다.

자료
07 --

국가는 세속화되어야 한다

쥘 페리Jules Ferry의 하원 연설, 1876; 프랑스 하원Chambre des députés, France 편집, 《쥘 페리의 연설 Discours de M. Jules Ferry》, A. Wittersheim, 1876, pp. 253~254

존경하는 동료 의원들 상당수에게는 왠지 급진적이고 무정부적이며 혁명적인 어감이 들지도 모르지만, 저는 아무 거리낌 없이 세속 국가라는 말을 입에 올립니다. 국가는 세속적이어야 하며 또 사회 전체가 반드시 세속 기관들에 의해 대표되어야 한다는 것이 제 생각입니다. …

그럼 이 원칙이란 무엇입니까? 그것은 … 세속 권력과 영적 권력의 분리에 관한 교의입니다. 두 영역 즉 국가의 영역과 양심의 영역, 세속 영역과 영적 영역의 분리에 관한 교의를 이 세상에 도입한 것은 바로 가톨릭교회였습니다. …

의원 여러분, 프랑스혁명의 으뜸가는 위업이 무엇입니까? 그것은 바로 이 세속 국가를 세운 것입니다. 사회의 여러 기구를 오로지 세속적인 것으로 만드는 일을 성취한 것입니다. 그것은 성직자에게서 정치조직과 국가단체의 역할을 빼앗았습니다. 바로 이것이 프랑스혁명의 온전한 모습입니다. 그렇다고, 제가 이쪽(우파 의석)에 앉아 계신 존경하는 동료 의원들에게 대혁명의 교의를 신봉하라고 요구하는 것은 아닙니다. 저는 다만 우리가 다음과 같은 교의에서 이탈해서는 안 된다고 주장할 따름입니다. 다시 말해 민주정부의 첫째가는 관심사이자 의무는 공공 교육을 세심하고 강력하고 효과적으로 끊임없이 통제해야 한다는 것이며, 이 같은 확신 위에서 그러한 통제권이 국가 이외의 다른 어떠한 권위에 귀속되게 해서는 안 된다는 것, 세속 국가 이외의 그 어떤 국가도 인정할 수 없으며 결코 인정하지 않으리라는 것, 그리고 이 나라 프랑스가 그러한 국가를 결코 받아들이지 않으리라는 것입니다. (좌파 및 중도 좌파 의석에서 '옳소! 옳소!' 하는 함성.)

적은 바로 교권주의다

레옹 강베타의 하원 연설, 1877;《레옹 강베타의 공문, 회람문, 법령, 선언문, 연설문Dépêches, circulaires, décrets, proclamations et discours de Léon Gambetta》, G. Charpentier, 1891, pp. 344~354; http://www. archive.org/details/dpchescirculaire02gamb

강베타	… 우리는 지금 국가가 교회 안에 있는지 스스로에게 물어보아야 할 시점에 이르렀습니다. …
좌파 의석에서	바로 그거야! 옳소!
강베타	… 교회가 국가 안에 있어야 한다는 원칙과 상반되게 말입니다.
좌파 의석에서	옳소! 옳소!
강베타	의원 여러분, … 모든 곳에서 교황권 지상주의와 교권주의가 … 전능한 권세를 휘두르고 있습니다. … 만일 우리가 이러한 침해와 부패의 정신에 맞설 조치를 즉각 취하지 않는다면, 교회는 국가 정복과 대중 영도라는 이중의 과녁을 모두 적중시킬 것입니다.
좌파 의석에서	옳소! 옳소!
강베타	바로 이것이 우리가 처한 상황입니다! 그럴진대, 우리가 공화주의 사상의 이름으로, 프랑스 민주주의의 이름으로, 자유롭고 독립적인 … 사회들의 이름으로 말하는바, 이것이 혁신적인 주장입니까? 우리가 모든 교회에 마땅히 법을 존중하고 우리 사회 내의 … 복종하는 지위로 돌아가야 한다고 요구한다면 그것이 혁신적인 주장입니까? (좌파 의석 및 여러 중도좌파 의석에서 격렬한 박수갈채) … 그러므로 여러분은 이 나라와 프랑스 농민에게 구체제 못지않게 혐오감을 불러일으키는 … 폐해가 있다는 것을 느끼고 또 시인하지 않을 수 없습니다. … (우파 의석에서 떠들썩한 항의) … 그것은 곧 교권주의의 지배입니다! (좌파 및 중도파 의석에서 환호와 박수갈채) … 그리고 저는 제 친구의 입을 빌려 프랑스 국민의 속내를 전달하고자 합니다. 어느 날 그는 교권주의에 대해 이렇게 말했습니다. "교권주의? 그것이 바로 적이라네." (좌파 의석 및 중도파 의석에서 환호와 박수갈채. 연사는 연단에서 내려오면서 수많은 동료 의원들에게 치하를 받음.)

반유대주의 비판

에밀 졸라, 〈나는 고발한다J'accuse…!〉,《로로르L'Aurore》1898년 1월 13일자 1면; http://fr.wikisource.org/wiki/J%E2%80%99accuse%E2%80%A6!

대통령 님, … 진실, 나는 그것을 말하려 합니다. 왜냐하면 사법부가 규정에 사로잡혀 분명하고 남김없이 진실을 밝히지 않는다면 제가 그렇게 하겠다고 약속했기 때문입니다. 나는 공범자가 되고 싶지 않다고 말하는 것이 제 의무입니다. 밤마다 저기에서 지독한 고문을 받아 짓지도 않은 죗값을 치르는 무고한 자의 유령이 출몰할 것입니다.

대통령 님, 바로 당신을 향해서 나는 외치려 합니다. 이 진실을, 정직한 사람이 가진 의분의 힘을 다하여. 당신의 영예를 위해서 당신은 진실을 무시하지 않으리라 확신합니다. 나라의 최고 정무관인 당신이 아니라면 도대체 누가 진짜 범죄자들로 이루어진 악한 무리를 탄핵하겠습니까?

먼저, 드레퓌스의 재판 과정과 유죄 선고에 대한 진실[을 말하지요.]

한 사악한 인간이 모든 것을 초래했는데, 그는 중령 뒤 파티 드 클랑du Paty de Clam으로 당시에는 소령이었습니다. …

대통령 님, 사법적인 오류가 어떻게 저질러질 수 있었는지 설명하는 사례들은 이상과 같습니다. … 드레퓌스의 운명은 … 우리 시대를 불명예스럽게 하는 '더러운 유대인'에 대한 사냥에서 비롯된 것입니다. …

나는 중령 뒤 파티 드 클랑을 고발합니다. … 나는 장군 메르시에를 고발합니다. … 나는 장군 비요를 고발합니다. … 나는 장군 부아드푸르와 장군 공즈를 고발합니다. … 나는 국방성을 고발합니다. … 끝으로 나는 최고전쟁위원회를 고발합니다. …

내가 고발한 사람들에 대해 말하자면, 나는 그들을 알지 못하며 보지도 못했으며 그들에게 앙심이나 증오도 없습니다. 내가 보기에 그들은 오로지 사회적 악행의 실체이자 정신인 것입니다. 여기에서 내가 한 행동은 단지 진리와 정의가 터져 나오기를 촉구하기 위한 혁명 수단에 불과합니다. …

나는 하나의 열정, 빛의 열정만을 가지고 있습니다. … 나의 불타오르는 항변은 내 영혼의 외침일 뿐이지요. 여러분이 나를 중범죄 재판소로 끌고 가서 대낮에 심문할 용기가 있기를 바라오!

| 출전 |

레옹 강베타(1838~1882): 변호사였던 강베타는 1860년에 정치에 입문했는데, 나폴레옹 3세의 전제정치에 반대했으며 제3공화정에서 하원 의장과 총리를 역임했다. 1877년 하원에서 행한 연설('자료6')에서 강베타는 프랑스 사회 전반에 만연한 가톨릭교회의 영향을 비판했고, 제3공화정에서 공화파가 내각책임제를 이끌어야 한다고 주장했다.

카를 마르크스, 《프랑스 내전》, 1871: 제1인터내셔널은 1864년 9월에 창립되어 1872년에 해체되었다. 이 국제노동자협회의 총평의회에서 행한 연설에서 마르크스는 파리 코뮌을 역사상 최초로 노동계급이 정권을 장악한 사건으로 평가했고 그 승리를 확신했다. 파리 코뮌을 '프랑스 내전'으로 평가한 이 책에서 마르크스는 "착취자에 맞서 공산주의 사회를 구현하려 한" 파리 노동자들과 그 대표들을 프롤레타리아 전위대로 평가했다.

빅토르 위고, 〈바리케이드 위에서〉, 1871: 파리 코뮌이 진압된 후 위고가 쓴 시집 《끔찍한 시대L'Année terrible》에 실린 시다. 위고는 1848년 2월혁명 이후 의원에 당선되었으나, 루이 나폴레옹에게 실망하여 벨기에로 망명했고 '1832년 6월봉기'를 소재로 삼은 《레미제라블Les Miserables》을 발표했다. 〈바리케이드 위에서〉에서 위고는 바리케이드에서 체포된 어린 소년의 '동지 의식'을 언급하며 죽음을 무릅쓴 그의 용기를 '기품 있는 마음'으로 묘사한다.

에밀 졸라(1840~1902), 〈나는 고발한다〉, 1898: 독일의 간첩이라는 누명을 쓰고 투옥된 유대인 군인 드레퓌스 대위가 무죄임이 밝혀졌는데도 프랑스 군부가 실수를 인정하지 않자, 당대 대문호로 칭송받던 에밀 졸라는 드레퓌스에게 죄가 없다고 폭로하는 이 글을 1898년 1월 13일자 《로로르L'Aurore》 신문에 실었다. 이 신문은 몇 시간 만에 30만 부가 팔렸다. 졸라는 프랑스 의회의 기소로 무고죄라는 유죄 판결을 받자 영국으로 망명했으며, 사후인 1906년에 복권되었다.

쥘 페리(1832~1893): 쥘 페리는 나폴레옹 3세의 제정이 무너진 후 공화정부를 수립하는 데 참여했고, 총리를 두 차례 역임했다. 1876년 하원에서 행한 연설('자료6')에서 그는 국가와 종교의 분리, 즉 반反교권주의를 주장했다. 1882년에 초등 무상 의무교육법, 이른바 '페리법'은 가톨릭 사제들을 공교육 교사직에서 배제하고 종교 교육을 금지함으로써 교육 세속화를 가져왔다. 페리는 총리로 있는 동안 튀니지를 점령하고 마다가스카르, 니제르, 콩고, 인도차이나 통킹 만을 침략하는 등 제국주의 확장에도 기여했다.

〈파리 코뮌 선언〉, 1871. 3. 28: 파리의 국민방위대는 파리를 프랑스의 독립 지역으로 편제하여 자치 코뮌으로 분리한다는 선언을 했다. 코뮌을 지지하는 파리 시민들은 '사상과 혁명이 결혼하는 축전'으로서 이를 환호했고, 프랑스 전역이 정치적 자치 코뮌 연합으로 조직되어야 한다고 주장했다. 이때의 코뮌 개념은 전국적인 국가 개념과 반대되는 것이었다.

| 참고문헌 |

김경근, 《프랑스 근대사 연구》, 한울아카데미, 1998.
노명식, 《프랑스 제3공화정 연구》, 책과함께, 2011.
마르크스, 카를, 《루이 보나파르트의 브뤼메르 18일》, 최형익 옮김, 비르투, 2012.
Bury, J. P. T., *France, 1814~1940*, Abingdon: Routledge, 2003.

11

이탈리아의 통일
:마치니, 카보우르, 가리발디의 활약

사르데냐 왕국을 중심으로 전개된 민족해방전쟁

이탈리아는 마키아벨리 시대(1469~1567) 이래로 유럽의 전쟁터가 되어 독립과 통일이 모든 이탈리아 애국자들의 목표였다. 19세기 초 이탈리아는 여러 지역으로 나뉘어 각기 다른 유럽 국가의 지배를 받았다. 이탈리아 북부의 롬바르디아와 베네치아는 오스트리아의 지배를 받았으며, 중부는 대부분 교황령(로마 교황이 통치하는 세속의 영역)에 속했고, 남부 일대에는 나폴리 왕국과 스페인의 지배를 받는 시칠리아 왕국이 있었다. 또 토스카나와 모데나 지역의 지배자들은 합스부르크 가문의 영향 하에 있었다. 이탈리아인이 다스리는 곳은 사보이아Savoia 왕가가 다스리는 북서부의 작은 왕국인 사르데냐뿐이었다.

군소국의 집합체였던 이탈리아 반도에서 통일의 움직임은 오스트리아를 몰아내려는 운동과 함께 시작되었다. 나폴레옹 전쟁 말기의 혼란한 시대에 이탈

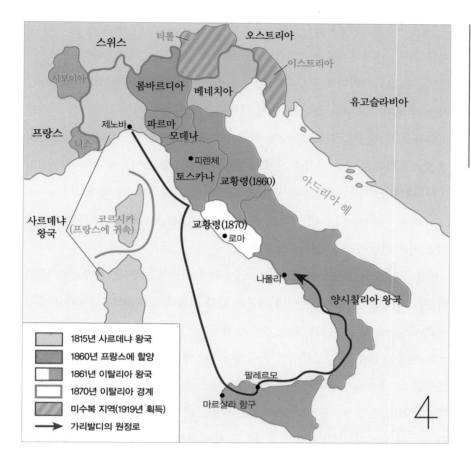

도판37 이탈리아의 통일 과정. 통일을 주도한 사르데냐는 북부 이탈리아를 오스트리아의 간섭과 지배에서 구해내고 중부 이탈리아까지 병합하여 통일의 기초를 닦았다. 이후 가리발디의 도움으로 1861년에 시칠리아와 나폴리 왕국의 통일을 이루었다. 오스트리아령 베네치아는 1866년에, 교황령은 1870년에 이탈리아에 통합되었다.

리아 전체를 아우르는 조직들이 만들어졌는데, 특히 외세에 맞서 조직된 비밀결사인 카르보나리당黨Carboneria이 가장 강력했다. 이 단체는 1820년에 공화정 수립을 도모했던 나폴리 혁명, 1821년 사르데냐 중심의 통일을 꾀했던 피에몬테 혁명, 1831년 모데나를 비롯한 공국연합을 결성한 중부 이탈리아 혁명 등을 이끌었으나 메테르니히의 군대에 의해 진압되었다. 카르보나리당의 일원이었던 주세페 마치니Giuseppe Mazzini(1805~1872)는 이탈리아 민족해방운동의 지도자로서 1831년에 이탈리아 반도 통일을 목표로 청년이탈리아당Giovine Italia을 결성했으나, 공화정이 아니라 입헌군주정으로 통합하기를 희망하는 자유주의자들의 반대에 부딪혔다. |자료 1| 사르데냐 왕국을 중심으로 전개된 민족해방전쟁은 사르데냐의 위상이 격상될 것을 우려한 교황과 나폴리 왕국이 지원군을 보내지 않아 결국 오스트리아와 프랑스의 무력에 의해 좌절되었다.

오스트리아를 몰아내고 이탈리아 남부와 통합하다

이탈리아의 내셔널리즘은 1848년 이후에 크게 성장했다. 밀라노와 베네치아의 시민들은 오스트리아에 반대하는 혁명을 일으켜 공화국을 수립했다. 사르데냐의 국왕 알베르토Alberto는 국내에서 개혁의 기운이 높아지자 자유주의 헌법을 허용하고 1848년에 오스트리아에 대항하여 독립전쟁을 일으켰다.| 자료 2 | 하지만 오스트리아가 바로 반격을 가해 베네치아를 점령했고 사르데냐 왕국은 전쟁에서 패했다. 이후 사르데냐 왕위에 오른 비토리오 에마누엘레 2세Vittorio Emanuele II (재위 1851~1878)는 카보우르Cavour(1810~1861)를 재상으로 기용하여 내정 개혁과 이탈리아 통일에 힘쓰게 했다.

카보우르는 외교를 통한 오스트리아 압박에 치중하는 한편, 크림 전쟁이 벌어졌을 때 영국과 프랑스 진영에 가담해 평화 회담에서 나폴레옹 3세와 플롱비에르Plombieres 밀약을 체결했다. 오스트리아가 이탈리아를 공격하면 프랑스가 군사 원조를 해주고, 사르데냐가 롬바르디아와 베네치아를 합병하는 것을 양해해주면 그 대가로 프랑스에 니스와 사보이아를 양도하겠다는 약속이었다. 사르데냐는 1859년에 오스트리아와 전쟁을 벌였는데 나폴레옹 3세가 파견한 군대가 도중에 돌아가 버렸다. 하지만 사르데냐는 롬바르디아를 병합하고 토스카나 공국, 모데나 공국, 교황령의 북부 지역을 획득하는 데 성공했다. 결국 사르데냐는 오스트리아를 반도에서 축출하고 중부와 북부 이탈리아를 통합하는 데 성공해 그 영토가 두 배 이상 커졌으며 이탈리아에서 최강국이 되었다. | 자료 3 |

이탈리아 남부에서는 청년이탈리아당 혁명운동에 가담했다가 사르데냐 중심의 이탈리아 통일

도판 38 작자 미상의 〈1833년 마르세유에서 이루어진 마치니와 가리발디의 첫 만남〉(19세기). 가리발디는 마치니가 이끄는 청년이탈리아당에 가입하여 활약했고, 1860년 붉은셔츠단을 이끌고 제노바를 출항하여 시칠리아 섬을 점령한 뒤 본토에 상륙하여 나폴리를 점거했다. 이 그림에는 청년이탈리아당 모임에서 마치니가 가리발디의 손을 잡고 환영하는 모습이 그려져 있다.

주의로 전향한 주세페 가리발디Giuseppe Garibaldi(1907~1882)가 1860년에 1000여 명의 '붉은셔츠단Camicie rosse'을 이끌고 시칠리아를 정복했다. 그리고 이어서 부르봉 가문의 지배에 저항하여 봉기를 일으킨 나폴리 왕국도 점령했다. 가리발디는 오랫동안 스페인의 영토였던 이 두 지역에서 국민투표를 실시하여 북부와의 합병을 결정한 후 나폴리 왕국을 사르데냐에 바쳤다. 이로써 1861년에 오스트리아령 베네치아와 교황령을 제외한 이탈리아 반도가 하나의 왕국으로 통합되었고 사르데냐의 왕 에마누엘레 2세가 초대 국왕으로 추대되었다. 자료 4

그 이후 사르데냐는 프로이센과 공수동맹攻守同盟을 맺고 오스트리아-프로이센 전쟁에 군대를 파병했는데, 1866년에 오스트리아가 패배하면서 베네치아가 이탈리아에 양도되었다. 그리고 1870년 프로이센-프랑스 전쟁의 발발로 나폴레옹 3세가 교황령에서 군대를 철수하자, 로마는 이탈리아 군인들에게 점령되었고 통일된 입헌군주제 이탈리아 왕국의 수도가 되었다. 이로써 1000여 년을 존속했던 교황령이 역사에서 사라졌고, 마지막 통치자였던 교황 비오 9세는 유물론과 이신론 등 이성 중심의 근대 사상을 오류로 단죄하는 교서를 공포하여 교황의 수위권을 지키려 노력했다. 자료 5

그런데 가리발디가 아니라 카보우르가 이탈리아 통일 과정을 최종적으로 완수

할 수 있었던 것은 그의 실용적인 정책과 현실적인 정치 감각 덕분이었다. 반反가톨릭적이며 이상주의적인 전망을 지녔던 가리발디와 달리, 카보우르는 당시의 국제 정세를 최대한 이용하여 필요하다면 프랑스나 그 적대국인 프로이센과도 연합하는 외교 정책을 발휘했다. 그는 통일 달성이라는 목표를 위해 지역의 차이를 무시했는데 그럼으로써 나중에 남부 지역의 소외와 지역 격차를 만드는 결과를 초래했다.

청년이탈리아당의 목표와 수단

주세페 마치니, 〈청년이탈리아La Giovine Italia〉, 1831; 주세페 마치니, 《마치니의 삶과 저술 Life and Writings of Joseph Mazzini》 I, London, 1890, pp. 117~128

나는 … 불가분의 통일체와 공화국을 결사의 목표로 전면에 내세우고자 했다. … 내 모든 설계에 깔려 있는 분명한 사상은 재생한 이탈리아가 전 유럽인에게 새롭고 강력한 불가분의 통일체를 일깨우는 '기폭제' 역할을 할 것이라는 예감이었다. …

로마 숭배는 내 존재의 일부였다. … '청년이탈리아'는 '진보'와 '사명'을 믿는 이탈리아인의 형제단으로서 이탈리아가 하나의 국민이 될 운명에 있다고 확신한다. … 그들은 이탈리아를 자유롭고 평등한 사람들의 자주적인 국민으로 재구성하는 위대한 목표에 사상과 행동 모두를 헌신하려는 굳건한 의지로 이 결사에 참여하고 있다. … 결사의 목표는 혁명이다. 그러나 그 활동은 본질적으로 교육적인 것이 될 것이다. 그러므로 이 결사는 국민교육 시행의 원칙들, 이탈리아의 안녕과 재생을 희구하는 원칙들을 선포한다. …

청년이탈리아는 '공화주의적'이고 '통일적'이다. 공화주의적이라 함은 모든 국민이 … 자유롭고 평등한 형제들의 공동체를 구성할 운명이기 때문이다. 공화주의는 이러한 미래를 보증하는 유일한 정부 형태다. 모든 주권은 본질적으로 국민에게 있기 때문이며 … 우리 이탈리아의 전통 역시 본질적으로 공화주의적이기 때문이다. … 반면에 군주제가 우리나라에 도입되면서 우리는 타락하기 시작했으며 완전히 파멸했다. … 청년이탈리아는 '통일적'이다. … 통일 없이 진정한 힘은 존재하지 않기 때문이다. … 연방주의는 이탈리아를 스위스가 보여주는 정치적 무능 상태에 빠뜨리고 … 연방주의는 지방 대립을 다시 일으켜 이탈리아를 중세 시대로 거꾸로 처박을 것이다. …

청년이탈리아가 목표에 도달하는 수단은 바로 교육과 봉기다. … 교육은 봉기의 필연성을 가르쳐야 한다. … 청년이탈리아는 이탈리아가 외부의 도움 없이 그 자신의 힘으로 해방될 수 있을 정도로 충분히 강력하다고 믿는다. … 봉기는 게릴라 부대를 통해 외국의 멍에로부터 해방되고자 갈망하는 국민의 진실한 투쟁 방법이다. … 청년이탈리아의 깃발 색깔은 '백', '적', '녹'이며, … 한 면에는 '자유', '평등', '인류애'라는 단어를, 다른 면에는 '통일체'와 '독립'이라는 단어를 새길 것이다.

각 성원은 활동을 개시하자마자 … 신과 이탈리아의 이름으로 다음과 같이 서약해야 한다. … 나, 아무개는 … 이탈리아를 '하나의 자유롭고 독립적이며 공화주의적인 국민'으로 구성하는 노력에 전력을 다해 영원토록 헌신할 것을 맹세한다.

자료 02

조국에 대한 의무

마치니, 《인간 의무론Dei Dove-ri dell Uomo》, 1844; 웨슬리 D. 캠프Wesley D. Camp 편집, 《계몽 시대부터 1980년대까지의 서구 문명의 기원Roots of Western Civilization, Vol. II, From Enlightenment to the 1980's》, John Wiley & Sons, 1983, pp. 139~141에서 재인용

여러분의 첫 번째 의무는 … 인류를 향하는 것이다. … 당신은 전 인류를 애정으로 보듬고 … 고통받는 불행한 사람을 도울 준비를 해야 하며 억압받는 사람들을 구제하기 위해 싸울 의지를 가져야 한다. … 유럽 지도는 다시 그려질 것이다. 왕과 특권계급에 의해 소유된 국가들의 폐허 위에 인민의 국가들이 일어날 것이다. 그리고 그들 사이에 조화와 형제애가 지배할 것이다. …

조국을 사랑하라, 오 나의 형제들이여! 우리의 조국은 … 신이 우리에게 주신 집이다. … 조국을 위해 일함으로써 우리는 인류를 위해 일한다. 조국은 우리가 공동선을 위해 사용해야 할 지레 받침이다. … 인류를 구성하는 국가들과 연합하기 전에 먼저 국가적 실존을 수립해야 한다. 동등한 존재들이 아니면 참다운 연합은 없다. …

… 진정한 국가는 공동의 목표를 위해 형제애적 일치로 함께 연대하여 일하는 자유롭고 평등한 사람들의 공동체다. … 당신이 조국을 향해 품고 있는 사랑의 이름으로 특권과 불평등에 맞서 평화적으로 끈기 있게 싸워야 한다. … 국토 통일이 이루어지기 전까지 교회 당국과 정부 당국은 될 수 있는 대로 각각 독자적이어야 한다. 그렇지만 참된 새 사회가 구성되면 정부와 교회, 정치제도와 종교 원칙 상호 간의 분리주의는 존재할

이유가 사라진다. … 여러분 모두는 법 만드는 일을 도와야 한다. … 법은 공동선을 증진하는 국민의 보편적 소망의 표현이어야 한다. …

국가는 … 모든 사람의, 모든 사람을 위한 국가다. … 우리는 반드시 하나의 나라로 … 모두가 투표권과 교육과 일자리를 보장받는 공화국으로 통일되어야 한다. … 교육, 노동, 투표는 국가를 이루는 세 기둥이다. … 모든 사람의 단결된 힘을 국가의 힘으로 삼고, 신에 의해 주어진 사명을 완수하는 것을 목표로 삼아라. 당신이 인류를 위해 죽을 준비가 되었다면 당신 조국의 생명은 영원할 것이다.

자료 03

"오스트리아인을 몰아내야 한다"

〈국민협회 정강〉, 1858; 주디스 코핀과 로버트 스테이시Judith Coffin & Robert Stacey, 《새로운 서양 문명의 역사Western Civilizations》하, 손세호 옮김, 소나무, 2014, 335~336쪽에서 재인용

이탈리아의 독립은 영혼과 지성을 지닌 모든 사람의 목적이 되어야 한다. 이탈리아에서 우리의 교육제도나 상업 및 산업 그 어느 것도 오스트리아가 우리의 목덜미를 죄고 있는 한 결코 번성하거나 완전히 근대화될 수 없다. … 세계에서 가장 비옥하고 아름다운 나라에서 태어나고, 아드리아 해와 지중해 양쪽에 훌륭한 항구들이 있는 동서양의 중간에 위치하며, 제노아인, 피사인, 아말피, 시칠리아, 베네치아 사람들의 후손이 된다는 것이 얼마나 좋은 일인가? 나침반을 발명했고 신세계를 발견했으며 두 문명의 창시자였다는 것이 얼마나 유용한가? …

정치적 자유를 얻기 위해 우리는 우리를 노예화한 오스트리아인을 몰아내야 한다. 양심의 자유를 획득하기 위해 우리는 우리를 교황의 노예로 만든 오스트리아인을 쫓아내야 한다. 민족문학을 창조하기 위해 우리는 우리를 무식하게 내버려둔 오스트리아인을 몰아내야 한다. …

이탈리아는 독립해야 할 뿐만 아니라 정치적으로 통일되어야 한다. 정치적 통일만이 다양한 이해관계와 법들을 조화시킬 수 있고 … 대규모 산업을 위한 충분한 자본을 마련할 것이다. 오로지 통일만이 새로운 시장을 창출하고 통상의 자유로운 흐름에 대한 내적 장애물을 제거하며 멀리 떨어진 나라들과의 무역에 필요한 힘과 명성을 얻게 할 것이다. …

모든 것은 불가항력적으로 정치적 통일을 가리킨다. 과학, 산업, 상업, 예술 등은 모두

정치적 통일을 필요로 한다.

자료
04 --
이탈리아는 정치적 통일을 지킬 것이다

비토리오 에마누엘레 2세의 의회 개회사, 1861; 《1861년 연감The Annual Register, 1861》, London, 1862, pp. 186~191에서 재인용

친애하는 상원 의원 여러분, 친애하는 하원 의원 여러분!

놀라운 신의 섭리와 인민의 단합된 의지와 군대의 빛나는 무용에 의해 해방되고 거의 완전히 통일된 이탈리아는 여러분의 덕과 지혜를 기대하고 있습니다. 이탈리아에 통용될 제도들과 단단한 토대를 만드는 일은 여러분에게 달려 있습니다. … 여러분은 그렇게도 오랫동안 열망했던 정치적 통일이 결코 훼손되어서는 안 된다는 점에 유념해야 합니다. … 지금 유럽 의회들에 널리 퍼져 있는 정의로운 자유주의 원칙들이 우리에게 이로울 것입니다. 이탈리아 역시 질서와 평화의 보증인이 될 것입니다. …

프랑스 황제는 불간섭 원칙을 강력하게 천명하면서도 자신의 공사公使를 소환하는 것이 적절한 일이라고 생각합니다. 비록 이 사실이 우리를 슬프게 한다고 해도 여전히 우리는 이탈리아의 대의에 프랑스가 우호적으로 협조해준 데에 감사와 신뢰의 감정을 간직하고 있습니다. … 전통적인 자유국가인 영국 정부는 우리가 스스로의 주인이 되는 권리를 소리 높여 옹호했습니다. … 나는 프로이센의 견실하고 걸출한 군주[빌헬름 1세]에 대한 개인적인 존경과 고귀한 독일 국민에 대한 연대감의 표시로 대사를 파견한 바 있습니다. 이로써 … 이탈리아가 다른 국민의 권리나 이익을 침해하지 않는다는 것이 확실해지기를 희망합니다. …

가장 먼 나라들에까지 명성을 떨친 장군[가리발디] 휘하의 용감무쌍한 청년들은 … 이탈리아 인민의 강건한 기질을 입증했습니다. 나는 이렇게 이탈리아의 첫 의회에서 국왕이자 군인으로서 마음속 깊이 느끼는 기쁨을 천명할 수 있다는 데 만족합니다.

… 지금 가톨릭 국왕[나폴레옹 3세]이 이탈리아 국왕을 자칭하고 있습니다. 이 칭호와 함께 그는 이미 저질러진 신성모독의 찬탈 행위들을 은폐하고자 했고, 그의 정부는 로마 교황령을 훼손하려는 의도를 이미 명백히 드러냈습니다. … 여기서 교회령의 재산과 지엄하신 교황께서 보유한 권리의 신성함을 새삼 들먹일 필요는 없을 줄 압니다.

《성서》와 교회의 권위를 손상시키는 오류들

교황 비오 9세, 〈오류에 대한 교서 요목The Syllabus of Errors Condemned by Pius IX〉, 1864; http://www.
papalencyclicals.net/Pius09/p9syll.htm에서 발췌

39. 국가는 모든 권리의 기원이자 원천으로서 무제한의 권리를 지니고 있다.

44. 행정 당국은 종교와 도덕, 교회 행정과 관련된 사안에 간여할 수 있다. 따라서 교회
    지도자들이 자신들의 사명에 따라 신앙 안내를 위해 제시한 가르침에 행정 당국이
    나름대로 판결을 내릴 수 있다. …

45. 그리스도교 국가에서 교육이 이루어지는 공립학교의 행정 일반은 주교 신학교를
    제외하고는 행정 당국의 소관일 수 있으며 또 그래야만 한다. …

49. 행정 당국은 교회의 고위 성직자들과 신자들이 로마 교황과 상호 자유롭게 의사소
    통하는 것을 금할 수 있다.

50. 세속 당국은 주교를 추천할 권리를 가지고 있으며, 교회법에 따라 임명되거나 교황
    청으로부터 사도 서신을 받기 전일지라도 그들에게 주교 관구의 행정을 보게 할 수
    있다.

51. 그리고 세속 당국은 주교의 사목 기능을 면직시킬 권한을 지니고 있고, 주교 관구
    의 제도와 주교 임명에 관한 일도 로마 교황의 명을 반드시 따를 필요는 없다.

52. … 정부의 허락 없이는 어느 누구도 수도회의 일원으로 받아들이지 않도록 모든 수
    도회에 요구할 수 있다.

53. 수도회의 보호를 위해 마련한 수도회의 권리와 의무에 관한 법은 폐지되어야 한다.
    정부는 … 수도회를 규제할 수 있으며, 그들의 재산과 수입을 행정 당국의 관리에
    맡길 수 있다.

55. 교회는 국가와 분리되어야 하고, 국가는 교회와 분리되어야 한다.

| 출전 |

주세페 마치니(1805~1872), 〈청년이탈리아〉, 1831: 마치니는 민족주의적 공화주의 사상을 품고 이탈
리아 통일운동을 이끈 인물이다. 청년 시절인 1827년에는 비밀결사 단체인 카르보나리당에 가입하여 활
동하다가 구금되기도 했다. 그는 카르보나리당이 주도한 혁명의 실패를 반성하면서, 이탈리아 혁명은 소
수 혁명가가 주도하는 정치운동이 아니라 일반 민중에 토대를 둔 운동이 되어야 한다고 생각했다. 그 이후
마치니는 청년이탈리아당을 결성하여 교육과 혁명을 통한 민족 독립 달성을 추구했으나, 반란을 모의한

죄로 주세페 가리발디와 함께 사형 선고를 받았다. 1848년에는 밀라노 독립운동에 참가했으며, 사르데냐 왕국에 의한 롬바르디아 합병 및 이탈리아 통일에 끝까지 반대한 불굴의 공화주의자였다. '자료1'은 마치니가 청년이탈리아당을 창설한 목적이 교육과 봉기에 의한 민족의식의 각성을 꾀하고 공화정의 통일국가 실현에 있었다는 것을 보여준다.

마치니, 《인간 의무론》, 1844: 마치니는 이탈리아만을 위한 자유주의와 민족주의를 주창하지 않고 자유·평등·박애 정신의 기치 아래 '청년유럽'을 구성하여 '청년폴란드', '청년헝가리', '청년아일랜드'를 창설했다. '자료2'에서 마치니는 인류와 조국에 대한 의무를 동시에 강조하고 민족주의 개념과 종교가 합해진 정교일치를 주장한다.

교황 비오 9세(재위 1846~1878), 〈오류에 대한 교서 요목〉, 1864: 비오 9세는 '근대 오류를 단죄'하는 칙서인 〈오류에 대한 교서 요목〉를 발표했다. 그는 신앙이 이성보다 우위에 있음을 확인하고 《성서》와 교회의 권위를 손상하는 오류들을 정리하여 단죄했다. 1869년에는 1차 바티칸 공의회에서 '불가오류론', 즉 '교황은 오류가 없다'라며 교황의 무오류성을 주장하고 근대 사상을 경계하라고 요구함으로써 가톨릭이 전근대적 조직이라는 인상을 심어주었다.

비토리오 에마누엘레 2세(1820~1878), 의회 개회사, 1861: 에마누엘레 2세는 사르데냐 왕(1849~1861), 이탈리아 왕(1861~1878)을 지냈다. 통일 이탈리아에서 행한 첫 의회 연설에서 그는 자유주의 원칙에 따른 정치적 통일 및 프랑스·영국·독일과의 우호를 강조하고 다른 국가를 침해하지 않는다는 의지를 표명했다.

〈국민협회 정강〉, 1858: 국민협회Società nazionale italiana는 이탈리아의 통일을 지지하기 위해 1857년에 만들어졌다. 1860년대에는 회원이 5000명이 넘었는데, 협회의 발상지인 피에몬테와 이탈리아 중부에서 특히 강했다. 주세페 라 파리나Giuseppe La Farina(1815~1863)가 이 협회의 정치적 강령을 기초하고 출판하여 이탈리아 전역에 배부했다.

| 참고문헌 | ---

듀건, 크리스토퍼, 《미완의 통일 이탈리아사》, 김정아 옮김, 개마고원, 2001.
살바토렐리, 루이지, 《이탈리아 민족부흥운동사》, 곽차섭 옮김, 한길사, 1997.
Pearce, Robert & Andrina Stiles, *The Unification of Italy 1815~70*, Philadelphia: Trans-Atlantic Publications, Inc., 2006.
Riall, Lucy, *Risorgimento: The History of Italy from Napoleon to Nation State*, New York: Palgrave Macmillan, 2009.

12

독일의 통일
: 피히테에서 비스마르크까지

3월혁명과 프랑크푸르트 국민의회의 실패

프로이센은 1807년 나폴레옹에게 패배한 뒤로 민족 감정이 고양되었다. 특히 〈독일 민족에게 고함〉이라는 제목으로 열린 요한 고틀리프 피히테Johann Gottlieb Fichte의 강연은 국민적 각성을 촉구했다.│자료 1│ 프로이센 개혁가들은 농민의 봉건적 부담을 개선할 필요성을 역설하는 한편,│자료 2│ 초등 및 중등 교육기관 설립을 통해 국민 계몽에 힘썼다. 또 군대 재건을 위해 국민개병제가 실시되었으며, 장교 다수가 융커 귀족 출신이었는데도 군인의 선발과 승진에 출생보다는 능력을 더 고려했다.

1815년의 빈 회의 이후에는 오스트리아와 프로이센을 포함한 35개 군주국과 뤼베크Lübeuck, 함부르크 등 네 개 자유시로 구성된 독일연방이 결성되었다. 프로이센은 경제통합을 이루기 위해 1818년에 내국 관세를 철폐했고, 1834년에

—	독일연방의 경계(1815년)	—	북독일연방의 경계(1815~1866년)	—	독일제국의 경계(1871년)
	프로이센 왕국(1815~1866년)		1866년 이후 프로이센에 통합된 지역		

도판 41 독일제국의 경계. 프로이센 왕국이 독일연방의 오스트리아와 전쟁을 벌여 슐레스비히와 홀슈타인을 병합한 후 북독일연방을 먼저 건설하고, 이어서 바이에른 등 남부독일에 알자스와 로렌 지방을 합하여 제국의 경계를 확정한 과정을 보여준다. 화살표는 군대의 이동 경로다.

는 오스트리아를 제외한 모든 독일 영방국가가 관세동맹에 합류했다. 이 공동 보호관세는 영국 상품의 수입을 제한하여 자국 상품의 경쟁력을 높임으로써 독일의 산업 발전을 촉진하고 정치적 통합을 이끄는 데에도 기여했다. |자료 3|

1848년 프랑스에서 발발한 2월혁명은 독일에도 영향을 미쳤다. 독일 전역에서 의회 설립과 출판의 자유 등을 요구하는 집회가 열렸고, 3월에 베를린에서 소상인, 노동자 등 여러 계층이 참가한 시가전이 벌어져 약 230명이 사망했다. 그러자 프리드리히 빌헬름 4세는 〈베를린 신민에게 고함〉이라는 포고문과 연방의회 소집 칙서를 발표했다. |자료 4| 그해 5월에 선출된 약 600명의 영방 대표로 이루어진 프랑크푸르트 국민의회(1848. 5~1849. 6)는 독일 최초로 통일 선거를 거쳐 구성된 제헌의회였다.

그러나 국민의회는 공화정 지지 세력과 입헌군주정 지지 세력으로 나뉘었다.

또한 헝가리를 제외한 오스트리아 전체를 포함하여 가능한 한 많은 '독일인'을 모을 것인지(대독일주의), 오스트리아를 배제한 프로이센 중심의 통일을 할 것인지(소독일주의)를 놓고 입장이 갈렸다. 결국 국민의회는 1849년에 입헌군주제 통일헌법을 제정하고 프로이센의 프리드리히 빌헬름 4세를 새로운 독일 국가의 황제로 추대했다.| 자료 5 | 그러나 빌헬름 4세는 황제의 관을 거부했고, 국민의회도 해산되면서 3월혁명은 사실상 실패했다.| 자료 6 | 프로이센 왕은 입헌주의에 반대했으며 하원의 입법 및 예산권 요구도 거부하고 의회를 해체했다.

비스마르크의 철혈 정책과 독일제국의 발전

프로이센은 1862년에 오토 폰 비스마르크Otto von Bismarck(1815~1898)가 빌헬름 1세의 재상으로 등용되면서 독일 통일에 앞장서기 시작했다. 융커 출신인 비스마르크는 의회 다수파 자유주의자들과 싸우며 군국주의 군제 개혁을 단행하고 군사력을 강화했다.| 자료 7 | 그리고 오스트리아를 독일연방의 주도적 지위에서 끌어내리기 위해 1866년에 요제프 1세와 전쟁을 벌였다. 프로이센은 7주간 이어진 이 전쟁에서 승리했고, 슐레스비히Schleswig와 홀슈타인Holstein뿐만 아니라

도판 42 1860년의 비스마르크. 비스마르크는 1862년 9월에 프로이센 재상으로 임명되기 전 러시아와 프랑스 주재 프로이센 공사로 근무했다. 의회와 군비 확장 문제로 충돌하고 있던 호엔촐레른가의 빌헬름 1세는 비스마르크를 재상으로 임명하여 군제 개혁을 단행하고 의회의 예산권을 무력화했다. 비스마르크는 재상으로 임명된 직후 의회에서 행한 연설에서 '철혈 정책'에 대해 밝혔다.

베네치아와 덴마크 일부 지역도 양도받았다. 전쟁 직후인 1867년에 비스마르크는 오스트리아 중심의 독일연방을 해체하고, 오스트리아 및 남부 독일 4개국을 제외한 21개국을 결속하여 프로이센 중심의 북독일연방을 결성했다. 오스트리아 합스부르크 제국은 이 전쟁에서 패배한 후 제국 영토의 절반을 차지하던 헝가리가 사실상 자치권을 획득함으로써 '오스트리아-헝가리

이탈리아	경과	독일	
• 오스트리아 지배 하에서 분열	빈 회의(1814~1815)	• 독일연방 성립(1815)	
• 카르보나리당의 혁명(1831)→실패 • 청년이탈리아당의 활동 개시	7월혁명(1830)	• 독일 관세동맹 발족(1834)	
• 사르데냐, 오스트리아와의 전쟁에서 패배(1848) • 로마 공화국 성립(1849)→붕괴	2월혁명(1848)	• 빈, 베를린 3월혁명(1848)→좌절 • 프랑크푸르트 국민의회(1848)→해산	
• 사르데냐의 카보우르 재상, 영국·프랑스 원조 출병(1855)	크림 전쟁 (1853~1856)		
• 이탈리아 통일전쟁 개시(1859)		• 프로이센 왕 프리드리히 1세 실각(1861) • 재상 비스마르크, 철혈 정책(1862)	
• 이탈리아 왕국 성립(1861) • 프로이센과 동맹, 베네치아 합병(1866)	프로이센–오스트리아 전쟁(1866)	• 슐레스비히·홀스타인 합병(1864) • 북독일연방 성립(1867) • 오스트리아–헝가리 제국 성립(1867)	
• 프로이센과 동맹, 교황령 합병(1870)→통일 완성 • 로마 천도(1871)	프로이센–프랑스 전쟁(1870~1871)	• 독일제국 성립(1871)	

표 14 이탈리아와 독일의 통일 과정 비교. 이 표는 빈 회의 이후 이탈리아와 프로이센이 점차 오스트리아 합스부르크 제국의 영향에서 벗어나며 독립과 통일을 이루어가는 과정을 보여준다. 그 과정은 프랑스의 7월혁명과 2월혁명, 그리고 영국·프랑스·사르데냐 등이 참가한 크림 전쟁의 전개 및 결과와 밀접한 연관을 맺으며 전개되었다.

제국'이라는 이중 제국의 모양새로 바뀌었다.

비스마르크는 독일 통일의 최종 단계로 나아가고자 1870년에 프랑스에 전쟁을 유도했다. 프랑스인의 분노를 일으킬 만한 기사를 언론에 유포하여 프랑스의 선전포고를 이끌어낸 것이다. 자료 8 그리고 프랑스가 라인란트Rhineland에 눈독을 들인다고 주장하며 아직 연방에 가입하지 않은 남부 독일 국가들을 전쟁으로 끌어들였다. 7월에 시작된 전쟁은 9월에 나폴레옹 3세가 포로로 잡히면서 끝났고, 프랑크푸르트 조약으로 프랑스는 알자스와 로렌 지방을 프로이센에 양도하고 50억 프랑의 배상금을 지불해야 했다. 이로써 프랑스는 제2제정의 종말을 맞았으며, 빌헬름 1세는 1871년 베르사유 궁전에서 독일제국을 선포하고 카이저(황제)로 즉위했다. 자료 9

독일제국이 선포된 후 비스마르크는 국가 체제 정비에 나섰다. 제국은행을

도판 43 안톤 폰 베르너Anton von Werner의 〈독일제국 선포〉 (1877). 1871년 1월 18일, 베르사유 궁전에서 독일 제후들에게 추대되는 형식으로 프로이센 국왕 빌헬름 1세가 독일제국 황제로 즉위하여 '독일 제2제국'을 선포했다. 비스마르크는 제국의 재상이 되어 1890년까지 국정을 실질적으로 운영했는데, 프랑스를 고립시키는 외교를 통해 유럽의 세력 균형을 추구하면서 국내에서는 금본위 제도, 제국은행 설립, 도량형 통일 등 개혁을 단행했다. 그림에서 하얀 제복을 입은 이가 비스마르크이고 그의 옆에 있는 사람이 몰트케 장군이다.

설립하고 단일 통화 제도를 도입하고 금본위 제도를 실시했으며 미터법 등 도량형 표준화를 실시하는 등 경제개혁을 단행했다. 이 시기에 철과 강철, 전기, 화학, 군비, 직조 산업이 급속히 발전했다. 비스마르크는 또한 엘베 강 동부 지역에서의 영주 재판권을 폐지하고 제국재판소를 세우는 사법 개혁도 단행했다. 그리고 남부 독일의 주권州權 운동과 알자스인과 폴란드인의 저항에 지지를 보내는 가톨릭 세력을 상대로 수도원을 해산하고 교회 세속 업무를 차단하고 성직자 감독을 강화하는 등 이른바 '문화 투쟁'을 벌였다. 하지만 가톨릭 세력의 반발이 거세지자 바티칸과 화해하고 가톨릭 탄압 조치를 철회했다.

한편 사회민주당의 결성과 성장에 놀란 비스마르크는 이제 가톨릭보다 사회주의가 독일제국의 안정과 통일에 훨씬 더 위협이 된다고 보고 황제 시해 미수 사건을 빌미로 '사회주의자 탄압법'(1878)을 제정했다. 그는 산업화에 따른 노동의 열악한 조건 개선을 요구한 모든 사회주의 단체 및 노동조합을 불법화하고 노동자의 집회 및 출판을 금지했다. 자료 10 이와 동시에 '당근과 채찍' 정책으로 노동자의 질병과 사고에 대비한 보험을 실시하고 여성과 아동의 고용을 제한하고 최대 노동시간을 정하는 등 유럽 최초로 선진적인 사회보장제도를 도입했다.

| 자료 11 | 그러나 빌헬름 2세는 1890년 비스마르크를 재상 자리에서 해임하고 사회주의자와 유대인의 공직 진출을 막는 등 반反민주 정책을 펼쳐 독일의 헌정 위기를 초래했다. | 자료 12 |

명칭	통치 기간
프리드리히 빌헬름 2세Friedrich Wilhelm II	1786~1797
프리드리히 빌헬름 3세Friedrich Wilhelm III	1797~1840
프리드리히 빌헬름 4세Friedrich Wilhelm IV	1840~1861
빌헬름 1세Wilhelm I	1861~1871
빌헬름 1세Kaiser Wilhelm I	1871~1888
'우리 프리츠' 프리드리히 3세Kaiser Friedrich III, unser Fritz	1888
빌헬름 2세Kaiser Wilhelm II	1888~1918

표 15 호엔촐레른 왕조 및 독일 제2제국의 통치자 연표.

사실 독일은 19세기 초만 하더라도 프랑스의 영향권 아래에 놓인 약소국가였으나, 비스마르크의 주도로 오스트리아 및 프랑스를 상대로 벌인 전쟁에서 이기고 통일을 달성하며 유럽의 새로운 강대국으로 부상했다. 독일 통일 이후 비스마르크가 집권한 20년 동안은 유럽에 평화가 지속되었다. 통일된 독일은 아프리카에 최초의 식민지를 얻는 성과를 거둔 한편, 내정에서는 자본주의와 민주주의의 외양을 하고 있었다. 보통·비밀선거에 의한 대의제 기구를 마련하고 세속 교육을 실시하며 시민 평등을 보장했다. 또한 기술과 산업의 성장과 함께 인구도 크게 증가하며 놀라운 경제 발전을 이루었다. 석탄과 철강 생산량이 영국을 앞질렀고 대기업을 중심으로 전기·화학·군수 산업이 일어났다. 그러나 프로이센의 군국주의와 보수적인 관료주의가 정치의 기본 토대를 이루었고 통일 이후에도 각 영방국가가 행정적·재정적 자치권을 보유하고 있었기 때문에 자유민주주의를 확고히 수립하고 견고한 국민적 통일을 이끌어내야 하는 과제를 안고 있었다.

01

게르만인의 정신을 각성시키자

피히테, 〈독일 국민에게 고함〉, 1808; 조지 암스트롱 켈리George Armstrong Kelly 편집, 《독일 국민에게

고함Addresses to the German Nation》, Harper Torchbooks, 1968, pp. 215~216에서 재인용

여러분이 지금 선택해야 하는 조건들을 생각해보라. 여러분이 계속 침체와 무력감에
빠져 있으면 박탈과 굴욕, 정복자의 경멸과 오만함 등이 … 여러분을 기다린다. … 그러
나 여러분이 분발함으로써 … 영혼 속에 독일인의 개념이 생기는 것을 볼 수 있을 것이
다. 이 국가가 세계를 개혁하고 개조하는 것을 볼 수 있을 것이다.

… 우리는 프랑스 국민이 민첩하게 그리고 대단한 용기로 … 완벽한 국가를 세우기 위
해 일하는 모습을 보아왔다. 그러나 그들은 곧 그 임무를 저버렸다. … 먼저 완벽한 인
간을 교육하는 문제를 해결한 나라만이 완벽한 국가라는 문제를 풀 수 있을 것이다. …

… 중세 도시들은 다양한 문화를 꽃피웠고 … 그 시기는 독일 역사에서 국가가 명성을
날리고 찬란하게 빛난 유일한 시기였다. … 그 영화가 군주들의 폭정과 탐욕으로 소멸
되자마자 그들의 자유가 발아래 짓밟히자마자 국가 전체가 쇠퇴하여 현재 상태에 이르
렀다. … 독일 국가는 수백 년 동안 이어진 시민계급의 모범을 따라 공화주의 헌법을 만
들 수 있다는 것을 실행으로 보인 유럽 국가 가운데 유일한 나라다. …

국민과 조국은 지구상의 영속을 보장하는 지주다. … 조국애가 국가를 통치해야 하고
최고의 궁극적인 절대 권위가 되어야 한다. … 조국애는 내부 평화, 재산, 개인의 자유,
만인 복지라는 통상적인 목표보다 더 고귀한 목표를 가지고 국가를 통치해야 한다. …
고귀한 애국주의의 열렬한 불꽃만이 … 모든 국민을 소집할 확실한 권리를 갖는다. …

… 우리 선조 독일인[게르만인]은 진격해오는 로마인의 세계 제국에 용감하게 저항했
다. … 왜 게르만인은 계속해서 일어난 유혈 전쟁에서 여러 세대 동안 싸웠는가? …

자유는 게르만인으로 남는 것, 그들 인종의 정신을 따라 문제를 해결하는 것, … 그리고
이 독립을 후손에게 전하는 것을 의미했다. … 그들은 진정한 게르만인은 게르만인이
되어 게르만인으로 살며 아이들을 게르만인으로 키우는 것을 원할 뿐이라고 생각했다.

나폴레옹에 대항할 것을 강력히 촉구하다

프리드리히 빌헬름 3세의 포고문, 1813; 제임스 하비 로빈슨James Harvey Robinson 편집,《유럽사 사료집
Readings in European History》vol. 2, Ginn, 1928, pp. 522∼523에서 재인용

이제 발발할 전쟁의 이유를 독일 국민에게 설명할 필요는 없다. 그 이유는 각성한 유럽
인의 눈에 명약관화하다. 우리는 프랑스의 우세한 힘에 굴복했다. 그 이후의 평화는 우
리에게 축복이기는커녕 골수를 빼앗아감으로써 전쟁 자체보다 더 깊은 상처를 남겼다.
우리의 주요 요새들은 적의 손아귀 안에 있으며 매우 발전했던 산업뿐만 아니라 농업
도 피폐해졌다. …

나는 … 프로이센을 독립 상태로 두는 것이 프랑스 황제에게도 이득이라는 점을 설득
하려 했다. 하지만 나의 순수한 의도는 헛된 것이 되었고 … 조약은 점차 우리를 황폐하
게 만들었다. …

브란덴부르크인들이여, 프로이센인들이여, 슐레지엔인들이여, 포메라니아인들이여,
리투아니아인들이여! 당신들은 지난 7년간 무엇을 겪었는지 알고 있다. 만약 우리가 이
전쟁을 명예롭게 끝내지 않으면 우리 앞에 기다리는 슬픈 운명을 알고 있다. 지나간 시
대, 대선제후 프리드리히 빌헬름과 위대한 프리드리히 대제의 시대를 생각해보라! 당
신의 선조들이 그들의 지휘 하에서 싸우며 선혈을 지불했던 가치들을 기억하라. 양심
의 자유, 민족의 자긍심, 독립, 상업, 산업, 학문 등. 우리의 위대한 동맹국 러시아를 보
라. 스페인과 포르투갈을 보라. 이런 미약한 국가의 국민도 더 강성한 적에 맞서 싸우
고 승리를 거두었다. 영웅적인 스위스인들과 네덜란드인들을 보라.

국민 모두의 크나큰 희생이 요구된다. … 외국 통치자보다는 당신 자신의 합당한 왕과
조국을 위해 희생해야 하지 않겠는가? … 우리가 프로이센인 혹은 독일인임을 포기하
지 않으려면 우리는 승리의 목표를 위해 싸워야 한다. … 이 투쟁에 우리의 독립, 우리
의 번영, 우리의 생존이 걸려 있다.

프로이센의 농노 해방 선언

프리드리히 빌헬름 3세의 1807년 10월 칙령; http://germanhistorydocs.ghi-dc.org/sub_document.cfm?document_id=3613에서 발췌

나, 프로이센 왕, 프리드리히 빌헬름 3세는 다음과 같이 선언한다. 평화가 정착된 이래 우리는 충실한 신민의 침체된 상태를 염려하면서 가장 빠른 재활과 상황 개선을 위해 최우선으로 주력했다. 만연한 궁핍에 직면하여 우리는 … 모든 장애를 제거해야 한다. 토지 재산의 소유와 향유에 가해진 제한, 노동가치 감소에 따른 농업 노동자의 열악한 상황은 … 농업 부흥을 일으킬 힘을 무력화했다. … 그러므로 우리는 이러한 문제를 줄이기 위해 다음 사항을 제정키로 한다.

 1. 모든 국민은 어떤 종류의 토지 재산을 소유하거나 양도하더라도 국가의 어떠한 제재도 받지 않는다. 그러므로 귀족은 … 시민과 농민의 어떠한 토지든지 소유할 수 있고, 시민과 농민 역시 … 취득을 위한 특별한 허가 없이 귀족의 토지를 소유할 수 있다. …

 2. 귀족은 신분상의 훼손 없이 시민의 직업에 종사하는 것이 허락되고, 시민이나 농부는 시민 계층에서 농부 계층으로 또는 농부 계층에서 시민 계층으로 이동하는 것이 허용된다. …

10. 이 법령일로부터 출생에 의해서든 결혼에 의해서든 … 새로운 농노 관계는 창출될 수 없다.

11. 이 법령의 공포로 상속이나 권리 또는 영구적인 차용 계약에 따른 … 현존하는 농노제는 상호 간의 권리 및 의무와 더불어 완전히 중단될 것이다.

12. 1810년 성 마르틴의 축일 이후 모든 농노제는 전국에 걸쳐 중단될 것이다. … 자유민은 여전히 그들을 구속하고 있는 모든 의무에 복종해야 한다.

"농가 주인이 소작농을 다 잡아먹습니다"

미국으로 이민 간 독일 농민의 편지[1] ; 위르겐 슐룸봄Jürgen Schlumbohm, 《미시사의 즐거움: 17~19세기 유럽의 일상세계》, 백승종·장현숙 공편역, 돌베개, 2003, 48~49쪽에서 재인용

저는 7월 23일 여행길에 올랐습니다. 이제 다시는 이 땅에서 살지 않을 각오가 되어 있습니다. 그래서 고민하던 끝에 나리께 이 편지를 올리고 농가 주인들이 얼마나 소작농민들을 부려먹는지(!)를 죄다 말씀드리기로 작정했습니다. 소작농은 척박한 땅덩어리를 빌리건만 등뼈가 휠 정도로 무거운 소작료를 농가 주인에게 바치게끔 되어 있습니다. 게다가 소작농은 주인을 위해서 정말로 많은 수고를 해야만 합니다. 그것은 정말 견디기가 어렵습니다. 낮에는 농가 주인의 일을 도와야만 하다 보니 정작 자기네 일은 깜깜한 밤이 되어야 겨우 해치울 지경입니다. 요구 사항이 아무리 많더라도 주인들이 말하는 대로 몽땅 다 들어주어야만 합니다. 가엾은 소작농이 날품이라도 팔려고 할 참이면 주인들은 이렇게 말합니다. "아니, 안돼! 너는 내 일을 도와야 해. 그렇게 하기 싫으면 내 오두막집에서 당장 나가!" 이렇게 함부로 당합니다. 그렇기 때문에 소작농민들은 대부분 가난할 수밖에 없습니다. 그래서 소작농은 독일을 떠나 다른 나라로 이민을 떠났습니다.(!) 나리께서 이런 점을 시정하지 않으신다면 이 나라의 장래는 더욱 깜깜해질 것입니다. … 나리께서 지금 제 경우에서 보시듯 말입니다. 농가 주인이 소작농을 다 잡아먹습니다. 결국 이루 다 헤아릴 수 없이 많은 가난뱅이들이 어디로 가야 할지 몰라 헤매고 있습니다. 그 직접적인 예를 나리께서는 지금 보고 계시지 않습니까? 저는 나리께(!) 제가 지난 1832년 1년 동안에 해야만 했던(!) 노동에 관해 그 대강을 적어드릴 뿐입니다. 1833년의 노동에 관해서는 4월부터 7월 4일까지만 기록했습니다.

1 | 1833년에 쓰인 이 편지는 오스나브뤼크의 문서보관소에 소장된 것으로, 미국행 이민자 명단에 꽂혀 있던 것이다. 이 편지를 쓴 요한 하인리히 부어Johann Hein-rich Buhr 일가는 대서양을 건너 미주리 주의 프랭클린 카운티에 무사히 정착했다. 소작농 부어는 이 편지에 부록을 첨부하여, 자신이 아내와 1832년과 1833년 2년 동안 지주를 위해 노동한 내용을 구체적으로 밝혔다.

03

통상권 통일이 필요한 이유

게오르크 프리드리히 리스트Georg Friedrich List, 《정치경제의 국가 체제Das nationale System der politischen Oekonomie》, 1841; 샘슨 S. 로이드Sampson S. Lloyd 옮김, Augustus M. Kelley Publishers, 1996, pp. 388~405

연방의 조직에 관해서는 서로 다른 생각을 갖고 있다 해도 … 다음 주장에는 당파에 관계없이 모두 동의할 것이다. 즉 독일이 앞으로 안전을 확보하고 세력을 키워나갈지 여

부는 국민의 경제력과 민족주의 감정이 얼마나 강한지에 달려 있다. 그리고 이 두 가지는 국가 통상권의 통일과 국가의 강력한 통상 정책에 의해 좌우된다. … 독일 민족은 나폴레옹 전쟁의 치욕과 피해를 잊어서는 안 된다. 그런 비참한 시대가 다시 오지 않기를 바란다면 국민적 유대의 강화가 무엇보다 필요하다는 것을 절실히 느껴야 한다.

독일은 이제까지 다른 여러 통일국가로부터 부당한 착취를 받아왔다는 것, 또 경제 면에서 전국적 상업망을 갖추지 못해 다른 국가에 비해 지나치게 뒤떨어져 있다는 것을 절실히 느끼고 있다. 독일 민족은 낙후되고 오만했던 것을 부끄러워하고 있다. 현재 방식으로 생산물을 수출하는 것은 각 지역이나 주의 뜻에는 부합할지 모르지만, 결코 온 국민의 재산이나 세력, 자본이나 상업을 증진할 수 없다는 것을 알고 있다.

국산품을 사서 쓰는 쪽이 외국 수입품을 쓰는 것보다 값이 더 비쌀 수 있지만 … 독일 국내의 경쟁은 다른 나라와의 경쟁과 유사한 효과를 낳을 것이며, 국내 공업이 발달하여 앞으로 그 혜택을 보려면 과도기의 희생을 대가로 치를 필요가 있다. … 특히 독일 농산품은 불안정한 대외 판로 대신에 국내에서 좀 더 확실한 판로를 찾을 수 있다.

04

3월혁명에 대한 빌헬름 4세의 대응

프리드리히 빌헬름 4세의 포고문, 1848. 3. 19; 빌프리트 단너Wilfried Danner 편집, 《역사 백과지식 사료집 Geschichtliche Weltkunde Quellenlesebuch》 vol. 2, Frankfurt, 1981, pp. 242~243에서 재인용

나의 사랑하는 베를린 시민이여! 여러분은 내가 오늘 내린 연방의회 소집 칙서로 조국을 향한 왕의 변함없는 신의를 보장받았습니다. … 일부 평화를 파괴하는 자들이 선동적이고 무례한 주장을 내세웠으며 … 그들이 악의적인 의도로 궁전의 정문까지 격렬하게 돌진해 왔을 때 그것은 당연히 두려움을 불러 일으켰고 … 오발 사고가 있었으나 다행히 어느 누구도 희생되지 않았습니다. 우리는 일주일 전부터 대부분 외지인들로 구성된 폭도의 무리들을 찾고 있었지만 그들은 … 사악한 음모를 꾸며 명백한 거짓으로 사태를 왜곡했고 … 베를린 시민의 흥분된 감정을 피에 대한 복수심으로 채워놓았습니다. 바로 그들이 이 유혈 사태의 잔악한 주모자였던 것입니다. 그들이 왕궁 앞의 도로에서 여러 발의 총알을 발사했으므로 … 군대의 돌진은 불가피한 귀결이었습니다.

나의 사랑하는 고향 도시 주민 여러분이여, 이제 더 큰 재앙을 예방해야 합니다. … 여러분이 오류를 깨닫기를 간청합니다. 여전히 남아 있는 바리케이드를 철거하고 다시

평화를 회복하기 바랍니다. 그리고 참된 옛 베를린 정신으로 여러분의 국왕에게 마땅히 갖춰야 할 예를 표하기 바랍니다. 그러면 나는 모든 거리와 장소에서 당장 군대를 철수시키고, 군대의 주둔이 불가결한 왕궁 건물과 병기창 같은 몇몇 건물에만 단기간 머물게 할 것임을 국왕으로서 보장합니다. 내가 신뢰하는 베를린 주민들이여, 친아버지 같은 여러분 왕의 음성에 주의를 기울이시오. 그리고 프로이센의 평화에 대한 하느님의 가호와 프로이센을 통해 독일에 시작될 위대한 미래를 위해 나와 함께 이미 발생한 사태를 잊어버리기를 바랍니다.

매우 고통스러워 병상에 누워 있는 여러분의 친애하는 왕비이며 동시에 친구이자 참되고 신실한 어머니는 나와 동일한 마음으로 간절한 당부를 전합니다.

- -

국왕의 포고문에 베를린 시민이 보인 반응

카를 슈르츠Carl Schurz, 《회고록Lebenserinnerungen》, 1848; 빌프리트 단너 편집, 《역사 백과지식 사료집》 vol. 2, p. 243에서 재인용

군대가 베를린에서 퇴각한 후 혁명의 역사에서 가장 통렬하고 극적인 사건이 발생했다. 남자, 여자, 아이들의 엄숙하고 장엄한 행렬이 국왕이 머물고 있는 궁전을 향해 움직였다. 남자들은 그들의 어깨 위에 시가전에서 희생된 민중 투사들의 시체가 담긴 관을 멨다. … 전사자들의 터진 상처가 그대로 노출된 채 월계수, 두상화, 각종 화환으로 장식되어 있었다. 이 행렬은 그렇게 천천히 침묵한 채로 궁전의 안뜰로 행진했다. 사람들은 그곳에 관을 차례로 정렬시켰다. 소름 끼치는 시신들의 열병이었다. 그중에는 여전히 찢어진 옷을 입은 채 탄약으로 검게 그을리고 피로 물든 얼굴을 한 남자들이 있었다. 그리고 그들 손에는 바리케이드를 치며 싸울 때 사용했던 무기들이 들려 있었다. 그 곁에는 죽음을 애통해 하는 여자들과 아이들도 있었다. 사람들의 둔중한 외침과 함께 프리드리히 빌헬름 4세가 위층 난간에 창백하고 당황한 듯한 모습을 드러냈고 그 옆에는 울고 있는 왕비가 서 있었다. "모자 벗어!"라는 구호가 들렸고 국왕은 시신을 향해 상체 전체를 앞으로 구부렸다. 그때 민중들로부터 나직한 음성이 울려 나오며 찬송가 〈예수는 나의 성〉이 시작되었다. 모든 목소리가 노래를 통해 하나로 모아졌다. 노래가 끝났을 때 왕과 왕비가 조용히 사라졌다. 그리고 시신 운반자들은 장례 행렬과 함께 장엄하게 서서히 그곳을 떠났다.

이는 사실상 국왕에게 끔찍한 형벌이었다. 하지만 동시에 〈사랑하는 베를린 시민들

에게)라는 포고문에 대한 명백한 답변이었다. 포고문에서 국왕은 민중 투사들을 "폭도의 무리들" 또는 폭도에 미혹된 희생자들이라고 언급했었다.

05
입헌군주제 헌법 채택

프랑크푸르트 제국헌법, 《제국 법률 공보Reichs-Gesetz-Blatt》, 1849, pp. 101~147에서 발췌

독일 헌법을 기초한 국민의회는 다음과 같이 결정하여 제국헌법으로 공포한다.

제국헌법

제1조 독일제국은 현재까지의 독일연방의 영역으로 구성된다. …

제5조 독일 영방국가는 제국헌법에 의해 제한되지 않는 한 독립을 유지한다. 이들은 제국정부에 의해 제한을 받지 않는 한 저마다 한 국가로서 주권과 권한을 갖는다.

제6조 외국에 대해서는 제국정부만이 독일 및 모든 독일 영방국가를 국제법상으로 대표한다. …

제10조 제국정부만이 전쟁과 평화에 관련된 권리를 갖는다. …

제33조 독일제국은 내부의 모든 관세를 없애고 공동 관세 구역을 갖는 하나의 통일된 관세 및 무역권을 형성한다. …

제45조 제국정부만이 화폐 주조에 관한 법률 제정권과 감독권을 갖는다. …

제70조 제국 최고권자의 명칭은 독일 황제다. …

제85조 제국의회는 상원과 하원으로 구성된다.

제86조 상원은 독일 영방국가들의 대표들로 구성된다. …

제88조 상원의 구성원은 각 영방정부가 절반을, 그 해당 영방국가의 인민 대표[의회]가 그 나머지 절반을 임명한다. …

제93조 하원은 독일 국민의 대표자들로 구성된다.

제94조 하원의 구성원은 그 임기가 처음에는 4년마다, 그다음부터는 3년마다 선출된다. …

제132조 모든 독일인은 독일제국의 시민권을 가지며 독일 전역에서 이 권리를 행사할 수 있다. 제국의 선거법은 국회의원 선출을 위한 개인의 권리를 규정한다.

제137조 법 앞에 계급적 차별은 없다. 귀족계급은 폐지된다. 모든 특권계급은 폐지

된다. 모든 독일인은 법 앞에 평등하다. … 공직은 능력에 따라 만인에게 개방
된다. 모든 시민은 평등하게 군 복무를 해야 한다.

제143조 모든 독일인은 언론, 저술, 출판, 서화를 통해 자신의 의견을 자유롭게 표현할
권리를 가진다.

06
국민의회의 황제 추대를 거부한 빌헬름 4세

프리드리히 빌헬름 4세의 편지, 1849; 도널드 케이건Donald Kagan 외, 《서구 유산The Western Heri-tage》,
Macmillan Publishing Co., 1987, p. 757에서 재인용

독일을 위한다는 핑계를 대고 조국의 적들이 반란의 깃발을 올렸다. 처음에는 작센에
서 시작하여 남부 독일의 여러 지역으로 퍼졌다. 매우 유감스럽게도 심지어 프로이센
의 일부 지역에서도 사람들이 그 깃발의 꼬드김에 넘어가서 노골적인 반란에 가담했으
며 신성하고 합법적인 질서를 전복하고자 했다. 그처럼 심각하고 위험한 위기에 직면
하여 나는 신민들에게 공식으로 발언을 해야겠다고 느꼈다.

나는 독일국민의회[프랑크푸르트 의회]의 왕관 제의를 승낙하는 답변을 줄 수 없었다.
왜냐하면 프랑크푸르트 의회는 독일 영방국가들의 동의 없이는 나에게 왕관을 수여할
권한이 없기 때문이다. 더구나 그들은 한 가지 조건을 내걸었는데, 즉 영방국가들의 권
한 및 안전과 화합될 수 없는 헌법을 내가 수용해야 한다는 것이다.

나는 독일국민의회를 이해하려고 모든 수단을 강구해왔다. … 이제 프로이센과 국민의
회는 갈라섰다. 독일은 대다수 의원들을 더 이상 자부심과 신뢰로 바라볼 수 없다. 의회
가 파멸의 길로 간다고 본 의원들은 자발적으로 의회를 떠났다. 그리고 어제 나는 아직
철수하지 않은 프로이센 의원들을 소환하라고 명령했다. 독일의 다른 영방국가들도 똑
같이 할 것이다.

테러리스트들과 한패인 일당이 지금 국민의회를 지배하고 있다. 그들은 독일의 단합을
촉구하는 것처럼 보이지만, 사실은 부도덕과 거짓말과 도둑질의 싸움을 하고 있으며
군주정에 대항한 전쟁에 불을 붙이고 있다. 만약 군주정이 전복된다면 그와 함께 법, 자
유, 재산이라는 축복도 사라질 것이다.

07

군비 증강이 필요한 이유

비스마르크의 '철혈정책'에 대한 의회 연설, 1862; https://www.edb.gov.hk/attachment/en/curriculum-development/kla/pshe/references-and-resources/history/making_of_modern_world_source10_eng.pdf

상비군이 과잉이라고 주장하는 사람들이 있다. 대중 집회의 이러한 입장을 정부는 거부해야 하지 않겠는가? 프로이센에서는 개인의 독립이 매우 중시되어 헌법으로 통치하는 것을 어렵게 만든다. 프랑스에서는 상황이 다르다. 그곳에서는 개인적 독립이 부족하다. 우리의 헌법적 위기는 수치스러운 것이 아니라 오히려 명예로운 것이다. 프로이센인들은 너무 '교육을 잘 받아서' 헌법을 지지하기 어렵고 너무 비판적이어서 누구나 정부 정책을 평가한다. …

변혁에 큰 관심을 지닌 음모적 성향의 사람들이 매우 많다. 그래서 역설적이게도 프로이센에서는 헌법을 따르게 하는 것이 매우 어렵다. 더구나 사람들은 정부의 실수에 대해 너무 예민하다. … 여론은 변하며 언론이 항상 여론과 일치하지는 않는다. 우리는 언론이 어떻게 작성되는지 알고 있다. 의회 의원들은 언론의 위에서 여론을 이끌 더 중요한 의무를 지니고 있다. 우리는 너무 감정이 격해져 있다. … 독일이 기대하는 것은 프로이센의 자유주의가 아니라 그 힘이다. 바바리아, 뷔르템베르그, 바덴은 자유주의에 탐닉할 수 있지만 그 때문에 누구도 그들에게 프로이센의 역할을 맡기지 않을 것이다. 프로이센은 이미 여러 차례 기회를 놓쳤지만 이 시의적절한 때를 맞아 그 힘을 연합하고 집중해야 한다. 1814년의 빈 조약으로 정해진 프로이센의 영토로는 힘차고 강인한 국가를 만들 수 없다. 시대의 중요한 문제들은 연설이나 다수결에 의해 결정되는 것[1848년과 1849년의 큰 실수]이 아니라 바로 철혈에 의해서 결정된다.

빌헬름 1세의 전보 원문과 비스마르크의 수정문

루이스 스나이더Louis L. Snyder 편집·번역, 《독일사 사료집Documents of German History》, Rutgers University Press, 1958, pp. 215~216에서 재인용

빌헬름 1세가 비스마르크에게 보낸 전보 원문

베네데티Benedetti 씨는 매우 집요하게 다음과 같이 요구했다. 앞으로 호엔촐레른 가문 사람을 (스페인 왕실) 후계자로 다시 정할 경우 내가 그것을 결코 승인하지 않겠다고 했다는 내용을 파리에 전송하게 해달라는 것이다. 나는 이에 동의하기를 거절했고 마지막에는 매우 단호하게 말했다. 즉 누구도 그러한 책임을 감히 떠맡아서는 안 된다고 했다. 나는 (마드리드에서) 아무 소식도 받지 못했다고 말해주었다. 그리고 프랑스 대사인 베네데티가 나보다 먼저 파리와 마드리드를 통해 소식을 들었으므로 프로이센은 아무 관계가 없다는 것을 그가 쉽게 이해하리라고 말했다.

비스마르크가 언론에 공개한 수정문

호엔촐레른 황태자가 스페인 왕위를 단념했다는 소식이 스페인 왕국 정부에서 제2제정 프랑스 정부에 공식 통보되었다. 그 이후 프랑스 대사가 엠스Ems에 있는 빌헬름 1세 폐하께 요구하기를, 호엔촐레른 가문의 사람이 또다시 스페인 왕실의 후계자가 되는 일에 폐하가 앞으로 결코 동의하지 않겠다는 내용의 전보를 파리로 전송할 수 있게해달라고 했다. 그러자 폐하께서는 프랑스 대사를 다시 접견하기를 거부하고 대사에게 더 할 말이 없다는 뜻을 전달하게 했다.

'엠스 급보' 사건에 대한 비스마르크의 해명

비스마르크, 《상념과 회고Gedanken und Erinnerungen》, 1898; 로타르 갈Lothar Gall 편집, Ullstein Buchverlage GmbH & Co., 1998, pp. 337~342

전보 내용에서 나는 두 가지 사실을 유추할 수 있었다. 하나는 프랑스가 전쟁이 벌어질 수도 있다고 우리에게 으름장을 놓자 호엔촐레른의 황태자가 전쟁을 피하기 위해 (스페인 왕위 계승) 후보를 포기한 것이고, 다른 하나는 의회와 언론을 통한 프랑스 쪽의 위협과 모욕이 이루어진 후에 국왕이 베네데티 대사와 … 직접 협상하기 위해 떠난 것이다.

… 나는 … 독일의 굴욕을 보았다. … 민족의 명예가 훼손되었다는 느낌이 나를 강렬하게 사로잡았다. … 이와 같은 프랑스에 대한 굴욕은 … 치명적인 것으로 여겨졌다. … 황태자의 후보 포기를 프랑스가 미리 계산에 넣었으리라는 느낌을 받았다. … 우리가 명예를 지키려면 전쟁을 더는 피할 수 없겠다는 생각이 들었다. …

… 국왕은 온천에서 요양하는 나흘 동안 연이은 협박의 압력 때문에 프랑스 대사의 접견을 받아들였고 스스로를 이 낯선 외교관의 뻔뻔한 작업의 표적으로 노출시켰다. 나는 매우 침통했다. … 폐하께서는 엠스에서 격이 동등하지 않은 프랑스 협상가의 부당한 요구를 전부 거부하고 그를 베를린의 담당 부서로 돌려보냈어야 했다. … 나는 몰트케Moltke에게 우리의 군비 상태를 물었고 … 그는 전쟁을 신속하게 벌이는 편이 지연되는 것보다 장점이 많다고 판단했다.

내 견해로는 프랑스의 행위에 대항한 민족적 명예심이 우리를 부득이 전쟁으로 내몰았다. 만약에 우리가 이 감정에 순응하지 않았다면 … 마인 강 남쪽 독일의 민족 감정은 다시 냉각되고 말았을 것이다. … 나는 프로이센의 명예와 국민의 신망을 희생시키지 않으려면 전쟁이 불가피하다는 확신을 갖게 되었다.

… 엠스 전문의 원본과 … 축약된 본문의 효과 차이는 표현의 격렬함에 있었던 것이 아니라 형식에 있었다. 즉 그 성명은 종결된 형식으로 보였다. … 전쟁도 하지 않은 채 패배자 노릇 하는 것을 받아들이고 싶지 않다면 우리가 쳐서 쓰러뜨려야만 했다. 하지만 성공 여부는 우리와 상대방 가운데 어느 쪽에 전쟁 발발 원인을 제공했다는 인상을 갖게 하느냐에 달려 있었다. 중요한 것은 우리가 공격을 당했다는 사실이었다. 그리고 골Gaul의 자극과 불손함이 우리를 유도해서 우리가 프랑스의 공공연한 협박에 두려움 없이 대항했다는 사실을 되도록이면 제국의회의 메가폰을 이용하지 않고 유럽의 언론에 공포하는 것이었다.

09

독일제국의 탄생

베르사유 궁전 회의에 대한 빌헬름 1세의 기록, 1871; 요하네스 홀펠트Johannes Hohlfeld 편집, 《사료로 본 1849~1934년 독일제국사Deutsche Reichsgeschichte in Dokumenten 1849~1934》 vol. 1, Kraus, Reprint, 1972, p. 59에서 재인용

오후에 왕의 집무실에서 회의가 열렸는데 비스마르크 백작, 궁정 장관 폰 슐라이니츠

von Schleinitz와 내가 참석했다. … 황제의 칭호, 왕위 계승자의 명칭, 왕가, 궁정, 제국 군대의 지위 등에 대해 의논했다.

황제의 칭호 문제에 대해 비스마르크 백작은 이미 헌법 논의 과정에서 바이에른 대표들이 '독일의 황제Kaiser von Deutschland'라는 칭호를 인정하고 싶어 하지 않아서 결국 폐하에게 미리 문의하지 못하고 '독일 황제Deutscher Kaiser'라는 칭호를 허용받았다고 고백했다. 본질적 개념을 전혀 내포하지 않은 이 칭호는 우리 마음에 들지 않았다. 그리하여 우리는 '독일의'라는 구절을 넣으려고 온갖 궁리를 다 해보았다. 하지만 비스마르크는 여전히 바이에른과의 합의가 헌법에 수용되어 있으니 다른 칭호는 절대로 용납될 수 없다는 태도를 고수했다. … 전혀 내 마음에 들지 않았지만 … 공식적인 명칭은 '신의 은총을 받은 독일 황제 빌헬름, 프로이센의 왕'으로 정해졌다. 이에 상응하는 칭호가 황후에게도 덧붙여질 것이다. 하지만 통상적인 언어 표현에서는 '독일의'라는 구절이 사용될 것이다.

제국의회의 새 헌법 채택

《독일제국 헌법Deutsches Reichsgesetzblatt》, 1871. http://commons.wikimedia.org/wiki/
File:Deutsches_Reichsgesetzblatt_1871_024_127.jpg에서 발췌

북독일연방의 이름으로 프로이센 왕, 바이에른 왕, 뷔르템베르크 왕, 바덴 대공, … 헤센 및 라인 대공은 연방 영토를 수호하고 … 독일 민족의 복리 증진을 위해 영원한 연방을 결성키로 한다. 이 연방은 독일제국의 이름으로 다음의 헌법을 갖는다.

제1조 연방의 영토는 … 프로이센, 작센, 뷔르템베르크, 바덴, 헤센, … 등으로 이루어 진다.

제2조 연방 영토 내에서는 … 제국법이 각 영방국가의 법보다 우선하여 행사된다. …

제3조 전 독일에는 하나의 단일 국적이 존재하므로 각 영방국가의 신민은 다른 영방 국가에서도 … 동일한 시민권을 행사하고 … 법적 보호를 받는다. …

제4조 다음 사항은 제국의 관할 사항이거나 제국법 제정에 따라야 한다. 거주 이전의 자유 … 관세 및 무역에 관한 법률 제정과 제국 유지에 필요한 세금 … 화폐주 조법 및 계량법 …

제5조 제국법의 제정은 연방의회[상원]와 제국의회[하원]를 통해서 이루어진다. 양

의회에서 제국법은 다수결에 따라 통과된다. …

제11조 연방정부는 프로이센 왕에 소속되어 있고 그는 연방정부를 독일 황제의 이름으로 통솔한다.

제13조 연방의회와 제국의회는 매년 소집되며, 연방의회는 제국의회 없이 소집될 수 있지만 제국의회는 연방의회 없이 단독으로 소집될 수 없다.

제14조 연방의회는 소속원 3분의 1의 요구가 있으면 소집되어야 한다.

제15조 연방의회의 의장직과 업무 감독은 제국 수상의 소관 사항이고, 제국 수상은 황제가 임명한다. …

제20조 제국의회는 비밀, 보통 및 일반 선거권을 통해 구성된다. …

제24조 제국의회 임기는 3년이다. 임기 중에 제국의회를 해산하려면 연방의회가 결의하고 황제의 동의가 있어야 한다. …

제32조 제국의회의 구성원은 그 대가로 어떠한 보수나 보상을 받아서는 안 된다.

제33조 독일은 공동 관세 구역을 갖는 관세 및 무역권을 형성한다. …

제57조 모든 독일인은 병역 의무를 지며 다른 사람에게 이 의무의 이행을 대행하도록 할 수 없다.

제58조 제국의 모든 전쟁 경비 및 부담은 모든 영방국가들과 그 구성원들이 동등하게 나누어 진다.

10

독일제국의 반사회주의법

'사회주의자 탄압법', 1878; 도널드 케이건 외, 《서구 유산》, p. 827에서 발췌

공동체를 위협하는 사회민주주의자들의 시도에 대한 법령

제1조 사회민주주의적·사회주의적 시도 혹은 공산주의적 시도를 통해 현존 국가 질서 및 사회질서 파괴를 목표로 하는 단체는 허용되지 않는다. 이는 … 공공의 평화를 해치는 방식 특히 전 인구의 계급적 단결을 해치는 방식으로 선전하는 단체들에도 해당한다. …

제9조 현존 국가 질서나 사회질서를 파괴하려는 사회민주주의적·사회주의적 시도, 혹은 공산주의적 경향이 드러난 집회는 해산한다. … 공공 축제와 행렬도 같은 제약 하에 놓인다. …

제11조 … 다른 계급 간의 조화를 위태롭게 하는 사회민주주의적·사회주의적 경향 혹은 공산주의적 경향이 드러난 <u>인쇄물은 금지한다.</u> …

제16조 … (위 경향을) 진전시키기 위한 기금 모금 및 그러한 기부를 제공하도록 공적으로 선동하는 것도 금지된다. …

제28조 공공 안전이 위협받는 지역이나 장소에서 … 모임은 경찰의 사전 허가를 받아야 한다. … 인쇄물 배급은 공공도로나 공공장소에서 할 수 없다. … 무기의 소지, 수입 혹은 판매가 금지되고 … 특정 조건으로 한정한다.

11
유익한 그리스도교 정신

사회보장 입법에 대한 비스마르크의 연설, 1881; 아널드 슈리어Arnold Schrier 외 편집, 《근대 유럽 문명: 르네상스부터 현재까지의 정치, 사회, 사상의 역사 사료Modern European Civilization: A Docu−mentary History of Politics, Society, and Thought from the Renaissance to the Present》, Scott, Foresman and Company, 1979, pp. 353~356에서 재인용

우리는 50년 동안 사회적 문제를 이야기해왔다. … 우리는 사회주의의 원인을 제거하기 위해 적극적으로 무언가를 해야 한다. … 우리가 오늘 여러분에게 <u>사고보험법만</u> 들고 나온 이유는 … <u>빈민과 나약한 사람들을 보호하는 일이 특별히 중요했기</u> 때문이다. … 당분간은 그 보험을 농민에게 확대할 수 없다. … 나는 이 제도의 모든 비용을 감히 산업계가 부담하게 하거나 그들의 세금을 늘리지 않을 것이다. 또한 산업계가 부상당한 공장 노동자들을 돌보는 부담을 전적으로 지게 하지도 않을 것이다. …

우리의 현재 <u>빈민법은</u> 부상당한 노동자를 굶지 않게 한다. … 그러나 <u>이것으로 충분하지 않다.</u> … 만약 정부가 앞으로 부상당한 노동자들을 더 잘 대우하려 할 때 … 그것은 사회주의적이라고 불릴 수 없다. …

… 나는 여러분이 왜 정부가 거대 산업을 맹목적으로 특별히 아낀다고 생각하는지 모르겠다. … 거대 제조업자들의 힘을 약화하거나 제한하는 것은 매우 어리석은 실험이다. 거대 산업들이 다른 나라의 산업들과 경쟁할 수 없게 함으로써 그들을 추락시킨다면 … 노동자들을 어떻게 할 것인가? 그러한 경우 우리는 … 수만 명, 수십만 명의 노동자들을 굶어죽게 할 것이다. 그러면 진짜 국가사회주의State-socialism를 조직해야 한다. … 이 노동자들을 위한 일자리를 찾아야 한다. … 정부는 … 자신의 생계를 꾸릴 수 없

는 사람들에게 매우 적은 수당을 제공할 뿐이며 … 현재 빈민 구호보다 그 비용이 조금 늘어나는 것일 뿐이다. …

그러므로 나는 그리스도교를 진심으로 믿는 압도적 다수를 국민으로 하는 국가가 … 이 법안이 요구하는 것보다 훨씬 더 많이 빈민과 병약자와 노인을 위해 일해야 한다고 생각한다. … 그리고 유익한 그리스도교 정신을 증명해야 한다!

12
독일 민족 통합에서 군주제가 하는 역할

비스마르크, 《상념과 회고Gedanken und Erinnerungen》, 1898; 아널드 슈리어 외 편집, 《근대 유럽 문명》, pp. 312~315에서 재인용

나는 독일 정치의 열쇠가 군주와 왕조에 있다고 믿는다. … 의회와 언론의 여론은 … 국가 통일의 방향으로 왕조를 설득하는 것이 아니라 오히려 왕조의 저항을 불러일으킬 것이다. … 프로이센 왕조는 미래 독일제국에서의 주도권을 기대한다. … 프로이센 왕과 군대는 … 독일 통합을 위해 강화되어야 한다. … 나는 철혈 정책을 언급하며 이것을 암시한 바 있다. … 독일 애국주의가 역동적이고 효율적으로 되려면 왕조에 기댈 필요가 있다. … 왕조와의 연관성 없이 … 의회, 언론, 공공 집회에서 애국심을 불러일으킬 수는 없다. … 독일 국민의 애국주의는 본질적으로 왕조에 대한 애착으로 결정된다. … 독일인의 조국 사랑은 … 군주를 필요로 한다. 독일의 왕조들이 갑자기 붕괴한다고 생각해보라. 그러면 독일의 민족 감정은 모든 독일인을 붙잡는 데 충분치 않을 것이다. … 유럽의 다른 국가들은 애국심과 민족 감정을 위해 그러한 매개자를 필요로 하지 않는다. 폴란드인, 헝가리인, 이탈리아인, 스페인인, 프랑스인은 어떤 왕조 하에 있든 아니면 왕조가 없든 동질적인 민족 통합을 유지할 것이다. 북쪽의 튜튼인, 스웨덴인과 덴마크인도 왕조에 대한 감정에서 매우 자유롭다. …

… 독일의 민족 감정은 항상 지방주의에 대한 투쟁에서 비롯되었다. 왜냐하면 지방주의는 … 독일 공동체, 황제와 제국에 대한 저항을 통해서만 존재했기 때문이다. 지방주의는 처음에는 교황에게 의존하고 나중에는 프랑스인에게 의존하는 등 항상 외국의 지원을 받아 반역을 일으켰으며 독일 공동체에 해를 끼치는 위험이 되었다. … 나는 … 프로이센 지방주의에 저항하여 힘든 전투를 전개해왔다.

게오르크 프리드리히 리스트(1789~1846), 《정치경제의 국가 체제》, 1841: 리스트는 1834년 관세동맹에서 주도적인 역할을 한 경제학자로, 자유무역이 영국에는 적합하지만 프로이센에는 유익하지 않다는 경제민족주의, 보호무역주의 입장을 밝히며 고관세를 주장했다. 리스트가 일간신문인 《아우크스부르크 알게마이네 차이퉁Augsburg Allgemeine Zeitung》에 수년간 기고한 글을 모아 펴낸 이 책에서, 그는 독일 관세동맹의 확장과 국가 상업망 조직의 필요성을 역설했다.

비스마르크, '철혈 정책'에 대한 의회 연설, 1862: 40여 개 소국으로 분열돼 있던 독일은 프로이센이 주도해 관세동맹을 맺으며 경제적 통일을 먼저 이뤘고, 프랑크푸르트 국민의회가 생기면서 통일 방안이 논의됐으나 성공하지는 못했다. 비스마르크는 1848년 혁명에 반대한 열렬한 프로이센 국가주의자였다. 연설 내용에서 드러나듯이, 그의 독일 통일 노선은 자유주의적인 '아래로부터'의 통일이 아니라 군비 확장을 위시한 철혈 정책 하에서 프로이센의 확장을 도모하는 것이었다. 또한 프랑스와 오스트리아가 독일 통일을 가로막는다고 생각했으며, 이를 배제할 수 있는 길은 군제 개혁뿐이라고 생각했다.

비스마르크가 공개한 엠스 전보, 1870: 빌헬름 1세의 사촌인 레오폴트 대공을 스페인 왕위에 앉히려는 프로이센의 제안에 나폴레옹 3세는 강하게 반발했다. 이에 레오폴트는 사퇴 의사를 밝혔는데, 프랑스는 독일 주재 대사 베네데티로 하여금 엠스(독일 북서부에 있는 온천장)에서 휴양 중이던 빌헬름 1세를 만나 다시 다짐을 받게 했다. 1870년 7월 13일, 빌헬름 1세는 비스마르크에게 전보를 보내 그 사실을 알렸고, 비스마르크는 마치 프로이센 왕이 프랑스 대사에게 모욕을 준 것처럼 보이게 전보문을 고쳐 신문에 공표함으로써 프랑스가 전쟁을 선포하도록 부추기려 했다.

비스마르크가 사회보장 입법에 대해 제국의회에서 한 연설, 1881: 비스마르크는 노동자들의 표를 확보하고 사회주의에 대한 그들의 지지 철회를 위해 '당근과 채찍'성 사회정책의 일환으로서 사회보장 입법을 시도했다. 보수주의자들은 그 입법을 '사회주의적'이라고 낙인찍었지만 철혈 재상은 '유익한 그리스도교 정신'의 발로라고 방어했다.

비스마르크, 《상념과 회고》, 1898: 비스마르크는 1890년 빌헬름 2세에 의해 해임되었다. 그 이후 집필한 회고록에서 그는 자신과 빌헬름 1세의 돈독했던 관계를 누차 강조했으며 빌헬름 2세에 대한 비판은 자제했다. 그는 지방주의 문제점을 지적하고 독일 민족주의에서 왕조가 맡은 역할과 프로이센의 주도적 역할을 강조했다.

카를 슈르츠(1829~1906), 《회고록》, 1848: 1848년에 프리드리히 빌헬름 4세가 포고문을 발표했지만 군중은 훨씬 더 광범위한 개혁을 촉구했다. 그러자 군대는 발포를 개시했고 열세 시간에 걸친 시가전이 벌어져 많은 희생자가 생겼다. 빌헬름 4세는 3월 19일에 사격 중지 명령을 내리고 군대에 베를린에서 철수하라고 명령했다. 카를 슈르츠는 3월혁명 당시 반정부군에 가담해 활동했으며 그 이후 미국으로 망명했다.

피히테(1762~1814), 〈독일 국민에게 고함〉, 1808: 피히테의 '독일 국가' 재생 계획은 독일인의 품성을 바꾸기 위해 고안된 새 교육 체계에 바탕을 둔 것이었다. 피히테에게 '자유'란 개인의 의지를 국가라는 존재와 동일시하는 자유였다. 그는 굴욕적인 틸지트 조약이 체결된 이후 프랑스 점령군이 바로 코앞에 진주해 있던 베를린 학사원 강당에서 독일 민족주의에 대한 강연 시리즈를 시작했다. 그는 독일 재건의 길은 국민 정신의 각성에 있음을 강조하고 독일의 젊은 세대가 국가적 의무를 인식하기를 촉구했다. 한마디로 패배를 수용하고 노예상태를 받아들이거나 아니면 독일 국가를 부흥시켜 다음 세대의 칭송과 감사를 받으라는 것이었다.

프리드리히 빌헬름 3세의 1807년 10월 칙령: 프로이센은 나폴레옹에게 패배한 후 개혁을 추진했는데 농노 해방도 그 일환이었다. 1807년 10월, 프리드리히 빌헬름 3세가 발표한 이 칙령은 모든 농노의 해방, 귀족의 토지 자유 매매 허용, 직업 선택시 신분 제한 철폐 등 일련의 개혁안을 담고 있다.

프리드리히 빌헬름 3세의 포고문, 1813: 프리드리히 빌헬름 3세가 나폴레옹 전쟁 합류를 앞두고 발표한 포고문이다. 프리드리히 빌헬름은 왕조의 위상을 높이고 전쟁에서 승리하기 위해 오랫동안 군사적으로 준비한 왕인데, 그의 포고문은 민족주의뿐만 아니라 혁명 이념의 영향도 보여준다.

프리드리히 빌헬름 4세의 포고문, 1848. 3: 오스트리아에서 메테르니히가 실각하고 프로이센에서 베를린 혁명이 일어나자 빌헬름 4세는 어느 정도 양보가 필요하다고 생각했다. 그는 3월 18일에 모든 검열을 폐지하고 국회가 다시 소집될 것이며 독일에도 헌법이 생길 것이라는 내용을 담은 이 포고문을 발표했다.

프리드리히 빌헬름 4세의 편지, 1849: 프랑크푸르트 의회는 1849년에 프로이센 국왕 빌헬름 4세를 독일의 황제로 추대하고자 했으나 프리드리히는 이를 거부했다. 그다음 해에 빌헬름 4세가 제정한 헌법(흠정헌법)은 3월혁명의 산물이 아니라 반혁명의 산물이었다. 이 헌법은 노동자와 중산계급 하층을 기반으로 한 사회주의자 등 과격파를 두려워하게 된 부르주아지와 융커의 지배, 종래의 전제정치를 확인하는 외관상 입헌주의에 불과했다. 프로이센 국민에게 보낸 1849년 5월 15일자 이 서신에서 빌헬름 4세는 추대 거부 이유를 설명하고 국민의회의 자유주의 정치 이념을 비난했다.

베르사유 궁전 회의에 대한 빌헬름 1세의 기록, 1871. 1: 보불전쟁에서 프랑스를 제압한 독일은 1871년 1월 17일에 베르사유 궁전에 위치한 프로이센 왕 빌헬름의 집무실에서 새 황제의 칭호를 결정하기 위한 논의를 했고, 그다음 날 베르사유 궁전의 '거울의 방'에서 독일제국 황제로 즉위했다. '자료9'는 프로이센의 황태자 프리드리히가 일기장에 기록한 내용의 일부다.

프랑크푸르트 제국헌법, 1849: 1848년 5월, 프랑크푸르트에 소집된 독일 국민의회(1848. 5~1849. 6)는 독일 연방의회를 대신할 것을 선언했다. 그리고 1849년 3월에 프랑크푸르트 의회는 입헌군주제를 비롯한 독일제국 헌법을 채택했다.

독일제국 헌법, 1871. 4: 독일제국은 25개 영방국가로 구성되었으며 광범한 자치권을 인정했지만 실질적으로는 통일국가였다. 의회의 구성은 상원인 연방의회(황제가 임명한 대표로 구성, 세습제)와 하원인 제국의회(25세 이상 성인 남자의 보통선거로 구성, 예산안 거부권)로 구성되었다. 외견상으로는 민주주의를 표방했지만 하원의 권한은 미미했고 실제로 국정을 좌우하는 것은 재상과 황제였다.

사회주의자 탄압법, 1878: 1875년에 마르크스주의를 표방한 '사회민주당'이 결성되자, 비스마르크는 이 당을 불법 단체로 선언하고 반사회주의 법안을 입법했다. 이 조치는 사회민주당의 집회, 신문과 팸플릿 출판, 활동 기금 모금을 어렵게 하기 위한 것으로 1891년까지 효력을 가졌다. 이 법으로 1500여 명이 체포되었고 그중 일부는 추방되었다.

| 참고문헌 | --

김장수, 《비스마르크―독일제국을 탄생시킨 현실 정치가》, 살림출판사, 2009.
슈튀르머, 미하엘, 《독일제국, 1871~1919》, 안병직 옮김, 을유문화사, 2003.
슐체, 하겐, 《새로 쓴 독일 역사》, 반성완 옮김, 지와사랑, 2011.
Wehler, Hans Ulrich, *The German Empire, 1871~1918*, London: Bloomsbury Academic, 1997.

Wells, Michael, *Unification and Consolidation of Germany and Italy 1815~90*, Cambridge: Cambridge University Press, 2012.

13

미국의 서부 확장과 남북전쟁
: 영토를 확대하고 남북 대립을 극복하다

서부 정착지 확대와 자본주의의 성장

미국은 1803년에 나폴레옹으로부터 루이지애나를 매입한 후 당시 영국령이던 캐나다와 스페인령이던 플로리다를 얻을 것을 기대하고 1812년에 영국과 전쟁을 벌였으나(영미전쟁), 영국이 수도 워싱턴을 장악하는 바람에 캐나다 할양 요구를 철회해야 했다. 그럼에도 미국의 영토는 두 배로 확대되었으며, 토머스 제퍼슨 대통령의 지원으로 태평양까지 대륙을 가로지르는 탐사와 탐험이 이루어지고 백인 정착촌의 서부 팽창이 거듭되었다. 이때 서부 인구는 미국 전체 인구보다 훨씬 빠른 속도로 증가했는데, 이 과정에서 미국 정부는 토지 양도를 꺼리는 원주민 지도자와 강제 조약을 체결해 미시간 동부와 일리노이 전 지역에 대한 권리를 얻었다. 그사이 남서부 미국인은 조지아와 테네시, 미시시피 지역에서 살던 여러 원주민 부족에게서 수백 만 에이커의 토지를 빼앗았다. 7대 대통령

도판 44 미국의 영토 확장 과정. 미국은 대서양 연안의 13개 영국 식민지에서 출발했으나, 프랑스와 스페인으로부터 영토를 사들이고 멕시코가 지배하던 서부 및 남부 영토까지 차지하면서 대서양에서 태평양에 이르는 광대한 영토를 가진 국가로 변모했다.

앤드루 잭슨Andrew Jackson(재임 1829~1837)은 모든 백인 성인 남자에게 투표권을 부여하고 관직순환제를 실시하는 등 민주주의를 추구했지만 원주민에게는 가혹한 정책을 시행했다. 대표적 사례를 들면, 남부 원주민을 미시시피 강 서쪽으로 강제 이주시킴으로써 연방정부는 1억 에이커에 달하는 원주민 토지를 양도받았다.

19세기 중반, 미국 사회는 이민으로 인구가 증가하고 도시가 성장하면서 중산층이 형성되었고 여성도 노동시장에 참여하면서 지위가 향상되었다.| 자료 1 | 또한 운송과 통신의 진보, 제조 기술의 성장이 더해지면서 미국은 초기 산업혁명 단계에 진입했다. 남부에서는 조면기cotton gin(면화에서 솜과 씨를 분리하는 기계)의 발명으로 면화 재배가 활발해지고 흑인 노예제가 다시 확산되었으며, 뉴잉글랜드를 비롯한 북부에서는 방직 산업이 발달했다. 1820년에서 1860년 사이에 생산된 공산품의 3분의 2 이상이 북동부 지역 공장들에서 만들어졌다. 또한 도로·운하·철도의 건설과 증기선 발달 등으로 유료 도로 시대turnpike era가 열리고 '운송 혁명'이 일어났다. 1840년에 3000마일(4800킬로미터)이던 철로 길이가 1860년

도판 45 앤드루 러셀Andrew Russell의 〈227번 철판을 놓고 대륙횡단철도를 완성한 동·서 철도의 양측 대표들이 악수하는 모습〉(1869). 유타 주의 프로먼토리서밋Pro-montory Summit은 동부와 서부를 기점으로 각각 출발한 대륙횡단철도 건설 작업이 종료된 곳이다. 이 사진은 1869년 5월 10일, 대륙횡단철도 건설을 마무리짓는 마지막못(황금 못)을 박는 의식을 찍은 것이다. 사진 중앙의 악수하는 두 사람 중에 왼쪽은 '센트럴퍼시픽 철도'의 새뮤얼 몬태규Samuel Montague이고 오른쪽은 '유니언퍼시픽 철도'의 그렌빌 닷지Grenville Dodge다.

에 3만 마일로 늘었고 철도가 다른 모든 운송 수단을 점차 대체했다. 또 석탄이라는 새로운 에너지원이 목재와 수력을 대신하게 되었고 발명가들의 기술혁신이 다양한 분야에서 이루어졌다. 산업화와 함께 빈부의 격차가 심해졌지만 부유층이 확대되면서 새로운 중간계급이 출현했으며 유럽 국가들보다 사회적 유동성이 높았다. |자료 2| 또한 노동력의 서부 이주 및 도시 간 이동이 잦아서 지리적 유동성도 높았다.

노예제에 대한 시각차로 촉발된 남북전쟁

그러나 미국의 산업화는 북부에 집중되었고 남부는 면화 수출 및 농업에 치중하면서 북부와 남부의 경제 상황이 점차 큰 간극을 보이게 되었다. 특히 자유노동 체제인 북부와 노예노동력에 의존하는 남부는 노예제 문제에 입장을 달리했다. 북부와 남부의 지역 갈등은 노예제를 인정한 미주리 주와 노예제를 허용하지 않는 메인 주의 동시 연방 가입을 결정한 1820년 '미주리 타협Missouri Com-promise'으로 위기를 모면했으나, 1850년대에 서부 준주territory에 대한 정책과 그 지역 내 노예제 존폐를 둘러싸고 지역 갈등이 다시 불거졌다. 준주는 미국에 병

합된 영토 가운데 연방의회가 규정한 입법·행정·사법의 조직을 갖추고 주state로 승격되기 이전의 상태에 놓인 지역을 말한다. 상공업이 중심인 북부와 농업이 중심인 남부는 노예제도 허용 여부를 둘러싸고 캔자스 준주에서 대립했다. 이 사건 이후 북부의 노예제 폐지론자와 남부의 노예제 옹호론자들의 선동 모두가 잦아졌다.

특히 1854년에 노예제에 반대하는 공화당이 등장하면서 남부와 북부 사이의 갈등이 증폭되었고, 1860년 대통령 선거에서 노예제에 대해 분명한 태도를 취하지 않은 에이브러험 링컨Abraham Lincoln이 당선되자, 남부에서는 사우스캐롤라이나를 시작으로 일곱 개 주가 연방에서 탈퇴하기 시작했다. 마침내 1861년 남부연합Confederate States of America 군대가 사우스캐롤라이나의 섬터 요새Fort Sumter를 장악한 일을 계기로 남북전쟁이 시작되었다. 자료 3 | 남부는 사탕수수와 쌀과 담배 특히 면화와 같은 환금 작물 무역에 주력했고 제조업을 비롯한 산업의 발전은 북부에 비해 미미했다. 당시 남부 백인 800만 명 가운데 노예를 소유한 사람은 40만 명이었고 소유한 노예 수도 대부분이 열 명 이내에 불과했다. 그렇지만 어쨌든 당시 남부는 브라질과 쿠바, 푸에르토리코를 제외하면 서구에

도판 47 조지 힐리George Healy의 《평화 회담자》(1868년경). 1865년 3월 28일, '리버 퀸 호'에서 셔먼 장군, 그랜트 장군, 링컨 대통령, 포터 제독이 남북전쟁에 대해 토론하는 모습을 보여준다.

서 노예제가 존재하는 유일한 지역이었다. |자료 4|

전쟁이 계속 진행될수록 북부는 차츰 노예 해방을 전쟁의 주요 목표로 받아들이기 시작했고, 1863년에 링컨은 남부연합 노예들을 해방한다는 노예해방령에 공식 서명했다. |자료 5| 이로써 남북전쟁이 연방의 수호만이 아니라 노예제를 없애기 위한 전쟁이라는 점을 분명히 했다. 한편 북부에서는 부유한 사람이 대리인을 사서 전쟁에 내보낼 수 있는 징집령에 반대하는 시위가 벌어지는 등 반전 여론이 일었고, 남부에서도 징집병의 수가 줄어들어 심각한 인력 부족에 시달렸다. 하지만 북군은 게티스버그Gettysburg 전투에서 승리를 거둔 데 이어 율리시스 그랜트Ulysses Grant 장군이 버지니아 전장을 이끌고 윌리엄 셔먼William Sherman이 조지아 주 애틀랜타를 점령하는 등 군사적 승리를 거두었으며 링컨은 1864년 재선에 성공했다. |자료 6|

드디어 1865년 4월에 북부는 전쟁 초기의 불리했던 전황을 뒤집고 남부의 로버트 리Robert Lee 장군의 항복을 받아냈으며 60만 명의 사망자를 낸 잔혹한 전쟁에서 승리를 거두었다. 북부는 전쟁으로 산업과 철도 발달이 촉진되어 경제 상황이 호전된 반면, 남부는 수백만 달러의 재산이 파괴되고 경제 상황이 나빠졌다.

내전을 극복하고 경제통합을 이루다

전쟁이 종결된 뒤 연방군은 남부에 남아 질서를 유지하고 자유인이 된 흑인을 보호했으며, 공화당은 재건법을 제정하여 1867년부터 10년간 남부에 군정을 실시했다. '해방흑인국Freedmen's Bureau'은 350만 명의 해방 노예에게 식량을 나누어 주고 학교도 건립하며 그들의 자립을 도왔다. 흑인은 미국 수정헌법 14조

와 15조를 통해 역사상 최초로 시민권과 투표권을 부여받았고 흑인 정치인과 공직자를 배출했다. 하지만 그들은 참다운 평등을 구가할 법적 보호나 토지 등 물질적 자원을 제공받지 못했고 백인들의 인종 폭력에 대응해야 했다. 이렇듯 재건기는 철저한 개혁에는 실패했지만 해방 흑인의 시민권과 정치적 권리를 위한 제도를 실험하고 선례를 만든 중요한 첫걸음이었다. |자료 7|

남북전쟁 이후 미국은 북부 기업들의 주도로 차츰 경제통합을 성취하기 시작했다. 1869년에는 대륙을 횡단하는 철도가 완성되면서 서부 원주민 영토로의 팽창과 자본주의의 확산이 가속되었다. |자료 8| 캘리포니아와 콜로라도에는 광산 자원 개발 사업으로 광부들이 밀려들었다. 특히 서부의 농업과 목축업은 흥기하는 동부의 산업경제와 밀접한 관련이 있었다. 이 시기 미국은 풍부한 원료, 충분한 노동력, 기술혁신, 기업 경영 혁신, 연방정부의 기업 보조, 내수 시장 확장 등 여러 요인 덕분에 산업이 비약적으로 성장했다. 또 다양한 인종 및 소수민족 집단이 뒤섞인 도시를 중심으로 대량 소비와 대중문화가 등장했으며 여성의 권리 신장에 대한 요구가 비등했다. |자료 9|

여성과 남성은 동등하게 태어났다

세네카 폴스 선언문, 1848; 웨슬리 D. 캠프Wesley D. Camp 편집,《계몽 시대부터 1980년대까지의 서구 문명의 기원Roots of Western Civilization, Vol. II: From Enlightenment to the 1980's》, John Wiley & Sons, pp. 168~169에서 재인용

결의 사항

어떤 법칙이라도 여성의 실질적인 행복과 충돌한다면 자연의 위대한 가르침에 반하는 것이므로 정당성을 갖지 못한다. 왜냐하면 바로 이 행복이 그 어느 것에 대한 의무보다도 우선하기 때문이다. 여성을 남성보다 열등한 지위에 두는 모든 법칙은 자연의 가르침에 어긋나며 따라서 어떠한 강제력이나 권위를 갖지 못한다. 여성은 남성과 동등하며 이는 조물주가 의도하신 바다. 여성이 그렇게 인정되어야 한다는 것은 인류의 가장 고귀한 선善의 요청이다. 여성은 … 자신의 현재 지위에 만족한다고 선언하여 스스로 불명예를 공인하거나, 자기들이 원하는 권리를 모두 갖고 있다고 주장하는 무식을 드러내지 말아야 한다. … 사회에서 여성에게 요구하는 것과 동일한 수준의 미덕은 남성에게도 요구해야 하며, 위반할 경우에는 남녀 모두 똑같이 엄정한 대가를 치러야 한다. … 여성은 부패한 관습과《성서》의 왜곡된 해석이 만든 한계 안에 너무나 오랫동안 안주했다. 이제는 위대한 조물주가 여성에게 부여한 더 넓은 영역으로 옮겨 가야 할 때다. 선거권이라는 신성한 권리를 스스로 지키는 것이 우리나라 여성의 의무다. 인간의 권리 평등은 능력과 책임을 지닌 인간 정체성의 필연적 결과다.

따라서 창조주에 의해 동일한 능력을 받았으며 그 능력을 행사할 책임 의식을 동등하게 지닌 존재로서 모든 올바른 수단을 동원해 올바른 대의를 증진하는 것은 남성뿐만 아니라 여성의 권리이자 의무임이 명백하다.

기혼 여성에게도 별도의 재산권이 있다[1]

〈기혼 여성 재산권Rights of Married Women: An Act Concerning the Rights and Liabilities of Husband and Wife〉,

《뉴욕 타임스》 1860년 3월 21일자; J. 랠프 린그렌J. Ralph Lindgren 외, 《성차별의 법칙The Law of Sex

Discrimination》, Wads-worth, 2011, pp. 12~15에서 재인용

뉴욕 주의 주민은 상원 및 하원을 통해 다음과 같은 법령을 제정한다.

제1항 부동산과 동산을 모두 포함해서 기혼 여성이 현재 소유한 재산은 그만의 단독 특유재산이다. 즉 법정상속, 부동산의 유증이나 동산의 유증, 증여로 받은 것이나 자기 혼자서 혹은 자기 몫으로 행한 매매·사업·노동·근무를 통해 획득한 것, … 결혼 당시에 소유하고 있던 재산이나 그 재산 덕에 생겨난 모든 임대료, 어음, 수익은 결혼하더라도 여성의 단독 별도재산으로 남을 것이다. (재산은) 여성 자신의 이름으로 당사자에 의해 사용·징수·투자될 것이며, 남편의 간섭이나 통제에 종속되지 않을 것이며, 아내 자신이나 그 자식을 부양하기 위한 명목으로 빌린다는 계약이 명시되거나 남편의 대리인 자격으로 아내가 계약하지 않는 한 남편의 빚에 대한 변제 책임이 없다.

제2항 기혼 여성은 자기 특유의 동산을 계약·판매·양도할 수 있고 … 자신의 단독 별도재산은 자신의 이름으로 사용되거나 투자될 것이다.

제7항 기혼 여성은 … 결혼을 유지하는 동안 자기 몫의 재산에 관련된 모든 사안에 대해 독신일 때와 동일한 방식으로 소송을 청구하거나 소송 대상이 될 수 있다. 기혼 여성은 … 자기 신체나 인격이 받은 위해에 대해 독신일 때와 동일하게 자신의 이름으로 소송을 제기하고 진행할 수 있다. …

제8항 기혼 여성의 단독 별도재산과 관련해 기혼 여성이 행한 협의나 계약으로 인해 그 남편이 구속받거나 어떤 식으로든 남편 자신이나 남편의 재산에 지급 책임이 돌아가지 않는다.

제9항 기혼 여성 누구나 그 남편과 함께 남편과 동등한 권한과 권리와 의무를 소지하고, 자기 자녀의 공동 후견인을 구성하거나 주장할 수 있다.

1 | 1860년 3월, 뉴욕 주 의회는 당시 미국에서 가장 진보적인 법인 '기혼 여성 재산법 Married Women's Earnings Act'을 통과시켰다. 이 법은 여성이 결혼한 후에도 그 재산에 대한 권리를 유지하도록 한다는 내용이다.

평등을 누리는 미국인들

토크빌, 《미국에서의 민주주의에 관하여De la démocratie en Amérique》, I(14판), Michel Lévy Frères, 1864, pp. 1, 19(1부), 125~127, 266~270(2부), 83(1부)(한국어판 출간 제목은 《미국의 민주주의》)

미국에 체류하는 동안 내가 주목한 새로운 것들 중에 조건의 평등보다 더 생생한 충격을 준 것은 없다. (중략) 17세기가 시작할 때에 아메리카에 정착한 이민자들은 … 민주주의 원칙을 어떻게든 끌어냈고 … 그곳에서 그 원칙은 자유 안에서 커질 수 있었다. … (중략) [1부]

자유는 다양한 시기에 다양한 형태로 사람들에게 나타났다. … 민주주의의 세기를 특징짓는 특별하고 핵심적인 사실은 바로 조건들의 평등이다. … 자유를 통해 우리가 얻을 선善은 장기간에 걸쳐야 드러나며 … 평등에서 얻는 이익은 지금 바로 이루어진다. … 정치적 자유는 일정 수의 시민들에게 종종 고귀한 즐거움을 선사한다. 평등은 매일 한 사람 한 사람에게 수많은 작은 기쁨을 제공한다. … 사람들은 어떤 희생을 치르고 쟁취하지 않고서는 정치적 자유를 누릴 수 없을 것이다. … 그러나 평등으로 얻어진 기쁨은 저절로 주어지며 … 평등은 자유에 선행한다. (중략) 유럽에는 남성과 여성의 다양한 속성을 혼동하여 남성과 여성이 동등한 존재일 뿐만 아니라 닮은 존재가 되기를 요구하는 사람들이 있다. … 미국인들은 남성과 여성 사이에 확립될 수 있는 민주적 평등이 동일하다고 생각하지 않았다. … 우리는 미국 여성들이 집밖의 일을 주도하는 것을 전혀 보지 못한다. … 사람들은 힘든 노동에 종사하도록 강요받는 여성들을 보지 못한다. … 여자들은 오히려 자신의 의지를 자발적으로 버리는 것을 일종의 영예로 삼는다. … 미국인들이 여성의 명예보다 더 귀하게 여기는 것은 없다. (중략) [2부]

그러나 인구비례로 보면, 미국은 무식한 사람이 별로 없고 동시에 많이 배운 사람도 많지 않다. … 미국에서 초등교육은 개개인의 능력에 달려 있으되 고등교육은 개인의 능력을 넘어선다. … 열다섯 살에 … 그들의 교육은 대개 프랑스인들의 교육이 시작되는 시점에서 끝난다. … 사람들은 현재의 유용성이 인정된 응용 분야만을 배운다. 미국의 부자 대부분은 자수성가했다. … [1부]

전쟁의 목적은 연방을 구하는 것

〈링컨의 편지−호레이스 그릴리의 공개서한에 대한 답변, 노예제와 연방: 최고목적은 연방의 회복〉,
《뉴욕타임스New York Times》 1862년 8월 22일자; http://www.nytimes.com/1862/08/24/news/
letter−president−lincoln−reply−horace−greeley−slavery−union−restoration−union.html

존경하는 호레이스 그릴리 씨에게

나는 연방을 구할 것입니다. … 국가의 권위가 더욱 빨리 회복될수록 연방은 '과거에 존
재했던 연방'에 더욱 가까워질 것입니다. 만약 노예제를 보존할 수 없다면 연방을 구하
지 않겠다는 사람과는 저는 의견을 같이 하지 않겠습니다. 동시에 노예제를 파괴할 수
없다면 연방을 구하지 않겠다는 분에게도 저는 동의하지 않습니다. 만약 제가 어떤 노
예도 해방하지 않고 연방을 구할 수 있다면 그렇게 하겠습니다. 또 모든 노예를 해방해
서 연방을 구할 수 있다면 그렇게 하지요. 일부는 해방하고 일부는 그냥 둠으로써 연방
을 구할 수 있다면 역시 그렇게 하겠습니다. … 저는 제가 가진 공직[대통령]의 관점에
따라서 나의 목표를 선언했으며, 제가 종종 표명했던 대로 모든 사람은 어디에서든 자
유로워야 한다는 개인적인 소망을 조금도 변경할 의사가 없습니다.

노예 가족의 생이별

엘우드 하비Dr. Elwood Harvey, 〈버지니아에서 본 노예 매매〉, 1846[2]; 해리엇 비처 스토Harriet Beecher
Stowe, 《톰 아저씨의 오두막집A Key to Uncle Tom's Cabin》, 1853; 존 캐리John Carey, 《역사의 목격자
Eyewitness to History》, Avon Books, 1987, pp. 316~318에서 재인용(한국어판 출간 제목은 《역사의
원전》)

2 | 이 글은 미국 남부의 노예
매매가 단순한 인신매매가 아
니라 노예 당사자에게는 가족
과 친구에게서 영원히 떨어지
는 끔찍한 일이었다는 사실을
기록하면서 흑인 가족의 해체
와 이별을 보여준다.

3 | nigger. 흑인을 매우 모욕
적으로 가리키는 말. '불운한
자'라는 뜻도 있다.

버지니아 피터스버그 근처에서 … 우리는 뜻하지 않게 공매公賣에서 노예들이 팔리는
것을 보았다. … 토지가 매각되자, 경매꾼들의 큰 목소리가 들렸다. "니거[3]들을 올려
라!" 놀라고 두려운 기색이 그들의 얼굴에 스쳤고, 처음에는 서로를 쳐다보다가 구매자
무리를 보았다. … 여자들은 제 아기들을 움켜잡고는 비명을 지르며 오두막으로 뛰어
들었다. '남자들과 소년들'은 검사대에 줄지어 서 있었다. … 몇몇 노인은 13달러에서
25달러의 값에 팔렸다. … 그들은 자신들이 남부 시장에서 활동하는 상인들에게 팔릴

까 두려워했다.

약 열다섯 살쯤 된 백인 소년이 단 위에 올려졌다. 소년의 피부색에 대해 몇 마디 저속한 농담이 오고 갔고 200달러에 입찰되었다. 그런데 모인 사람들은 … 그 액수가 충분하지 않다고 하거나 … 하얀 니거가 골칫거리라고 말했다. <u>한 사람은 백인을 파는 것이 잘못이라고 말했다.</u> … 그 소년이 팔리기 전에 모친이 집에서 거리로 뛰어나와서는 망연자실하여 울부짖었다. "내 아들, 오! 내 새끼, 사람들이 내 자식을 채갈 것이야—." 여기서 그 여자의 목소리는 끊겼는데 거칠게 떠밀려 들어갔고 문이 닫힌 것이다. … 불쌍한 그 소년은 동정이나 자비심은 전혀 보이지 않는 많은 낯선 자들 앞에서 <u>두려움에 소리 내어 울지도 못한 채 떨면서 옷소매로 뺨을 타고 흐르는 눈물을 닦았다.</u> 그는 약 250달러에 팔렸다. 판매되는 동안 노예숙소들에서 메아리치는 울음과 탄식은 나의 마음을 아프게 했다. 다음으로 한 여자의 이름이 불렸다. 아기를 미친 듯 껴안은 후에 한 노파에게 넘겼고 … 비명을 지르고는 움직이지 않았다.

나의 동료들 중 한 사람이 내 어깨를 만지며 말했다. "자, 여기를 떠납시다. 더는 못 듣겠어요." 우리는 그곳을 떠났다. 피터스버그에서 우리가 탄 마차를 몰고 온 사람은 … <u>남부로 팔려간 아들이 셋</u> 있는데 다시는 그들을 보거나 소식을 듣지 못할 것이라고 말했다.

여성 노예에게 가해진 가혹한 채찍질

새뮤얼 그리들리 호우Samuel Gridley Howe, 〈찰스 섬너에게 보내는 편지Letter to Charles Sumner〉,[4] 존 캐리,
《역사의 목격자》, pp. 318~319에서 재인용(한국어판 출간 제목은《역사의 원전》)

뉴올리언스 감옥에서 … 여러 피부색의 온갖 연령대의 남녀 노예들로 가득 찬 좁고 길쭉한 방들이 나란히 있는 너른 마당에 들어섰을 때 나는 채찍 소리를 들었다. … 거기에 흑인 소녀가 판자 위에 엎드려져 있었는데 … 묶은 띠 아래에는 완전 나체였다. 옆에서 6피트(약 180센티미터)가 넘는 거대한 흑인이 긴 채찍을 들고 … <u>내리칠 때마다 살갗이 벗겨졌고 살점은 채찍에 들러붙거나 땅에 떨어져 흐늘거렸다. 맞은 데에서 피가 솟구쳤다.</u> … 그 불쌍한 존재는 … 머리맡에 있던 주인에게 <u>죽음의 공포와 말할 수 없는 고통</u>이 배어나는 목소리로 애원했다. "아, 목숨을 구해주세요! 내 혼백이 떠나지 않게 해주세요!" 그러나 여전히 무시무시한 채찍질이 가해졌다. 살갗이 계속해서 벗겨져 나갔다. … 몸에 피멍이 들고 피가 난자한 채 벗겨져 너덜거리는 근육 뭉치가 될 때까지

4 | 미국의 교육가인 호우는 노예제 반대에 앞장선 정치 지도자 찰스 섬너에게 편지를 보내 뉴올리언스의 여성 노예에게 가해지는 참혹한 형벌의 장면과 그 충격을 전했다.

채찍질 했다.

이 일은 공공 … 감옥에서 일어났다. 그 채찍질은 법으로 인정되고 허가된 벌이었다. … 그 여자는 집행 형리에 의해 채찍을 맞도록 주인이 데리고 온 것인데, 재판도 심판관도 배심원도 없이 그저 손짓이나 고갯짓으로 그렇게 하는 것이다. … 요금을 내면 25대 미만으로 원하는 대수만큼 때릴 수 있다. … 이 무서운 벌이 충격인 것은 바로 그것이 공개적으로 행해진다는 것이다. 유색인 남녀로 채워진 좁고 긴 방들로 둘러싸인 마당 … 그들 중 다수는 이를 눈여겨보지도 않았고 전혀 관심도 없었다.

자료 05

'북군이 점령한 남부 지역의 노예를 해방시킬 수 있다'

노예해방령, 1862; 한국미국사학회 엮음, 《사료로 읽는 미국사》, 궁리, 2006, 170~172쪽에서 재인용

현재 미국에 대해 반란 상태에 있는 주州나 주 일부의 노예들은 1863년 1월 1일 이후부터 영원히 자유의 몸이 될 것이다. 육해군 당국을 포함해 미국 행정부는 그들의 자유를 인정하고 지켜줄 것이며, 그들이 진정한 자유를 얻고자 노력하는 데 어떠한 제약도 가하지 않을 것이다. 미국 행정부는 상술한 1월 1일에 여전히 미국에 대해 반란 상태에 있는 주들과 주의 일부 지역이 있다면 그들 지역을 지정 선포할 것이다. 그리고 그날까지 주 또는 주민 유권자의 과반수 이상이 투표해 선출한 대표들을 미국 의회에 파견한다면 … 그 주와 주민은 반란 상태에 있지 않은 것으로 간주할 것이다.

그러므로 미국의 대통령인 나, 에이브러험 링컨은 … 이 반란을 진압하기 위해 적합하고 필요한 조치로서 1863년 1월 1일부터 그 후 100일 동안, 미국에 대항해 반란 상태에 있는 다음과 같은 주와 주의 일부 지역을 반란 주로 지명한다. [반란 주 및 지역의 명칭 생략]

… 이상의 반란 주로 지정된 주와 주의 일부 지역에서 노예로 있는 모든 사람은 이제부터 자유의 몸이 될 것임을 선포한다. … 나는 자유가 선언된 상기 노예들에게 자기방어를 위해 필요한 경우가 아니라면 모든 폭력 행위를 삼갈 것을 명한다. 그리고 … 적합한 임금을 벌기 위해 성실히 노동할 것을 권유한다. 또한 적합한 조건을 갖춘 자는 미국 군대에 입대하여 요새, 진지 및 기타 부서에 배치되고 모든 종류의 선박에도 배치될 것임을 알린다. 진실로 정의를 위한 행위이며 군사상의 필요에 의해 헌법으로 보증된 이 선언에 대해 전능하신 하나님의 은총과 인류의 신중한 판단이 함께하기를 기원한다.

인민의, 인민에 의한, 인민을 위한 정부

링컨의 게티스버그 연설, 1863; 한국미국사학회 엮음, 《사료로 읽는 미국사》, 173~174쪽에서 재인용

지금부터 87년 전 우리 조상은 모든 사람이 자유 속에서 잉태되고 평등하게 태어났다는 신조 위에 새로운 나라를 이 대륙에 세웠습니다.

지금 우리는 이와 같이 잉태된 나라가 과연 영속할 수 있는지 여부를 실험하는 커다란 내전을 치르고 있습니다. 우리는 그 전쟁의 큰 싸움터에 서 있습니다. 이 싸움터의 일부를 이 나라가 영원무궁하도록 이곳에서 생명을 바친 사람들의 최후의 안식처로 바치기 위해 모인 것입니다.

… 여기서 싸운 용사들은 살아남은 사람이든 전사한 사람이든 … 이 땅을 성스럽게 했습니다. … 세계는 여기서 쓰러진 용사들이 바로 이곳에서 한 일을 결코 잊지 않을 것입니다. 여기서 싸운 사람들이 지금까지 그토록 훌륭히 추진한 미완의 사업에 몸을 바쳐야 할 사람들은 이제 우리 살아 있는 사람들입니다. … 그 사업이란 이들 명예로운 전사자가 최후까지 온 힘을 다해 싸운 대의를 위해 더욱 헌신해야 한다는 것, 이들 전사자의 죽음을 헛되이 하지 않으리라 굳게 맹세하는 것, 이 나라를 하느님의 뜻으로 새로운 자유의 나라로 탄생시키는 것, 그리고 인민의, 인민에 의한, 인민을 위한 정부가 지상에서 사라지지 않도록 하는 것입니다.

해방된 흑인 노예의 삶을 보장하라는 청원

남북전쟁 이후에 나온 남부 흑인들의 청원서, 1875; 허버트 앱서커Herbert Aptheker 편집, 《미국 흑인 사료집A Documentary History of the Negro People in the United States》, Citadel Press, 1951, pp. 586, 600~603에서 재인용

조지 언더우드, 벤 해리스, 이시아 풀러의 합동 진술서

카도 카운티, 루이지애나, 1875. 8. 3

우리는 노동계약을 맺고 맥모링 씨의 농장에서 일했으며 소출 작물의 약 3분의 1을 받기로 했다. 그는 우리 모두에게 식량을 지급하기로 했다. 그런데 1875년 7월에 들판에서 일하고 있을 때 맥모링 씨와 맥번턴 씨가 우리에게 와서 "이곳에서 떠나줘야겠다.

우리는 할 만큼 했다. 너희들 모두 순응해서 살아야 하며 그렇지 않으면 결과를 각오해야 할 것이다"라고 말했다. 이 두 백인은 몽둥이와 총을 갖고 와서 우리더러 떠나라고 말했다. 우리는 경작한 작물을 포기할 수 없으므로 떠나지 않겠다고 했다. 그들은 떠나는 것이 좋을 것이며 그렇게 하지 않으면 아무것도 얻지 못할 거라고 했다. … 우리가 작물을 평가할 심사자들을 데려오겠다고 말하자 그들은 아무도 오지 않을 거라고 했다. 우리는 떠나고 싶지 않았지만 그들이 풀러를 때리고 채찍질을 했기에 두려워서 떠나야만 했다. 우리는 약 30에이커의 면화를 재배했고 이 카운티에서 최상의 품질이었다. 옥수수는 약 29에이커를 경작했으며 역시 최상품이었다. … 우리는 맥모링 씨에게 180달러를 받아야 했지만, 그들은 만약 우리가 계속 그 점을 언급하면 보복하겠다고 했다. 우리가 그곳에서 살면서 일하는 동안 그들은 절반의 식량도 주지 않아서 우리가 먹는 것을 스스로 지불해야 했다. … 우리는 마치 노예처럼 일했고 늘 개처럼 취급받았다.

미국 대통령과 연방의회에 보내는 앨라배마 흑인들의 진정서

앨라배마 주의 흑인들은 … 헌법적 권리를 위협하는 심각한 위험에 직면하여 … 상황을 논의하고 생존을 위해 무엇을 할 것인지를 의논하기 위해 전국협의회에 함께 모였다. 그리고 우리는 대통령과 의회가 우리 처지를 고려하여 행동해줄 것을 바라는 다음의 청원서를 제출한다.

한 인종으로서 미국 시민으로서 우리는 … 정치적·시민적 권리를 이 주에서 결코 누리지 못했다. 투표권은 이 주의 많은 지역에서 거부되거나 빼앗겼다. 투표권을 침해하거나 없애려는 정적들은 다양한 방법을 사용했는데, 주로 비밀 암살, 린치, 협박, 기소와 체포 등의 폭력을 행사했다. 그리고 고용과 토지 임대를 박탈하거나 거절하겠다고 위협했다. 우리 다수는 가난하고 궁핍했기에 그런 위협을 무시할 수 없었다. 이러한 무법 행위들은 1868년 최초의 투표권 행사 이후 반복되고 지속되었다. 그 영향으로 각 선거에서 1만 명 내지 1만 5000명의 흑인 투표가 억제되거나 강요에 의해 정적에게 주어졌다. …
주 법정에서 우리의 생명권과 자유권과 재산권의 보호가 더 나아지지도 않았다. 주 상급법원은 일반적으로 공화당 지지 판사들이 주관하며 우리에게 정의를 실천하려는 경향을 보이지만 지역의 압력으로 왜곡된다. 정의가 실패하는 주된 이유는 보안관, 판사, 법정 서기들이 앨라배마 주 대부분의 카운티에서 소배심과 대배심에 흑인을 배치하지 않거나 거부하기 때문이다. 그것은 주의 법을 명백히 위반하는 행위다. 그 결과 흑인의 생명과 자유와 재산은 백인들로만 구성된 배심원들에 의해 결정된다. 흑인과 백인 사이의 분쟁이나 피고인이 흑인인 형사재판에서 흑인이 승소하는 것은 거의 불가능하다. … 우리의 생명과 자유와 재산은 편협하고 위험한 배심원들의 판단에 달려 있다. 그들은 흑인을 자신들의 동료로 인식하지 않고 '태생적으로 열등한 종족'으로 보며 소유 재산으로 간주하는 과거 노예주들로 구성되어 있다. …

이러한 절망적인 상황에서 … 우리가 호소할 곳은 대통령과 연방의회뿐이다. 그들은 잘못을 바로잡고 우리의 불행을 경감시킬 힘을 아직 갖고 있기 때문이다.

우리가 제기하는 문제는 바로 이것이다. 우리의 시민권은 실재하는가 아니면 조롱감인가, 보호와 혜택인가 아니면 위험과 저주인가? 우리는 실제 자유인인가 아니면 단지 이름뿐인 자유인인가? 헌법 수정조항들은 실질적으로 시행되어야 하는가 아니면 무효화되어 '법령집의 죽은 글자들'처럼 서 있을 뿐인가?

자료
08

"우리 부족의 위대함은 이제 잊혀버렸다"

시애틀Seattle 족장의 연설문, 1854; 헨리 A. 애덤스Henry A. Adams 옮김, 《시애틀 선데이 스타Seattle Sunday Star》, 1887년 10월 20일자

백인들은 마치 저 광대한 초원의 풀처럼 무수하다. 하지만 나의 부족들은 이제 그 수가 얼마 남지 않았다. 우리는 마치 폭풍이 휩쓸고 간 벌판 여기저기에 흩어진 나무와도 같다. … 우리가 편히 살 수 있을 만큼 충분한 땅을 마련해줄 용의가 있다는 전갈을 백인들이 보내왔다. 이것은 참으로 관대한 처사로 보인다. … 우리가 이보다 더 넓은 땅을 필요로 하지 않음을 감안할 때 그것이 더 현명한 제안일지도 모르겠다. …

한때는 우리 부족이 온 땅을 가득 메운 시절도 있었다. 하지만 그 시절은 이미 오래전에 사라져버렸고 우리 부족들의 위대함도 이제는 거의 잊혀버렸다. 그렇다고 해서 나는 우리 부족의 때 아닌 쇠락을 슬퍼하거나 그것을 재촉했다 하여 백인 형제들을 비난하지도 않을 것이다. 우리에게도 어느 정도는 책임이 있을 수 있기 때문이다. …

우리 젊은이들은 불의에 분노하고 … 그들의 잔혹성은 무자비하지만 … 우리 늙은이들은 이들을 만류할 수도 없다. 하지만 우리 부족들과 백인 형제들 간의 적대감이 다시는 재발하지 않기를 바란다. 우리에게 해만 될 뿐 아무런 득이 되지 않기 때문이다. …

그대들의 하느님은 우리의 하느님이 아니다. … 백인들의 하느님은 피부가 붉은 자식

들을 사랑할 수도 없고 또 보호하지도 않을 것이다. 우리들은 아무 데서도 기댈 곳을 찾을 수 없는 고아들과 같다. 이런 상황에서 우리가 어떻게 한형제가 될 수 있겠는가? … 그대들의 하느님은 우리한테는 불공평한 것 같다. …

하지만 그대들의 제안은 타당한 것으로 보인다. 그리고 우리 부족도 이를 받아들여서 그대들이 제공하는 보호구역으로 이주할 것으로 보인다. 앞으로 우리는 멀리 떨어져서 평화롭게 살 것이다. … 부디 우리 종족에게 공정하고 친절하게 대해주기를 바란다.

자료 09
여성의 가사노동이 지닌 경제적 가치

샬럿 퍼킨스 길먼Charlotte Perkins Gilman, 《여성과 경제학: 사회진화 요인으로서 남녀 사이의 경제 관계에 대한 연구Women and Economics : A Study of the Economic Relation between Men and Women as a Factor in Social Evolution》, 1898; University of California Press, 1998, pp. 146~168

남성은 지난 수천 년간 경제적 지위에서 여성을 앞섰다. … 어느 나라 어느 시대에서든 인간의 경제적 지위는 주로 남성의 활동으로 운용되고 여성들은 오직 남성을 통해서 인류 진보에 따른 몫을 얻는다. … 여성의 경제적 지위가 남성의 경제적 지위에 달려 있다는 사실을 부인하기는 어렵다. …

… 남편과 아내는 자녀에 대한 공동의 책임, 상호 간의 사랑, 의무, 봉사에서 진정한 동업자다. … 아내는 사업 관계에 있는 남자가 하듯이 자본이나 경험이나 노동으로 기여하지 않는 한 결코 사업의 동업자가 아니다. … 만일 아내가 사업의 동업자가 아니라면 무슨 근거로 남편의 손을 거쳐 받는 음식, 옷, 집을 가질 자격이 있는 것일까? 바로 가사노동이다. 여성이 자신들이 얻는 것 혹은 그 이상을 가사노동을 대가로 얻는다는 것은 다소 모호한 개념이다. 우리는 여기서 아주 실질적이고 확실한 경제적 근거에 도달하게 된다. 즉 부의 생산자는 아니지만 여성은 부를 준비하고 나누는 최종 과정에서 일한다. 가정에서 여성의 노동은 진정한 경제적 가치를 갖는다.

… 가정에서 아내가 하는 노동은 고용이 아니라 기능적인 의무의 일부로 주어진 것이다. … 아내는 가정에서 바친 수고의 공정한 대가를 받을 권리가 있다.

| 출전 |

샬럿 퍼킨스 길먼(1860~1935), 《여성과 경제학》, 1898: 작가이자 경제학자였던 길먼은 미국 여성운동의 지도자로 활동했다. 이 책에서는 여성이 담당하는 육아와 가사노동의 전문성과 중요성을 언급하면서 공정한 대가를 받아야 한다고 주장했다.

링컨의 게티스버그 연설, 1863. 11: 링컨이 남북전쟁 와중에 펜실베이니아의 게티스버그에서 한 연설로, 게티스버그 전투가 치러진 지 4개월 만에 당시 전사한 병사들을 위해 세운 국립묘지 봉헌식에서 행해졌다. 이 연설에서 링컨은 미합중국 〈독립선언문〉에 나타난 인간 평등의 원칙을 상기시키며, 남북전쟁이 모든 국민에게 참다운 평등을 가져다줄 '자유의 재탄생'을 위한 투쟁임을 강조했다.

링컨의 편지, 1862: 노예제 폐지론자가 링컨의 조치가 미흡하다는 요지의 편지를 보낸 것에 대해서 링컨이 신문에 보낸 답변이다. 이 답변에서 노예해방보다는 연방의 유지가 가장 중요하다는 점을 역설하지만, 편지의 마지막에서 노예제 종식에 대한 소망을 피력한다. 남북전쟁중에 남부의 수천 명 노예가 북군에 참여했으며 이 편지를 발표한 지 한 달 후에 노예해방 시안이 발표된다.

시애틀 족장의 연설문, 1854: 19세기 중반 미국 정부가 원주민의 땅을 강제로 사들이려 하자 스쿼미시Suquamish 부족의 족장인 시애틀이 정부와의 회담에서 원주민의 입장을 피력했다. 1854년의 이 회담에 통역으로 직접 참석했던 애덤스 박사는 1887년에 영어로 번역한 시애틀의 연설을 신문에 게재했다. 원주민 족장은 자신들의 영화의 시대가 막을 내리고 이제는 백인들이 마련해준 보호구역에서 함께 평화롭게 살기를 희구한다는 바람을 표명했다.

토크빌, 《미국의 민주주의에 관하여》, 1835: 토크빌은 프랑스 자유주의 정치 전통을 대표하는 인물로, 7월 왕정과 제2공화정에도 적극 참여했으나 나폴레옹 3세의 1851년 쿠데타 이후에 정계에서 은퇴했다. 토크빌은 1831년에 미국을 방문하여 약 10개월간 체류하며 민주주의 사회를 만들고 유지시키는 조건들을 관찰했으며 프랑스 사회가 나아갈 방향을 제시하고자 했다. 그는 이 책에서 왜 공화제 대의민주주의가 유독 미국에서 성공했는지를 분석하고 미국 사회의 평등, 여성의 지위, 교육 등도 기술했는데 간행된 직후 유럽에서 높은 인기를 누렸다.

세네카 폴스 선언문, 1848. 7: 미국 여권운동의 선구자인 엘리자베스 스탠턴Elizabeth Stanton과 열렬한 노예제 폐지 운동가인 루크레시아 모트Lucretia Mott, 이 두 여성이 조직한 첫 여권 신장 대회가 1848년 뉴욕 주의 세네카 폴스에서 열렸다. 여기서 발표된 독립 선언 형식의 〈취지선언문Declaration of Sentiments〉에는 여성에 대한 남성의 억압에 항의하는 열여덟 가지 불만 사항이 열거되어 있다.

노예해방령, 1862. 9: 남북전쟁이 진행 중이던 1862년 9월에 북군이 메릴랜드 주 앤티텀Antietam에서 승리한 시점을 노예 해방 선언의 기회로 삼은 링컨은 초안을 예비 선언으로서 발표했다. 이에 따라 북군 사령관은 점령한 남부 지역에서 노예를 해방시킬 수 있는 권한을 부여받았다. 이 선언이 나옴으로써 당시 남부 쪽으로 기울던 유럽 특히 영국의 여론에 지대한 영향을 미쳐 노예제를 옹호하는 남부를 승인하지 못하게 되었다. 1863년 1월 1일에는 정식 노예 해방 선언문이 발표되었으며, 1865년 1월에 북부 연방의회는 노예제를 전면적으로 금지하는 수정헌법 13조를 통과시켰고 전후인 1865년 12월 6일에 각 주의 비준을 받았다.

남북전쟁 이후에 나온 남부 흑인들의 청원서, 1875: 1870년대에 남부의 해방 흑인들은 종종 연방정부에 새 기회를 요구하는 청원을 했다. 남북전쟁 이후 전쟁에 패배한 남부에는 1867년부터 10년간 군정이 실시되었고 이 재건 시기에 미국 흑인에게는 시민권과 투표권이 주어졌다. 그러나 남부의 대다수 토지는 여전히 과거 농장주 소유로 남아 있었고 흑인은 일부만 간신히 구매할 수 있었다. 그들은 학교, 상조회, 교회 등을 통해 자립을 모색했지만, 재건이 끝날 무렵에 흑인들의 상황은 크게 개선되지 못한 상태였다.

| 참고문헌 |

브링클리, 앨런, 《있는 그대로의 미국사》 1~3, 황혜성 외 옮김, 휴머니스트, 2011.
손세호, 《하룻밤에 읽는 미국사》, 랜덤하우스코리아, 2011.
한국미국사학회 엮음, 《사료로 읽는 미국사》, 궁리, 2006.
Catton, Bruce, *The Civil War*, New York: First Mariner Books, 2004.
Collins, Terry & Joseph R. O'Neill, *Into the West: Causes and Effects of U. S. Westward Expansion*, New York: Fact Finders, 2013.

14
제정 러시아
:농노제 폐지와 남하 정책 추진

니콜라이 1세의 반동에서 알렉산드르 2세의 개혁으로

러시아의 자유주의 물결은 1860년대에 이르러서야 그 모습을 드러냈다. 1825년 알렉산드르 1세가 죽은 후 차르가 된 니콜라이 1세의 즉위식이 거행된 자리에서 '데카브리스트의 난'이 일어났다. 이 반란의 주동자들은 입헌군주제를 실시하고 농노제를 폐지하라고 주장했지만 결국 제압당했다. 그 후 니콜라이 1세는 오히려 반동 정치를 강력하게 펼쳤다. 즉 군부와 경찰 조직, 전제적 관료주의 전통과 비밀경찰 통치를 더욱 견고히 하면서 자유주의 사상과 운동을 탄압했다.

한편 니콜라이 1세는 해외 진출의 필요성을 인식하고 남하 정책을 추진했다. 그는 서아시아에서 투르크인의 영향력이 약해진 틈을 타 투르크 영내의 그리스도교도를 보호한다는 구실로 남진을 추진하여 1853년부터 3년간 크림 전쟁을 벌였다. 하지만 영국과 프랑스가 러시아의 남하를 막으려고 개입하면서 크림 반도를 차지하려는 러시아의 시도는 실패했다. 파리 조약으로 흑해가 중립 지대로 선언되면서 러시아는 함대를 배치할 수 없게 되었고 흑해의 해협들은 국제 교통로로 개방되었다. 또한 오스트리아가 다뉴브 공국(루마니아)을 차지함으로써 신성동맹이 깨졌고 러시아와 오스트리아의 우호 관계도 막을 내렸다.

이처럼 러시아는 발칸 지역을 지배하던 투르크의 세력이 약해진 틈을 이용하여 알렉산드르 1세

도판 48 1853~1856년에 벌어진 크림 전쟁. 그리스 독립전쟁 이후 이집트가 시리아를 공격하자 러시아는 군대를 보내 오스만 투르크를 원조했고 오스만 투르크와 상호 방위 동맹을 맺어 다른 외국 군함에게 투르크 항구를 8년간 폐쇄하기로 했다. 하지만 러시아는 1853년에 투르크 자치령인 다뉴브 공국에 병력을 보냈고, 그러자 그리스 독립을 위해 투르크와 싸웠던 영국·프랑스는 이제 투르크와 손을 잡고 러시아와 맞섰다.

와 니콜라이 1세 때 발칸 지역에 대한 본격적인 남하 정책을 추진했다. 하지만 영국은 '이집트 사건', 크림 전쟁, 러시아-투르크 전쟁, 베를린 회의에서 계속 투르크를 원조하면서 러시아의 남하를 저지하는 데 앞장섰다.

크림 전쟁의 패배는 알렉산드르 2세가 개혁을 추진하는 계기가 되었다. 개혁가들은 정부와 사회체제에 만연한 부패와 무능을 패배의 원인으로 지목하며 비판했고, 알렉산드르 2세는 차르 체제를 유지한 채 '위로부터의 농노제 폐지'를 결정하는 등 사회 개혁을 통해 변화를 시도했다. │ 자료 1 │ 차르는 출판물 검열을 완화하고 정치범을 석방했으며, 젬스트보zemstvo(지방의회)를 설치하고 사법 제도도 개혁하고 제한적으로 대학 자치도 허용했다. 1861년에는 영주제 폐지, 농노의 인신 예속 철폐 및 토지의 유상 분배를 골자로 한 농노제 폐지령을 반포했다. │ 자료 2 │ 군대를 재조직하기 위해 국가가 농민을 직접 통제할 필요에서 취해진 조치인 동시에 농노 노동이 자유노동에 비해 비효율적이라는 경제적 판단도 작용하여 실시된 농노해방령 이후 농민은 신상의 자유를 얻었으나 토지를 무상으로 얻지는 못했다. 그 결과 농민들은 장기적으로 토지 상환금을 납부해야 하

는 처지에 직면했고 임차 토지에 대해 고율의 지대를 부담해야 했다. 또한 사유 재산 개념이 미처 정립되지 않아서 토지 소유권이 농민 개인이 아니라 마을 공동체인 미르mir에 있었다. 농민이 부여받은 토지는 토질이 좋지 않은 땅이었던 데다 농촌에 인구가 계속 밀집하면서 결국 농촌 폭동이 일어났다. | 자료 3 |

제정 러시아에 닥친 대내외의 위기

농노해방령이 농민을 토지에 결박시켰을 뿐만 아니라 도시 인력까지 촌락으로 유입시킴으로써 러시아는 산업화에 필요한 노동력을 충분히 확보되지 못했다. 이러한 상황에서 농업 생산성까지 향상되지 못해 농민 경제가 불안했고 노동 절약성 기술혁신을 이루기도 어려웠다. 하지만 알렉산드르 2세는 서유럽의 기술과 자본을 도입하고 철도망을 확충했으며 국채를 발행하고 외국으로부터 거액의 차관을 도입하는 등 산업자본가의 자본 축적을 지원했다. 또한 농민에게서 거둬들인 조세 및 토지 상환금과 농산물 수출 대금을 산업화의 재원으로 활용했다. 1890년 무렵 러시아는 직물업뿐만 아니라 주로 군사력에 도움이 되는 중공업, 운송에서 제한적이나마 성과를 거두었다. | 자료 4 |

알렉산드르 2세는 1876년에 투르크군이 영내의 불가리아에서 일어난 반란을 무자비하게 진압하자 그것을 구실로 범슬라브주의를 표방하며 1877~1878년에 러시아-투르크 전쟁을 벌였다. 그러나 영국과 오스트리아가 러시아의 영향력을 견제하고자 발칸 반도에 오스만제국 세력을 유지하려 했고, 이에 비스마르크가 중재에 나서면서 러시아의 남하 정책은 다시 좌절되었다. 그리고 영국·오스트리아·프랑스·독일·이탈리아·투르크·러시아 7개국이 모여 합의한 1878년의 베를린 회의에서는 세르비아와 루마니아의 독립은 인정하되, 자치를 허용했던 불가리아를 다시 오스만제국의 속령으로 하고 영국이 키프로스 섬을 영유하기로 결정되었다. |자료 5|

한편 농노 해방의 결과에 실망한 러시아 인텔리겐치아intelligentsia와 학생들은 대학을 중심으로 차르 체제와 반동 정치에 반발했고 1870년대에 나로드니키 Narodniki 운동을 벌였다. 이들은 부르주아 사회와 자본주의 경제의 해악을 극복할 대안이 사회주의라고 보았고, 그것을 실현할 희망을 미르라는 농민 공동체에서 발견하고 '브 나로드v narod(인민 속으로)' 운동을 전개했다. |자료 6| 대학생들은 농민의 계몽과 자각을 위해 농촌으로 들어가 사회 개혁 운동을 추진했으나, 결과적으로 차르를 숭배하던 농민들의 무관심과 정부의 탄압으로 좌절을 겪었다. 그러자 개혁 지도자들은 농민을 대상으로 한 선전과 선동을 포기하고 허무주의

도판 51 그리고리 미야소예도 프Grigoriy Myasoyedov의 〈1861년 해방령을 읽다〉(1873). 알렉산드르 2세의 농노해방령 으로 2000만 명 이상의 농노 가 자유를 얻었다. 이 그림은 자유를 얻은 농노들이 모여 해 방을 이야기하는 장면을 그린 것이다.

와 무정부주의 운동 등으로 전향했으며 그중 일부는 과격한 노선을 택해 알렉 산드르 2세를 암살했다.

그 후 즉위한 알렉산드르 3세는 극도로 강한 반동 정치를 펼치며 자유주의를 탄압했고, 이에 저항하는 세력은 농촌을 매개로 세력을 형성한 인민주의자들 그리고 도시를 중심으로 사회민주당을 건설한 마르크스주의자들로 나뉘었다. 게오르기 플레하노프Georgy Plekhanov와 블라디미르 레닌Vladimir Lenin 등을 중심 으로 조직된 이 정당은 이후 1905년과 1917년에 일어난 러시아혁명에서 중요 한 역할을 담당했다.

이렇듯 1613년에 수립된 로마노프 왕조는 거의 300여 년간 러시아를 지배하 며 제국을 형성하고 강대국의 지위를 굳혀나갔다. 특히 표트르 대제 이후 러시 아의 영토가 넓어졌고 본격적인 근대화가 이루어졌다. 농노 해방과 군비 증강 도 이루어졌다. 하지만 알렉산드르 2세가 암살당한 후 오히려 전제정치가 더욱 강화되었고, 격동하는 시대의 변화에 부응하지 못하면서 사회 개혁에 대한 러 시아 국민의 강한 요구에 직면하게 된다.

농노제와 차르의 전제정 등으로 가장 낙후된 구조에 처해 있던 러시아가 19세 기에 유럽 열강의 지위에 오른 것은 놀라운 성과였다. 그 주역이었던 이른바 인텔리겐치아라는 지식인 집단은 러시아에 존재하지 않던 시민계급을 대신해 자유주의적 근대화 개혁을 추구했다. 하지만 이들은 유럽 지향적인 서구주의와 러시아 지향적인 슬라브주의로 분열되어 있었고, 농노 해방 등의 개혁에도 불구하고 전제정치는 본질적으로 변혁되지 않았다. 그러나 1890년대부터 철도 건설 확장 및 중공업 발전 등으로 산업혁명이 본격화되었고, 마르크스주의적인 사회민주당과 중산계급에 입각한 자유주의적 입헌민주당이 출현하면서 새로운 정체 수립을 위한 실험과 도약에 돌입했다.

명칭	재위 기간
표트르 대제	1696~1725
예카테리나 1세(표트르의 부인)	1725~1727
표트르 2세	1727~1730
안나 이바노브나	1730~1740
이반 4세	1740~1741
엘리자베타 여제(표트르 대제의 딸)	1741~1762
표트르 3세	1762
예카테리나 2세	1762~1796
파벨 1세	1796~1801
알렉산드르 1세	1801~1825
니콜라이 1세	1825~1855
알렉산드르 2세	1855~1881
알렉산드르 3세	1881~1894
니콜라이 2세	1894~1917

| 표16 제정 러시아의 차르 계보.

자료
01
위로부터의 '농노제 폐지'

알렉산드르 2세의 농노 해방 의지 선언, 1856; 게오르그 베르나드스키George Vernadsky 편집, 《1917년까지의 러시아사 사료집A Source Book for Russian History from Earlier Times to 1917》 vol. 3, Yale University Press, 1972, p. 589에서 재인용

여러분, 나는 농노제를 폐지하려는 내 의도에 대해 여러분 사이에 소문이 있다는 것을 압니다. 그처럼 중요한 문제에 근거 없는 뒷공론이 나도는 일을 막기 위해, 내가 지금 즉시 그것을 시행할 의지가 없다는 것을 여러분에게 알릴 필요가 있다고 생각합니다. 그러나 물론 여러분도 알고 있듯이 현재의 농노 소유 제도는 현행 그대로 남아 있을 수는 없습니다. 농노제가 아래로부터 스스로 없어지기를 기다리기보다 위로부터 농노제 폐지를 시작하는 것이 좋습니다. 나는 여러분이 이렇게 할 방도를 생각해주기를 요청합니다. 나의 말을 다른 귀족들에게 전하여 생각해보도록 하십시오.

자료
02
토지를 유상으로 분배받은 러시아 농민

알렉산드르 2세의 농노해방령, 1861; 바실 드미트리쉰Basil Dmytryshyn, 《제정 러시아: 1700~1917년 사료집Imperial Russia: A Sourcebook, 1700~1917》, Holt, Rinehart and Winston, 1967, pp. 221~223, 225에서 재인용

러시아의 황제이자 군주, 폴란드의 왕, 핀란드의 대공인 짐 알렉산드르 2세는 믿음직한 신민들에게 선언한다.

… 농노들은 낡은 법령들 혹은 관습으로 지주들의 권력 아래에 세습적으로 결박되어

있었다. … 지주들은 농민의 복지를 해하는 전횡을 일삼고 농민들은 자신의 삶을 개선하기 위해 아무것도 하지 않았다.

우리 선조들은 … 농민의 조건을 개선하기 위한 조치들을 취했다. 하지만 그 조치들은 충분히 엄중하지 않았고 … 농노의 조건을 개선하는 일은 … 짐에게 부여된 운명이라고 확신한다. … 짐은 귀족들에게 … 자신의 이익을 줄이면서 개혁의 어려움을 받아들일 것을 제안했다. … 귀족은 농노의 인신에 대한 권리를 자발적으로 포기했다. …

… 농민은 일정 기간 법에 의해 자유 경작인의 모든 권리를 부여받을 것이다. 지주들은 소유 토지에 대한 재산권을 보유하면서, 농민들에게 고정된 임대료를 받고 토지 경작권을 부여할 것이다. … 동시에 농민에게 토지를 구매할 권리가 부여된다. … 그리고 구매한 땅의 지주에 대한 의무에서 해방되어 자유농민－토지 소유자로 편입된다. …

새로운 제도는 … 적어도 대략 2년이 요구된다. 그 기간 동안 … 1) 각 주에 농민 사무관청을 개설하며 … 농민 공동체 업무에 대한 최고 책임을 맡긴다. … 4) 개개의 농민 공동체나 영지마다 토지 대장을 작성하고 검사하고 승인하며 … 농민이 영구히 이용하도록 허용되는 토지의 양, 그리고 농민이 … 지주에게 지불해야 하는 의무를 기록한다. 6) 해당 기한이 경과하기 전까지 농민과 농노는 예전처럼 계속 지주에게 복종하며 불만 없이 자신의 의무를 이행해야 한다. 7) 지주들은 … 그동안 재판권과 처벌권을 갖고 그들 영지에서 질서 준수를 유지한다.

… 우리는 귀족들의 관대한 헌신을 기대한다. … 귀족들이 인간의 존엄에 대한 존중과 이웃에 대한 그리스도교의 사랑으로 … 농노제에 의해 부여받은 권리들을 자발적으로 포기했다는 것을 … 러시아는 잊지 않을 것이다. … 농민이 택지와 부속지와 경작지 등에 대한 소유권 획득을 용이하게 실현할 수 있도록 정부는 융자를 제공하거나 영지에 딸린 빚을 전환해주는 방법 등의 … 도움을 줄 것이다.

… 짐은 민중의 건전한 상식에도 의지한다. … 농노들이 … 고귀한 귀족들이 행한 중대한 희생을 이해하고 감사히 받아들이기를 기대한다. … 러시아정교회의 민중이여, 성호를 긋자. 그리고 짐과 함께 그대의 자유로운 노동과 그대 가정의 행복과 사회 복지에 대해 하느님의 축복을 호소하자.

비옥한 토지에서 농민들을 쫓아낸 지주의 부당한 처사

러시아 농민들의 청원서, 1862; 그레고리 프리츠Gregory Freeze 편집,《탄원에서 혁명으로: 제정 러시아의

사회사 사료From Supplication to Revolution: A Documentary Social History of Imperial Russia》, Oxford University

Press, 1988, pp. 171~179에서 재인용

러시아 제국 신민의 복지를 위해 신이 내려주신 고결한 제후시여! … 당신의 발아래 엎
드려 탄원합니다. 억압받는 백성에게 강건하고 공정한 보호를 보여주십시오. 우리는
그동안 러시아 군주들의 법과 통치자의 권위에 불평 없이 복종했습니다. …

우리의 지주는 … 1500명의 농민을 비참한 처지로 만들었습니다. … 황제의 1861년 농
노해방령 소식에 우리는 기뻐했고 다가올 2년간의 과도기에 지주의 뜻에 십분 복종하
려 했으며 우리가 농사짓고 있는 비옥한 토지에 남겠다는 의사를 표명했습니다. …

그러나 지주는 그 토지를 마을 소유 토지에서 제외하라고 명령했습니다. 우리는 그 지
시를 결코 참을 수 없습니다. 그 조치는 우리가 받을 혜택을 부인하는 것이며, 향후 재
난이 닥치도록 위협하는 것입니다. 지주는 우리가 위와 같은 토지 분할을 수용하기로
동의했다는 문서에 서명하라고 강요했지만 우리는 거부했습니다. … 그러자 귀족들이
군인들을 보내놓고 지주와 우리 사이의 평화를 회복하기 위해 황제가 보낸 군대라고
말했습니다. … 대령은 우리를 시베리아로 유배 보내겠다고 위협하고 군인들로 하여금
일곱 농부의 옷을 벗겨 잔인하게 매질하게 했습니다. 이들은 아직도 의식이 없습니다.
이처럼 잔인한 행동과 참을 수 없는 억압에 우리 농민 1500명은 당신의 발아래 엎드려
… 울부짖는 가족들을 죽음에서 구원할 공정한 보호를 청원하며 우리를 위한 포고령을
발포해주시기를 청합니다.

"공동체의 토지가 공평하게 분배되기를 청원합니다"

러시아 농민들의 청원서, 1863; 주디스 코핀과 로버트 스테이시Judith Coffin & Robert Stacey,《새로운 서양

문명의 역사Western Civilizations》하, 손세호 옮김, 소나무, 2014, 347~348쪽에서 재인용

… 황제 폐하의 자비로운 선언은 축복받은 러시아 백성의 노예화를 억제했습니다. 그
러나 농민의 생활을 개선하는 것이 아니라 그들을 억압하고 파멸시키기를 원하는 일부
농노 소유주들은 법과는 반대로 전체 토지 중에서 가장 좋은 것을 자신들이 선택하고

… 가장 나쁜 토지를 … 불쌍한 농민들에게 배분하고 있습니다.

이 지주 집단에게 우리의 것을 인정받아야 합니다. … 우리 공동체는 황폐한 할당 농지를 거부하고 법령과 일치하는 할당 토지를 줄 것을 요청했습니다. … 그러자 주지사는 … 군인 1200명을 우리 마을에 파견했습니다. … 그리고 자작나무 회초리를 가져와 잔인하고 무자비한 처벌을 명령했습니다. 그들은 200명에 달하는 남자와 여자를 매질했습니다. …

우리는 … 이 공동체의 청원을 들어주시기를 애원합니다. … 공명정대하게 우리 공동체의 토지가 분배되도록 명령을 내려주옵소서. … 엘란Elan 강을 따라 목초지와 건초지가 아무 제한 없이 우리 공동체에 넘겨지도록 해주십시오. 그렇게 해주시면 우리에게 꼭 필요한 가축 … 키우는 일이 가능해질 것입니다.

자료 04
산업화와 고관세 정책의 필요성

니콜라이 2세에게 재무 장관이 올린 보고서, 1899; 마빈 페리Marvin Perry 외,《서양 역사 사료 2: 과학혁명에서 현재까지Sources of the Western Tradition, vol. II: From the Scientific Revolution to the Present》, Houghton Mifflin Co., 1987, pp. 169~171에서 재인용

러시아는 아직 농업 국가를 벗어나지 못했다. 주로 곡식을 수출하고 … 외국 공산품을 수입한다. 러시아와 서유럽의 경제 관계는 식민지 국가들과 그 지배 국가의 관계에 비교된다. … 러시아는 값싼 농산품을 수출하고 비싼 제조품을 수입함으로써 산업 선진국들에게 우호적인 식민지 노릇을 한다. … 하지만 러시아는 광활한 영토에 귀중한 천연자원을 갖고 있으며 … 농노제에서 해방된 노동력 자원도 풍부하므로 … 외국에 맞서 … 우리 자신의 국가경제 창출이 중요하다. … 산업을 질적으로 양적으로 향상시켜서 국가경제 발전의 토대로 삼아야 한다. …

그러려면 무엇을 해야 하는가? 자본, 지식, 기업가 정신이 필요하다. 이것만이 독립적인 국가경제 창설을 가속시킬 수 있다. … 그러나 우리는 이 세 가지가 전부 없다. … 차르 정부는 학교 설립을 통해 대중 교육을 확대하는 데 힘쓰고 있지만 … 시간이 걸린다. … 산업은 자본을 창출하고, 자본은 기업과 지식을 창출하며, 지식과 기업과 자본이 합해지면 새 산업을 창조한다. … 미국은 농업과 산업이라는 두 축을 토대로 번영을 이루었다. … 러시아 국민이 요청하듯이 관세를 낮추어 값싼 공산품을 공급하면 … 우리는 영

원히 보호관세의 혜택을 볼 수 없다. … 외국 자본의 유입과 투자는 러시아 토착 산업을 향상시키고 토착 자본 축적을 가속시킬 것이다. 외국 자본의 유입을 막는 것은 러시아 산업 발전을 지연시킬 뿐이다. …

차르는 이 보고서를 통해서 러시아 정부가 지난 8년간 시행한 경제정책이 모든 영역을 서로 연결하며 면밀히 계획된 체계임을 아실 것이다.

자료
05

영국·오스트리아·프랑스·독일·이탈리아·투르크·러시아 7개국의 합의

1878년 7월 13일에 서명된 베를린조약; "Treaty between Great Britain, Germany, Austria, France, Italy, Russia, and Turkey for the Settlement of Affairs in the East: Signed at Berlin, July 13, 1878," *The American Journal of International Law*, Oct. 1908, 2(4), Official Documents (Oct., 1908), 401~424.

1조   불가리아는 투르크 술탄의 종주권 아래 자치권을 갖는 속국으로 간주된다. 또한 불가리아는 기독교 정부와 국민군을 갖는다.

3조   불가리아의 군주는 국민에 의해 자유롭게 선출되며 유럽 열강들의 동의를 얻어 투르크 제정의 재가를 받는다. …

11조 오스만 투르크의 군대는 더 이상 불가리아에 주둔하지 않는다. …

25조 보스니아와 헤르체고비나는 오스트리아-헝가리 제국에 의해 점령되고 통치된다. …

26조 몬테네그로는 오스만투르크로부터 독립한다. …

34조 조약체결 국가들은 세르비아의 독립을 승인한다. …

35조 모든 형태의 신앙에 대한 자유가 세르비아 국민에게 보장된다. …

43조 조약체결 국가들은 루마니아의 독립을 승인한다. …

나로드니키 운동에 참여한 러시아 인텔리겐치아의 소회[1]

앤 페들러Pedler, Anne, "인민 속으로: 1874–5년의 러시아 나로드니키"“Going to the People: The Russian

Narodniki in 1874–5”, *The Slavonic Review* 6.16 (1927): 135~141.

국민개병제가 도입되자 농민들은 그것을 더 좋은 시대의 신호로 생각했다. 농민들은 '이제 그들이 우리 모두를 군인, 지주로 만들 것이고 차르가 모든 사람에게 동등한 토지를 하사할 것'이라고 말했다. … 러시아 전역의 농민들이 큰 반란을 계획하고 있다고 말하자 '누군가가 시작하면 우리는 그것을 지원하겠다'라고 말했다. 말리코프는 특히 폭력적인 혁명에 반대했다. 그런데 우리 선전주의자들은 애통하지만 유감스럽게도 노동하는 인민들이 자유를 얻을 수 있는 유일한 수단이라고 생각했다. … 목수 일을 배우려고 고용되었을 때 도제로 일하는 노동자들 사이에 어떠한 협력적인 생각의 흔적도 없었으며 그들은 모두 단지 고용된 노동자들일 뿐이었다. … 농민들은 자신들이 모두 죄 많은 주정꾼들이며 신을 망각하고 살아왔다고 말했다. … 이 운동은 준엄하고 끔찍한 현실을 감내하지 못했고 감내할 수 없었다. … 우리는 모든 것을 너무 쉽게 너무 피상적으로 생각했다. … 모든 인텔리겐치아가 인민 속으로 자유롭게 돌아다니는 것이 허용되고 아무런 방해 없이 선전 이념을 전한다 할지라도 농민혁명은 결코 러시아를 뒤흔들지 못할 것이다. … 1874년과 1875년 운동의 임무는 사회혁명당을 만들어서 러시아의 혁명적 부분들을 결합시키는 것이었다. … 분명 농민들 속에서 1~2년만 더 머물렀다면 우리는 혁명적인 유토피아와 나로드니키 유토피아를 포기했을 것이다. … 우리는 아마도 교사 혹은 장인들로서 농촌 마을에 정착하여 사회주의 이념의 선전활동을 했어야 했는지 모른다. 그랬다면 그것은 계몽의 확산을 가져왔을 것이다. …

1 | '인민 속으로' 운동에 참여했던 혁명가들의 술회를 살펴보면 그들의 용기와 희생정신에도 불구하고 대다수가 나로드니키의 실패를 인정하고 있다. 러시아 혁명가들은 나로드니키 운동이 실패한 후에야 러시아 농민들이 혁명에 준비가 되어 있다는 자신들의 믿음을 접을 수 있었다. 그리고 도시 프롤레타리아트의 지지를 얻기 위해 방향을 선회했다.

| 출전 |

알렉산드르 2세의 농노 해방 의지 선언, 1856: 알렉산드르 2세는 차르가 된 직후 농노 해방을 결심하고 크림 전쟁을 끝내자마자 동생 콘스탄틴Konstantin 대공을 위원장으로 하는 '농민 생활조건 향상 위원회'를 비밀리에 설치했다. 그리고 10년 예정으로 농노 해방 준비에 들어갔지만, 소문이 퍼지고 지주들의 저항이 불거지자 계획을 앞당기기로 결심하고 모스크바 귀족들에게 자신의 뜻을 전했다. 그는 폭동으로 어쩔 수 없이 해방하기보다 신중히 준비하여 해방 계획을 실행할 방도를 고안하게 도와달라고 했다. 농노들은 향후 5년이 지나서야 정식으로 해방되었다.

알렉산드르 2세의 농노해방령, 1861: 이 해방령은 토지의 유상 분배가 특징이었다. 해방령에 따르면 농노들은 곧 자유를 얻고 땅도 가질 수 있었다. 하지만 지주들의 땅을 조사하여 나눠 줄 몫을 계산할 때까지 그 과정은 복잡하고 느렸다. 농민은 정부의 융자를 받아 지주에게 땅 값을 갚아야 했으며 49년 동안 정부에 '상환금'을 내야 했다. 1881년까지 농민의 약 85퍼센트가 땅을 받았고 강제로 상환이 이루어졌다. 러시아 농민은 '법적 노예' 신분에서 해방되었지만 '경제적 노예'의 상황에 처해졌다.

러시아 농민들의 청원서, 1862: 농노 해방의 조건에 대한 불만이 해방령 공포 이후 즉각 쏟아져 나왔다. 그 주요 내용은 영주들이 남은 토지들을 계속 점유하는 것, 농민이 받은 토지에 대해 지불한 상환금 서류를 영주들이 불태워버린다는 것이었다. '자료3'은 콘스탄틴 니콜라예비치Konstantin Nikolaevich 공작에게 사라토프Saratov 지방의 발라쇼프Balashov 농민들 1500명이 낸 청원서의 일부다.

러시아 농민들의 청원서, 1863: 농노제 폐지는 크림 전쟁 이후 알렉산드르 2세의 근대화 정책의 핵심이었다. 하지만 농노 해방은 러시아 농촌의 문제를 해결하지 못했고, 오히려 농민의 불만과 저항을 불러일으켰다. 이 청원서는 보로네시Voronezh 지방 농민들이 알렉산드르 2세에게 보낸 것이다.

니콜라이 2세에게 재무 장관이 올린 보고서, 1899: 러시아 산업화의 핵심 지도자는 1892~1903년에 재무 장관을 역임한 세르게이 비테Sergei Witte였다. 독일의 프리드리히 리스트Friedrich List에게서 영향을 받은 그는 서유럽을 따라잡기 위해 서유럽 기술과 자본 유치, 금본위제 도입, 시베리아 횡단철도 건설, 우크라이나의 철·석탄 공업 육성 등 공업화에 힘썼다. 귀족과 농민의 반대를 무릅쓰고 수입 제조품에 높은 보호 관세를 부여하는 정책도 실시했다. 1900년 무렵 러시아 철 생산은 미국, 독일, 영국 다음으로 많았고, 세계 석유의 절반 정도를 생산하고 정제했다. 당시 러시아 인구의 대다수는 여전히 농민이었으나, 차르 독재 체제는 특정 공업에서 서방 세계를 따라잡기 시작한 것이다. 이 보고서에서 비테는 러시아의 후진 경제를 극복하기 위한 경제발전 정책을 차르가 국민의 저항에 맞서 과감하게 밀고 나가야 한다고 요청한다.

베를린 조약, 1878. 7. 30: 러시아-투르크 전쟁의 결과 맺어진 산스테파노San Stefano 조약에 영국과 오스트리아가 불만을 품고 항의하자 비스마르크가 베를린 회의에서 조정안을 제시했다. 이 조약으로 불가리아 공국은 오스만제국에게 자치권을 계속 인정받게 되었으나 영토가 대거 축소되었고, 러시아의 주장대로 루마니아, 세르비아, 몬테네그로는 독립국으로 인정되었으나 오스만제국에게 할양받은 영토 일부는 되돌려줘야 했다. 오스트리아-헝가리 제국은 중재의 대가로 오스만제국에게서 보스니아-헤르체고비나의 관할권을 가져왔다.

| 참고문헌 |

카르포비치, M., 《제정 러시아, 1801~1917》, 이인호 옮김, 탐구당, 1992.

Dmytryshyn, Basil, *Imperial Russia: A Source Book, 1700~1917*, Waltham: Academic International Press, 1999.

Fleming, Candace, *The Family Romanov: Murder, Rebellion, and the Fall of Imperial Russia*, New York: Schwartz & Wade, 2014.

Hughes, Lindsey, *Romanovs: Ruling Russia 1613~1917*, London: Hambledon Continuum, 2008.

3부

산업화와
시민사회의 발전

18세기와 19세기의 유럽은 인구의 증가와 농업 혁신에 이은 제조업의 발달, 해외 식민지로 부터의 원료 조달과 해외 상품시장 확보로 경제 발전의 토대를 다졌다. 또한 유럽 각국은 영토 확장을 위한 치열한 경쟁을 벌이며 끊임없이 전쟁을 치르고 전략적 동맹을 위한 이합 집산을 거듭했다. 이 과정에서 유럽은 근대 국민국가로서의 단합과 통일을 이루고 자본주 의적 근대화의 길을 모색한다. 국민의 기본권인 참정권에 대한 요구를 점차 수용하며 자유 주의 개혁을 추구했고, 동시에 기계의 발명과 기술혁신으로 이어진 산업화의 확산 즉 산업 혁명의 대열에 동참하게 된 것이다. 그러나 급격한 산업화에 따른 사회변화 과정에서 노동 계급의 생활수준이 급격히 하락했고 이에 이들의 권리를 옹호하고 대변하는 사회주의 사 상이 대두되었다. 노동자 조직과 사회주의 단체들은 열악한 노동조건의 개선과 임금 인상, 참정권 부여 등을 요구하며 노동자의 권리를 주창했다.

15

영국의 자유주의 개혁

: 의회 입법을 통한 위로부터의 개혁

19세기 유럽 각국 군주들이 절대 권력을 시험당하며 타협과 개조를 시도하고 있을 때 의회의 왕권 견제 전통이 강했던 영국은 자유주의 사회 개혁의 선봉에 나서게 된다. 일찍이 인클로저 운동으로 농촌 인구의 도시 유입이 활발했던 영국은 기계의 발명과 혁신으로 산업화와 공장 생산의 길로 나아갔다. 하지만 이 과정에서 빈민이 다수 발생하고 노동자들이 열악한 노동환경에 처하면서 이들을 구제하고 지원하는 입법의 필요성이 커졌고, 노동자의 참정권 확대 요구에 중간계급이 합세하여 선거법 개정 운동을 이끌었다.

선거법과 빈민 법안 개정

1688년 명예혁명 이후 영국은 왕과 의회로 권력이 나뉜 입헌군주제 국가 형태를 유지해왔다. 입법권, 과세동의권, 예산권을 가진 의회는 귀족과 지주 젠트리가 장악했고 국왕은 관직, 연금, 서훈 부여 등의 권한을 행사했다. 지주들은 영지에서 주지사와 치안판사 등의 권한을 갖고 행정 교구를 관할했다.│자료 1│ 18세기에 영국은 휘그당Whig이 실질적인 주도권을 쥐고 대의정치를 이끌었으며 왕권과 권력 균형을 유지했다. 영어가 모국어가 아닌 하노버 왕가의 조지 1세가 장관들에게 정치를 맡김으로써 의회 다수 정당이 내각을 조직하여 책임정치를 펼치는 책임내각제의 관습이 시작되었다. 조지 2세의 통치 기간에는 부유한 지주 계층인 휘그당

내에서 파벌 투쟁이 벌어졌으며, 조지 3세는 내각의 수장인 윌리엄 피트William Pitt를 해임하는 등 휘그 과두정을 바꾸려다 의회와 갈등을 빚기도 했다.

19세기에 들어와 영국은 유럽의 자유주의 흐름을 이끌었다. 자유주의자들은 상업과 산업의 발전을 지향했기에 자유무역과 평화적인 대외 정책을 신봉했고 중간계급의 지지를 받아 개혁을 추진했다. 1802년에는 하루 열두 시간 이상의 노동과 심야 작업을 금지하는 공장법이 유럽 최초로 제정되었는데, 이 법이 제정되면서 노동자들에게도 교육과 예배의 기회가 주어졌다. 또한 자유주의 세력은 기계 도입에 반대한 최초의 노동자운동인 러다이트Luddites 운동(1811~1817)도 전개했다.

한편 1815년에 실시된 곡물법이 국내 지주를 보호하기 위해 외국 곡물의 수입을 제한하여 곡물가 상승을 초래하자 노동자들과 급진파가 곡물 조례 폐지를 촉구하며 궐기했다. 1819년에는 맨체스터에서 정치 개혁을 요구하며 시위하던 군중이 군인들의 총격을 받아 열한 명이 사망하는 사건이 발생했다. 워털루 전투에 빗대어 피터 광장에서 일어난 '피털루Peterloo' 학살│자료 2│이라고 불린 이 사건 이후 의회는 대중 집회의 자유를 제한하고 무기 색출을 위해 가택수색을 허용하는 법을 제정했다.

노동자들의 기계 파괴 운동이 실패로 끝나자, 영국의 급진 개혁가들은 노동조합 활동에서 정치활동으로 운동 방향을 바꾸고 의회 입법을 통한

│표 16 영국의 역대 국왕 연표.

명칭	재위 기간
윌리엄 3세	1694~1702
앤	1702~1714
조지 1세	1714~1727
조지 2세	1727~1760
조지 3세	1760~1820
조지 4세	1820~1830
윌리엄 4세	1830~1837
빅토리아	1837~1901

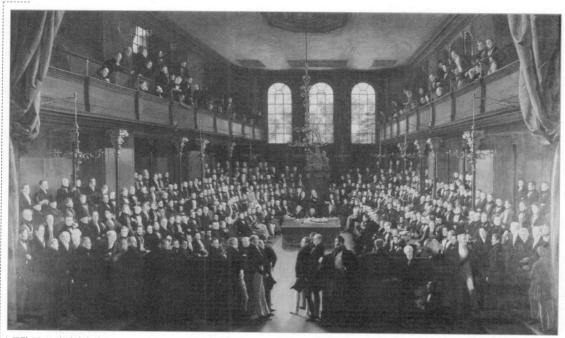

도판 53 조지 헤이터 경Sir George Hayter의 〈1832년 개혁법 제정〉(1833~1843). 1833년 2월에 소집된 새 개혁 의회인 하원의 첫 회의 모습 이다.

위로부터의 개혁을 추구했다. 1820년대에는 종교에 대한 법적 차별을 완화하는 법안을 통과시켜 비국교도의 공직 취임이 허용되었고 가톨릭교도에게도 피선 거권이 부여되었다. 또 1832년에 제정된 '개혁법English Reform Bill'으로 선거법이 개정되어 농촌의 토지 소유자와 도시의 중산층 가장 등 재산 소유자에게 유권 자 자격을 부여함으로써 유권자 수가 65만 명으로 급증했다. | 자료 3 | 이들 유권자 는 전체 인구의 3퍼센트에 불과했지만 이로써 참정권이 중간계급으로 확대되 고 의석 재분배가 이루어졌다. 또 남부 농업 지대에서 북부 산업 지대로 의석이 이동해 맨체스터 같은 도시 주변 지역의 의석이 늘었다.

한편 빈민 구제 법안에 대한 모색도 이어졌다. 엘리자베스 1세가 집대성한 1601년의 구빈법은 각 교구가 구빈원을 설치하여 빈민에게 배급제를 실시하게 하고 노동 능력이 있는 빈민은 교정원이나 공공 취로 작업장에서 노동하게 했 다. 그런데 빈민이 일자리를 찾아 부유한 교구로 옮겨 다니자 빈민의 이동을 금 지시킨 '정주법'을 1662년에 실시했고, 1722년에는 부랑 빈민을 구빈원에 수용 한 후 노동을 거부하는 자의 구제를 중지하는 '작업장 테스트 법'을 시행했다.

그리고 18세기 말에는 빈민을 혹사시키고 그들의 노동력 착취를 막기 위한 인
도주의적 법안들이 제정되었지만 구빈세 납세자들의 반대에 부딪혔다. 결국
1834년에 제정된 '신新구빈법The Poor Law Amendment Act'은 구빈법의 인도주의를
포기하고 '억압 속의 구제'라는 원칙으로 돌아갔다. 새 의회는 노동 능력이 있는
빈민의 구호를 폐지하고 배급제를 중단했으며, 빈민 구제의 수준이 노동자의
최저 생활수준을 넘지 못하게 했고, 스스로를 부양할 수 없는 사람은 구빈원에
감금하여 노동과 통제로 다루었다. 한마디로 빈민에 대한 온정적 지원이 오히
려 빈민의 의존심만 키워 사회악을 유발한다고 보았기 때문인데, 그 결과 많은
빈민이 노동시장에 쏟아져 나오는 사태를 낳는 등 이 구제법은 실패했으며 배
급제가 다시 실시되었다.

공장법 제정과 차티스트 운동의 전개

19세기 영국 의회는 '공장법'을 비롯해 여러 가지 자유 입법을 추진했다. 1833년
에 제정된 공장법은 9세 이하 아동의 노동을 금지하고 18세 이하 노동자의 노
동시간을 하루 열두 시간으로 제한했다. | 자료 4 | 1847년에는 일부 직종의 작업

표 18 영국의 선거법 개정 과
정. 산업혁명에서 앞서 나가던
영국은 신흥 공업 도시의 성장
과 그에 따른 중간계급의 세력
강화로 19세기 초에 선거법 개
정 요구에 직면했고, 결국 선거
구를 조정하고 선거 자격을 완
화하는 과정을 거듭해 나갔다.

구분	개정 내용	유권자 비율
1차(1832)	재산 소유 중산층에게 참정권 부여, 부패 선거구 폐지	5%
2차(1867)	도시 노동자, 소시민에게도 참정권 부여	9%
3차(1884)	농민, 광산 노동자에게도 참정권 부여	19%
4차(1918)	만 21세 이상 남자, 31세 이상 여자의 참정권 부여	46%
5차(1928)	만 21세 이상의 남, 여에게 참정권 부여	62%
6차(1969)	만 18세 이상의 남, 여에게 참정권 부여	71%

시간을 열 시간으로 제한하는 공장법이 제정되었다. 또 노예제가 폐지되었고,
| 자료 5 | 사법 체계가 개편되었으며, 개신교나 가톨릭교, 유대교 등에 대한 차별
이 철폐되었고, 최초의 근대 우편 제도가 수립되고 공교육 개혁도 이루어졌다.
1846년에는 곡물법이 폐지됨으로써 자유무역에 기초한 경제적 자유방임주의
로 나아갔다.

한편 1832년 선거법 개정에서 노동자들이 선거권을 얻지 못하자 노동자 계
층의 참정권 확대를 요구하는 차티스트 운동 Chartism(1838~1848)이 전개되었다.
| 자료 6 | 차티스트 운동의 목표는 의회에서 노동계급을 위한 대표권을 획득하는
것이었다. 그들은 〈인민 헌장 People's Charter, People's Constitution〉이라는 문서를 통
해 정치 개혁을 요구했는데, 성인 남자의 보통선거, 비밀투표, 하원 의원 출마자
의 재산 자격 폐지, 의원 선거의 매년 실시, 하원 의원에 대한 세비 지급, 균등한
선거구 설정이라는 여섯 가지 요구 사항을 제시했다. | 자료 7 | 하지만 1839년에
하원에 제출된 청원서가 거부당하자 폭동의 물결이 일기 시작했고 차티스트 운
동은 실업 및 불황과 함께 확산되었다. 그리하여 1842년에 300만 명의 서명을
담은 두 번째 청원서가 제출되었으나 역시 거부되었고, 1848년에 의회에 제출
된 600만 명의 서명 청원서도 성과를 얻지 못했다.

19세기 중반 이후 경제가 다시 호황기에 접어들면서 영국은 1840년대의 전
투적 급진주의에서 점차 멀어졌고 '노동귀족' 계층이 등장하기 시작했다. 이들
은 숙련 기술에 대한 수요 덕분에 높은 임금을 받았고, 국가에 대한 충성심이

강했으며, 자신들의 이해를 대변할 개혁 입법 운동을 중간계급과 함께 전개했다. 이들 숙련 노동자들과 중간계급의 요구를 보수당과 자유당의 지도자들이 수용하면서 1867년에 2차 선거법 개정이 이루어졌다. |자료 8 | 이 법으로 선거 가능 인구수가 늘어나 유권자 수가 200만 명에 육박했으며, 도시에서 연간 10파운드 이상의 구빈세나 주택세를 내는 모든 남성, 농촌에서 12파운드 이상의 지대를 지불하는 차지인에게까지 투표권이 확대되었다.

결국 이 법으로 대부분의 도시 임금노동자에게 선거권이 부여되었다. 또 1872년에는 비밀투표제가 실시되었고 1884년에 3차 선거법 개정이 이루어졌다. |자료 9 | 이 법은 농업 노동자에게도 선거권을 부여함으로써 성인 남자의 보통선거제를 수립했다. 또한 전 국민의 초등교육을 보장하는 교육법과 노동조합 합법화도 이루어졌다. 이렇듯 영국은 참정권을 부여받은 숙련 노동자들의 협조를 받으며 자유무역과 대의제 정부, 경제 번영이라는 자유주의 시대를 구가했다.

영국의 산업혁명은 동시에 사회혁명이어서 중간계급이 주도하는 사회제도 개선 및 정치기구 개혁을 유발했다. 산업자본주의의 성장과 함께 등장한 노동계급은 선거권 등의 제반 권리를 쟁취하기 위한 독자적 정치운동을 전개했고, 산업자본가들은 곡물법 철폐 등을 이끌며 자유무역 정책의 이정표를 만드는 데 앞장섰다. 영국이 생산 및 사회구조의 변화에 따른 제도 개선에 점진적 개혁이라는 독자적 노선을 걸을 수 있었던 것은 안정된 통합 국가의 자유주의적 의회 정부의 기반 위에서 경제 번영을 누릴 수 있었던 덕분이다. 하지만 자유주의를 지향하던 영국이 아일랜드를 식민지로 지배하며 그들의 자유와 권리를 억압하고 저항과 독립을 탄압한 것은 모순이었다. 19세기 말에 이르러 영국은 점차 산업화가 동력을 잃고 새로 등장하는 산업국가들에 밀려 국제경쟁력이 쇠퇴했고 점차 제국주의로 경도되었다.

연도	국가명
1883	뉴질랜드
1895	오스트레일리아
1906	핀란드
1913	노르웨이
1915	덴마크
1918	소련
1919	독일
1920	미국, 캐나다
1921	스웨덴
1928	영국
1946	프랑스

표 19 세계 각국의 여성 참정권 부여 연도(21세 이상 기준).

자료
01

남편에게 선거 전략을 조언하는 아내

몬터규 부인의 편지, 1715; 도널드 케이건Donald Kagan 외, 《서구 유산The Western Heritage》, Macmi–llan

Publishing Co., 1987, p. 508에서 재인용

만약 당신이 제때 출마를 선언했다면 당신은 분명 요크에서 뽑혔을 겁니다. 요즘 시기
에 한가한 신사나 장인은 없습니다. 그들은 매일 밤 접대를 하고 있어요. 카리슬 경과
톰슨스 경은 미스터 젠킨스에게 이권을 부여했어요. 당신이 이번 의회에 꼭 선출될 필
요가 있다는 데에 나도 동의해요. … 그렇지만 일이 진행되려면 당신은 <u>돈을 써야 하고</u>
<u>그렇게 하지 않으면 선출되지 않는다는 것이 내 의견이에요</u>. 지금 <u>하원 의원 선거구 도</u>
<u>시들은 죄다 분주합니다</u>. 당신이 확신을 갖고 있는 도시를 나에게 편지로 얘기해줘야
해요. 내가 알기로 당신은 어떤 도시도 확신하지 못하고 있어요. 아는 친구의 손에 상당
한 액수의 돈을 맡기고 <u>작은 콘월Cornwall의 선거구 도시를 사는 것이 최상의 방법</u>일 거
예요. 물론 큰 도시에서 선출되는 편이 더 낫겠지만, 그러기에는 너무 늦었어요. 당신이
뉴어크Newark를 조금이라도 생각한다면, 렉싱턴 경이 누구에게 관심이 있는지를 알아
보는 것이 절대적으로 필요할 겁니다. 그리고 휘그파이며 정직한 홀더니스 경에게 열심
히 종사하는 것이 최상의 방법입니다. … 렉싱턴 경은 몸이 몹시 아프기 때문에 바스
Bath에서 … 그가 죽으면 그의 전 재산이 아마도 홀더니스 경에게 돌아갈 겁니다.
당신 친구들 다수가 … 그렇게 많은 의원들을 동원하고 있을 때, 당신은 어떤 선거구도
확신할 수 없다는 것이 놀랍네요. 지금 이 말을 하는 것은 너무 늦었지만, 작년에 조지
프 제킬 경이 했던 것처럼 윈체스터 여사에게 충정을 쏟으세요. 그녀의 도움으로 볼튼
공작이 아무 대가 없이 그를 데려갔답니다. 윈체스터 여사는 제킬 여사보다는 저를 더
열성적으로 도울 거라고 저는 확신합니다.

피털루 학살[1]

새뮤얼 뱀퍼드Samuel Bamford, 《한 급진주의자의 삶의 여정Passages in the Life of a Radical》, H. 던클리 H. Dunckley 편집, 1893; 존 캐리John Carey, 《역사의 목격자Eyewitness to History》, Avon Books, 1987, pp. 299~301에서 재인용(한국어판 출간 제목은 《역사의 원전》)

우리가 도착한 지 30분쯤 지나자 음악소리와 메아리치는 함성에 헌트 씨와 그의 지지자 무리가 가까이 왔음을 알았다. … 아마도 8만 인파가 지르는 하나의 외침은 그들이 온 것을 환영하는 것일 게다. … 이 광경은 그가 보기에 매우 인상적이었다고밖에 말할 수 없을 것이다. 그때까지 그는 그렇게 많은 사람들의 무리를 본 적이 없었다. … 헌트 씨는 연단 앞으로 와서는 흰 모자를 벗고 사람들에게 연설했다. … 나는 발돋움하고서 웅성거리는 소리가 나는 쪽을 보았다. 그러자 청색과 백색으로 꾸민 제복을 입고 손에는 칼을 든 한 무리의 기병이 속도를 높이며 오는 것이 보였다. … "군인들이 여기 있어." 나는 말했다. … 누군가 대답했다. "군인들이 여기에 온 것은 집회에 어떤 소란이 있으면 대비하려는 거야." … 그러나 군인들은 고함을 쳤으며, 사브르[칼]를 머리 위로 휘둘렀다. 그 후에 고삐를 늦추었다가 군마에 박차를 가하고 세차게 달려들어 사람들을 베기 시작했다. 우리가 있는 구역에서 모든 사람들이 "굳게 지켜!"라고 외쳤다. 기병들은 혼란에 처했다. … 그들이 든 사브르는 빈손에 머리를 보호하지도 않은 사람들 사이에 길을 내기 위해 총에 부착되었다. 그러자 떨어져나간 팔다리와 상처로 갈라진 두개골이 보였다. 신음과 비명이 저 참혹한 혼란 소리에 뒤섞였다. "아! 아!" "부끄럽다! 부끄러워!"라고 소리쳤다. … 여자들, 흰 옷을 입은 아가씨들, 유약한 어린이들이 무차별적으로 사브르에 찔리고 짓밟혔다. … 진압이 시작된 지 10분 후 광장은 비어버렸고 폐허의 공간이 되었다. … 나머지 사람들은 부상자들을 돕거나 시신을 운반하고 있었다. … 여러 무더기의 사람들이 깨진 채로 숨이 끊어진 채로 여전히 남겨져 있었다.

1 | 1819년 8월 16일 영국 맨체스터의 세인트 피터 광장에서 의회 개혁을 요구하는 군중집회가 보통선거권을 주창한 정치개혁가 헨리 헌트의 사회로 열렸다. 이 집회는 행정 장관들의 명령에 따라 맨체스터 기마대와 의용대 등에 의해 해산당했는데, 이 과정에서 500명가량이 다치고 열한 명이 죽었다.

신흥 공업 도시와 동산 소유자의 의회 대표권을 확장하다

선거법 개혁안, 1832; http://www.princeton.edu/~achaney/tmve/wiki100k/docs/Reform_Act_1832.html

하원 의원을 선출할 때 오랫동안 행해졌던 다양한 폐단을 고칠 수 있는 효과적인 조치를 취하는 것, 즉 수많은 소규모 지역의 의원 선출권을 박탈하여 그 특권을 규모가 크고 인구가 많으며 부유한 도시에 부여하고, 주 선출 대의원knight of shire의 수를 늘리고, 지금까지 선거권을 누리지 못했던 수많은 인민에게 그 권리를 확대하고, 선거비용을 줄이는 것이 합당하므로, 다음과 같이 법으로 정한다.

이 법안의 부록에 A로 표시한 목록에 열거된 각 선거구는 의회의 이번 회기가 종결된 이후로 의회에서 일할 의원이나 의원들을 선출하지 못한다.
B로 표시한 목록에 열거된 각 선거구는 의회에 한 명 이상의 의원을 선출하지 못한다.
…
그리고 … 연 수입이 10파운드 이상이고 … 토지 소유권을 지닌 자로서 법적 하자가 없는 모든 성인 남자는 해당 토지가 속한 주를 대표하는 주 선출 대의원 선거에서 투표권을 부여받는다. … 그리고 이와 같은 사람이 … 세금과 구빈세를 납부하지 않으면 그 사람은 투표권자로 등록하지 못한다.

21세 이하 노동자의 야간 노동 금지

면방직 공장법, 1831; 《영국 법령집 1, 2Statutes of the United Kingdom 1 and 2》, 1831; A. 애스피널과 E. 앤서니 스미스A. Aspinall & E. Anthony Smith 편집, 《1783~1832년 영국 사료집 11English Historical Docu-ments, XI, 1783~1832》, Oxford University Press, 1959, p. 739에서 재인용

… 최근에 면방직 공장에서 나이 어린 소년소녀들을 야간에 그리고 경우에 따라서는 철야에 고용하는 것이 일종의 관행이 되고 있다. 이 어린 노동자들의 건강과 품행을 보호하기 위해 모종의 법규가 필요한 시점이 되었다. 그러므로 21세 이하 노동자의 야간 노동을 금지하는 법령이 제정되어야 한다.

18세 이하 노동자가 앞서 언급한 공장에서 고용되는 것을 금하며, 면의 실 꼬기, 실잣기(방적), 실 빗질하기, 베 짜기 등 어떤 공정도 평일에는 열두 시간 이상의 작업을 금하고, 토요일에는 아홉 시간 이상의 작업을 금한다. 또한 면방직 공장에서 9세 미만 아동은 어떤 작업 공정에서도 고용되지 못하도록 한다.

공장 감독관 제도로 법 시행의 실효성을 높이다

영국 공장법 , 1833; 웨슬리 D. 캠프Wesley D. Camp 편집, 《계몽 시대부터 1980년대까지의 서구 문명의 기원Roots of Western Civilization, Vol. II: From Enlightenment to the 1980's》, John Wiley & Sons, 1983, pp. 76~77에서 재인용

영국의 방직 공장 및 여타 공장에서 아동 및 어린 노동자들의 노동을 규제하는 법 …
면방직 공장에 고용된 소년소녀와 젊은이의 노동시간이 제한될 필요가 있다. 다수의 어린이와 젊은이가 현재 그런 공장에 고용되고 있고, 그들의 노동시간이 너무 길므로 그들의 건강과 교육 수단에 적절히 관심을 기울일 필요가 있다.

그러므로 18세 이하의 어느 누구도 면 공장, 모직 공장, 소모사桃毛絲 공장, 대마 공장, 아마 공장, 리넨 혹은 견직물 공장에서 밤(저녁 여덟 시 삼십 분에서 새벽 다섯 시까지)에 일하는 것을 금한다.

그리고 18세 이하의 미성년 노동자가 위에서 언급한 종류의 공장에서 하루에 열두 시간 이상, 일주일에 69시간 이상 노동하는 것을 금한다. … 매일 최소한 한 시간 삼십 분의 식사 시간을 허용해야 한다. …

그리고 견직물 제조 공장을 제외하고 앞서 언급한 종류의 공장에서 11세 미만의 어린이를 고용하는 것은 불법이다.

그리고 1802년에 통과된 … 법에 의해, 치안판사들이 매년 두 명을 방직 공장 및 여타 공장의 시찰자로 임명해야 한다. … 그리고 법 조항들이 제대로 시행되지 않은 것처럼 보일 경우, … 18세 이하 청소년과 어린이의 노동이 이루어지는 공장의 시찰자로 네 명의 감독관을 임명하여 파견한다. … 그 시찰자들은 … 어떤 공장이나 공장 소유의 학교에 언제든지 들어갈 수 있고 … 그곳에 고용된 노동자들 누구라도 조사할 수 있고 … 누구에게나 조사와 탐문에 필요한 자료를 제시하라고 요구할 수 있다.

80만 영국 식민지 노예의 해방

영국의 노예폐지법, 1833; http://www.saylor.org/site/wp-content/uploads/2011/05/Slavery-Abolition-Act-1833.pdf

다음과 같이 법으로 정한다. 이 법안의 … 지배를 받는 사람들 중 1834년 8월 1일 영국의 모든 식민지에서 노예로 묶여 있는 모든 사람은 상기 1834년 8월 1일과 그 이후에 어떤 목적이나 의도에 상관없이 모든 종류의 노예제로부터 해방되어 자유로우며 완전히 그리고 영원히 노예 신분에서 해방된다. 그리고 이후에 해방된 노예에게서 태어나는 모든 자녀와 그 자녀의 자손들도 마찬가지로 태어나면서부터 자유롭다. 이로써 상기 1834년 8월 1일과 그 이후로 노예제는 완전히 그리고 영원히 폐지되며 영국의 식민지와 농장, 해외의 토지에서 불법임을 선언한다.

광범한 사회 개혁을 요구한 차티스트 운동

〈인민 헌장〉, 1832; 웨슬리 D. 캠프 편집, 《계몽 시대부터 1980년대까지의 서구 문명의 기원》, pp. 93~95에서 재인용

귀족 정부 귀족적이며 배타적인 정부, 약탈적이며 무능한 정부를 없애고 자유주의적인 대의정부, 비용이 적게 들고 효율적인 정부로 대체할 것. … 특히 (노예를 제외한 성인 남자) 보통선거권의 채택, [비밀]투표 채택, 매년 1회의 의회 개최 …

귀족계급 세습 귀족과 세습 입법 의원의 폐지

특권들 특권계급 폐지 (귀족은 모든 편지를 무료로 보내고 받을 수 있다. … 일요일에도 편지를 보낼 수 있다. … 대리로 투표할 수 있다. … 파산하거나 재산이 몰수당해도 체포되지 않는다. …)

직함들 세습 귀족, 직함, 훈장, 영예 표시의 폐지. … '신민', '간원하며', '황송스럽게 빌며'와 같은 노예적인 언어 사용 금지

교회 성직자에 의한 공적 약탈 방지 (… 영국처럼 성직자가 막대한 부를 향유하는 나라는 없다. 거대한 교회 재산으로 그처럼 비도덕적인 성직자들을 지원하는 나라는 없다. …)

성직자, 교구 목사, 설교자 등이 그들을 고용한 사람들에게서 봉급을 받게 함으로써 국가 교회와 국가 종교를 폐지할 것.

종교적 견해에 대한 모든 종류의 박해를 중지하고 … 처벌할 것.

자료
07

차티스트 운동의 여섯 가지 목표

〈인민 헌장〉, 1838; 컬럼비아 대학의 현대사 집필진, 《서구 현대 문명 개설Introduction to Contempo-rary Civilization in the West》 II, 〈국민 청원National Petition〉, Columbia University Press, 1961, pp. 489~ 492 에서 재인용

우리는 공적·사적 고통에 짓눌려 신음하고 있다. … 우리는 세금 때문에 허리가 휘었다. … 상인들은 파산하기 직전에 놓여 두려워하고 있고, 노동자들은 굶주리고 있다. … 숙련공의 가정은 황폐하고, 전당포의 창고는 가득 찼으며, 구빈원은 북적이고, 제조 공장은 버려졌다. …

어리석은 우리의 지배자들은 … 국가의 공익을 희생하여 일부의 사익을 증대해왔다. … 다수의 이익은 형편없이 무시되거나 무자비하게 짓밟혀왔다. 인민 동지들은 … 1832년의 개정안에서 그 치유책을 찾을 수 있으리라는 기대를 가졌다. … 그러나 그들은 철저하게 기만당했을 뿐이다. …

… 노동자는 노동에 대한 정당한 보수를 빼앗겨서는 안 된다. 곡물 가격을 올리는 법, 화폐를 부족하게 만드는 법은 폐지되어야 한다. 세금은 노동이 아니라 재산에 부과되어야 한다. 정부는 다수의 공익을 유일한 목표로 삼아 노력해야 한다. …

… 모든 성인 남자에게 의원 선거권을 부여할 것, 앞으로 있을 모든 의원 선거를 비밀선거로 할 것, 그렇게 선출된 의원의 임기가 어떠한 경우에도 1년을 넘지 않도록 할 것, 피선거권자의 모든 재산 자격을 철폐할 것, 의원의 봉직 기간에 대해 적절한 보상을 제공할 것을 주장한다.

자료
08

노동계급의 투표권 문제

1866년 2차 선거법 개혁안을 둘러싼 하원 논쟁, 《1866년 연감The Annual Register, 1866》, London, 1867, pp. 123~135

휴즈 씨[급진주의자]는 참정권 확대가 정당한 시도라고 주장하며 법안을 지지했다. …

그는 노동조합과 그 지도자들에게 가해진 비난에 맞서 그들을 옹호했으며 노동조합이 거둔 뛰어난 성과를 설명했다. 만일 노동계급이 하원에서 대표를 더 냈다면 노동자와 고용주 사이의 관계가 더 효율적으로 처리될 수 있었을 것이라고 주장했다. …

로우 씨[보수주의자]는 뛰어난 언변으로 법안 반대 연설을 했다. … 그는 목적을 달성하기 위해 연합하는 노동계급의 힘이 얼마나 위험한지 그리고 노동조합들이 정치집단으로 전환하는 것이 얼마나 용이한지를 지적했다. 고용주에 대항하는 조합이 아니라 최고로 숙련되고 근면한 사람들의 조합이었던 노동조합이 … 스스로 게으름과 무지의 노예가 되었다. 만일 그들이 의회 의결권을 갖게 된다면 얼마나 엄청난 수단을 갖게 될지 생각해보라. …

(보수당수 디즈레일리 씨가 말했다.) 참정권은 또다시 확대될 것이고 … 하원 앞에 놓인 문제는 노동자 참정권 부여 여부가 아니라 헌법 작동이 개선될 수 있는지의 여부다. … 그는 노동자에게 그 몫을 부여하기 전에 … 영국 헌법의 정신 속에서 법을 제정해야 한다고 말했다. 그래서 하원이 민중의 의회나 무차별적 다수의 의회가 아니라 하원 그 자체로 남아 있도록 해야 한다는 것이다. …

(자유당수 글래드스턴 씨는 '뛰어난 화술로 매우 강력한 연설'을 했다.) … 우리는 노동계급의 민권을 신장하려는 적절한 노력을 기울이지 못했다. … 우리 아이들의 시대, 그 후세대까지 내다보자. 그때를 위해 어떤 준비가 필요한지 생각해보자. 노동계급의 운동은 꾸준히 이루어졌고 계속 전진해왔다.

자료
09
농민과 광산 노동자에게 투표권을 주자

글래드스턴의 선거법 개정 법안 연설, 1884; 아서 바셋Athur Bassett 편집,《글래드스턴 연설집Gladstone's Speeches》, Methuen & Co., 1916, pp. 487~499

저는 능력 있는 시민에게 선거권을 부여하는 것은 그 수가 많든 적든 국가의 힘을 강화해준다는 원칙을 지니고 있습니다. 근대국가의 힘은 의회 제도에 있습니다. … 특히 우리나라에서 국가의 힘은 의회 제도에 있습니다.

존경하는 의원 여러분 … 문제는 누가 능력 있는 시민인가 하는 것입니다. … 선거권을 향유해야 하는 능력 있는 시민이란 누구입니까? … 바로 농촌의 소상인이고, 모든 직업의 숙련 노동자와 기술자이고, 특히 그중에서도 대규모 광산업에 종사하는 사람들입니다. 이들이 능력 있는 시민이라는 사실에 의문이 있습니까? … 농촌 마을에 흩어져 있는 농민에게도 관심을 기울여야 합니다. 농촌의 농민이 유권자로서 자격을 갖추고 있고 유권자의 힘을 잘 이용할 만한 능력 있는 시민이라는 데 의문이 있습니까? 이 문제는 1차와 2차 선거법 개혁안에서 이미 해결을 본 사항입니다. … 저는 농민을 위한 싸움을 치를 각오가 되어 있습니다. …

… 1832년에 영국의 자유와 관련하여 마그나 카르타Magna Carta라고 일컬을 만한 것이 통과되었습니다. … 그러나 전체 유권자 수는 50만에 훨씬 못 미쳤습니다. 1866년에 또 한 번의 변화가 있었습니다. 1866년 당시 전체 영국United Kingdom의 총 유권자 수는 136만 4000명에 이르렀습니다. 1867년부터 1868년 사이에 통과된 선거법들에 의해 그 수는 244만 8000명으로 증가했습니다. 그리고 지금 이 법이 발효되면 그 수는 약 300만에 이를 것입니다. … 확실히 이 일은 할 만한 가치가 있는 일이고 꼭 관철시켜야 할 일입니다. … 이 법안은 모든 계급을 결집시켜 강력한 국가를 더욱 강하게 만들 것입니다.

| 출전 |

메리 몬터규Lady Mary Montagu(1689~1762): '자료1'은 몬터규 부인이 남편에게 보낸 편지의 일부로, 영국 하원 의원으로 선출되려면 적절한 사람들과 인맥을 쌓고 유권자들에게 쓸 돈을 많이 갖고 있어야 한다고 조언하는 내용이다. 영국에는 하원 의원 선출권을 한 집안이나 개인에게 부여한 도시들이 있었는데, 이 제도는 1832년에 폐지되었다. 몬터규 부인의 남편인 워틀리 몬터규는 그해 의원으로 당선되었고, 1716년에는 터키 주재 영국 대사로 임명되었다. 몬터규 부인은 터키에서 돌아와 이스탄불에서의 경험을 저술해 책자로 발간하여 오스만제국 여성의 삶을 소개하기도 했다.

〈인민 헌장〉, 1832: 1832년 선거법 개정에 실망한 영국 급진주의자들은 그 부당함을 지적하는 문서, 이른바 차티스트 팸플릿을 제작했다. 그 내용을 보면 운동 지도자들이 정치, 경제, 사회, 종교 영역에서 아주 광범위하고 과격한 개혁을 목표로 했음을 알 수 있다.

〈인민 헌장〉, 1838: 1832년 선거법 개정으로 도시 신흥 상공 시민에게 선거권이 주어졌지만 권리를 얻지 못한 노동자들은 1838년부터 1848년까지 〈인민 헌장〉을 내걸고 차티스트 운동을 전개했다. 이 헌장은 운동의 여섯 가지 주요 목표 즉 21세 이상 성인 남자의 보통선거, 인구 비례에 의한 평등선거구 설정, 비밀투표, 하원 의원의 재산 자격 폐지, 의원에게 세비 지급, 의원의 매년 선거 실시를 명기했다. 1839년에는 120만 명, 1842년에는 325만 명, 1848년에는 570만 명의 서명을 받아 하원에 청원했으나 실현되지는 못했다.

면방직 공장법, 1831: 공장 노동자들의 가혹한 노동조건을 시정하기 위한 공장법은 유럽 최초로 1802년에 영국에서 제정되었다. 이 법은 하루 열두 시간 노동, 야간 작업 중단, 읽기와 산수 교육 실시, 매월 1회 교회 출석, 1년에 옷 한 벌 지급, 남녀에게 별도의 침실 제공 등을 규정했으나 사문화되어 결국 시행되지 못했다. 1831년에 제정된 공장법은 면방직 공장에서 9세 미만 아동 노동을 처음으로 금지했고, 그 이후에 제정된 법으로 여성과 연소자의 노동시간에 제한이 가해졌다.

영국 공장법, 1833: 1833년 공장법은 목면·양모·아마·견직물 공장을 적용 대상으로 했으며, 9~13세 아동의 하루 노동시간을 여덟 시간으로 정하고 18세 미만 청소년의 야간 작업도 금지했다. 또한 공장에 들어가 규칙과 명령을 발포할 권한을 가진 공장 감독관 제도를 창설하여 법 시행의 실효성을 높였다. 이 법은 새들러 위원회Sadler Committee의 조사 결과로 이루어진 입법 성과였다. 마이클 새들러Michael Sadler (1780~1835) 의원은 방직 공장 아동의 노동시간을 제한하는 법을 제안하고 1832년에 관련 증거를 수합하기 위해 설치된 위원회의 수장을 맡았는데, 이 위원회는 노동자들 수십 명의 증언을 청취하여 보고서를 작성했다.

영국의 노예폐지법, 1833: 영국의 노예무역은 하원 의원 윌리엄 윌버포스William Wilberforce 등의 노력으로 1807년에 중단되었다. 윌버포스는 노예의 전면 해방에는 반대했으나, 1830년에 자메이카에서 거대한 노예 반란이 일어나면서 노예제 폐지 운동이 다시 점화되었다. 그러다 1834년에 와서 영국과 식민지 전역에서 노예제가 폐지되었고 약 80만 명의 노예가 해방되었다.

선거법 개혁안, 1832: 1832년 잉글랜드와 웨일스에서 제정된 이 법안은 50개가 넘는 부패 선거구를 없애고 그 의석들을 규모가 크고 인구가 많은 신흥 공업 도시에 배정했다. 또한 토지 외에 동산도 재산으로 인정하여 신흥 산업 자본가들이 의회에 진출할 기회를 부여했다.

글래드스턴의 선거법 개정 법안 연설, 1884: 영국의 3차 선거법 개정은 농촌 및 광산 노동자에게도 참정권을 부여한 법안이다. 당시 수상이었던 글래드스턴은 1884년 의회 연설('자료9')에서 농민과 광산업에 종사하는 사람에게도 선거권을 부여함으로써 계급 간의 연합을 이룰 수 있고 그것이 곧 자유주의 정체 유지에 기여할 것이라고 역설했다.

제2차 선거법 개혁안을 둘러싼 하원 논쟁, 1866: 1867년 선거법 제정으로 도시 공장 노동자에게 투표권을 부여하기 전에 영국 의회는 법안 제정을 둘러싸고 논쟁을 벌였다. '자료8'은 1866년에 제2차 선거법 개혁안을 둘러싸고 하원에서 벌어진 논쟁의 일부인데, 노동자에게 투표권을 주면 노사 문제 해결에도 도움이 된다는 급진파의 주장과 노동계급 및 노동조합의 위험성을 경고하는 보수파의 논점을 보여준다.

| 참고문헌 |

김명환, 《영국 자유주의 연구》, 혜안, 2013.

Hadley, Elaine, *Living Liberalism: Practical Citizenship in Mid-Victorian Britain*, Chicago: University Of Chicago Press, 2010.

Parry, Jonathan, *The Rise and Fall of Liberal Government in Victorian Britain*, New Haven: Yale University Press, 1996.

Sykes, Alan, *The Rise and Fall of British Liberalism: 1776~1988*, London: Routledge, 1997.

16
산업혁명
:기계 발명과 기술혁신

농업 생산 증대에 따른 인구와 노동력의 증가

18세기 중반 이후 유럽은 해마다 경작과 목초 재배를 교대로 하는 교대농법 보급 및 농업 기술의 혁신에 힘입어 '농업혁명'이라 부를 만한 정도로 농업 생산량이 급증했다. 특히 영국은 오랜 평화로 인구가 증가했고 농산물 수요도 늘었다. 양모 수익성이 한계에 도달하고 곡물 가격이 상승하자 지주들은 파종기, 제초기 등의 기술 개량에 힘입어 농업 투자와 경작지 증대에 나섰다. 16세기에 양의 방목을 목적으로 비합법적으로 이루어진 인클로저와 달리, 지주들은 농업 생산력 향상을 목적으로 의회 청원과 법률 제정을 통해 미개간지나 공유지 등 개방경지에 울타리를 치는 2차 인클로저 운동을 벌였다. 이 '의회 인클로저'로 대농경영의 발판이 마련되었고, 그 이후로 넓은 경작지에 필요한 농기계 개량이 이어졌으며 증기기관을 이용한 탈곡기도 등장했다. 또한 1815년에 제정된 곡물법 덕분에 영국의 지주들은 잉여 농산물의 해외 시장을 확장했다. 그런 반면 토지에서 쫓겨난 농민들이 실업을 겪고 이농하는 현상이 발생했다. 프랑스도 농노제를 폐지하고 봉건적 토지 공유 관습을 폐지했으며 품종 개량과 병충해 방제 등으로 농업 생산량이 늘었다. 또 교회가 소유하던 토지가 분배되면서 농민의 평균 소유 토지 면적도 늘었다.

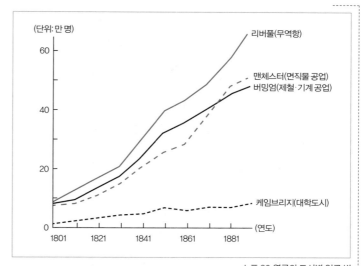

표 20 영국의 도시별 인구 변화. 19세기 영국의 인구 변화를 보여주는 이 그래프를 보면 산업혁명의 중심 도시들과 여타 도시들의 인구수 차이가 후반으로 갈수록 급격하게 벌어졌음을 알 수 있다.

이렇듯 유럽의 산업혁명은 농업 생산 증대에 따른 인구 증가의 뒷받침을 받으며 1780년 이후 100여 년에 걸쳐 일어났다. 1800년에 약 2억이던 유럽 인구는 100년 후에 두 배로 증가했고 각각 90만 명, 60만 명이던 런던과 파리의 인구는 대여섯 배가 늘었다.

서유럽 전역에 걸쳐 일어난 인구 증가는 곧 노동력 공급 확대로 이어졌고, 상인자본가들은 늘어난 노동력을 이용하여 선대제 방식의 상품 생산에 주력했다. 즉 도시 상인이 양털이나 면화 같은 원료를 농가에 공급하고 농촌의 값싼 노동력으로 완성된 제품을 수거하는 방식인 선대제와 가내수공업을 이용한 생산이 크게 융성했다. 농촌의 수공업자들도 상인의 주문에 따라 작업하고 일종의 성과급을 받는다는 점에서 임금노동자와 유사했다. 일부 수공업자들은 작업장에 생산도구를 설치하고 농촌 노동력을 고용하여 분업과 협업으로 제품을 생산하는 매뉴팩처 방식을 발전시켰으나, 점차 공장제가 선대제와 매뉴팩처 방식을 대체해갔다. | 자료 1 |

공업 기계 및 새로운 동력원의 발명

산업혁명의 신호탄은 면직 공업용 기계의 발명이었다. 영국 면직물은 모직물보다 생산량이 훨씬 적었으나, 제임스 하그리브스James Hargreaves가 1767년에 제니 방적기를 발명하여 방적 면사의 양을 크게 늘렸고 이어서 수력 방적기와 뮬mule 방적기 발명으로 고급 면사를 대량으로 생산할 수 있게 되었다. 그리고 1785년에 존 카트라이트John Cartwright가 발명한 역직기力織機 덕분에 면직물 공업은 모직물 공업을 누르고 영국의 대표 산업으로 성장하게 되었다. 면화에서 씨를 자동으로 분리해내는 기계인 조면기繰綿機를 미국의 엘리 휘트니Eli Whitney가 1793년에 발명한 뒤로 영국이 미국 면화를 더 낮은 가격으로 구입할 수 있었던 점도 여기에 한몫했다. 그리하여 1815년경에 면직물 수출은 영국 총 생산품의 40퍼센트에 달했다.│자료 2│ 하지만 직조 공정은 아직 가내 공업으로 남아 있었고, 랭커셔를 비롯한 일부 지역에만 대규모 방적 공장이 세워진 상태였다.

그런가 하면 1769년에 제임스 와트James Watt가 개량한 증기기관이라는 새로운 동력원의 발명이 공업 발전을 가속시켰다. 증기기관은 공장에서 주요 원동기로 활용되었고 수력을 대신하는 산업 동력이 되었다. 철 제련 기술이 발전하면서 중부 유럽의 슐레지엔과 루르Ruhr, 영국 북부의 석탄과 철강 생산 지역이 중요 산업 지대로 부상했다. 제철업 발전과 강철 생산은 차량뿐만 아니라 철로까지 만들 수 있게 했다. 1830년에는 조지 스티븐슨George Stephenson이 시속 25킬로미터의 증기기관차를 선보임으로써 철도 시대의 막이 올랐다.│자료 3│ 철도는 1840년에 등장한 증기선과 함께 물류 수송 비용과 수송 시간을 대폭 단축했다. 원료와 상품의 신속한 대량 수송을 위해 도로와 운하도 개량되거나 신설되었고 항구 개항, 하천 개통으로 이어졌다. 이처럼 교통과 수송 체계가 개선됨과 동시에 영국에는 대륙에서 시행되던 국내 통행세와 과세 제도가 없었던 덕분에 전국 규모의 내수 시장이 발달

도판55 1800년경 리즈Leeds의 아마천 공장 내부 모습을 그린 그림. 기계 앞에서 일하고 있는 노동자들의 모습을 볼 수 있다.

도판 56 19세기 영국에서 발명된 다양한 면직 기계들.
① 나는 북flying shuttle(존 케이, 1733) : 옷감을 짜는 속도를 두 배로 늘린 기계. 기술혁신은 실을 잣는 방적기와 옷감을 짜는 방직기가 번갈아 발명되는 과정과, 수력과 증기기관이 동력으로 활용되는 과정이 결합되어 이루어졌다.
② 제니 방적기(하그리브스. 1767) : 한 번에 실 한 가닥밖에 뽑아내지 못하는 물레 대신 여덟 가닥의 실을 동시에 뽑아내는 방적기. 개량된 뒤로는 여든 가닥의 실을 동시에 뽑아냈다.
③ 수력 방적기(아크라이트. 1768) : 인간의 힘 대신 수력을 동력으로 이용한 방적기. 수력 방적기의 등장으로 200~300명의 노동자가 모인 공장이 등장했다.
④ 물 방적기(크럼프턴, 1779) : 하그리브스와 아크라이트 방적기의 장점을 결합해서 발명한 것으로, 가늘고 튼튼한 면사를 뽑아냈다.
⑤ 역직기(카트라이트, 1785) : 증기기관을 동력으로 사용한 방직기.

했다. 1851년 런던 세계박람회 당시 영국은 유럽 내 증기기관의 절반 이상을 보유했으며, 세계 공산품 시장의 절반, 공업 생산의 3분의 1을 점유할 정도였다. |자료 4|

영국은 2차 인클로저를 통해 값싼 노동력을 창출하고 정치적 안정을 바탕으로 기계와 기술 발명, 석탄과 철 등 풍부한 지하자원을 활용하여 공장 생산과 산업화에 앞서나갔다. |자료 5| 농업에서 최초로 잉여 생산을 이룬 영국은 해외 시장을 확장하여 경제 팽창을 위한 교두보로 삼았고, 18세기 말에는 식량 수출이 해외 수출 물량의 거의 절반에 육박했다. 특히 런던은 원료, 자본, 공산품 거래를 위한 세계 무역의 중심지 역할을 했다. 또한 대외 전쟁에서 승리하여 얻은 해외 영토는 방대한 시장을 제공했으며, 대규모 상선단은 해군의 보호를 받았다. 토지나 상업에 투자하여 얻어진 이익의 증대는 산업화에 필요한 자본 공급을 늘렸고 이는 더 많은 고용으로 이어졌다.

유럽 대륙 국가들의 산업화

영국의 뒤를 이어 프랑스, 독일, 벨기에 등 대륙 국가들도 1815년 이후 산업화의 길로 나아갔다. 프랑스나 독일은 원료 공급이 가능했고 시장도 가까웠으나 국토 면적이 넓어서 자원과 공산품의 원거리 수송이 어려웠다. 또한 대륙의 강들은 운항이 수월치 못했고 자체 통행료와 관세 징수권을 가진 영방국가들로 나뉘어 있어 교역에 장애가 되었다. 상인이나 금융자본가의 산업 투자 열의도 미약했고 기술과 기계 발명을 따라잡는 데도 시간이 걸렸다. 반면에 영국은 1825년까지 수공업자들의 이민을 금지하여 기술 유출을 막았고 1842년까지 혁신적인 기계의 수출을 금지하기까지 했다.

어쨌든 유럽 국가들 대다수가 19세기 전반에 인구가 두 배로 늘고 도로와 운하 건설, 철도 도입으로 수송 체계가 향상되었다. 국가에서의 산업화 지원도 매우 직접적이었다. 프로이센은 오스트리아를 제외한 독일 영방국가들의 관세동맹을 이끌어 국내 무역을 촉진하고 제철업이나 철도 건설과 같은 자본재 산업에 국가 재정을 투여했다.│자료 6│ 그리하여 작센 지방에서는 면직물 공업이, 라인란트에서는 제철·석탄 공업 등이 발달하고 전기·화학 공업 분야에서도 두각을 나타냈다.│자료 7│ 석탄과 철이 풍부한 벨기에에서도 산업화에 가속이 붙어 헨트 Gent를 중심으로 면직물 공업이 크게 발전했다.

1830년대에 산업혁명에 돌입한 프랑스는 영국 면직물 공업과의 경쟁을 피해 견직물 공업에서 기계화를 실현했다.│자료 8│ 프랑스에서는 중북부의 석탄 광산, 북서부의 직물 공업 지대가 주요 산업 거점으로 발달했고 투자은행 설립, 방대한 철도망 확충 등이 이어졌다. 1870년경에는 벨기에·프랑스·독일·스위스 등이 영국에 이어 후발 산업 강국으로 입지를 굳혔다.

하지만 이탈리아의 산업화는 북부 지역에 한정되었고, 스웨덴과 노르웨이는 금속·직물 공업의 약진에 그쳤으며, 스페인과 포르투갈과 러시아는 농업 국가에서 벗어나지 못하고 있었다.

이렇듯 19세기 유럽 각국의 산업화는 국가별 자원 및 경제 상황에 따라 산업 혁명의 진전에 격차가 있었지만 공장제 기계 공업과 자본주의적 생산체제로 서서히 변모해갔다. 산업화에 앞장섰던 영국은 석탄과 철광석 등의 자원으로 에너지원을 마련하고 인클로저 운동으로 안정된 노동력을 창출하여 자본주의적 농업 경영을 발달시켰으며, 방직기계의 발명, 증기기관의 개량, 증기선과 증기기관차의 발달을 통해 면방직업의 융성과 동력혁명 및 교통과 통신의 혁신을 가져왔다. 그러나 유럽 각국에 공업 도시가 생겨나고 인구가 도시에 집중되면서 빈민과 실업자가 늘고 임금노동자들은 장시간·저임금 노동에 시달렸으며, 각국은 이러한 사회문제와 노동문제를 해결하기 위해 부녀자와 아동의 노동을 금지하는 공장법 제정과 같은 노력을 기울여야 했다.

01
기계 발명 예찬

조사이어 터커Josiah Tucker, 《여행자를 위한 안내서Instructions to Travellers》, 1757; 도널드 케이건Donald Kagan 외, 《서구 유산The Western Heritage》, Macmillan Publishing Co., 1987, p. 552에서 재인용

노동을 단축하기 위해 고안한 기계가 얼마나 있는지를 보면 영국을 능가하는 나라는 거의 없다. 목재를 자르고, 기름을 짜내고, 종이를 만드는 등의 일에 풍차를 사용하고 응용한 점에서는 네덜란드인들이 뛰어나다. 그러나 모든 종류의 금속과 탄광에 사용할 기계적 힘을 고안하는 데 영국인은 매우 솜씨가 좋다. 기중기나 마력 엔진 등은 갱에서 광석을 끌어올리기 위해 고안되었고, 수차와 증기기관 같은 것은 넘치는 물을 배수하기 위해 발명되었다. 또한 마차의 비용을 줄이기 위해 고안된 것으로 … 경사진 땅이나 내리막 도로를 달릴 수 있는 기계를 만들었다. 이외에도 다양한 과정에 사용된 여러 종류의 지레가 있다. 또한 놋쇠로 된 대포, 세로로 자르는 분쇄기, 판금 및 철판을 납작하게 만드는 제작 기계, 굵기가 각각 다른 전선을 만드는 기계 등이 있다. 이 모든 것은 여러분에게 신기하게 보이겠지만 … 수공업 도시들의 거의 모든 수공업 장인들이 자신만의 새로운 발명을 하고 있으며 다른 사람의 고안품을 매일 개선하고 있다. 우리는 이러한 고안품들이 등장한 잉글랜드의 여러 지역이 세계의 어느 지역에서도 찾아볼 수 없는 실용적인 직인의 표본을 보여준다고 자신있게 확언할 수 있다.

영국이 산업화에 성공한 이유

에드워드 베인스Edward Baines, 《영국 면방직업의 역사The History of the Cotton Manufacture in Great Britain》, 1835; 마빈 페리Marvin Perry 외, 《서양 역사 사료 2: 과학혁명에서 현재까지Sources of the Western Tradition, vol, II: From the Scientific Revolution to the Present》, Houghton Mifflin Co., 1987 pp. 113~115에서 재인용

제조업의 성공에는 세 가지 중요한 요인이 있는데 바로 수력, 연료, 철이다. 이것들이 풍부하고 값싼 곳은 어디라도 저렴한 비용으로 기계가 만들어지고 작동된다. 그리고 수력과 화력에 주로 의존하는 방직 과정에도 유리하게 작용한다. … 많은 강줄기들은 수백 개의 공장을 가동시킬 수 있는 수력을 제공한다. … 또한 제조업에 중요한 것이 풍부한 석탄이다. … 이 광물은 증기기관을 작동시키고 가장 강력한 에너지를 제공한다.

면직물 제조업의 중심지인 랭커셔가 지닌 이점은 가까운 곳에 리버풀 항이 있다는 점이다. 이 항구를 통해 아일랜드에서 식량을 대거 수입하고, 목재를 비롯한 원료를 들여오고, 직물도 세계 곳곳으로 보급할 수 있었다. … 또한 운하망을 통해 다른 내륙 제조업 도시들과 연결되고 랭커셔에 부족한 물품을 적은 비용으로 공급받을 수 있었다. … 운하는 국가가 아니라 개인 기업이 건설한 것으로 … 최근에 도입된 철도는 무역을 크게 활성화하고 노동 분화를 완성하는 데 크게 기여할 것이다. …

영국 제조업의 이점을 다른 국가들의 조건과 비교해보면 영국은 북유럽과 남유럽 사이의 매개자로서 매우 탁월한 상업적 요충지라는 점을 알 수 있다. … 영국 배들은 독일해, 발트 해, 지중해를 주기적으로 항해하며, 영국의 서부 항구들은 대서양과 전 세계로 나가는 항로를 갖고 있다. …

영국의 정치적·도덕적 이점 … 즉 자유와 평화도 제조업 발흥에 기여했다. 다른 어떤 나라도 영국만큼 자유와 평화가 오랫동안 잘 유지된 곳이 없다. 공정한 법의 통치 하에서 개인의 자유와 재산이 보장되었고, 상업은 그 이윤을 보장받았으며, 자본이 안전하게 축적되었다. …

영국은 다른 나라에서 일어난 재난과 다른 나라 정부가 보인 불관용 때문에 반사이익을 보기도 했다. 플랑드르와 프랑스에서 추방된 개신교도들이 영국으로 피신했고 그들이 영국의 산업 발전에 기여한 것이다. … 전쟁과 혁명으로 유럽 대륙이 제조업 발전을 이루지 못하는 사이에 영국은 오랫동안 경쟁 없이 진전을 이루었고 … 동시에 영국 해군이 바다를 장악하고 해상 운송을 보호해주었다. …

… 과거에 면방직은 거의 전적으로 노동자의 집에서 이루어졌는데 … 아크라이트 방적기는 더 넓은 공간과 동력을 필요로 했다. … 기계 사용과 함께 노동 분화가 가속화했다. … 이 상황에서 공장제 도입이라는 중요한 변화가 불가피했다.

자료
03 --

리버풀–맨체스터 철도 개통 날 풍경[1]

프랜시스 앤 켐블Frances Ann Kemble, 《소녀 시절에 대한 회상Some Recollections of a Girlhood》, 1878; 존 캐리John Carey, 《역사의 목격자Eyewitness to History》, Avon Books, 1987, pp. 304~306에서 재인용 (한국어판 출간 제목은 《역사의 원전》)

1830년 9월 15일, 수요일에 거의 800명이나 되는 우리는 객차에 타고 출발했다. 우리는 아주 짜릿한 호기심과 흥분으로 들떠 있었으며, 비록 날씨는 꾸물거렸으나 엄청난 사람들이 밀집하여 철로를 따라 서 있었다. 우리가 그들 옆을 지나칠 때 모자와 수건을 흔들며 소리쳤다. 이 성원하는 군중의 모습과 환호성 … 나는 처음 진보를 경험한 이 순간만큼 즐거웠던 적이 없다.

…그런데 한 사람이 우리 옆을 뛰어가면서 … 엔진[1]을 세우라고 외쳤다. 귀빈 객차에 탄 어떤 분이 다쳤다고 했다. 그래서 기차가 멈추었고, 허스키슨 씨가 죽었다고 외치는 목소리가 들렸다.

…물을 공급하기 위해 엔진이 섰는데, 귀빈 객차의 신사 몇 분이 주변을 보기 위해서 뛰어내린 것이다. … 다른 선로에 있는 기관차는 단지 속도를 알아보기 위해 왔다 갔다 하고 있었다. … 허스키슨 씨는 … 저 망할 놈의 기계에 바로 받혀버린 것이다. 그는 잘린 동맥을 묶는 조치를 받고 … 맨체스터로 보내졌다.

우리가 맨체스터 근처에 오자 기차가 도착하는 것을 보기 위해 모여든 군중들은 기계공과 기술공으로 이루어진 최하층민들이었다. 그들은 곤궁한 생활에 시달리며 정부에 대한 불만에 꽉 차 있었다. 웰링턴 공작이 앉은 객차에는 영향력 있는 인사들도 가득 차 있었건만 그 객차를 맞이한 것은 푸념과 야유였다. 찌푸린 얼굴을 한 험상궂고 무서운 무리들 위로 직조기 한 대가 높이 세워졌다. 거기에 넝마를 걸치고 굶주려 보이는 직조공이 앉았는데, 그는 기계로 인해 리버풀과 맨체스터 부자들이 얻게 될 이익과 영예에 항의하는 대표자로 세워진 것이 분명했다.

1 | Engine, 증기기관차를 뜻한다.

자연 관찰로 이룬 과학과 문명의 발전

《런던 박람회 카탈로그Illustrated Catalogue》, 1851; 마빈 페리 외, 《서양 역사 사료 2》, pp. 148~150에서
재인용

전 세계 모든 문명국의 산업을 전시하는 일이 시도되었고 그것은 기대 이상으로 성공
했다. … 여러 국가가 기술과 생산 수준을 과시하기 위해 노력했으나, 결과적으로 영국
이 전 세계에서 산업 발전의 승리를 거두었음을 전시하는 장이 되었다. … 인간은 자연
을 탐구하는 정신으로 … 위대한 물리법칙을 발견하고 그것에 복종하며 자연현상을 주
의 깊게 관찰해야 한다고 깨닫는다. … 그리고 자연에 대한 지식을 통해 자연을 인간에
게 유익하게 개선할 수 있음을 인식한다. … 모래를 '우연히' 용해하여 유리를 제조할 수
있었듯이, 이와 유사한 관찰을 통해 인간은 지식을 증진하고 과학은 인류의 진보를 이
끌어왔다. …

우리는 현 시대가 가장 놀라운 시기라고 자부한다. … 우리가 어떻게 증기기관을 만들
었는가? … 전신은 어떻게 발명했나? … 제임스 와트는 증기의 팽창을 주의 깊게 관찰
했고 … 작은 사실을 관찰하는 것에서 위대한 법칙들이 추론되었고 위대한 목표가 달
성되었다. … 이 박람회에서 우리는 스스로에게 만족하며 … 우리가 이룬 발견은 … 조
물주가 발명 능력을 개발해준 덕택이다. …

(이 시대의 가장 놀라운 발견 중의 하나인) 전기는 … 인간이 이룬 가장 중요한 성취다. 전기
는 공간을 가로질러 우리의 생각과 감정 표현을 전달한다. 인도는 곧 [전신에 의해] 영
국에 통합될 것이고, 런던 상인은 캘커타의 직원과 즉시 의사소통을 할 수 있을 것이다.
… 원거리라는 장벽이 허물어진 덕택에 멀리 떨어진 영토들이 통일될 것이다. 문명의
행진은 과학의 진보와 함께한다. … 박람회장의 북서쪽 회랑에 전시된 작은 기계들은
전 세계에 영향을 미칠 것이다. …

공장은 유익한 노동 공간이다

앤드류 유어Andrew Ure, 《매뉴팩처의 철학The Philosophy of Manufactures》, 1835; 마빈 페리 외, 《서양 역사 사료 2》, pp. 126~127에서 재인용

공장 노동에 대한 여러 편견들 중에 증기기관의 계속된 작동으로 지나치게 따분하고 지루해진다는 생각은 근거가 없는 주장이다. … 면화에서 실을 뽑거나 직물을 짜는 과정에서 힘든 일은 증기기관이 다 하고 노동자는 힘든 일이 없지만, 끊어진 실을 잇고 방추에서 실톳을 빼내는 것과 같은 세밀한 작업을 중간에 수행해야 한다. … 증기기관으로 작동하는 공장의 아동 노동을 보면 … 대부분은 하는 일 없이 공장에서 빈둥거리는 시간이 많다. … 방적공들은 중간에 주어지는 휴식 시간에 책을 읽기도 한다. … 공장 바닥의 면화를 모으는 아이들은 새들러 위원회의 증언에서 "계속된 고통 속에서 두려움에 떨며" 노동했다고 했지만 … 한가하거나 장난스럽게 공장을 돌아다니는 모습을 볼 수 있다. …

내가 관찰한 바로는 … (공장 도시) 벨퍼Belper 사람들이 건강, 가내 평안, 종교 문화 등에서 평균 농촌 인구보다 더 나은 상태에 있다고 확신한다. 공장의 사무실은 공기 순환이 잘 되고 신사의 응접실만큼이나 깨끗하다. 아동은 각자 맡은 일을 하면서 즐겁게 솜씨를 뽐내며 밝은 얼굴로 노동한다. …

공장들 특히 면방직 공장들은 매우 잘 조직되어 있어서 모든 노동자에게 편리하고 안락한 노동 기회를 제공한다. … 최근에 공장 노동자들이 억압과 고통과 악덕의 희생자라고 말하는 사람들이 있는데, … 빈민의 타락을 효율적으로 막고 근면과 진취성과 지성이라는 고상한 정신을 불러일으킨 유일한 곳이 바로 공장 지역이다. 오늘날 다수 농촌 지역을 뒤덮고 있는 무지와 무기력함을 … 모든 면방직 공장 지역에 생기를 불어넣는 유익한 움직임과 비교해보라. …

공장에서 요구하는 규칙성은 만취 습관이 있는 사람이 고용될 수 없게 하고 … 따라서 공장 노동은 음주를 막는다. … 규칙적인 생활 습관 덕분에 공장에 고용된 사람의 건강 상태는 집에서 면직물을 짜는 사람보다 더 낫다.

영국 기계를 모방하려는 독일의 노력

〈기계 수출 조사위원회에서 행해진 진술 기록Minutes of Evidence Taken before the Select Committee…[on] The Exportation of Machinery〉[2]; S. 폴라드와 C. 홈스S. Pollard & C. Holmes 편집, 《유럽 경제사 사료집Documents of European Economic History》 vol. 1, London, 1968, p. 429에서 재인용

나[찰스 노이스Charles Noyes]는 베를린에서 정부가 기계 제작 기술을 획득하기 위해 행한 매우 선진적이고 체계적인 노력을 지켜보았다. 그들은 그 목적을 성취하기 위해 비용을 아끼지 않았다. 그들의 분발은 나를 깜짝 놀라게 했다. 베를린에는 매우 중요한 무역협회가 있는데, 과학과 기계에 관련된 거의 모든 제조 분야를 디자인과 결합하여 실용 교육을 하는 거대한 기관이다. … 이 기관의 방들은 … 영국의 기계 모델들로 가득 차 있었다. 그들은 영국에서 면직물, 아마, 실크, 모직물을 만들기 위해 사용하는 모든 기계 모델을 갖고 있다고 했다. 일부는 아메리카에서 또 일부는 다른 독일 지역에서 가져온 것이라고 했다. 이러한 방법으로 그들은 우리의 최신식 기술까지 획득할 수 있었다. 우리가 따라할 수 없는 중요한 점은 그들이 똑같은 기계에 두 가지 다른 특허를 결합할 수 있다는 것이다. … 즉 기계가 영국에서 생산되자마자 즉시 [프로이센] 정부의 비용으로 수입되어 무역협회에 설치된다. 그리고 그 기계를 테스트하여 작업용 모델이 만들어진다. 그 모델은 무역협회에 비치되고, 원래 수입한 기계는 프로이센의 일부 제조업자에게 정부의 명예 상품으로 수여된다. 그 제조업자는 기계가 사용될 특정 제조 분야에서 뛰어난 사람이다. 무역협회에서는 학생들이 기계를 스스로 만드는 법을 배운다. 학생들에게 도구가 공급되고 그들이 만든 기계는 자기 것으로 가져갈 수 있다. 나는 이 전체 시스템을 [프로이센] 정부가 현재 영국 제조업의 가장 중요한 특징인 기계 제조업의 역량을 얻기 위해 행한 가장 놀라운 노력이라고 여기지 않을 수 없다.

2 | 1841년 영국 의회는 기계 수출의 현황을 알아보기 위한 위원회를 열었는데, 거기서 프로이센 정부가 영국 방직기를 모조하는 작업을 지원하고 있다는 증언이 나왔다. 인용한 부분은 대륙 국가들이 영국 기술의 우수성을 모방하고자 경쟁하는 모습을 보여준다. 하지만 대륙의 제조업자들이 영국의 방식을 채택한 후에도 영국은 직물 생산에서 계속 우위를 지켰다.

공장 노동자들은 '질서와 화합'을 지킬 것

베를린 한 회사의 노동규율[3]; 마빈 페리 외, 《서양 역사 사료 2》, pp. 118~119에서 발췌

모든 대형 작업과 다수 노동자의 통합 작업에서는 기본적으로 질서와 화합을 지켜야 하며 다음의 규칙들을 엄격히 따라야 한다. 모든 노동자에게 … 이 규칙이 배부될 것이

며 그 규칙을 따르는 데 동의한 것으로 간주된다.

(1) 정상적인 노동시간은 아침 여섯 시에 정확히 시작되며, 아침 식사 시간 30분, 저녁 식사 시간 한 시간, 그리고 차 마시는 시간 30분을 포함하여 저녁 일곱 시에 끝난다. 노동 시작 시간 5분 전에 벨이 울릴 것이다. … 문지기는 정확히 아침 여섯 시, 아침 여덟 시 반, 오후 한 시, 오후 네 시 반에 문을 잠글 것이다. 2분 늦게 도착한 노동자는 30분의 임금을 삭감당하며, 2분 이상 늦은 사람은 다음 날까지 일을 시작하지 못하거나 적어도 그때까지의 임금을 잃을 것이다. …

(2) 작업 종료 벨이 울리면 모든 노동자는 작업장을 떠나지만 그 전에 퇴근 준비를 해서는 안 된다. 이 규칙을 어기면 5그로셴groschen의 벌금이 부과되며 … 감독관의 특별 허가를 받은 사람만 작업장에 남아서 일할 수 있다. …

(3) 작업 종료 시간 전에 감독관의 허가 없이 문지기에게 이름을 말하지 않고 떠나서는 안 되며, 이를 어긴 사람에게는 10그로셴의 벌금이 부과된다.

(4) 반복해서 공장에 늦게 오는 사람은 해고될 것이다. 감독관에 의해 게으름이 적발된 사람, 일을 재개하라는 명령을 거부한 사람도 마찬가지다.

(6) 작업과 상관없는 이유로 작업장을 떠나서는 안 된다.

(7) 동료 노동자와의 대화는 금지된다. 작업에 대한 정보는 감독관이나 담당 노동자에게 물어야 한다.

(8) 노동시간에 작업장이나 뜰에서 흡연하는 것은 금지된다. 흡연으로 걸리면 5그로셴의 벌금이 부과된다.

(9) 모든 노동자는 자신의 작업 공간을 청결히 해야 한다. …

(12) 감독관의 말을 준수하고 존중해야 하며 복종하지 않을 경우에는 해고된다.

(13) 작업장에서 술에 취한 모습이 발견되면 즉시 해고된다.

(15) 동료 노동자의 부정이나 횡령은 즉시 상관에게 보고되어야 한다. 만약 알면서도 보고하지 않았을 경우 … 방조자로 법정에 서야 하며 임금도 보류될 것이다.

3 | 유럽 국가들은 노동자들에게 새로운 노동규율을 훈련시켜 산업화에 적응시킬 필요가 있었다. 인용한 부분은 베를린의 한 회사(The Foundry and Engineering Works of the Royal Overseas Trading Company)가 1844년에 발표한 규율의 일부다. 이 규율은 공장 노동자들에게 질서와 화합, 복종과 정직의 도덕을 주입하려 했다. 시간 엄수뿐만 아니라 공장에서 생활하고 노동할 때 지켜야 할 행동규범을 강조했다.

해고 노동자를 복직시키고 초과 근무 수당을 지급하라

쾰른 노동자들의 청원[4] ; 마빈 페리 외, 《서양 역사 사료 2》, p. 130에서 재인용

위선의 시대는 끝났다. 당신들은 외국 공장들과의 경쟁에서 이기기 위해 우리의 임금을 깎았다. …

증거를 원하는가? 당신들의 엄청난 부와 우리들의 극빈을 보라. … 우리가 건강을 해치고 땀 흘리며 한 노동으로 당신들을 부유하게 만들었다. 그러므로 우리는 당신들에게 보상을 바라며 다음과 같은 사항을 요구한다.

(i) 4월 8일 이후 해고된 모든 노동자는 그들이 법을 위반했다는 증거가 없는 한 즉시 복직된다.

(ii) 노동시간은 아침 여섯 시부터 저녁 여섯 시까지로 한다. 그리고 아침 식사 시간 30분, 점심 시간 30분, 오후 커피 시간 30분이 부여된다.

(iii) 모든 초과 근무에 수당을 지급한다. …

(iv) 지각한 노동자는 그만큼 초과 노동으로 보충하거나 빠진 시간만큼의 일당을 임금에서 제외한다. …

(v) 질병으로 노동을 못 하게 된 노동자의 아내와 아이들은 3개월간 임금의 절반을 받는다.

(vi) 성인 노동자의 최소 일당은 20그로셴으로 한다.

(vii) 공장주와 노동자 동수로 구성된 중재위원회를 구성하고, 이 위원회가 양측이 관련된 모든 중재 업무를 담당한다.

우리는 당신들의 이익을 위해 이 요구 사항들을 수용하리라 기대한다. 우리의 고통이 너무 커서 폭력 행위가 일어날 수도 있는데 그 책임은 당신들에게 있다.

4 | 산업혁명이 유럽 대륙에 확산되면서 영국에서와 같은 사회문제들이 발생했고 노동자들의 불만이 쌓여갔다. 1848년 4월에 독일 쾰른 노동자들은 이 도시의 공장 소유주들에게 이러한 요구 사항 목록을 제시하며 개혁을 요구했다.

자료
08

농업에서 제조업으로 방향을 튼 프랑스 경제정책의 변화

5 | 1851년 런던박람회에 이르기까지 세계박람회의 역사를 정리한 이 저서는 영국의 성공적인 산업 발전과 더불어 프랑스 경제가 박람회를 거치면서 변화해온 과정에 대한 평가도 담고 있다. 프랑스의 혁명들과 내전이 프랑스 경제의 발목을 잡았지만, 영국의 자유방임주의 정책과 달리 농업 위주의 보호관세 정책을 취한 것도 시대의 조류를 따르지 못한 정책의 실패였다고 지적하고 있다.

실용적인 기술, 기계 및 화학 제조업, 광업, 엔지니어링에 대한 백과사전 1권[5] *Cyclopedia of Useful Arts, Mechanical and Chemical, Manufactures, Mining, and Engineering, Vol. I.*, 1851년 만국산업박람회에 대한 소개글 An introductory Essay on the Great Exhibition of the Works of Industry of All Nations, 1851, edited by Charles Tomlinson. (London, 1854), iv~vii. https://archive.org/details/cyclopaediaofuse01toml uoft/page/n15/mode/2up

1839년에 9차 박람회가 열렸다. 이후 제조업에서 지속적인 발전이 있었고 저렴한 가격에 매우 많은 양의 상품을 생산했으며 "대량 매매와 적은 이윤 즉 박리다매"라는 표현이 등장했다. 하지만 프랑스에서는 이 개념이 그렇게 우호적으로 받아들여지지 않았다… 10차 박람회는 1844년에 열렸는데 가장 성공적인 것으로 평가되며, 오래 지속된 평화가 프랑스의 산업과 생산력에 미친 영향을 가장 잘 보여주었다. 프랑스 제조업의 모든 분야에서 미와 효용성의 완전함의 표본을 보여주었다… 프랑스가 성취한 위대한 진보에 대해 [프랑스 박람회의 보고서를 썼던] 와트Mr. M. Digby Wyatt 씨는 "프랑스는 다른 어떤 나라도 보여줄 수 없는 제품들을 전시했고, 이 멋진 제품들이 프랑스 국민과 세계에 가져다 줄 혜택은 거대할 것이다"라고 했다. … 이후 5년간 군주정이 무너졌고 불안한 공화국이 폐허 위에 세워졌으며 프랑스는 시민들의 갈등에 시달렸고 사회주의로 인해 혼란해졌다. 그러나 앞선 박람회들보다 더 큰 규모의 박람회가 1849년에 마련되었다. … 당시 농상공부 재상이던 투레Mr. M. Tourret 씨는 농산품이 국가의 부를 대변하고 실크와 양모 제품이 미약했던 것을 언급하면서, "공화국 정부는 이러한 상대적인 열등성을 줄이고 없애기 위해 모든 노력을 경주하기로 했다. 제조업자들에게 기본적인 자원을 제공했고 … 제조업과 경쟁하는 것이 농업의 권리이자 의무이다"라고 했다.

이 박람회 이전에 우리 영국이 성공적으로 수행해 왔듯이, 프랑스가 외국 시장에서 경쟁할 다른 국가들의 기술을 습득하고 도움을 받을 것을 제안했으나 거부해왔던 것에 비하면 놀라운 변화이다. "경쟁정신이 국가에 매우 유익하다"는 계몽적인 제안을 거부했던 프랑스이지만 … 지난 혁명과 뒤이은 내전으로 프랑스의 상업과 제조업이 입은 피해를 생각한다면 그 정책의 실수를 이해할 수도 있다. … 노동인구의 고용은 제조업의 번영에 달려 있다. 그리고 제조업의 번성은 많은 외국 수요와 수출 무역이 없이는 지속될 수 없다. 프랑스가 다른 국가들의 산물과 제조품에 대해 높은 보호관세를 부과함으로써 항구를 계속 닫는 한 프랑스는 오로지 국내 수요만을 위한 제조업을 지속해야 한다. 그러면 공급이 수요를 초과하게 되고 불만을 가진 다수 대중들 사이에 혁명의 기운이 지속될 것이다.

| 출전 |

에드워드 베인스, 《영국 면방직업의 역사》, 1835: 영국 정치가이자 역사 저술가인 베인스는 산업혁명 초기의 주요 산업이었던 면방직업에 대한 이 저술에서 영국이 산업화에 앞서간 요인과 공장제의 유용함을 설명했다. 그는 풍부한 노동력, 자본, 자원(철과 석탄) 외에도 원료 공급지와 상품시장으로서의 해외 식민지, 기술 발명에 대한 열정 등을 영국 산업혁명의 배경으로 제시했다.

앤드류 유어(1778~1857), 《매뉴팩처의 철학》, 1835: 산업혁명 당시의 공장 시스템을 분석한 앤드류 유어는 산업화를 바라보는 당시의 비관적 시각에 동의하지 않았다. 그는 새들러 위원회에서 제시한 증언들이 있었는데도 공장이 노동자들의 생활수준과 교육 수준을 향상시키며, 기계가 비싼 숙련 노동을 값싼 비숙련 노동으로 대체함으로써 노동자들에게 이익을 가져다준다고 주장했다. 그의 기술철학에서 기술 발전의 궁극적 목표는 인간이 완전히 배제된 채로 가동되는 공장 시스템을 만드는 것이었다.

조사이어 터커, 《여행자를 위한 안내서》, 1757: 18세기에 쓰인 이 여행 안내서는 당시 영국인들이 다양한 제조 과정에 기계를 사용하는 모습을 신기하고 새로운 일로 여겼음을 보여준다. 특히 새로운 기계를 발명하는 영국 장인들의 솜씨가 매우 탁월하다고 평가했다.

《런던 박람회 카탈로그》, 1851: 1851년 런던에서 열린 '세계 산업 박람회Exhibit of Industry of All Nations'는 당시 영국인들이 산업 발전에 느낀 자부심과 희망을 보여준 대표적인 행사였다. 유리와 철골로 지어진 거대한 건축물인 '수정궁Crystal Palace'에서 열린 이 박람회는 세계 각국의 기술과 예술과 산업을 전시한 동시에 모든 산업 기술에서 영국이 가진 우수성을 드러내고 영국 제조업의 명성을 드높였다. 이 전시는 과학과 기술을 인류 진보의 척도로 보았던 19세기의 시대정신을 반영한 것이었다. '자료4'는 박람회 카탈로그에 실린 내용인데, 세계 산업 발전에 대한 기대와 희망, 행사 조직자들의 자부심을 잘 보여준다.

| 참고문헌 |

김종현, 《영국 산업혁명의 재조명》, 서울대학교 출판문화원, 2013.

양동휴, 《산업혁명과 기계문명》, 서울대학교출판부, 1997.

이영석, 《산업혁명과 노동정책》, 한울, 1994.

Hobsbawm, Eric, *Industry and Empire: The Birth of the Industrial Revolution*, New York: The New Press, 1999.

Mantoux, Paul, *The Industrial Revolution in the Eighteenth Century: An Outline of the Beginnings of the Modern Factory System in England*, Abingdon: Routledge, 2013.

Stearns, Peter N., *The Industrial Revolution in World History*, Boulder: Westview Press, 2012.

17
산업혁명의 명암
:산업화의 확산과 산업사회의 도래

도시화와 계층 분화의 가속

19세기 유럽은 의학 지식이 발달하고 영농 기술 개선으로 식량 보급 상태가 좋아지면서 인구의 증가 추세와 속도가 빨라졌다. 과잉 인구는 불완전 고용과 빈곤을 초래했고, 이에 혼인 연령을 높이는 법을 제정하거나 빈민의 결혼 금지, 이민 장려 등 인구 압력 및 빈곤 문제를 해결하려는 대책이 제시되었다. 수백만 인구가 농촌에서 도시로 일자리를 찾아 이동하면서 도시의 규모도 커지고 그 수도 크게 늘었다. 특히 런던, 맨체스터, 파리, 빈, 베를린 등의 인구가 급격히 늘었다.

그러나 도시화와 함께 계층 분화도 가속화했고 저임금과 빈곤의 악순환, 주기적 불경기와 대량 실업, 열악한 노동조건과 주거 환경은 하층민과 노동자 계층의 불만을 증폭시켰다. 자료 1 1810년대에 등장한 러다이트 운동 이후 산업화

에 저항하며 자본주의의 악폐에 항의하는 사회주의 움직임도 계속 이어졌다. 도시의 인구 과밀은 비위생적인 하수 시설과 공장, 철도, 주택 굴뚝에서 나오는 매연과 함께 콜레라, 장티푸스, 결핵 같은 전염병의 창궐을 초래했다. |자료 2| 행정 당국은 전염병 확산을 막기 위해 빈민가를 헐어내고 상하수도를 갖추어 위생 조건을 개선하려 했다. 특히 소규모 작업장에서 일하는 비숙련 도시 노동자들의 생활이 가장 열악했는데, 그들은 낮은 임금을 받으며 불안정한 삶과 실업의 공포에 시달렸다. |자료 3| 1840년대 영국의 공업 도시에서 노동 인구의 절반이 실직 상태에 놓였고, 상당수가 빈민 구호금이나 의연금에 의존했다.

그런가 하면 교육의 기회가 확산되고 사회적 유동성이 커지면서 중간계급에 속한 이들도 늘어났고, 가부장적 가족 질서를 이상으로 삼은 부르주아의 가치관을 추구하는 가족 중심 문화가 대두했다. 이 시기 영국 경제학자 제러미 벤담 Jeremy Bentham은 공리주의 원리를 내세우며 중간계급의 가치를 옹호했다. |자료 4| 벤담은 개인의 자유로운 이익 추구는 허용되어야 하지만 다수의 선을 위해 개인 각자가 자신의 이익 일부를 희생할 필요가 있다고 생각했다. '최대 다수의 최대 행복'을 가져다주는 법이 사회적으로 유용한 법이라는 것이다. 자유방임에

도판58 귀스타브 도레(Gusta-ve Doré)의 〈기차에서 본 런던의 모습〉(1872). 1870년경의 런던을 그린 판화로, 좁은 공간에 많은 사람이 밀집하여 비위생적인 환경에서 거주하고 있는 모습을 보여준다.

찬성하면서도 정부의 간섭을 지지한 벤담류의 공리주의는 1815년에서 1848년 사이 영국의 개정 구빈법과 프랑스의 교육제도 확대 등 국가의 개입을 통한 중간계급의 여러 개혁에 이론적 기반이 되었다.

산업사회에 대한 분석과 비판

애덤 스미스의 사상을 계승하여, 개인의 이익 추구와 경제활동의 자유를 주창하는 자유방임 이론도 지지를 얻었다. 보호관세를 철폐하고 독점을 해체하며 경쟁을 통한 자유무역을 옹호하는 이 이론은 국가의 기능이 공공의 안녕을 위한 질서 유지와 재산 보호 역할을 하는 정도로 제한되어야 한다고 보았다.

토머스 맬서스Thomas Malthus는 전쟁이나 기근, 질병 등 인구 증가를 억제하는 요인이 존재하는데도 인구가 식량 공급률보다 더 빨리 증가하는 경향이 있으며 그 결과 인간의 빈곤과 고통은 불가피하다고 주장했다.│자료 5│ 맬서스의 이론은 빈곤에 대한 책임을 사회가 지지 않고 개인에게 전가하는 주장에 힘을 실어주었고, 빈민 무상 배급과 노동자 임금 보조 등 빈민을 돕기 위해 고안된 정책이 오히려 부자와 빈민 모두에게 손해를 끼친다는 주장을 합리화하는 데 이용되었다.

맬서스의 가설은 영국 경제학자 데이비드 리카도David Ricardo의 이론 형성에 중요한 역할을 했다. 리카도는, 임금이 생계 수준 이상으로 상승하면 사람들은 더 많은 자녀를 가지려 하고, 그

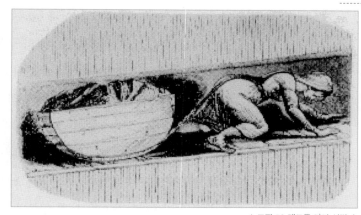

도판 59 갱도를 따라 석탄 수레를 끄는 어린 광산 노동자의 모습. 1842년 애슐리 광산 위원회의 보고서에 실린 그림이다. 영국에서는 광산 노동자의 노동조건을 개선하기 위한 법령이 1842년과 1844년에 통과되었다.

결과 인구가 증가하면 구직 경쟁이 높아져 임금이 이전 수준으로 떨어진다고 주장함으로써 중간계급이 노동자의 임금 인상 요구에 맞서 방어하는 데 유용한 이론을 제공했다. |자료 6| 또한 인구가 증가하고 더 많은 땅이 경작될수록 생산성이 높은 토지의 지대는 올라가고 지주의 수입도 증가한다는 지대론地代論을 제시해 지대 수취인이 부당한 이득을 취하고 있다는 중간계급의 비판에 힘을 실어줬다.

한편 산업사회에 대한 지식인의 분석과 비판도 이어졌다. 찰스 디킨스Charles Dickens는 《올리버 트위스트》에서 영국 신新구빈법의 빈민 정책과 불평등한 계층화 및 산업화의 폐해를 날카롭게 비판했다. 오귀스트 콩트Auguste Comte는 물질세계에 대한 관찰과 경험을 통해 산업사회를 분석하고 미래를 예측하는 지식을 중시하는 실증주의 철학을 제창했다. 생시몽Saint-Simon은 생산자들이 주도하는 사회를 주창하고, 빈민의 생활을 개선하고 사회를 재편하기 위한 유토피아 기획을 제안하여 프랑스 사회주의 운동의 초석을 마련했다. 귀스타브 쿠르베Gustave Courbet와 오노레 도미에Honoré Daumier를 비롯한 프랑스 예술가들은 부르주아의 위선과 부패를 담은 사실주의 작품들을 발표하며 산업사회의 악폐를 풍자했다.

19세기 영국의 철학자이자 경제학자인 존 스튜어트 밀John Stuart Mill 역시 산업화를 신랄하게 비판했다. 그는 국가의 통제에 반대하고 개인의 자유를 옹호

했지만,|^{자료 7}| 국가가 상속 재산과 불로소득에 과세하여 부를 재분배하는 조치를 취할 수 있다고 주장했다. 밀은 사회 구성원 다수에게 유리하도록 부를 분배하려면 자유방임주의에서 벗어나야 한다고도 주장했다.|^{자료 8}| 더 나아가, 임금 제도를 폐지하고, 노동자가 공장을 소유하고 경영자를 선출하는 생산자 협동조합 등도 제안했다. 다만 그는 다수의 폭정과 획일주의는 경계했다.|^{자료 9}|

지금까지 살펴보았듯이 산업화의 과정은 유럽 사회 전반에 급격한 변화를 초래했는데, 무엇보다 산업자본가와 임금노동자라는 새로운 계급의 발생으로 계층 분화가 가속화하자 이에 대한 정부와 국가의 역할이 부각되었다. 자본과 소득이 소수에게 집중되는 것을 막고 다수 빈민에게 안정적인 생계 유지를 보장할 필요성이 대두되었고, 경제학자와 사회사상가들이 그 실현 방법과 대안을 모색했다. 또 자유방임주의 정책을 둘러싼 공방이 이어졌고 노동자의 권익을 보호하기 위한 사회주의 운동도 시작되었다.

여성 산업 노동자들의 증언

《이그재미너The Examiner》, 1832년 2월 26일자; 아이비 핀치벡Ivy Pinchbeck, 《1750년에서 1850년까지

의 산업혁명과 여성 노동자Women Workers and the Industrial Revolution, 1750~1850》, Frank Cass and

Company Limited, 1969, pp. 199~200에서 재인용

편집장님 귀하,

랭커셔의 인구 밀집 제조업 지구에 사는 우리들은 대부분 제조 공장에서 노동하며 생
계를 유지하는 여성들이다. 우리는 공장법Factory Bill에 대한 귀 신문의 견해를 우려한
다. … 당신들은 제조 공장에서 우리 여성의 노동을 완전히 없애야 한다고 한다. 하지
만 당신들이 잉여 여성 노동을 위해 더 바람직한 현실적인 고용 대안을 제시했더라면
훨씬 좋았을 것이다. 그러면 우리도 생계를 위한 다른 방도를 강구할 것이다. 만약 우리
가 노동 경쟁에서 밀려난다면 … 우리 대신 노동하거나 생계를 꾸릴 어떤 합법적인 남
자 가족도 없는 사람들 그래서 일찌감치 여러 방도로 자신의 생계 유지에 나섰던 수천
명의 여성은 어떻게 되겠는가?

이 지역에서는 기계로 짜는 방직기가 손으로 짜는 직기를 완전히 앞질렀다. 스스로의
노력에 의지하거나 교구에 생계를 의지해야 하는 상당수 여성들은 가내 노동으로는 생
계를 유지할 수 없었기에 제조 공장으로 가지 않을 수 없었다.

이 지역에 양재와 노역을 제외하고는 여성을 위한 다른 어떤 산업 고용 형태도 거의
없다는 것은 개탄할 일이다. 노역의 경우 들판으로 달려 나간 지망자들 중에서 20분
의 1만이 고용 기회를 얻는다. 그리고 그들은 같은 노역을 먼저 하고 있던 동료 여성의
임금을 낮추게 된다. 옷을 만드는 양재의 경우, (남성 노동자들과 섞여서 일하는 상스러움은
말할 필요도 없이) … 잠도 못 자고 건강을 잃어가면서 어린 아동 노동자들과 함께 일해야

한다. …

우리는 기근을 피할 방도가 없다. … 우리는 당신들에게 진지하게 말한다. 당신들이 우리에게서 생계 수단을 박탈한다면 우리에게 더 나은 적당한 일자리를 제시해주어야 하지 않겠는가? …

토드모텐Todmorden의 여성 직공들

자료 02
영국 도시 노동자의 비참한 삶[1]

프리드리히 엥겔스, 《영국 노동자계급의 상황Die Lage der arbeitenden Klasse in England》, Druck und Berlag von Otto Wigand, 1845, pp. 49~50(한국어판 출간 제목은 《영국 노동자계급의 상태》)

"그는 자신의 교구에서 그처럼 비참한 모습을 본 적이 없었답니다. 사람들에게는 가구는 물론 아무것도 없었지요. 종종 결혼한 부부 두 쌍이 한 방에 거주했어요. 어느 날 그는 7채의 집에 들렀는데, … 이 집들에는 침대 하나가 있었고 팔십대의 노인들은 널빤지를 댄 바닥에서 잠을 잤으며 거의 모든 사람들이 옷을 입은 채 잠자리에 들었답니다. 그는 한 지하방에서 시골에서 온 스코틀랜드 두 가족을 발견했지요. 이 도시에 도착한 직후 두 아이가 죽었고 셋째는 그가 방문한 시점에 곧 죽음을 맞이하기 직전이었답니다. 각 가족을 위해서 한 구석에 더러운 짚더미가 있었고, 게다가 매우 침침하여 낮에도 사람을 알아볼 수 없는 그 지하에는 한 마리의 당나귀가 같이 살고 있었다네요. …"

1 | 19세기 영국은 산업화가 진척되면서 도시로 인구가 급격히 이동했고 주택·위생·노동 조건 등에 심각한 문제가 발생했다. 인용한 부분은 1838년에 에든버러의 오래된 교회의 목사가 종교교육위원회에서 한 증언을 엥겔스가 대신 전하는 것으로, 당시 영국 도시 노동자들이 열악한 환경에서 생활한 모습을 생생하게 보여준다.

프랑스 릴 노동자의 비참한 생활상

루이 빌레르메Louis Villermé, 《면직·모직·견직 공장 근로자의 몸과 정신 상태Tableau de l'état physique et moral des employés dans les manufactures de coton, de laine et de soie》, 1840; 윌리엄 슈얼 주니어William Sewell, Jr., 《프랑스의 노동과 혁명: 구체제에서 1848년까지의 노동 언어Work and Revolution in France: The Language of Labor from the Old Regime to 1848》, Cambridge University Press, 1980, p. 224에서 재인용

가장 가난한 사람들은 지하실과 다락방에 산다. 이 지하실은 … 길거리나 정원으로 문이 나 있고 계단을 통해 들어가게 되는데 그것이 종종 출입문이자 창문이다. …

이 어둠침침하고 음울한 거주지에서 많은 노동자들이 먹고 자고 심지어 일한다. … 그들의 가구는 대체로 일종의 찬장 혹은 음식을 올려놓는 두꺼운 판자, 스토브 … 냄비

몇 개, 작은 탁자, 두세 개의 초라한 의자, 밀짚 매트리스와 담요 조각으로 된 더러운 침상 …

어두운 지하실의 방은 공기가 순환되지 않아 오염되어 있다. 벽들은 쓰레기로 회 반죽되어 있고 … 침대가 있다면 더럽고 기름이 낀 널빤지 위에 축축하게 썩어가는 밀짚이 놓여 있거나, 때에 절어서 색깔과 모양을 잃은데다 구멍이 난 거친 천 조각으로 된 담요가 여러 겹 있다. … 가구는 벌레가 먹었으며 가정용품들은 집안 곳곳에 무질서하게 던져져 있다. 항상 닫혀 있는 창문은 종이와 유리로 가려져 있지만 너무 까맣고 그을음으로 덮여 있어 빛이 투과될 수 없다. … 모든 곳이 쓰레기, 재, 거리에서 주운 야채 부스러기, 썩은 짚, 온갖 종류의 동물 둥지 등으로 뒤덮여 있다. 그래서 숨을 쉴 수가 없다. 이 곰팡내 나고 구역질나는 곳, 더러움의 냄새, 쓰레기 냄새, 불쾌한 냄새가 나는 헛간에서 사람들은 숨이 막힌다. …

그러한 슬럼의 한가운데서 가난하게 사는 그들의 모습은 어떠한가? 그들의 옷은 바탕 무늬도 없는 조각난 옷이며, 그들의 머리는 작업장의 먼지로 뒤덮여 빗질을 하지 않은 모양이다. 그리고 그들의 피부는 … 여러 가지 분비물이 알아볼 수 없게끔 덧씌워져서 본래의 피부색이 보이지 않는다.

자료 03

새들러 위원회 보고서에 드러난 영국 공장의 노동조건

《1831~1832년 의회 보고서Parliamentary Papers, 1831~1832》15; 웨슬리 D. 캠프Wesley D. Camp 편집, 《계몽 시대부터 1980년대까지의 서구 문명의 기원Roots of Western Civilization, Vol. II: From Enlightenment to the 1980's》, John Wiley & Sons, 1983, pp. 71~74에서 재인용

소환되어 조사받은 매튜 크랩트리의 경우

• 몇 살입니까? — 스물두 살입니다.

• 직업은 무엇인가요? — 담요 제조공입니다.

• 몇 살에 처음으로 공장에 일하러 갔습니까? — 여덟 살 때부터요.

• 그 공장에서 몇 년간 일했습니까? — 4년간 했습니다.

• 처음 공장에 갔을 때 노동시간은 보통 얼마나 됐습니까? — 새벽 여섯 시부터 저녁 여덟 시까지였습니다.

• 열네 시간 동안이요? — 예.

- 휴식과 간식을 위한 쉬는 시간은? — 정오에 한 시간 동안 쉬었습니다.
- 일이 많을 때는 몇 시간 노동했습니까? — 새벽 다섯 시부터 밤 아홉 시까지 했습니다.
- 열여섯 시간 동안이요? — 예.

  …

- 어떻게 시간을 지켰나요? 어떻게 일어났습니까? — 스스로 일어난 적은 거의 없습니다. 거의 대부분 부모님이 깨우거나 졸고 있는 채로 침대에서 끌려 나옵니다.
- 항상 시간을 지켰습니까? — 아니오.
- 많이 늦은 경우에는 어떻게 됩니까? — 대부분 매를 맞습니다.
- 심하게 맞았나요? — 매우 심했다고 생각합니다.
- 일과의 나머지 시간에도 매질이 계속되었습니까? — 끊임없이 계속되었습니다. …
- 감독관이 보통 사용하는 방법은 어린이들이 졸 때 채찍질을 하는 것이죠. …
- 집에 오면 무엇을 했나요? — 우리는 … 저녁 식사를 조금 들고 곧바로 자러 갑니다. 저녁 식사가 곧바로 준비되지 않으면 식사를 준비하는 동안 우리는 잠들어 버립니다.

소환되어 조사받은 엘리자베스 벤틀리의 경우

- 몇 살입니까? — 스물세 살입니다.
- 몇 살 때 공장 일을 시작했나요? — 여섯 살 때입니다.
- 어떤 공장이었나요? — 아마 천을 짜는 공장이었습니다.
- 공장에서 맡은 일은? — 도퍼(직조된 직물을 거두는 일꾼)였습니다.
- 작업 시간은 몇 시부터 몇 시까지였습니까? — 일이 밀릴 때는 새벽 다섯 시부터 저녁 아홉 시까지 했습니다.
- 일이 밀리지 않을 때 작업 시간은? — 새벽 여섯 시부터 저녁 일곱 시까지였습니다.
- 일을 잘못 하거나 늦을 때 어떤 일을 당합니까? — 혁대로 맞았습니다.
- 심하게 맞았습니까? — 그렇습니다. … 감독이 혁대를 들고 호루라기를 입에 물고 쇠사슬을 가지고 있을 때가 있는데, 아이들을 쇠사슬로 묶어놓고 방을 가로질러 가며 혁대질을 했습니다.
- 당신의 몸에 상당한 기형이 생긴 것은 이 노동 때문인가요? — 예, 그렇습니다.
- 복사뼈가 약해지고 다리가 휘는 것은 흔한 일입니까? — 예, 아주 흔한 일입니다.
- 지금은 어디에서 삽니까? — 빈민구제소에서 삽니다.

새뮤얼 콜슨의 증언

- 일이 많을 때 소녀들은 몇 시에 작업장에 갔습니까? — … 새벽 세 시에 가서 밤 열 시나 열 시 반에 끝났습니다.

- 일하는 그 열아홉 시간 동안 휴식이나 기분 전환을 위해 주어지는 시간은 있었습니까? — 아침 식사에 15분, 저녁 식사에 30분, 음료수를 마시는 시간이 15분이었습니다.

- 이렇게 과도한 노동을 하는 당신의 아이들을 아침에 깨우는 데 큰 어려움은 없었나요? — 있었습니다. 아침 일찍 우리는 졸고 있는 아이들을 일으켜 세우고 흔들어 깨웁니다.

- … 장시간 노동을 하는 기간에 그들이 잠잘 수 있는 시간은 얼마나 되었나요? — 약간의 식사를 한 뒤인 열한 시가 되어서야 아이들은 잠자리에 들 수 있었고, 그 애들을 제시간에 보낼 수 없을까봐 아내는 밤을 새우곤 했습니다.

- 아침에는 몇 시에 깨웠나요? — … 대개 새벽 두 시에 일어났습니다.

- 이 시기에 아이들은 네 시간 이상 잠을 못 잤나요? — 예, 그 이상 자지 못했습니다.

- … 이런 노동으로 아이들 중 누군가가 사고를 당한 적이 있습니까? — 예, 제 큰딸이 톱니바퀴에 집게손가락이 걸려 손가락 마디 아래서부터 (기계에) 빨려 들어갔습니다. …

- 이런 가혹한 노동조건이 학대 행위를 낳았나요? — 예, 너무나도 피곤했기 때문에 채찍을 자주 썼습니다.

- 당신 아이들 중에도 채찍질을 당한 아이가 있나요? — 예, 전부 당했습니다. 큰딸의 … 등은 채찍질을 당해서 거의 젤리처럼 되었습니다. …

광산법 제정을 촉발한 광산 노동자들의 증언

《1842년 의회 보고서Parliamentary Papers, 1842》 16; 웨슬리 D. 캠프 편집, 《계몽 시대부터 1980년대까지의 서구 문명의 기원》, pp. 74~75에서 재인용

새라 구더, 8세

갱에서 하는 일은 힘들지 않았지만, 불빛 없이 갇혀야 해서 무서웠다. 새벽 네 시에 가는데 어떤 때는 세 시 반에 가서 오후 다섯 시 반에 나온다. 나는 절대 잠들지 않는다. 빛이 있을 때는 종종 노래를 하지만, 어둠 속에서는 노래하지 않는다. 그런 때에는 감히

노래하지 못한다. 갱에 있는 것이 싫다. 새벽에 갈 때는 매우 졸리다. …

이사벨라 리드, 12세, 석탄 채굴공

나는 등으로 125파운드 정도를 나른다. 몸을 상당히 굽혀야 하고, 종아리까지 차는 물속에서 종종 있어야 한다. 처음 내려갔을 때, 석탄을 기다리는 동안 덥고 피곤하여 자주 잠이 들었다. … 날씨가 따뜻하면 숨 쉬기가 힘들고 종종 불빛이 꺼진다.

이사벨 윌슨, 38세, 석탄 운반부

여자들이 자주 아이를 갖지만 조산하지 않을 수 없다. 나는 열아홉에 결혼했고 열 번 출산하여 일곱 명이 살아 있다. … 석탄 운반부로 일할 때 피로 때문에 다섯 번이나 유산했고 … 막내를 출산하기 하루 전까지 일했다. 탄 더미가 광대뼈를 부러뜨리는 사고도 당했다. … 나는 거의 30년 동안 일했다. … 자식들은 모두 글을 모른다. … 내가 갱도에 내려가면, 열 살 된 어린 딸이 가사를 돌보고 묽은 수프나 귀리죽을 만든다. (뼈대만 남아 있는 침대 두 개에서 아홉 명이 잠을 잤으며, 나머지 가구는 의자 두 개, 등받이 없는 의자 세 개, 탁자, 수프 끓이는 그릇, 깨진 대야와 컵이 전부였다.)

패트리스 커쇼, 17세

아버지는 1년 전에 돌아가셨다. 어머니에게 열 명의 자식(아들 다섯, 딸 다섯)이 있다. 제일 큰 아이가 서른 살이고 막내는 네 살이다. 딸 셋은 석탄 운반부였으나 지금은 공장에 나가고, 아들은 전부 광부인데 둘은 채탄부이고 셋은 석탄 운반부다. … 나는 … 읽고 쓸 줄을 모른다. 나는 새벽 다섯 시에 갱도에 들어가서 오후 다섯 시에 나온다. 아침 식사로 죽과 우유를 먹고 저녁 식사로 케이크 한 조각을 가지고 가서 작업하다가 먹는다. … 나는 지하에서 약 50킬로그램 나가는 탄차를 1마일 넘게 운반하고 되돌아오는 작업을 하루에 열한 번 반복한다. 작업하는 동안에는 탄차를 끌기 위해 가죽 끈과 쇠사슬을 걸친다. … 석탄을 실어주는 채탄부는 모자만 쓰고 벌거벗은 채 작업한다. … 갱도에는 성인 남자 열다섯 명과 소년 스무 명이 있고 내가 유일한 여자다. 나는 석탄 갱도보다는 공장에서 일하고 싶다. (이 소녀는 글을 모르고, 더러웠고, 누더기를 걸쳤고, 비참한 모습이었다.)

최대 다수의 최대 행복을 위한 법

제러미 벤담, 《도덕과 입법 원리 서설Introduction to Principles of Morals and Legislation》, 1789; 웨슬리 D. 캠프
편집, 《계몽 시대부터 1980년대까지의 서구 문명의 기원》, pp. 78~80에서 재인용

이기적인 자아들의 무리에게서 아무런 도움을 받지 않고 안정적인 사회가 대두할 수
있다고 가정하기는 불가능하다. 사회가 제대로 기능하려면 인간성의 근본적인 이기심
을 인정하면서도 동시에 사람들에게 다수의 선을 위해 최소한 각자 자신의 이익 일부
를 희생하도록 강제할 조직 원리가 필요하다. … 공리주의라고 불리는 이 원리에 의하
면 모든 제도와 법은 그 사회적 유용성에 따라 평가되어야 한다. 그리고 사회적으로 유
용한 법은 최대 다수의 최대 행복을 가져다준다.

"인구는 기하급수적으로 증가한다"

토머스 맬서스, 《인구의 원리에 관한 논고An Essay on the Principle of Population》(인구론), 1803, Cambridge
University Press, 1992, pp. 14~19, 21~26, 28

나는 모든 생물이 얻을 수 있는 식량 이상으로 증식하려는 경향이 원인이라고 생각한
다. … 인구는 생존 자원 한계를 넘어 계속 증가하려는 경향을 가진다. … 따라서 인구
는 제한되지 않으면 25년마다 배가되는데 즉 기하급수 비율로 증가한다고 볼 수 있다.
… 현재 토지의 평균 상태를 고려할 때 인간에게 가장 유리한 환경에서도 생존 식량은
산술급수적으로 증가한다. … 200년이 지나면 인구와 생존 자원의 비율은 256대 9이
며, 300년이 지나면 4,096대 13이 될 것이다. (중략) … 적극적인 인구 제한책은 매우 다
양하다. 이것은 … 인간 수명을 단축시키는 데 기여하는 모든 원인을 포함한다. 비위생
적인 직업, 과도한 노동, 극빈, 유아의 영양실조, 대도시 환경, 질병과 전염병, 전쟁, 기근
이 열거될 수 있을 것이다. … 그럼에도 인구를 생존 자원 이상으로 증가시키려고 끊임
없이 노력하지 않는 국가는 거의 없다. … 그 결과 가난한 자들은 훨씬 더 열악한 상태
로 살아야 하며 그들 중 많은 사람들이 비참한 곤경에 처하게 된다. … 노동 임금은 떨
어질 게 뻔한 반면 식량 가격은 오르게 될 것이다. … 이런 곤경의 시절에는 결혼을 단
념하게 되고 가족을 부양하는 것이 어려워지게 되므로 인구 증가는 거의 정체된다. …

생존 자원이 다시 인구 증가와 같은 비율이 되면 노동자들의 사정이 좋아져서 인구에 대한 억제가 어느 정도 느슨해진다. (중략)

1. 인구는 필연적으로 생존 자원에 의해 제한된다.
2. 인구는 생존 자원이 증가하는 경우 매우 강력하고 분명한 제한을 받지 않는 한 항상 증가한다.
3. 인구 증가의 힘을 억누르고 유지하는 억제책은 도덕적 자제, 부도덕, 그리고 곤궁을 내포한다.

자료 06

임금의 법칙

데이비드 리카도,《정치경제학의 원리들과 조세 징수에 관하여On the Principles of Political Economy, and Taxation》(2판), John Murray, albemarle-Street, 1819, pp. 86~88, 51(한국어판 출간 제목은《정치경제학과 과세의 원리에 대하여》)

노동의 자연가격은 노동자들의 생존을 가능하게 하는 데 필요한 가격이다. … 노동의 자연가격은 음식이나 생필품으로 계산하더라도 항상 고정되거나 일정한 것은 아니다. 그것은 나라별로 매우 다르고 동일한 나라에서도 시대에 따라 변한다. 그것은 본질적으로 국민의 관습과 관행에 의해 결정된다. 영국 노동자로서는 임금으로 감자밖에 살 수 없고 진흙으로 만든 오두막에 살아야 한다면 자신의 임금이 자연가격보다 낮고 가족을 부양하기에 너무 적다고 생각할 것이다. 그러나 영국의 오두막집에서 지금 누리는 편의의 대부분은 앞선 시대에는 사치로 여겨졌을 것이다. … 임금은 자연가격에 일치하는 경향이 있음에도 불구하고 더 개선된 사회에서는 노동의 시장가격이 자연가격보다 높을 것이다. 왜냐하면 … 새로운 노동 수요에 대한 자본의 투자가 점진적이고 항상적으로 증가될 것이기 때문이다. … 노동의 시장가격이 자연가격을 넘어서면 … 많은 식구를 건강하게 부양할 수 있게 되므로 높은 임금은 인구증가를 장려한다. 그리고 노동자의 수가 많아지면 임금은 다시 자연가격으로 떨어지며 때로는 자연가격 아래로 떨어지기도 한다.

개인과 사회의 조화를 통한 공리 추구

존 스튜어트 밀, 《자유론On Liberty》, Ticknor and Field, 1863, pp. 7, 13~14, 22~26

이 논고의 주제는 ··· '시민적·사회적 자유Civil, or Social Liberty'이다. 사회가 합법적으로
행사할 수 있는 권력의 본성과 한계들을 다루고자 한다. (중략) 다른 폭정과 마찬가지로,
다수의 폭정은 주로 공적 권위를 행사하는 것으로 작동하므로 ··· 여전히 강하게 통제
되고 있다. ··· 사회가―사회가 집단으로서, 사회를 구성하는 개별 개인들에 대해서―
그 자체로 폭군일 때 ··· 정치 억압의 수많은 유형들보다 더 끔찍한 사회적 폭정을 행사
한다. ··· 그러므로 ··· 사회에 고유한 관념과 관행을 그에 동의하지 않는 사람들에게도
하나의 행동 규칙으로 ··· 부과하려는 사회의 경향에 대한 보호도 필요하다. (중략) 이 논
고의 목적은 강제와 통제를 이용하여 사회가 개인에게 행사하는 조치들을 제어할 수
있는 매우 단순한 하나의 원리를 주장하려는 것이다. ··· 개인 혹은 집단이 인간의 행위
에 간섭하는 것을 허용하는 유일한 근거는 ··· 타인에게 해를 가하는 것을 방지하는 것
이다. ··· 나는 공리utility를 모든 윤리 문제의 궁극적인 지렛대로 간주한다. ··· 개인은
자신이 행동하거나 행동하지 않음으로써 다른 사람에게 해악을 초래할 수 있다. 어느
경우든 개인은 자신이 입힌 손해에 대해 책임지는 것이 정당하다. (중략) 대체로 세계는
개인에 대한 사회의 여러 권한을 여론의 힘으로 심지어 입법으로 과도하게 뻗치려는
경향이 점점 증가하고 있다. 그리고 세계에서 일어나는 모든 변화는 사회를 강화하고
개인의 힘을 약화하는 경향이므로 ··· 이 침해는 ··· 오히려 점점 더 무섭게 성장하는 악
가운데 하나이다.

최대한의 행복이 모든 인류에게 보장되려면

밀, 《공리주의Utilitarianism》, 서병훈 옮김, 책세상, 2010, 24~36쪽

공리 혹은 최대 행복의 원칙을 도덕의 기초로 믿는 신조에 따르면 행복을 증진시키는
행위는 정당하고 행복을 감소시키는 행위는 오류이다. 행복은 기쁨을 의미하며 고통의
부재를 의미한다. 불행은 기쁨의 박탈과 고통을 의미한다. ··· 공리주의 체계의 도덕론
은 다음과 같다. 즉 고통으로부터의 자유와 기쁨은 바람직한 유일 목적 그 자체이며, ···

모든 바람직한 것들은 그 자체의 고유한 기쁨을 위해서 혹은 기쁨의 증진과 고통의 방지를 위한 수단일 때만 바람직한 것이다.

최대 행복의 이론에 따르면 … 가장 이상적인 목표는 고통에서 최대한 해방된 상태, 양과 질 모든 면에서 최대한 풍부하게 기쁨을 누리는 상태이다. … 이것이야말로 인간 행동의 목표이며 당연히 도덕성의 기준이다. 이에 따라 규정되는 인간 행위의 규칙들과 지침들을 준수해야 … 최대한의 행복이 모든 인류에게 … 보장될 것이다. …

… 모든 사람이 행복한 상태에 이르는 것을 방해하는 단 하나의 진정한 장애물은 현재의 초라한 교육제도와 사회제도이다. …

… 외형적으로 상당히 운이 좋은 사람들이 그 속에서 자신들의 삶을 의미 있게 만들어주는 충분한 즐거움을 발견하지 못한다면, 그 이유는 그들 자신 외에 다른 어느 누구도 소중하게 여기지 않기 때문이다. … 이기심 다음으로 삶을 불만족스럽게 만드는 주요 원인은 지적 수련의 결핍이다. 수련을 쌓은 사람, 지적 원천에 대해 열려 있는 사람은 … 자신을 둘러싸고 있는 모든 것들에 … 대해 지칠 줄 모르는 호기심의 원천을 발견한다.

자료 09

사유재산권과 노동자의 권익 옹호

밀, 《정치경제학 원리The Principles of Political Economy》1865; 케네스 세튼Kenneth M. Setton과 헨리 윙클러Henry R. Winkler, 《서양 문명의 제문제Great Problems in European Civilization》(2판), Prentice Hall, 1966, pp. 384~387에서 재인용

사유재산은 … 개인에게 자신의 노동과 절제의 과실을 보장해주는 것을 의미한다. … 재산권 제도는 … 남자나 여자가 자신의 고유한 노력으로 생산한 것 또는 강압이나 속임 없이 기증 혹은 공정한 협상으로 생산자에게서 받은 것을 배타적으로 처분하는 권리를 인정하는 것이다. 모든 재산권 제도의 토대는 생산자 스스로 생산한 것에 대한 그 자신의 권리이다. … 비록 사회주의자들 다수가 경쟁을 유해하고 반反사회적인 원리로 폄하하지만 현재 사회와 산업에서 경쟁을 제한하는 것은 악이며, 경쟁을 전면 확대하는 것이 비록 일부 노동자 계층에 해로운 영향을 당분간 끼치겠지만 경쟁은 언제나 궁극적인 선이라고 나는 생각한다. … 이제 필요한 것은 … 모두에게 유익한 보편 관행을 도입하는 것이다. 그래서 숙련기술공들로 이루어진 특권 계층이 그들보다 불운한 환경에 있고 자조自助 능력도 부족한 다수 노동자와 동일한 이해관계를 갖는다는 것을 인식

하게 할 필요가 있다. 또한 그들의 보상이 공통의 대의명분에 달려 있고 노동자들이 처한 상황을 개선하기 위해서는 공동의 개선책을 마련해야 한다고 느낄 필요가 있다.

| 출전 |

데이비드 리카도(1772~1823), 《정치경제학의 원리들과 조세 징수에 관하여》, 1817: 리카도는 상품의 가치를 결정하는 것은 상품 생산에 투여된 노동량이라고 보는 노동가치설을 주장하면서 노동의 자연가격과 시장가격을 구별했다. 노동의 자연가격은 노동자의 생계유지 비용이다. 하지만 자연가격이 반드시 노동자의 육체적 생계유지 비용과 일치하는 것은 아니며 임금은 한 국가의 관습과 관행에 큰 영향을 받는다고 주장했다. 또한 노동의 시장가격 혹은 실제 지불된 임금은 생계비용을 상쇄하는 경제 환경에서 자연가격을 초과할 수 있다고 보았다.

토머스 맬서스(1766~1834), 《인구의 원리에 관한 논고》, 1798: 이 책은 출간 당시 큰 반향을 불러일으킨 저술이다. 맬서스는 식량은 산술(등차)급수적으로 늘어나는 데 비해 인구는 기하(등비)급수적으로 늘어나므로 과잉 인구로 인한 식량 부족을 피할 수 없으며, 그 결과 빈곤과 죄악이 필연적으로 발생할 것이라고 주장했다. 그는 19세기를 낙관하던 사람들에게 인구 과잉으로 사회가 붕괴될 위험을 경고했다.

존 스튜어트 밀, 《자유론》, 1859: 이 책은 극단적인 개인주의에 바탕을 둔 자유주의의 교본으로 간주되는 저술이다. 이 책에서 밀은 '다른 사람에게 해를 끼치게 될 때'를 제외하고는 개인의 절대 자유를 옹호했다. 자유가 개별성의 발휘와 참된 행복을 가져오며 이익의 효용을 증대시킨다는 것이다. 밀은 다수의 횡포를 경계하면서 개인과 사회의 조화를 추구했고, '공리주의'에 입각하여 효용을 증대시키는 자유를 강조했다.

밀, 《공리주의》, 1863: 이 책은 물질적 욕구 충족을 잣대로 파악한 벤담의 (양적) 공리주의에 대응하여 집필한 것으로 '질적 공리주의'를 대변한다. 밀은 모든 개인의 행복이 전체의 이익과 가능하면 최대한 조화를 이루도록 법과 사회제도를 만들어야 한다고 보았고, 이성의 지시에 따라 움직이는 자유만을 참된 자유로 간주했으며, '교육과 여론'의 중요성을 강조했다.

밀, 《정치경제학 원리》, 1848: 밀은 애덤 스미스의 《국부론》을 비판하며 자본주의의 모순을 시정하기 위한 제한적인 정부 개입을 옹호하는 경제사상을 전개했다. 고전경제학의 완결판이라는 평가를 받는 이 책에서 밀은 사유재산권과 경쟁 원리를 통해 문명사회의 최고 가치인 개인의 자유가 실현된다고 보았다. 동시에 생산자 협동조합을 건설하여 노동자의 권익을 보호하고 부를 재분배해야 한다고 역설했다.

제러미 벤담(1748~1832), 《도덕과 입법 원리 서설》, 1789: 벤담은 영국 학자 조지프 프리스틀리Joseph Priestley의 저서 《정부론Essay on the First Principles of Government》에서 개개인의 최대 행복은 다른 사람의 행복과 조화를 이룰 수 있다는 '최대 다수의 최대 행복' 원리를 발견하고 자신의 저서에 적용했다. 벤담은 도덕과 법률의 기초 원리는 공리주의라고 보았다.

루이 빌레르메(1782~1863), 《면직·모직·견직 공장 근로자의 몸과 정신 상태》, 1840: 산업화 시기 많은 의사들이 산업 도시들의 노동자 거주 지역을 방문했다. 프랑스의 루이 빌레르메도 그런 의사 가운데 한 명이다. 이 책에서 그는 산업 노동자들의 생활조건과 슬럼에 대해 매우 광범하게 기술했는데, '자료2'는 프랑스 북부의 면직물 도시였던 릴의 악명 높은 구역을 묘사한 부분이다.

《이그재미너》지에 실린 여성 노동자의 편지, 1832: 1832년, 영국 언론은 공장 입법에 대해 오랫동안 논의했다. 논의의 대부분은 아동 고용 폐지에 관한 것이었는데, 토리당의 기관지인 《이그재미너》는 공장법을 고쳐서 여성 고용도 없애야 한다고 주장했다. 1832년 2월 26일자에 실린 편지('자료1')는 신문사의 그러한 주장을 여성 직공들이 비판하는 내용이다. 이 편지는 공장에서 일하는 여성의 압도적 다수가 미혼이거나 과부라는 사실도 암시한다. 여성을 공장 노동에서 배제하는 법은 통과되지 않았지만, 광산에서의 여성 고용을 상당히 축소하는 법이 1842년에 제정되었다.

새들러의 의회 조사 보고서, 1831/1832: 영국 의회에서 아동 노동을 비판하는 목소리가 나오자 의원 대다수는 "영국에서 아동의 하루 노동시간을 줄이면 다른 나라들이 이익을 얻을 것"이라며 반발했다. 1832년 영국 공장들의 노동조건을 조사한 위원회의 위원장이던 새들러가 작성한 이 보고서('자료3')는 1833년의 공장법을 비롯한 주요 개혁 조치를 이끌어냈다. 또 마르크스가 자본주의 체제를 다룬 논문을 쓰는 데 중요한 근거를 제공했다.

애슐리의 광산 조사위원회 보고서, 1842: 새들러 위원회의 보고서가 공장 규제 입법을 가져왔듯이, 앤서니 애슐리 경Lord Anthony Ashley(1801~1885)의 광산위원회 보고서는 1842년 광산법이 제정되게 하는 데 크게 기여했다. 이 법은 모든 여성과 10세 이하 아동의 광산 노동을 금지하는 것을 골자로 했다. '자료3'은 이 조사위원회 보고서에 실린 증언의 일부다. 애슐리 경은 산업화 초기 영국 사회의 다양한 폐해를 개선하는 데 앞장선 인물이다. 특히 '정신건강법Lunacy Acts' 제정과 공장법 개정에 기여했고, 소년들을 굴뚝 청소부로 고용하지 못하게 하는 법을 제정하는 데 힘썼다.

| 참고문헌 |

김왕배, 《산업사회의 노동과 계급의 재생산》, 한울아카데미, 2012.
비판사회학회 편, 《산업사회의 이해》, 한울아카데미, 2012.
Hinshaw, John & Peter N. Stearns, *Industrialization in the Modern World: From the Industrial Revolution to the Internet*, New York: ABC-CLIO, 2013.
Michael Burgan, *The European Industrial Revolution*, New York: Scholastic, 2013.

18

사회주의 사상과 노동운동
:노동계급의 등장과 단결

유토피아 사회를 구현하려는 움직임

유럽에 자본주의와 산업화가 확산되면서 그 폐해를 극복하고 유토피아(이상 사회)를 구현하려는 사상과 운동이 대두했다. '사회주의'라는 말은 1830년경에 사용되기 시작하여 산업화에 따른 자본주의적 변화, 즉 시장 원리에 따라 가진 자들이 이익을 보는 자유방임 경제체제에 반대하는 사상을 뜻했다. 19세기 초 부르주아 계급이 경쟁이나 자유와 같은 개인주의 가치를 강조한 반면, 초기 사회주의자들은 협동, 평등과 같은 집단주의 가치를 존중했다. 그들은 생산수단의 사유화와 사유재산을 반대하고 공동 생산과 공동 분배를 통해 부의 평등이 실현되는 사회를 건설하고자 했다.

    프랑스의 공상적 사회주의자로 평가받는 생시몽(1760~1825)은 귀족 출신이면서 상속 제도 폐지, 사유재산제 폐지, 생산과 분배의 국가 관리 등 나중에 생시

몽주의로 정립된 사상의 토대를 마련했다. | 자료 1 | 샤를 푸리에 Charles Fourier(1772~1837)는 사적 소유에 기반한 자본주의가 사회악의 근원이므로 집단 소유와 집단 분배로 운영되는 생산자 협동조합(팔랑주phalange)을 만들자고 주장했다. 푸리에는 사회를 평화적으로 개조하면 이상 사회가 실현될 수 있다고 생각했기에 계급투쟁을 부정했으며 결혼 제도의 폐지, 성의 완전한 자유, 여성 해방을 주창하기도 했다.

영국에서 방적 공장을 경영했던 로버트 오언 Robert Owen(1771~1858)은 노동조건이 열악하면 노동자의 도덕적 퇴폐와 생산력 저하를 초래한다고 보고 하루 열 시간 노동제를 실시하는 등 노동자 처우 개선을 몸소 실천했다. 오언은 자본가의 무제한적 이윤 추구의 제재, 조합을 통한 생산적 협동주의와 사회보장책도 주장했다. | 자료 2 |

도판 60 러시아의 무정부주의자 바쿠닌. 바쿠닌은 프루동, 마르크스 등과 교유하며 사회주의 운동에 관여했고 1849년 드레스덴 혁명 봉기에도 참가했다. 하지만 노동계급의 정치권력을 포함하여 모든 형태의 국가를 부정했던 그의 무정부주의 신념은 마르크스와 갈등을 빚었고 서로가 범게르만주의자, 범슬라브주의자라고 비난하며 결별했다.

한편 산업화에 따른 심각한 빈부 차이와 계급 갈등을 해결하기 위해 국가, 사유재산, 교회 등 개인을 구속하는 제도를 폐지해야 한다고 주장하는 무정부주의도 대두했다. 스스로를 아나키스트라고 칭한 피에르조제프 프루동 Pierre-Joseph Proudhon(1809~1865)은 타인의 노동을 착취하여 축적한 사유재산은 도둑질의 산물이라고 지적했으며 사회적 평등 없이는 정치적 평등도 없다고 주장했다. 러시아의 미하일 바쿠닌 Mikhail Bakunin(1814~1876)은 국가권력을 부정했고, 집단 생산과 공동 소유가 협동조합을 통해 이루어지는 집산적 사회주의 건설을 추구했다. | 자료 3 |

생디칼리슴 Syndicalisme(노동조합주의)도 자본주의와 국가를 폐지해야 한다고 주장했는데, 국가가 아니라 생산자조합인 생디카 syndicat가 생산수단의 소유와 운영을 맡아야 한다고 보았다. 생디칼리즘은 정치활동과 의회를 불신하고 노조 중심의 파업과 같은 직접행동을 통해 자본주의 체제를 파괴하고자 했다.

전 유럽에 확산된 사회주의 운동

사회주의 사상을 과학적인 공산주의 이론으로 체계화하고 국제 노동자운동에 앞장선 사람은 프리드리히 엥겔스Friedrich Engels(1820~1895)와 카를 마르크스Karl Marx(1818~1883)였다. 엥겔스는 《영국 노동계급의 상황》(1845)이라는 책에서 맨체스터 노동자들의 비참한 생활상을 서술했으며, 노동자들에게 계급의식을 자각하고 단결하여 프롤레타리아 혁명에 나서라고 촉구했다. |자료 4|

마르크스는 1848년에 엥겔스와 함께 발표한 《공산당 선언》에서 노동계급 혁명으로 부르주아를 타도하고 사회를 해방하자고 주장했다. |자료 5| 마르크스는 또한 유물사관에 기초하여 계급투쟁 및 자본주의 붕괴의 필연성, 역사 발전의 최종 단계인 계급 없는 공산주의 사회의 도래를 예견했다. 그는 자본주의 경제의 생산·교환·분배 체제를 분석한 《자본》(1867)에서 상품가치는 생산에 소요된 노동 총량에 의해 결정된다고 보았다. 그런데 자본주의에서는 노동자가 자신들이 생산한 상품가치에 미치지 못하는 임금을 받으며 임금과 노동력 가치 사이의 차액을 자본가가 차지한다고 주장했다. |자료 6| 이렇듯 부르주아가 생산수단을 소유하고 노동자를 착취하기 때문에 프롤레타리아 혁명이 필연적으로 일어날 수밖에 없고 노동 총량과 일치하는 임금이 지불되는 국가 생산 사회가 수립될 것이라고 보았다.

급진적 사회주의자들은 자본주의 전복과 사유재산 폐지를 목표로 1864년에 최초의 국제노동자협회인 제1인터내셔널International Working Men's Association을 런던에서 창립했다. 이 국제 노동계급 동맹을 통해 마르크스주의가 유럽 각국에 보급되었고 그 결과 사회주의 정당이 출현했다. 이 단체의 창립 연설에서 마르크스는 노동자가 산업 노예의 신분을 벗어던지고자 한다면 스스로 정치권력을 획득해야 한다고 역설했다. 또한 사회주의자의 임무는 국가와 동반자 관계를 만드는 것이 아니라 오히려 국가를 전복하는 것이라고 주장했다. 마르크스는 바쿠닌과 이론투쟁을 벌인 후 그를 인터내셔널에서 축출하고, |자료 7| 유럽 국가의 개별 노조들이 인터내셔널의 단결된 투쟁에 동참하도록 설득했다.

그러나 각 국가별 사회주의 조직들 사이에서 갈등이 빚어지고 마르크스가 지지했던 파리 코뮌이 실패하면서 제1인터내셔널은 1876년에 막을 내렸다. 마르크스는 《프랑스 내전》(1871)이라는 팸플릿에서 파리 코뮌은 노동계급 해방을 위한 과도 정부의 본보기라고 썼다.

도판 61 제1인터내셔널 창립 대회 모습(런던 세인트 마틴 홀 St. Martin's Hall, 1864). 연단 중앙에 앉아 있는 마르크스의 모습이 보인다.

한편 유럽 대륙과 미국의 경제는 1873년부터 시작된 장기 불황으로 회사들이 도산하고 디플레이션이 지속되는 세계 경제 위기의 소용돌이에 휘말렸다.| 자료 8 | 게다가 아동과 여성 노동자의 열악한 노동조건 등 자본주의 경제의 폐해가 개선되지 않은 상황에서 사회주의가 유럽 각국에 확산되었다. | 자료 9 | 사회주의자들은 공산주의 천년왕국이 도래할 때까지는 국가가 반드시 필요하다고 보고 의회를 통한 이념 실천을 위해 정당 창당에 나섰다. 1875년에는 독일사회민주당이 창당되었고,| 자료 10 | 1879년에는 벨기에 사회당이, 1901년에는 영국노동당이, 1905년에는 프랑스 사회당이 창당되었다.

정통 마르크스주의와 수정주의의 대립

유럽의 '정통' 사회주의자들은 혁명이 아니라 선거를 통해 노동계급의 이익을 추구한 수정주의 사회주의자들과 이론투쟁을 벌였다. 수정주의자들은 임금 인상, 노동시간 단축, 실업보험을 실현하기 위해 다른 정당과 손을 잡았다. 독일의 에두아르트 베른슈타인 Eduard Bernstein(1850~1932)은 선거권이 확대되어 노동자들이 투표를 하면 사회 개혁을 이룰 수 있으므로 혁명은 불필요하고 사회주의는 계급투쟁이 아니라 점진적 개혁으로 실현될 수 있다고 주장했다.| 자료 11 |

1884년에 창립된 영국의 페이비언 협회 Fabian Society 역시 의회민주주의 방식

을 지지하고 보호무역주의를 선호했으며 토지 국유화를 주장했다. 이 협회 회원들은 영국노동당 창립에 다수가 참여했는데 협회의 강령이 노동당 강령의 모태가 되었다. | 자료 12 |

　이처럼 수정주의가 득세하는 상황에서 급진적 사회주의자들은 프랑스혁명 100주년인 1889년에 파리에서 제2인터내셔널을 창립하고 부르주아 질서와 이익을 위해 봉사하는 국가 파괴를 목표로 선언했다. 이들은 유럽 노동운동의 확산에 주도적인 역할을 했으나 20세기에 이르러 점차 개량주의 경향을 띠게 되었으며 결국 1차 세계대전으로 와해되었다.

생시몽주의란 무엇인가[1]

루이 블랑, 《1830년에서 1840년까지 10년의 역사Histoire de dix ans 1830~1840》; 웨슬리 D. 캠프Wesley D. Camp 편집, 《계몽 시대부터 1980년대까지의 서구 문명의 기원Roots of Western Civilization, Vol. II: From Enlightenment to the 1980's》, John Wiley & Sons, 1983, pp. 109~110에서 재인용

1830년의 7월혁명은 생시몽주의에 새로운 에너지를 폭발시켰다. … 그들은 인류 형제애라는 이 새로운 종교를 열심히 공부했다. … 그들은 프랑스 곳곳에 생시몽주의의 씨앗을 심는다. … 때로는 열광적 지지를 때로는 야유를 받지만 모든 곳에서 그들의 열정은 지칠 줄 모른다. …

생시몽주의자들에 따르면 인류는 개인이 능력별로 노동에 따라 임금을 받는 사회를 향해 달려왔다. 현재의 사유재산은 한 계급의 사람들을 타인들의 노동의 대가로 살게 하므로 사라져야 한다. 그것은 노동자와 나태한 자로 사회를 나누는 것이고, 모든 평등 개념에 어긋나며, 많이 생산하고 적게 소비하는 사람들을 많이 소비하고 적게 생산하거나 아무것도 생산하지 않는 사람들의 손아귀에 놓이게 하기 때문이다. …

생시몽주의자들은 현재의 상속 제도는 그 자체로 불공평할 뿐만 아니라 … 임금을 억제하고 임대료와 이자율을 오르게 한다고 말한다. … 노동자들이 힘을 얻으면 이자율과 집세 인하를 요구할 것이고 … 더는 이자와 임대료로 살 수 없게 되면 재산가들은 … 일하러 갈 것이라고 생시몽주의자들은 답한다.

1 | 생시몽 사후 그를 추종하는 사람들이 프랑스 사회주의의 초석을 다졌는데 그 제자 중 한 명이 루이 블랑이다. 블랑은 노동계급의 참정권을 보장하는 성인 남자의 보통선거권 획득 운동을 전개했고 정부에 '국립작업장'을 설립하라고 제안했다.

가난한 장인과 노동자를 위한 구제 계획

로버트 오언, 《로버트 오언 자서전The Life of Robert Owen, Written by Himself》; 웨슬리 D. 캠프 편집, 《계몽 시대부터 1980년대까지의 서구 문명의 기원》, pp. 107~108에서 재인용

질문 노동계급의 실업자들에게 고용 기회를 줄 수 있는 방법이 있는가?

답 국가가 그 목표를 달성할 여러 수단을 갖고 있다. … 점유되지 않은 토지, 완전히 경작되지 않은 토지, 이윤을 내지 못하는 데 쓰이는 자본 등 … 그것들을 유용하고 유익하게 조합하면 된다. 그러면 공동 노동과 지출 원칙에 토대한, 공동의 이익과 농업에 기반을 둔 개인들의 공동체를 만들 수 있다.

질문 그러한 인력 조합을 추천하는 이유가 무엇인가?

답 … 개인의 배타적인 목적을 위해 노력을 투자했을 때보다 이 방법이 월등히 큰 혜택을 주기 때문이다. … 공동의 노동과 지출 원칙 위에 세워진 500명에서 1500명으로 된 공동체들은 가난한 노동자들에게 도움이 된다. … 모든 노동은 … 그들의 안락한 생존에 필요한 모든 것을 풍족하게 … 획득하는 데 투여된다. … 인간은 타인을 위해 고용되었을 때보다 공동의 이익을 위해 함께 일할 때 각 개인이 자신과 사회를 위해 더 유익하게 역할을 수행한다. …

질문 그러나 재산의 분할과 소유 문제를 두고 당사자들이 계속 다투지 않을까?

답 절대 그렇지 않다. … 지금 인류 다수는 … 재산에 집요하게 애착을 보이고 그 소유욕을 마치 본성적으로 가진 듯이 느낀다. … 하지만 이보다 더 잘못된 결론은 없다. …

질문 그러한 제도는 개성을 무미건조하게 획일화하고 천재를 억압하지 않을까?

답 … 정반대다. … 사람들은 오히려 … 자유로운 기쁨으로 능력을 발휘할 것이다.

"국가는 언제나 지배와 착취의 기관"

바쿠닌,《국가주의와 무정부Statism and Anarchy》; 마빈 페리Marvin Perry 외,《서양 역사 사료 2: 과학혁명에서 현재까지Sources of the Western Tradition, vol. II: From the Scientific Revolution to the Present》, Houghton Mifflin Co., 1987, pp. 165~168에서 재인용

정부와 착취는 불가분의 관계다. … 통치 수행 수단이 착취이며 착취는 모든 정부의 목표이기도 하다. … 역사가 시작된 이래로 신정정치, 군주정치, 귀족정치, 심지어 민주국가 등 모든 국가를 구성해온 것이 착취다. …

끊임없는 전쟁은 국가가 존재하기 위해 치러야 하는 대가다. … 국가 간의 관계를 규정하는 조약들은 어떠한 도덕적 제재도 없다. … 국가가 존재하는 한 평화는 오지 않을 것이다. 적대 국가 간의 휴전이나 정전은 있을 수 있겠지만 강대국의 유익을 위해 곧 그 평형이 깨질 것이다. …

범죄는 국가의 도덕적 환경이다. … 고대 이후 모든 국가의 역사는 계속된 반란의 연속이었다. … '국가 이성'이라는 편리한 구절로 변명을 하며 지금도 날마다 국정 지도자들에 의해 테러, 위증, 사기, 절도, 강도, 모반이 자행되고 있다. … '국가 이성'은 얼마나 소름끼치는 말인가! …

기존 권력을 정복하는 교조적 사회주의자들은 … 열렬한 국가 추종자이며 … 국가의 가장 열렬한 동지다. … 독일 사민당의 슬로건인 '인민의 국가People's State'라는 용어는 모순이며 허구이고 … 프롤레타리아에게는 매우 위험한 함정이다. 국가는 … 언제나 지배와 착취의 기관이며, … 인민을 정치적으로 경제적으로 해방하고 그들에게 복지와 자유를 부여하는 방법은 국가를 없애는 길밖에 없다. …

프롤레타리아가 지배계급이 되면 이 새로운 지배, 새로운 국가에 종속될 또 다른 프롤레타리아가 있을 것이다. … 마르크스의 이론에서 인민의 정부는 인민이 선출한 소수 대표자들의 통치를 의미한다. … 하지만 이것은 소수 지배층의 전제, 프롤레타리아 독재를 그 뒤에 숨기고 있다. … 그것은 곧 소수 특권집단에 의한 다수 인민의 지배를 뜻한다. …

그러나 국가는 스스로 무너지지 않으므로 … 혁명을 수행할 인민을 조직하는 것이 해방을 진정으로 바라는 사람들의 임무다. … 농민의 봉기를 이끌려면 도시 노동자들이 혁명운동을 시작해야 한다. … 국가의 존립을 위협하는 힘은 도시 프롤레타리아에게 있다.

프롤레타리아 투쟁이 필요한 이유

프리드리히 엥겔스, 《영국 노동계급의 상황Die Lage der arbeitenden Klasse in England》, 이재만 옮김, 라티오,

2014, 164-169.

불안정은 가난보다 훨씬 더 사기를 저하시킨다. 영국의 임금노동자는 하루 벌어 하루 산다. 이것이 바로 그들이 프롤레타리아 신분이라는 뚜렷한 표식이다. 독일의 하층 농민도 대체로 가난한 사람들이며 궁핍으로 고생하지만, … 그들은 어느 정도 안정을 누린다. 그러나 프롤레타리아는 완전히 다른 처지에 놓여 있다. 그에게는 자신의 두 손밖에 없으며 어제 번 것으로 오늘을 산다. 그의 미래는 우연에 좌우된다. 그가 가진 기술은 최소 생필품을 벌 수 있게 해주리라는 일말의 보장도 해주지 않는다. … 그는 인간이 상상할 수 있는 가장 비인간적인 … 처지에 놓여 있다. 노예는 적어도 주인의 사리사욕에 의해 자신의 하루 먹을 거리를 보장받는다. … 노예와 농노는 최소한의 기본 생계를 보장받는다. 반면에 프롤레타리아는 순전히 자신이 지닌 자원으로만 살아가야 하지만 그 자원을 활용할 수 있다는 확신을 갖지 못한다. 노동자가 아무리 노력하고 처지를 개선하고자 해도 엄청난 불운의 홍수에 직면하면 … 그가 전혀 통제할 수 없는 상황이 된다. … 그는 인간으로서의 존엄을 유지하기 위해 노력해야 한다. 그것은 부르주아에 맞서 투쟁함으로써만 가능하다. 부르주아는 그를 무자비하게 착취함으로써 그가 인간으로서 수치스럽게 살도록 몰아붙인다.

"만국의 노동자들이여, 단결하라!"

마르크스·엥겔스, 《공산당 선언Communist Manifesto》, 강유원 옮김, 이론과실천, 2008, 7~15, 18~25,

62~63쪽

하나의 유령이 유럽에 떠돌고 있다—공산주의라는 유령. 옛 유럽의 모든 세력들 즉 교황과 차르, 메테르니히와 기조, 프랑스 급진파와 독일의 경찰관은 이 유령에 대항하는 신성한 몰이사냥을 위해 동맹하였다. … 지금이야말로 공산주의자들이 자신들의 견해와 목적을 전 세계에 공공연하게 표명하고 공산주의의 유령이라는 소문에 당 자체의 선언으로 맞서야 할 때이다.

지금까지의 모든 사회의 역사는 계급투쟁의 역사이다. … 억압자와 피억압자는 끊임없는 대립 속에서 맞섰으며, 더러는 은밀하게 그리고 더러는 공개적으로 투쟁했는데….

그런데 우리 시대, 부르주아 계급의 시대는 계급대립을 단순하게 만들었다는 점에서 두드러진다. 사회 전체는 점점 더 두 개의 커다란 적대적인 진영으로 나뉘고 있다: 부르주아 계급과 프롤레타리아 계급. … 부르주아 계급은 역사에서 매우 혁명적인 역할을 수행하였다. 부르주아 계급은 자신들이 지배하는 곳에서 모든 봉건적·가부장적·목가적 관계들을 완전히 없애 버렸다. … 부르주아 계급은 … 착취를 공공연하고 파렴치하며 직접적이고 건조한 착취로 바꾸어 놓았다. … (중략)

프롤레타리아 계급, … 자신을 조각내어 팔아야만 하는 이 노동자는 다른 모든 판매물과 마찬가지로 하나의 상품이며 … 노동자들은 부르주아적 생산관계뿐 아니라 생산 도구들 그 자체까지도 공격하며 …. (중략)

프롤레타리아 계급만이 현실적으로 혁명적인 계급이다. 지금까지의 모든 운동들은 소수의 운동이었거나 소수의 이해관계에 따른 운동이었다. 프롤레타리아 운동은 거대한 다수의 이해관계에 따른 거대한 다수의 자립적 운동이다. … 부르주아 계급에 대항하는 프롤레타리아 계급의 투쟁이 처음에는 한 나라에서만 일어난다. 각 나라의 프롤레타리아 계급은 당연히 맨 먼저 그들 자신의 부르주아 계급과 결말을 내야 한다. (중략)

공산주의자들은 자신들의 목적이 모든 사회질서의 강제적 전복에 의해 달성될 수 있을 뿐임을 공공연하게 선포한다. 지배계급들이 공산주의 혁명 앞에서 떨게 하라. 프롤레타리아들은 공산주의 혁명에서 족쇄 말고 잃을 것이 아무것도 없다. 그들에게는 얻어야 할 세계가 있다.

만국의 프롤레타리아여, 단결하라!

자료 06

프롤레타리아는 어떻게 형성되었는가

카를 마르크스, 《자본 Das Kapital》, 1867; 강신준 옮김, 《자본》 I-1, I-2, 길, 2008, 45, 961~986쪽

내가 이 책에서 연구해야 하는 대상은 자본주의적 생산양식과 그 양식에 상응하는 생산관계 그리고 교환관계이다. 그것들이 전형적으로 나타난 장소는 지금까지는 영국이다. …

… 자본주의적 생산의 첫 맹아는 벌써 14~15세기에 지중해 연안의 몇 도시에서 산발

적으로 나타났지만 자본주의 시대가 본격적으로 시작된 것은 16세기 이후의 일이다. … 역사적으로 보아 본원적 축적의 역사에서 획기적인 사건은 … 다수 인간이 갑자기 폭력적으로 자신의 생존수단에서 분리되어 보호받을 길 없는 프롤레타리아로 노동시장에 내던져진 사건이다. 농민으로부터의 토지 수탈은 이 전체 과정의 기초를 이루고 있다. …

… 자본주의적 생산양식의 기초를 만들어낸 변혁의 서막은 1470년경부터 1500년대 초의 수십 년 동안에 일어났다. … 강대한 봉건영주가 왕권과 의회에 매우 완강하게 대항하면서 … 농민을 그 토지에서 폭력적으로 내쫓고 농민의 공유지를 강탈함으로써 수많은 프롤레타리아트를 만들어냈다. 그 직접적인 원동력이 되었던 것은 영국의 경우 플랑드르 양모 매뉴팩처의 성장과 그에 따른 양모 가격의 등귀였다. … 민중에 대한 폭력적 수탈 과정은 16세기에 들어서자 종교개혁과 그 결과인 대규모의 교회령 약탈로 말미암아 새롭고 놀라운 추진력을 얻었다. 종교개혁 시대에 가톨릭교회는 영국 토지의 대부분을 차지하고 있던 봉건적 소유주였다. 수도원 등에 대한 억압으로 말미암아 이 교회령의 주민들은 프롤레타리아트로 내몰렸다. "도처에 빈민이다Pauper ubiqubique jacet." 엘리자베스 여왕은 잉글랜드를 순시한 뒤에 이렇게 절규했다. 그녀의 재위 43년, 마침내 구빈세 시행으로 빈민의 존재가 공식적으로 인정되었다. …

교회령의 강탈, 국유지의 사기성 양도, 공유지의 약탈, 무자비한 폭행에 의해 봉건적 소유와 씨족적 소유의 근대적 사유로의 전환, 이것들은 모두 본원적 축적의 목가적인 방법 가운데 하나였다. 그것들은 자본주의적 농업을 위한 영역을 점령하고 토지를 자본에 통합시켰으며 보호받지 못하는 도시 공업 노동자인 프롤레타리아트를 만들어냈다. …

자료
07

"마르크스는 독재적 사회주의자"

바쿠닌의 편지, 1872; http://www.marxists.org/reference/archive/bakunin/works/1872/la-liberte.htm

마르크스는 권위적이며 독재적인 사회주의자다. 그도 우리도 원하는 것은 경제적·사회적 평등이다. 그러나 그는 국가를 통해 국가권력을 통해 평등을 실현하고자 한다. 마르크스는 강력한 통치 어쩌면 전제적인 임시정부의 통치로 평등을 실현해야 한다고 했다. 다시 말해 자유를 부정함으로써 평등을 실현하고자 한 것이다. 그가 생각하는 이상적인 경제 사회란 모든 땅과 자본을 오롯이 소유한 국가 사회다. 그 사회의 땅은 농업 조합이 경작하여 넉넉한 보수를 받고 조합 경영은 토목 기사들이 맡는다. 그 사회의 자본은 산업·상업 조합이 공동으로 운영한다. 그러나 우리는 국가를 폐지함으로써 인간의 권리를 끝없이 부정하는 그 모든 것을 폐지함으로써 경제적·사회적 평등을 이루고자 한다. 위에서 아래로 흐르는 권위를 통해서가 아니다. 국가라는 속박을 벗어던지고 모든 종류의 노동자가 자유롭게 연합하는 방식으로 아래에서 위로 올라가는 길을 따르고자 한다.

자료
08
대불황의 특징

로버트 기펜Robert Giffen, 〈1873~1876년의 불황에 대하여The Liquidations of 1873~1876〉,《포트나이틀리 리뷰The Fortnightly Review》, 1877; 엘리스 왓슨Ellis Wasson 편집,《1714년부터 현재까지 현대 영국사의 사료와 논쟁Sources and Debates in Modern British History: 1714 to the Present》, Blackwell Publishing Ltd., 2012, pp. 142~158에서 재인용

지난 3, 4년간 이어진 무역 대불황의 특징은 무엇인가? 확실한 것은 그러한 불황이 주기적이라는 것이다. 불황은 규칙적인 주기를 가지고 재발하는데 똑같이 규칙적인 주기를 가진 무역 호황기의 뒤를 이어 나타난다. … 호황이 신용의 확대, 금융시장의 활성화, 높은 가격의 유가증권과 현물 등을 특징으로 하듯 불황은 금융시장의 부진을 특징으로 한다. 그러나 각각의 불황에는 저마다 다른 특징과 사건이 있다. … 현재의 무역축소가 강도와 지속성 면에서 전에 없던 것이며 영원히 지속될 것 같다는 인상이 널리 퍼져 있다. …

지난 3, 4년을 되돌아볼 때 가장 먼저 받는 인상은 불황의 보편성이다. 거의 모든 문명 국가가 영향을 받았다. 이 불황은 1873년 빈의 대공황과 그해 5월의 붕괴에서 시작되었다. 이 붕괴에 뒤이어 독일 전역과 영국에서 커다란 동요가 있었고 거의 모든 유럽의 증권시장에서 … 여러 사건들이 일어났다. 미국에서 일어난 대공황과 붕괴에 이어 … 스페인의 파산 … 해외 차관의 대규모 붕괴 … 그리고 터키가 부채 이자의 지불 불능에 빠졌다. … 영국에서도 무역 불황과 침체가 연속하여 재발했고 1876년 러시아의 위기가 드러났다. … 전쟁에 대한 우려는 마침내 실제로 현재의 전쟁(불가리아에 대한 러시아-

터키의 전쟁 등)으로 발발했다. … 이탈리아, 스페인, 프랑스 등은 거의 피해를 입지 않고 빠져나간 반면 오스트리아, 독일, 러시아, 미국, 남아메리카의 국가들은 모두 침체의 늪에 빠졌다.

… 지난 3년간의 상업 불황이 이전과 비교하여 훨씬 더 확대된 데에는 … 증기기관과 전신이 소통을 편리하게 해줌으로써 상업 세계 여러 공동체들 사이의 장벽이 제거된 것도 한 이유다. 런던의 금융시장은 시장들의 거대한 조정 장치인 것처럼 보인다. 왜냐하면 … 다른 중심지들로 그 느낌을 전달하기 때문이다. … 세계의 서로 다른 지역에서 일어나는 여러 상업적 위기 사이에는 연관성이 있으며 일단 재앙이 시작되면 … 그 영역이 확대된다는 점은 확실하다.

자료
09

노동자 가족의 고통

아우구스트 베벨August Bebel, 《여성과 사회주의Die Frau und der Sozialismus》, 선병렬 역, 〈여성과 사회〉,

한밭출판사, 1985, 133–134쪽.

집세와 생활비는 노동자, 하급 관리, 소상인의 임금과 수입에 비해 지나치게 비싸서 그들은 극도로 곤궁한 생활을 참아내야 한다. 생활비를 줄이려고 성숙한 남녀가 섞여서 성의 구별 없이 좁은 공간에서 함께 생활해야 하는 것은 물론이고, … 그러한 일로 수치심을 겪어본 끔찍한 경험들을 모두 갖고 있다. 청년들의 낙태와 퇴폐 풍조가 증가한 것은 … 참혹한 주거 상태와 가장 관련이 깊다.

… 점점 더 늘어나는 기혼 여성의 산업체 근무는 임신과 출산, 영아가 모유에 의존하는 출산 첫 해에 가장 치명적인 결과를 초래했다. 임신 중에는 태아와 산모의 건강을 위협하고 조산과 사산을 유발하는 여러 종류의 질병을 가져온다. 아기가 태어나면 어머니는 자신의 일자리를 다른 경쟁자가 가로채지 않도록 되도록 빨리 다시 공장으로 되돌아가야 한다. 그 결과 아기들은 제대로 보살핌을 받지 못하고 … 영양 결핍을 겪는다. 또 아이가 울지 못하도록 아편제를 먹이기도 한다. 장기적으로는 집단적 사망이나 질환, 발육 부진 등의 결과를 가져온다. 아이들 대다수는 부모의 사랑을 적절하게 누리지 못한 채 성장한다. 프롤레타리아트는 그렇게 태어나고 비참하게 살다가 죽는다. 그런데 국가와 사회는 폭력, 부도덕, 범죄가 늘어나는 이유를 알지 못하고 있다.

빈에서 개최된 하녀들의 집회

아델하이트 포프Adelheid Popp, 《여성 노동자의 자서전Die Jugendgeschichte einer Arbeiterin》, 1910; 빌프리트 단너 편집, 《역사 백과지식 사료집》 vol. 2, pp. 262~263에서 재인용

노동운동의 파도는 여성 노동자들만 엄습한 것이 아니었다. 하녀들도 새로운 가르침에 대해 알게 되었고 그것이 자신들에게 더 나은 미래를 약속한다고 생각했다. ⋯ 1893년 가을에 첫 번째 하녀 집회를 개최하려 시도했지만 큰 기대는 품지 않았다. 우리가 배포한 초대장들이 그들의 손에 전달될지 알 수 없었기 때문이다. 우리는 직업소개소, 공원, 시장에서 초대장을 배포하였다. 하지만 관심이 없어서, 혹은 외출이 허락되지 않거나 일자리가 없어서 못 오는 사람들도 고려해야 했다. ⋯ 또한 이곳 빈의 경우 하녀 대부분이 체코 지역 출신이어서 독일어를 잘 구사하지 못한다. 하지만 모임 장소가 움짝달싹 못할 만큼 사람들로 가득 채워졌을 때 우리는 얼마나 기뻐하며 환호했던가! ⋯ 여성 연설자를 향한 환호와 박수갈채는 가사일에 종사하는 이 '여자 노예들'이 발언 내용을 잘 이해했음을 뜻했다. ⋯

여러 계층에게서 온 투서가 집회를 주최한 여성들에게 홍수처럼 쏟아졌다. 귀부인들은 그렇지 않아도 요구 수준이 높고 순종하지 않는 하녀들을 선동하려 한다고 항의했다. ⋯ 그리고 자신들이 누리는 모든 안락함을 신세 지고 있는 하녀들에게 매우 저급하고 모욕적인 표현을 동원하여 말했다. 연설가들을 향한 욕설도 빼놓지 않았으며 이구동성으로 이 위험한 여자들을 교도소에 감금해버리면 좋겠다고 했다. ⋯

⋯ 열네 살 된 한 하녀는 힘든 가사노동의 대가로 한 달 임금 3굴덴을 받고 있었고 잠은 아궁이 주위 바닥에서 청해야 했다. ⋯ 집 밖으로 나오는 것이 허락되지 않았고 등나무 막대기로 구타도 당했다. ⋯ 열여덟 살 된 다른 하녀는 잠자는 장소인 부엌에서 주인집 아들에게 밤에 급습을 당했다. 그 일을 항의하자 그 청년의 어머니는 다음과 같이 대답했다. "내 아들이 길거리에서 아무 여자나 취하지 않도록 나는 하녀들에게 충분한 임금을 지불하고 있다."

'사회주의자 탄압법'에 대해 리프크네히트가 펼친 반론

빌프리트 단너 편집, 《역사 백과지식 사료집》 vol. 2, pp. 254~255

나는 이미 결정의 주사위가 던져졌다는 사실을 알고 있다. 내가 발언한다 할지라도 결과에 영향을 미칠 수는 없고, 나는 단지 내 의무를 다하는 데에 만족해야 할 것이다. 문제가 되는 그 법안[비스마르크의 '사회주의자 탄압법']은 최악의 의미를 담고 있는 법이다. 이를 통해서 100만 독일제국 시민이 법의 보호를 받지 못하게 된다는 사실을 천명하고 있으며 정치적으로도 권리를 박탈해버리는 … 법이다.

… 하지만 여러분이 그와 같은 타격을 가하기 전에 내가 꼭 말하고 싶은 것은 공격은 하되 비방하지는 말라는 것이다. 50만 독일 사회민주주의 선거인과 100만 독일제국 시민을 이 법을 계기로 암살자 혹은 암살자의 공범으로 낙인찍어 비방하지 말라! 우익 여러분은 … 그들이 사회주의적이고 당신들의 계급적 이해를 위협하므로 … 그들을 제거해버리고 싶다고 말한다. 당신들은 참된 동기를 밝힐 용기가 있는가?…

… 우리는 폭력을 사용하려는 적과 대치하고 있음을 알고 있다. 하지만 적이 사용하는 폭력 수단이 우리 당을 절멸시킬 수 없다는 점도 잘 알고 있다. 우리의 학문과 문화와 법에 의지하여 다가올 일을 침착하게 기다릴 것이다. 다가올 반동의 시대에도 사회민주주의는 강화되고 … 결집할 것이다.

정부에 미움을 산 모든 사람은 곧 사회주의자로 명명될 것이다. … 그리고 만약 사회민주당이 한번 탄압을 받으면 … 모든 야당의 견해를 '사회민주주의적'이라고 몰아가며 묵살할 것이다. 사회민주주의와 모든 자유가 배척되면 … 그에 대한 책임은 그것을 야기한 자들에게 있을 것이다. 자유와 명예를 말살한 암살 행위에 대해 독일 민중이 해명을 요구하는 날이 올 것이다.

점진적 사회주의의 이념

에두아르트 베른슈타인, 《사회주의의 전제와 사민당의 과제(Die)Voraussetzungen des Sozialismus und die Aufgaben der Sozialdemokratie》, 강신준 옮김, 한길사, 2005, 52~56, 59쪽

나는 부르주아 사회의 예상되는 붕괴가 이제 막 우리에게 임박했으며 사민당은 자신의

전술을 이런 임박한 사회적인 대파국의 전망 아래서 수립해야 하며 혹은 그런 전망에 의존해야 한다는 견해에 반대한다. … 사회적인 관계들은《공산당 선언》에서 묘사하였 던 것처럼 그렇게 양극화되어 있지 않다. … 유산자의 숫자는 들어들고 있는 것이 아니 라 점점 더 늘어만 가고 있다. 엄청난 사회적 부의 증대와 함께 자본가 부호들의 숫자는 줄어들지 않고 있으며 … 중산층은 그 성격이 변화하긴 하였지만 사회적인 계급 구성 에서 사라지지 않고 있다. …

정치적으로 우리는 모든 선진국들에서 자본주의적 부르주아의 특권들이 점차로 민주 적인 제도들에 의해 감소해 가는 것을 보고 있다. 이런 사태의 영향을 받아서 그리고 날 로 강력히 성장해가는 노동운동의 압력에 밀려서 자본의 착취적 경향에 대항하는 … 사회적인 저항은 완전히 자리를 잡았다. … 독일에서는 이제 대다수의 사람들이 노동 조합을 억압하는 것이 독일의 정치적 발전에 도움이 되는 것이 아니라 오히려 후퇴를 가져오는 것으로 생각하기에 이르렀다. …

또한 1895년 프리드리히 엥겔스는《프랑스에서의 계급투쟁》서문에서 다음과 같이 상 세하게 서술하고 있다. 정치적인 기습의 시기 즉 '몇몇 의식화된 소수가 의식화되지 못 한 다수의 대중 앞에 서서 수행하던 혁명'의 시기는 이제 지나갔다. … 요컨대 사민당은 불법적인 사회전복의 방법보다는 합법적인 방법을 통해서 훨씬 더 번창하리라는 것이 었다. … 노동자 계급이 민주주의를 쟁취해야 한다는 점에 대해서 의문을 제기하는 사 람은 아무도 없다. … 내 견해로는 [독일 자본주의가] 지속적인 성공을 거둘 가능성이 파국을 맞이할 가능성보다 더 크다는 점에서 더욱 그러하다. (중략) 우리는 선진국 도처 에서 계급투쟁이 점차 완화된 형태를 띠어가는 것을 보고 있으며 미래에도 그것은 별 로 변화될 조짐을 보이고 있지 않다.

자료
12

토지와 산업자본의 사유제 폐지를 주장한 페이비언 협회

페이비언 협회 성명서, 1884;《페이비언 협회의 토대The Basis of the Fabian Society》, London, 1886; 웨슬 리 D. 캠프 편집,《계몽 시대부터 1980년대까지의 서구 문명의 기원》, p. 114에서 재인용

페이비언 협회는 사회주의자들로 구성된다. 그러므로 그것은 토지와 산업자본을 개인 및 계급 소유에서 해방시켜 그것을 보편 복지를 위해 공동체에 줌으로써 사회를 재조 직하는 것을 목표로 한다. 이렇게 해야만 국가 … 이익이 전체 국민에게 공평하게 분배

될 수 있다.

따라서 이 단체는 토지라는 사유재산의 소멸을 위해 일한다. 그리고 양질의 토양과 집터에서 나오는 이익뿐만 아니라 토지 사용 인가를 위해 지불한 비용인 지대를 개인이 착복하는 일을 없애려 한다.

더 나아가 이 단체는 사회적으로 용이하게 관리할 수 있는 산업자본의 집행을 공동체에 이양하기 위해 노력한다. … 만약 보상 없이 이러한 조치가 행해질 수 있다면 (소유권을 빼앗긴 개인들을 공동체가 적절히 구제해야겠지만) … 현재 체제보다 개인의 자유를 훨씬 덜 침해하는 경제 세력의 조치로 실질적인 기회 평등이 유지될 것이다.

… 원하는 것을 자신의 노동으로 마련하는 것은 모든 국가 구성원의 의무다.

… 국가의 토지와 자본을 사사로운 개인에게 위탁하는 현 제도가 낳은 가장 심각한 결과는 사회가 적대적인 계급들로 분열된 것이다. … 토지의 국유화는 어떤 형태로든 공공의 의무다.

… 국고 세입은 직접세 부과로 징수해야 한다.

국가는 아이들이 보호자의 포학한 행위와 태만에서 벗어날 피난처를 … 제공해야 한다

…

… 남성과 여성은 동등한 정치적 권리를 향유해야 한다 …

국가는 모든 구성원에게 보편 교육과 국가 산업에서 동등한 몫을 보장해야 한다.

| 출전 |

로버트 기펜(1837~1910), 〈1873~1876년의 불황에 대하여〉, 1877: 기펜은 영국의 경제학자로 '기펜의 역설Giffen's Paradox'로 유명하다. 한 상품의 가격 상승이 오히려 그 상품의 수요를 늘리거나, 그와 반대로 가격 하락이 수요를 떨어뜨리는 현상을 말한다. 한 재화의 가격이 떨어지면 그 재화의 수요가 증가하고 가격이 오르면 수요가 감소하는 수요의 법칙에서 예외적인 현상이다. 이 글은 1870년대 대불황의 특징과 원인을 분석한 것인데, 무역 불황이 금융 불황으로 이어지며 증권 시장이 붕괴하고 그 여파가 전 세계에 미치는 것이 특징이라고 진단한다.

빌헬름 리프크네히트Wilhelm Liebknecht(1826~1900): 빌헬름 리프크네히트는 독일의 사회주의자로 13년간 망명 생활을 하며 마르크스의 지도를 받았고, 독일로 돌아온 후인 1869년에 '사회민주노동당'을 결성하고 제2인터내셔널의 지도자로 활동했으며, 1875년에는 '사회주의노동당'을 만들었다. '자료10'은 비스마르크가 입법한 '사회주의자 탄압법'이 통과된 뒤인 1878년에 리프크네히트가 제국의회에서 한 발언이다.

카를 마르크스, 《자본》, 1867: 《자본》은 미완성의 저작이다. 제1권만 마르크스가 출판용으로 완성했으며, 제2권과 제3권은 초고로 남겨진 노트를 엥겔스가 정리한 것이다. 1권은 생산을, 2권은 교환을, 3권은 소비를 다룬다. 즉 소비를 경제활동의 최종 목적으로 보고, 소비가 교환에 의존하여 이루어지고 교환은 생

산을 전제로 한다고 본 것이다. 이 저서에서 마르크스는 경제적 사회구성체로서 자본주의 생산양식의 동력과 발전 법칙을 분석하고 그 필연적인 쇠망 이후 공산주의의 도래를 맞게 된다고 말한다. 특히 임금노동자에 대한 자본주의적 착취의 본질을 해명했으며, 자본가와 피지배자인 노동자 사이의 계급 갈등 심화가 계급투쟁으로 발전할 것으로 전망했다. 한마디로 자본주의적 생산양식의 태생과 그 내적 모순, 그 필연적 멸망을 초래하는 조건들을 유물사관에 기초하여 분석한 저작이다.

마르크스와 엥겔스, 《공산당 선언》, 1848: 런던에서 처음 출판된 이 선언문은 제2차 공산주의자동맹 회의에서 강령으로 사용하기 위해 작성된 것이었다. 마르크스와 엥겔스는 이 선언에서 체제 변혁에서 노동계급의 역할이 중요하다는 점을 강조했고, 당시 유행하던 '사회주의'라는 개념을 반동적·부르주아적·공상적·과학적 사회주의로 나눈 뒤, 앞의 세 가지 사회주의를 비판하고 과학적 사회주의를 공산주의와 같은 의미로 사용했다.

미하일 바쿠닌(1814~1876), 《국가주의와 무정부》, 1873: 러시아 귀족 출신인 바쿠닌은 자본주의의 노동계급 착취를 비판하며 무정부 사회를 지향했고, 대중정당이 아닌 비밀결사를 통한 소수 헌신적 혁명가들의 역할을 강조했다. 그는 이 책에서 사회주의 지도자들이 권력을 쥐고 나면 새로운 지배계급이 되어 대중을 착취할 것이며 마르크스 혁명은 국가권력을 없애는 것이 아니라 강화할 것이라고 주장했다. 그래서 그는 자본제 질서가 전복되면 국가를 즉각 해체해야 한다고 주장했다.

바쿠닌의 편지, 1872: 바쿠닌은 러시아의 무정부주의자였으며 헤겔 철학에 심취했다. 제1인터내셔널에 참가했으나 마르크스 등과 대립되는 무정부주의를 주장했고, 1872년 헤이그 회의에서는 노동자당의 설립에 반대했다가 인터내셔널을 파괴하려 한다는 비난을 받고 제명되었다. 이 편지(Letter to La Liberté)는 제1인터내셔널에서 제명된 지 약 한 달 후에 쓰인 것인데 완성되지도 보내지지도 못했다.

에두아르트 베른슈타인, 《사회주의의 전제와 사민당의 과제》, 1899: 19세기 말경 자본주의 붕괴에 대한 마르크스의 예언이 맞지 않는다는 점이 분명해졌다. 노동조합의 성장과 정부의 유연한 대응으로 노동계급의 상황이 크게 개선된 것이다. 투표권을 가진 노동자들은 정치 참여로 자신들의 주장을 개진할 수 있었고 혁명의 열정은 시들해졌다. 이러한 추세를 관찰한 베른슈타인은 마르크스주의를 수정하려 했다. 그는 노동자들에게 기존 질서 안에서 투쟁하라고 권고했다. 그는 사회주의를 향한 점진적 진전이 폭력적인 혁명보다 낫다고 보았다. 그의 주장은 러시아의 전투적 마르크스주의자들에게 강하게 비난을 받았다. 민주주의 제도가 부재한 러시아에서는 혁명이 불가피해 보였기 때문이다. 이 책 서문에서 베른슈타인은 혁명적 마르크스주의에 반대하는 이유를 밝혀놓았다.

아우구스트 베벨(1840~1913), 《여성과 사회주의》, 1879: 독일 사회민주노동당 창설의 지도자로 참여한 베벨은 빌헬름 리프크네히트와 함께 마르크스파 사회주의자로 분류된다. 베벨은 여성운동에도 깊이 관심을 기울였으며 남녀의 완전한 사회적 동등권을 주장했다.

프리드리히 엥겔스, 《영국 노동계급의 상황》, 1845: 산업화에서 앞서갔던 영국은 마르크스와 엥겔스를 비롯해 여러 사회 비판가들의 주요 연구 대상이었다. 엥겔스는 자신의 아버지가 면방직 공장을 소유하고 있던 맨체스터를 방문하여 노동자들이 당면한 곤궁을 보고 중간계급의 경제적 이해에 희생된 결과라고 생각했다. 그는 이 책의 머리말에서 "노동계급의 상황은 모든 사회운동의 진정한 토대이자 출발점"이라고 하면서, 프롤레타리아트의 상황에 대한 인식은 사회주의 이론의 탄탄한 토대를 구축하는 데 필요하다고 역설했다.

로버트 오언(1771~1858), 《자서전》, 1817: 로버트 오언은 방직공장 노동자에서 시작하여 자수성가한 사람으로, 맨체스터와 뉴라나크New Lanark에서 1500명의 노동자를 거느린 면사 방적 공장을 경영했다. 그는 노동자들의 생활을 개선하고자 열 시간 노동, 휴업 시 임금 지불, 노동자 교육 등의 체계를 갖추고 협동주의적 경영 이념를 추구했다. 미국 뉴하모니New Harmony에서 공동체를 건설하려던 시도는 실패했지만, 그는 영국 공장법 입법, 교육 개혁, 노동조합주의trade-unionism의 등장에 영향을 미쳤다. '자료2'의 대화는 오언이 가상의 질문자와 나눈 대화로, 그가 그린 이상적 사회의 청사진을 보여준다.

아델하이트 포프(1869~1939), 《여성 노동자의 자서전》, 1909: 포프는 페미니즘 운동과 사회주의 운동에 참여한 오스트리아 여성운동의 지도자였다. 포프는 이 책을 익명으로 출판했는데, '자료9'는 오스트리아 빈의 하녀들이 여성 노동자로서 집회에 참석하고 연대하려는 움직임을 보인 일 그리고 그 집회에 대해 귀부인들이 보인 욕설과 비난을 기록한 부분이다.

페이비언 협회 성명서, 1884: '페이비언Fabian'은 고대 로마의 장군 파비우스Fabius에서 유래한 말로, 파비우스가 카르타고의 한니발과 지구전을 펼쳐 이겼듯이 "비록 많은 사람들이 비난하더라도 적당한 때가 오기를 참을성 있게 기다렸다가 때가 도래하면 사정없이 내리치는 사람들"이라는 뜻을 담고 있다. 이 협회는 1884년에 런던에서 설립되어 지금까지 활동하고 있는 가장 오래된 사회주의 싱크탱크로, 민주적 원칙, 점진적 원칙, 도덕적 원칙, 입헌적·평화적 원칙을 추구한다. 따라서 혁명적 방법보다는 의회를 통한 점진적 사회개량주의, 계몽과 개혁을 통해 사회주의 운동을 펼쳐왔다. 버나드 쇼, 버트런드 러셀, 존 케인스 등이 이 협회의 회원으로 활동했다.

| 참고문헌 |

마르크스, 카를, 프리드리히 엥겔스, 《공산당 선언》, 이진우 옮김, 책세상, 2002.
베른슈타인, 에두아르트, 《사회주의란 무엇인가 외》, 송병헌 옮김, 책세상, 2002.
이용필 외, 《사회주의운동과 노동운동》, 서울대학교출판부, 1997.
콜, G. D. H., 《영국 노동운동의 역사》, 김철수 옮김, 책세상, 2012.
Bradlaugh, Charles, *Labor Questions and Socialism*, Memphis, Tennessee: General Books, 2012.

19

근대문화의 성숙
:근대인이 성취한 지식과 사상의 발전

로맨티시즘에서 리얼리즘으로

프랑스혁명 이후 유럽은 이성을 중시한 계몽사상의 합리주의가 아닌 감성과 감각적 경험을 신봉하는 로맨티시즘의 조류에 휩싸였다. 예술가들은 과거와 자연을 예찬하고 전통 계승을 옹호했으며, |자료 1| 국민 통합의 열망과 함께 내셔널리즘을 북돋는 작품들이 쏟아졌다. 피히테에 이어 프리드리히 폰 실러Friedrich von Schiller와 빌헬름 리하르트 바그너Wilhelm Richard Wagner도 각각 희곡 《빌헬름 텔》과 오페라 〈니벨룽겐의 반지〉를 발표하며 독일인의 민족의식과 자부심을 일깨웠다. 프란시스코 데 고야Francisco de Goya는 나폴레옹의 침략에 맞선 스페인 민족의 저항을 그린 〈1808년 5월 3일〉 등의 작품을 발표했고, 외젠 들라크루아 Eugène Delacroix는 프랑스 7월혁명을 그린 〈민중을 이끄는 자유의 여신〉에서 프랑스 국민의 자유의지와 기백을 표현했다. |자료 2|

19세기 후반 유럽 각국이 교육제도를 정비하여 교육 기회가 확산되면서 새로운 독자층이 형성되었고 문학 창작 활동도 활발해졌다. 특히 사실주의 문학은 산업사회의 냉혹하고 불평등한 현실을 비판적으로 묘사하고 자유를 억압하는 현실을 고발하여 로맨티시즘의 감상적이고 감정적인 무절제와 대비되었다.

프랑스 작가 오노레 드 발자크Honoré de Balzac는 근대 자본주의 사회의 탐욕을 날카롭게 비판했고, 귀스타브 플로베르Gustave Flaubert는 프랑스 사실주의 소설의 첫 걸작으로 꼽히는 《보바리 부인》(1857)을 발표했다. 에밀 졸라는 빈곤, 질병, 알코올중독과 같은 어두운 사회현상을 관찰하여 '자연주의' 소설 장르를 탄생시켰으며 《목로주점》(1877)을 비롯한 여러 작품에서 노동자들의 비참한 삶을 그렸다.

영국 문학은 제인 오스틴Jane Austen, 브론테 자매Charlotte & Emily Brontë, 찰스 디킨스로 이어지며 전성기를 맞았고, 토머스 하디Thomas Hardy는 《테스》(1891)에서 냉혹한 운명의 희생양이 된 인간의 삶을 그렸다. 노르웨이 작가 헨리크 입센Henrik Ibsen은 희곡 《인형의 집》에서 부르주아 삶의 관습과 제도를 풍자하며 여

도판 64 폴 세잔의 〈생빅투아르 산〉(1904). 세잔은 자신의 고향인 프랑스 남부 엑상프로방스에 있는 생빅투아르 산을 1882년부터 그리기 시작했는데, 간략한 평면적 방식으로 풍경이나 정물을 묘사했다. 이런 특징은 나중에 입체주의를 통해 드러날 형태지각공간에 대한 실험에 선행하는 것이었다.

성을 억압하는 사회적 폭정과 위선을 그렸다.│자료 3│ 러시아의 표도르 도스토옙스키Fyodor Dostoyevsky는 《죄와 벌》, 《카라마조프가의 형제들》에서 인간 정신과 삶의 고뇌를 탐구하고 인간성은 오로지 고통을 통해서만 정화될 수 있다는 신념을 설파했다. 레프 톨스토이Lev Tolstoy는 《전쟁과 평화》, 《부활》 등의 작품에서 운명의 강력한 힘에 휩쓸리는 인간 존재를 그리며 문명사회의 제도를 비판했다.

1870년대에는 회화에서 인상파 운동이 대두했다. 인상파 운동은 프랑스에서 일단의 미술가들이 전통에 사로잡힌 프랑스 왕립아카데미의 연례 전시회에 출품을 거부하면서 시작되었다. 그들은 대상 자체를 그리지 않고 대상에 대한 감각적 인상impression을 그렸으며 대상의 외양을 결정하는 빛의 중요성을 강조했다. 클로드 모네Claude Monet는 자연 풍경을 새롭게 해석하여 전통적 형태와 모양을 그리는 대신 윤곽을 암시하는 그림을 그렸다. 오귀스트 르누아르Auguste Renoir는 풍경뿐만 아니라 동시대인의 초상과 일상을 작품 주제로 다루었다.

인상파 화가들에 맞선 이들은 표현주의expressionism 작가들이었다. 폴 세잔

Paul Cézanne은 인상파 화가들이 무시한 자연의 질서감을 살리기 위해 자연의 형상을 기하학적 형태로 환원하고 각각의 평면을 색채의 변화로 표현했다. 폴 고갱 Paul Gauguin과 빈센트 반 고흐 Vincent van Gogh는 후기 인상파 시대를 대표하는 화가들이다. 고갱은 문명의 인위성과 복잡함에 염증을 느껴 원시사회의 정열적이고 관능적인 색채를 담았고, 반 고흐도 색과 빛을 독특한 기법으로 표현했다.

음악에서는 고전주의 음악이 루트비히 판 베토벤 Ludwig van Beethoven에서 정점에 도달한 이후 형식에 얽매이지 않고 자유롭게 표현하는 낭만주의 음악이 발전했다. 프란츠 슈베르트 Franz Schubert와 펠릭스 멘델스존 Felix Mendelssohn에 이어 로베르트 슈만 Robert Schumann, 프레데리크 쇼팽 Frédéric Chopin, 프란츠 리스트 Franz Liszt, 요하네스 브람스 Jonannes Brahms 등은 판에 박힌 선율과 결별하고 화음에서 자유로운 음악을 작곡하여 섬세한 감정과 감각적인 즐거움, 인간의 내면적 본성을 표현하고자 했다.

과학과 철학의 발전

19세기에 유럽의 과학은 기술과 더불어 산업화를 뒷받침했다. 의학 분야에서 루이 파스퇴르 Louis Pasteur는 박테리아의 출처를 알아내고 세균이 질병의 원인이라는 사실을 밝힘으로써 공중위생과 보건 분야에 큰 진전을 가져왔으며 음식물의 해로운 박테리아를 제거하는 저온살균법도 등장했다. 폴란드 과학자 마리 퀴리 Marie Curie는 라듐을 발견하여 에너지가 의학적 목적을 위해 사용될 수 있음을 밝혀냈다. 프랑스 생물학자 장바티스트 라마르크 Jean-Baptiste Lamarck는 유기체의 진화 과정에 대한 가설을 발전시켰다. 그는 동물이 환경 변화에 의해 새로운 습성을 획득하고 이 신체 구조의 형질이 후손에게 전달되면 궁극에는 새로운 동물종이 나타난다는 '획득형질의 유전' 원리를 제기했다.

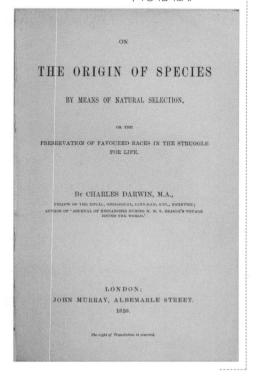

도판 65 찰스 다윈의 《종의 기원》(1859) 초판본 표지. "생존하는 종은 가장 강하거나 가장 지적인 종이 아니라 변화에 가장 잘 적응하는 종이다"라는 유명한 주장이 담겨 있다.

도판 66 니체와 그의 어머니. 목사의 아들로 태어난 니체는 어려서 아버지와 남동생을 잃고 어머니와 할머니 손에서 여동생과 함께 자랐는데, 20대 초반에 신학을 포기하면서 어머니와 심한 갈등을 겪었다. 후에 니체는 '신앙이란 진리를 알려고 하지 않는 것'이라고 선언한다.

이어서 찰스 다윈Charles Darwin은 《종의 기원》(1859)에서 '자연도태 이론'을 제시했다. 자료 4 | 다윈은 변이와 자연도태를 새로운 종 발생의 일차적 요인으로 보았다. 다시 말해 유리한 형질을 지닌 식물이나 동물은 여러 세대를 통해 유전된 성질을 전달하고 변이에 적합하지 않은 개체는 계속 도태됨으로써 결국 생존에 성공하는 새로운 종이 나타난다는 것이다. 다윈은 진화에 대한 생각을 동식물의 종뿐만 아니라 인간에게까지 적용하여 원숭이와 인간이 공통의 선조를 갖고 있다는 주장을 《인간의 계보와 성 선택》(1871)에서 전개했다. 자료 5 |

토머스 헉슬리Thomas Huxley는 다윈의 진화론을 적극 지지했다. 그는 진화론 반대론자인 새뮤얼 윌버포스Samuel Wilberforce 주교와 논쟁을 벌여 원숭이가 인간의 조상일 수 있으며 인간의 정신도 육체와 마찬가지로 물질의 기능이자 진화의 산물이라고 주장했다. 다윈주의는 사회 분석에도 적용되어 사회진화론으로 발전했다. 허버트 스펜서Herbert Spencer는 '적자생존'과 '자연도태' 가설에 기초하여 사회유기체론을 전개했고 종과 개체뿐만 아니라 관습과 제도, 종교와 윤리 사상도 진화하며 변화한다고 주장했다. 자료 6 | 사회진화론자들은 유럽 문명이 세계 적자適者의 자리를 구축할 수 있게 한 생물학적 우월성을 확신했다.

프리드리히 니체Friedrich Nietzsche도 자연도태가 동식물에서 일어나는 것처럼 인간에게도 적용되어야 하며 그를 위해 먼저 그리스도교와 유대교를 비롯한 종교라는 장애물이 제거되어야 한다고 주장했다. 니체는 《차라투스트라는 이렇게 말했다》, 《권력에 대한 의지》 등의 저작에서 의지로써 외적 환경에 승리를 거두는 초인의 탄생을 주장했다. 초인 즉 위버멘슈Übermensch는 도덕적 용기와 굳건한 의지를 가진 사람으로, 투쟁에서 도태되는 사람들은 고귀한 용기가 없는 도덕적 약자를 뜻했다. 자료 7 |

하지만 과학자들은 인간이 다른 동물에 비해 본질적으로 우월하다는 관념을 와해시켰다. '조건반사'를 발견한 러시아 심리학자 이반 파블로프Ivan Pavlov는 인위적 자극에 대한 자연스러운 반응이 동물과 인간의 행동을 이해하는 중요한 요소라고 주장했다. 파블로프 학파는 인간의 모든 행동을 일련의 신체적 반응으로 환원하고 인간 존재를 유기체로 보는 행동주의 심리학을 출범시켰다.

한편 인간 행동을 무의식의 관점에서 해석하는 심리학파가 지그문트 프로이트Sigmund Freud에 의해 창시되었다. 정신분석학은 의식(자아, 에고Ego)의 존재를 인정하지만 인간 행동을 결정하는 데에는 무의식(이드id)이 더 중요하다고 보았다. 프로이트는 인간을 권력, 자기보존, 성 충동에 사로잡힌 이기적 피조물로 보고, 인간의 억압된 욕망이 무의식 속에 머무르며 꿈으로 나타나거나 강박관념, 비정상적 행동 등으로 그 모습을 드러낸다고 주장했다.

지금까지 살펴보았듯이 19세기 유럽의 문화는 철학, 경제사상, 문학, 미술, 음악, 자연과학 등 다양한 영역에서 새로운 양상을 발전시켰다. 독일에서는 칸트, 피히테, 헤겔 등의 관념론이 등장했고, 프랑스의 콩트는 실증주의를, 영국의 벤담은 공리주의를 주창했다. 또한 애덤 스미스, 맬서스, 리카도, 밀은 고전경제학을 수립했고, 오언, 생시몽, 푸리에가 내세운 공상적 사회주의 이론과 달리 마르크스와 엥겔스는 과학적 사회주의를 역설했다. 베토벤의 고전주의 음악은 슈베르트, 쇼팽의 낭만주의 음악으로 나아갔고, 괴테와 실러의 고전주의 문학에 이어 하이네, 위고, 푸시킨의 낭만주의 문학과 스탕달, 디킨스, 톨스토이의 사실주의(자연주의) 문학이 등장했다. 미술에서도 밀레와 쿠르베의 사실주의 화풍과 마네, 모네, 르누아르 및 세잔, 반 고흐, 고갱의 인상파 미술이 나타났다. 자연과학에서는 다윈과 멘델의 생물학, 뢴트겐과 퀴리의 물리학, 파스퇴르의 의학 발전이 이루어졌다. 유럽은 이렇듯 다방면에서 발견되고 축적된 지식과 사상으로 무장하고 한층 성숙한 근대문화를 구축하며 다음 세기로 나아갔다.

자료

01

샤토브리앙의 중세 고딕 성당 예찬

프랑수아 르네 드 샤토브리앙François René de Chateaubriand, 《그리스도교의 정수Le Génie du christi-anisme》;

호워드 E. 휴고Howard E. Hugo 편집, 《로맨티시즘 선집The Romantic Reader》, Viking, 1957, pp. 341~342

에서 재인용

여러분은 고딕 성당에 들어갈 때마다 일종의 경외감과 희미한 신의 기운을 느낄 것이다. 당신은 수도원의 숲에서 명상한 후에 수도자들이 밤의 정적과 고요 속에서 제단 앞에 엎드리기 위해, 신의 찬송가를 부르기 위해 만나던 그러한 시대로 돌아갈 것이다. … 고딕 교회에 있는 모든 것이 우리에게 숲 속의 미로를 연상시킨다. 모든 것이 종교적 경외감, 신비함, 신성함의 감정을 일으킨다.

두 개의 높은 탑이 교회 뜰의 느릅나무 위로 건물 입구에 세워져 있다. 그리고 하늘의 담청색을 배경으로 그림 같은 효과를 낸다. 그 쌍둥이 꼭대기 부분은 새벽의 첫 여명으로 밝아진다. 안개 긴 날에는 탑들이 구름 위에 얹힌 것처럼 보이거나 더 거대하게 보인다. 새들도 탑들을 숲 속의 나무로 잘못 보는 것 같다. 그들은 탑 꼭대기를 날아다니다가 뾰족탑 위에 내려앉는다. 하지만 오! 갑자기 탑 꼭대기에서 종소리가 울리고 놀란 새들이 겁에 질려 흩어진다. … 오르간 소리와 종소리를 통해 건축가는 숲의 휴식 속에서 포효하는 천둥과 바람을 고딕 신전에 덧붙였다. 이러한 종교적 소리로 불려 나온 과거 시대는 저 깊은 곳에서 웅장한 소리를 내고 거대한 성당의 모든 구석에 울려 퍼진다.

민족은 도덕적 양심의 공동체다

에르네스트 르낭Ernest Renan, 《민족이란 무엇인가Qu'est-ce qu'une nation?》, 신행선 옮김, 책세상, 2002, 80~83쪽

민족nation은 하나의 영혼이며 정신적 원리이다. … 민족은 노력, 희생 그리고 헌신으로 일구어낸 오랜 과거의 결실이다. 조상에 대한 숭배는 매우 합당한 일이다. … 과거의 영광을 함께하는 것, 현재에서 의지를 함께하는 것, 즉 위대한 일을 함께 해냈고 또 여전히 함께하고자 하는 것이 곧 국민people이 되고자 하는 기본 조건이다. …

과거에는 함께 나누어야 할 영광과 미련의 유산이 있고 미래에는 이루어야 할 공동의 계획이 있다. 함께 고통받았고, 함께 즐겼고, 함께 기대했다는 것, 바로 이것이 공동 관세나 전략적인 기획에 맞춘 국경보다 훨씬 더 가치 있다. 인종과 언어의 다양성을 넘어서 사람들이 이해하는 것이 바로 이것이다. … 함께하는 고통은 기쁨보다 훨씬 더 사람들을 단결시킨다. 실제로 국민적인 기억들 가운데 애도가 승리보다 낫다. 애도의 기억은 의무를 부과하며 공동의 노력을 요구하기 때문이다.

그러므로 민족이란 이미 치른 희생과 여전히 치르고자 하는 희생 의식으로 구성된 위대한 결속이다. 그것은 과거를 전제로 한다. 그러나 … 민족은 영원한 존재가 아니다. 민족에는 시작이 있으며 끝 또한 존재할 것이다. 민족은 하나의 유럽 연합체로 대체될 수도 있다. 그러나 이는 우리가 살고 있는 세기에 적용되는 법칙은 아니다. 현재로서는 민족의 존재가 바람직하며 심지어 필수적이라 할 수 있다. …

… 인간은 자기 인종의 노예도 자기 언어의 노예도 자기 종교의 노예도 아니다. … 건전한 정신과 뜨거운 심장으로 뭉친 인간들의 대결집이야말로 민족이라 불리는 도덕적 양심을 만들어낸다. 이 도덕적 양심이 공동체를 위해 개인을 버리는 희생으로 그 힘을 증명하는 한 그것은 정당하고 또 존재할 권리가 있다.

'내 자신에 대한 의무'를 찾아 집을 나간 노라

헨리크 입센, 《인형의 집Et Dukkehjem》, 최경룡·김용성 옮김, 동인, 2008, 253~271쪽

"당신은 지금까지 내게 잘해주셨습니다. 그러나 우리들의 집은 한낱 놀이방에 지나지

않았던 것입니다. … 나는 우리 본가에서는 <u>아버지의 인형</u>이었고, 여기에 와서는 <u>당신</u>[남편]의 인형에 불과했던 것입니다. … 나는 당신이 나와 놀아주시면 기쁘곤 했습니다. 이것이 바로 우리들의 결혼이었던 것입니다." …

노라는 결국 집을 나가겠다고 남편에게 말했다. "<u>아내와 어머니로서의 신성한 의무를 저버려도 좋단 말인가?</u>"라는 남편의 물음에 대하여 노라는 다음과 같이 대답했다. …

"내게는 그만큼이나 신성한 의무가 있습니다." "그런 것이 있을 수 있겠어? 그게 도대체 어떤 의무란 말인가?" "<u>내 자신에 대한 의무입니다.</u>" "너는 무엇보다 첫째로 아내요, 어머니란 말이다." "그런 것은 이제 믿지 않습니다. 무엇보다 우선 저는 하나의 인간이란 사실이 중요합니다." …

조금 전까지의 노여움은 이미 잊어버리고, 집에 남아 있어달라고 애원하는 남편을 뒤로하고 노라는 문을 열고 나가버리는 것이다.

자료 04

생존경쟁과 자연도태

찰스 다윈,《종의 기원》, 송철용 옮김, 동서문화사, 2018, 139쪽, 141쪽, 155쪽

<u>변종은 생존을 위한 경쟁의 결과로 생기는 것이다.</u> 이 생존 경쟁에 의해 … 그 종의 개체에 조금이라도 이익이 되면 어떠한 변이라도 그 개체를 보존하도록 작용할 것이고 그것은 자손에게 전해질 것이다. … 아무리 경미한 변이라도 쓸모 있다면 보존되는 이 원리를 나는 '자연도태의 원리'라 부른다. 그러나 허버트 스펜서가 사용한 '적자생존'이라는 말이 더 정확하며 때로는 편리하기도 한다. … 자연도태는 <u>끊임없이 작용하는 힘</u>이며 … 인간의 미약한 노력과는 비교도 되지 않을 만큼 위력이 있다. … 생존경쟁은 모든 생물이 높은 비율로 증식하는 경향에 따라 불가피하게 일어나는 결과이다. … 생존할 수 있는 수보다 많은 개체가 생산되기 때문에 … <u>생존경쟁이 일어나는 것은 당연하며 이것은 모든 동식물계에 적용되는 맬서스의 이론이다.</u> …

변화하는 생활환경 속에 있는 생물은 그 구조 속에 무한히 변화할 수 있는 다양성이 있다. 각 생물은 거대하고 복잡한 생존경쟁 속에서 무엇이든 도움이 되는 변이를 수천 세대를 거듭하여 일으키며 … 다른 개체에 비해 작은 이점이라도 가진 개체가 생존과 번식을 위한 기회를 많이 가진다. 반대로 조금이라도 유해한 변이는 엄격하게 파괴된다. 이처럼 <u>유익한 개체적 차이와 변이는 보존되고 유해한 변이는 버려지는 것을 '자연도</u>

태' 또는 '적자생존'이라고 부른다.

자료
05

자연도태와 적자생존

다윈, 《인간의 계보와 성 선택The Descent of Man, and Selection in Relation to Sex》II, D. Appleton and Company, 1871, pp. 368~369, 386~387(한국어판 출간 제목은 《인간의 유래》)

왜냐하면 뼈대와 체격의 많은 부분만이 아니라 배아 발달 단계에서 인간과 하등동물이 매우 친밀하다는 점은 … 논박될 수 없는 사실이다. 저 위대한 진화 원리는 명백하고 확고하다. … 자연현상이 단절된 것이 아닌 것처럼 인간을 별개의 창조행위의 작품이라고 믿을 수 없다. … 이 모든 점이 인간이 다른 포유동물과 함께 하나의 공통조상을 둔 후손이라는 결론을 분명히 말해주고 있다. (중략) 이 연구에서 도달한 주요 결론 즉 인간이 어떤 저급한 생물체에서 유래했다는 것은 유감스러운 일이지만 많은 사람들을 매우 쓸쓸하게 만들 것이다. 그러나 우리가 미개인들에게서 유래했다는 점은 의심할 수 없다. … 내가 황량하고 울퉁불퉁한 바닷가에서 푸에고 섬 사람들이 벌인 잔치를 처음 보았을 때 느낀 놀라움은 결코 잊지 못할 것이다. 저런 사람들이 우리 조상들이었다는 깨달음이 내 마음속에 밀려들었던 것이다. … 인간은 비록 자신의 노력을 통해서는 아닐지라도 유기체 중에서 최고의 자리에 올랐다는 자부심을 가져도 좋을지 모른다. … 우리는 인간이 모든 고귀한 자질들과 … 신과 같은 지성을 갖고 있음에도 … 신체의 틀 안에 저급한 기원의 지울 수 없는 낙인을 여전히 갖고 있음을 인정해야만 한다.

자료
06

국가의 기업 규제는 사회주의를 초래할 것이다

허버트 스펜서, 《개인 대 국가Man versus the State》, 1884; 마빈 페리Marvin Perry 외, 《서양 역사 사료 2: 과학혁명에서 현재까지Sources of the Western Tradition, vol. II: From the Scientific Revolution to the Present》, Houghton Mifflin Co., 1987, pp. 151~152에서 재인용

이 정책을 실시한다면 … 무슨 일이 잘못될 때마다 정부가 개입해야 한다는 암묵적인 전제를 강화할 것이다. … 마치 모든 종류의 악은 국가가 처리해야 한다는 믿음처럼…. 하지만 정부가 더 자주 개입할수록 개입하라는 요구가 더 커지고 잦아질 것이다. …

규제 정책의 확대는 관료주의의 성장과 관료 조직의 강화를 더할 뿐이며 … 행정 조직의 권력이 커지면 그 성장과 통제에 저항할 사회 다른 부문의 힘이 약화될 것이다. … 그렇다면 왜 이러한 변화가 '노예제의 도래'라 할 수 있는가? … 대답은 간단하다. 모든 사회주의 안에는 노예제가 있다. … 국가의 개입은 토지와 거주지, 통신 수단의 국유화를 초래하고 … 모든 산업의 국유화를 가져올 것이다. 국가와의 경쟁에서 갈수록 불리해지고 회사 자체의 이익만을 추구하는 사기업들은 계속 도태할 것이다. … 그리고 사회주의자들이 바라던 이념이 실현될 것이다. …

… 이러한 정치적 열정가들과 광신적 혁명가들이 … 현재 사회제도 하의 불행을 치유하기 위해 여러 가지 제안을 제시하지만 … 그들의 계획이 성공한다 해도 다른 종류의 악으로 대체되는 것일 뿐이다. … 그들의 제안을 검토해보면 물질적 복지를 신경 쓰느라 개인의 자유를 포기하고 있음을 알 수 있다. … 공동체의 개별 구성원은 공동체의 노예가 될 것이다. 그러한 관계는 군사 공동체에서 전통적으로 존재해왔다. … 고대 그리스에서 시민은 자신 혹은 가족이 아니라 도시라는 공동체에 소속되었다. 이 원리는 끊임없는 전쟁 상태에 놓인 국가에 적절한 것인데, 바로 사회주의가 산업국가에 다시 도입하려고 하는 원리다. … 비록 국가 행정이 유익을 의도한다 하더라도 노예제가 도래하는 것을 막기는 어렵다.

과거에 자유주의의 기능은 왕의 권력을 제한하는 것이었다. 미래에 참다운 자유주의의 기능은 의회의 권한을 제한하는 것이 될 것이다.

자료
07

"신은 죽었다"

프리드리히 니체,《차라투스트라는 이렇게 말했다Also sprach Zarathustra》;《짜라투스트라는 이렇게 말했다》, 사지원 옮김, 홍신문화사, 2006, 9~14, 32~34, 151~154, 311, 382~384, 442쪽

짜라투스트라는 서른 살이 되었을 때 고향의 거리와 고향의 호수를 뒤로하고 산으로 들어갔다. 거기서 그는 자신의 영혼과 고독을 즐기면서 10년 동안 한결같았다. … 짜라투스트라는 홀로 산을 내려왔다. … 숲 속에 들어섰을 때 갑자기 한 노인이 그의 앞에 나타났다. … 짜라투스트라는 혼자가 되자 이렇게 중얼거렸다. "저럴 수가 있나! 저 늙은 성자는 숲 속에 있으면서 아직도 '신이 죽었다'는 소리를 듣지 못했다니!" … 짜라투스트라는 숲에서 나와 … 군중을 향해 이렇게 말했다. "나는 그대들에게 초인에 대해 가

르치겠노라. 인간은 초극되어야 할 존재이다. 그대들은 인간을 뛰어넘기 위해 무얼 했는가? ⋯ 과거에는 최대의 모독이 신에 대한 모독이었다. 그러나 신은 죽었다. ⋯" (중략)

세 가지 변화에 대하여 나는 그대들에게 정신의 세 가지 변화에 대해 설명하겠다. 정신이 어떻게 해서 낙타가 되고, 낙타가 어떻게 해서 사자가 되며, 마지막으로 사자가 어떻게 해서 어린아이가 되는가를 차례로 설명하겠다. ⋯ "모든 가치는 이미 창조되었으며, 창조된 그 모든 가치는 내 속에 있다. (중략)

자기 초극에 대하여 ⋯ '존재하는 모든 것을 사고할 수 있는 것으로 만들려는 의지', 나는 그대들의 의지를 그렇게 부른다. ⋯ 일종의 권력에 대한 의지인 것이다. ⋯ 무릇 삶이 있는 곳이라면 거기에는 의지도 있다. 그러나 그것은 삶에 대한 의지가 아니라 권력에 대한 의지인 것이다. (중략)

보다 높은 인간에 대하여 ⋯ "보다 높은 인간이란 존재하지 않는다. 우리는 모두가 평등하다. 인간은 다만 인간일 뿐이며 신 앞에서 우리는 모두가 평등하다!" ⋯ '신 앞에서!' 그러나 신은 이미 죽었다. 이제 우리는 원한다. 초인이 살아가기를⋯ 초인은 나의 가슴속에 있다. 그러므로 나의 최대이자 유일한 관심사는 인간이 아닌 초인이다. ⋯ 여성적인 것, 노예근성으로부터 비롯되는 것, 특히 천민이라는 혼합으로부터 비롯되는 것, 이런 족속들이 오늘날 인류의 모든 운명의 주인이 되려고 하는 것이다. 오, 구토! 구토! 구토! (중략)

징후 "⋯ '아, 솟아라, 솟아라, 그대 위대한 정오여!'" 짜라투스트라는 이렇게 말하고 나서 자신의 동굴을 떠났다. 마치 어두컴컴한 산봉우리 뒤에서 솟아오르는 아침의 태양처럼 불타오르듯이 씩씩하게.

| 출전 |

프리드리히 니체(1844~1900), 《차라투스트라는 이렇게 말했다》, 1883~1885: 니체는 이 책을 두고 "읽으라고 쓴 책이 아니라 암송하라고 쓴 책"이라고 했다. 니체의 문장은 명징하고 생동감이 넘치며 유머가 가득하다. 내용은 매우 신랄한 정치 비판과 종교 비판을 담고 있으며 아포리즘과 우화, 이미지로 가득차 있다. 니체는 '자연도태설'을 빌려 '초인'만이 살아남고 굳건함과 용기가 없는 도덕적 약자는 도태되어야 한다고 보았다. 그런데 종교가 약자에 대한 연민으로 그들의 도태를 막고 있으므로 "신은 죽었다"라고 선언한 것이다.

찰스 다윈(1809~1882), 《종의 기원》, 1859: 《종의 기원》 초판은 발간 당일에 모두 팔렸으며 다윈 생전에 총 6판까지 인쇄되었다. 1809년에 프랑스 박물학자 라마르크는 생물학적 종種이 변할 수 있다는 사실을 밝혔고, 1858년에 앨프리드 월리스Alfred Wallace는 '자연선택'의 원리를 종의 변화 체계에 수용했다. 다윈은 영국 측량선 비글호를 타고 1831년에서 1836년까지 5년 동안 전 세계를 항해하며 면밀하고 체계적인 조사를 벌인 후, 종은 창조된 것이 아니라 변이를 거듭해 진화했다는 이론을 발표했다. 생물은 살아남으리라고 예상되는 수보다 훨씬 더 많은 자손을 낳으며, 환경조건의 변화에 잘 대처한 유리한 형질의 개체들만 살아남는다는 것이 핵심 주장이다.

다윈, 《인간의 계보와 성 선택》, 1871: 다윈은 1859년에 열린 한 토론회에서 "인간은 원숭이에서 진화되었다"라고 발언한 후, 이 책에서 인간을 동물로 보고 자연선택의 원리를 적용하여 인간의 유래를 설명했다. 다윈은 동물의 '마음'을 고찰하고서는 동물이 '사회적 본능'을 지니고 있고 그것이 점차 고도로 발달해 도덕 감각이 생긴다고 주장했다. 도덕적 행위가 점차 쌓여 서서히 몸에 익숙해지면 도덕적 자질이 높은 인간이 늘고 퍼진다는 것이다. 그리고 남자와 여자의 신체적 차이도 인간 선조의 수컷이 암컷을 차지하려고 싸웠던 오랜 생존 투쟁의 결과라고 보았다.

에르네스트 르낭(1823~1892), 《민족이란 무엇인가》, 1882: 프랑스의 사상가이자 종교사가인 르낭은 예수의 신성을 부정한 소설 《예수의 생애 Vie de Jésus》의 저자로 널리 알려져 있다. 그는 죽을 때까지 초자연적인 것에 대한 부정, 자연에 대한 신뢰, 이성의 진보에 대한 믿음을 저버리지 않았다. 《민족이란 무엇인가》에서 르낭은 민족이란 인종에서 유래하거나 언어로 구분되거나 종교로 결속되는 것이 아니며, 공통의 목표를 함께 이루려는 사람들의 의지에 바탕을 둔 공동체라고 정의했다.

프랑수아 르네 드 샤토브리앙(1768~1848), 《그리스도교의 정수》, 1862: 샤토브리앙은 프랑스혁명 이후의 격변기를 거친 작가이자 귀족인데, 영국에 망명했다 돌아와 제정기에 관료를 역임했다. 샤토브리앙은 반종교적 편견을 타파하고 프랑스인의 신앙심을 회화적인 묘사로 일깨우고자, 이 책에서 중세의 아름다움과 고딕 성당에서 느낄 수 있는 깊은 종교적 감정을 예찬했다.

허버트 스펜서(1820~1903), 《개인 대 국가》, 1884: 영국 철학자 스펜서는 다윈의 '자연선택' 개념을 '적자생존'이라는 용어로 변환하여 사회에 적용했다. 그는 이 책에서, 더 좋은 물건과 서비스를 제공하는 회사는 살아남아 시장을 점령하고 그러한 소비자의 경향을 따라가지 못한 회사는 경쟁으로 도태된다고 주장했다. 스펜서는 '변화하는 환경에 가장 잘 적응하는 종이 살아남는다'는 원리를 자본주의 경제에 도입하여 자유방임주의를 지지했는데, 국가의 경제 개입은 개인의 자유에 대한 위협이며 자유주의 원리를 거스르는 것이라고 비판했다. 또한 정부의 기업 규제가 사회주의와 노예제를 초래할 것이라고 경고했다.

헨리크 입센(1828~1906), 《인형의 집》, 1879: 노르웨이의 극작가 입센의 3막 희곡인 이 작품은 코펜하겐 왕립극장에서 초연된 이후 작가의 이름을 세계적으로 알렸고, 여성해방운동에도 영향을 미쳤으며, 주인공 '노라'는 신여성의 대명사가 되었다.

| 참고문헌 |

스테이시, 로버트·주디스 코핀, 《새로운 서양 문명의 역사》, 손세호 옮김, 소나무, 2014.

Salmi, Hannu, *Nineteenth Century Europe: A Cultural History*, Cambridge, UK: Polity Press, 2008.

Sayre, Henry M., *The Humanities: Culture, Continuity and Change, Book 5: 1800 to 1900 (Romanticism, Realism, and Empire: 1800 to 1900)*, New York: Pearson, 2011.

1부 계몽과 혁명의 시대

1. 18세기 유럽 사회: 대륙 안팎에서 긴박한 경쟁을 펼치다

1 | 18세기 유럽 농업혁명의 내용과 그 영향을 설명해보자.

2 | 유럽 각국이 설립한 동인도회사의 역할과 기능을 설명해보자.

3 | 18세기에 유럽 국가들 간에 일어난 전쟁의 원인과 결과를 알아보자.

4 | 영국과 스페인의 아메리카 지배 전략을 비교해보자.

2. 계몽사상: 미신과 몽매의 시대를 비판하다

1 | 유럽에서 계몽 시대가 전개된 배경을 설명해보자.

2 | 프랑스와 영국의 계몽사상이 지닌 특징을 비교하여 설명해보자.

3 | 프랑스 계몽사상이 프랑스혁명에 미친 영향을 알아보자.

3. 계몽 절대주의: 프로이센·오스트리아·러시아의 군주들

1 | 프로이센과 오스트리아의 계몽군주들이 남긴 주요 업적을 정리해보자.

2 | 러시아의 서유럽화와 근대화 과정을 설명해보자.

3 | 프리드리히 2세, 요제프 2세, 예카테리나 2세가 펼친 '위로부터의 개혁'을 서로 비교해보자.

4. 미국혁명: 영국 식민지인들, 근대 최초로 공화국을 세우다

1 | 미국 독립전쟁의 배경과 원인을 찾아보자.

2 | 1781년의 '연합헌장'과 1787년의 미국 헌법의 차이를 비교해보자.

3 | 미국혁명의 역사적 의의를 설명해보자.

16. 산업혁명: 기계 발명과 기술혁신

1│ 1차 인클로저와 2차 인클로저의 차이를 설명하고 그것이 각각 미친 영향을 비교해보자.

2│ 영국에서 방직기계 발명과 증기기관 개량 등의 혁신이 이루어진 배경을 설명해보자.

3│ 영국의 산업화와 유럽 대륙 국가들의 산업화 과정을 비교해보자.

17. 산업혁명의 명암: 산업화의 확산과 산업사회의 도래

1│ 산업화와 자본주의가 유럽 사회에 미친 부정적 결과를 알아보자.

2│ 애덤 스미스와 존 스튜어트 밀의 경제 이론을 비교하여 평가해보자.

3│ 공리주의 이론이 영국의 자유주의 개혁에 미친 영향을 알아보자.

18. 사회주의 사상과 노동운동: 노동계급의 등장과 단결

1│ 생시몽·푸리에의 공상적 사회주의와 마르크스·엥겔스의 과학적 사회주의 이론을 비교해보자.

2│ 《공산당 선언》 발표와 제1인터내셔널 창립의 역사적 의의를 설명해보자.

3│ 베른슈타인과 페이비언 협회의 수정주의 노선을 비교하여 설명해보자.

19. 근대문화의 성숙: 근대인이 성취한 지식과 사상의 발전

1│ 19세기 유럽의 로맨티시즘 조류와 민족주의 발흥의 관계를 설명해보자.

2│ 사실주의 문학의 주요 사례와 주제 의식을 알아보자.

3│ 찰스 다윈의 《종의 기원》이 후대에 미친 영향과 역사적 의의를 설명해보자.

4│ 니체 사상의 본질을 알아보고 시대적 의의를 평가해보자.

사료로 읽는 서양사 4 : 근대편 II

1판 1쇄 2015년 3월 3일
1판 3쇄 2025년 1월 3일

글쓴이 | 이영효

펴낸이 | 류종필
편집 | 이정우, 이은진, 권준
경영지원 | 홍정민
표지 디자인 | 석운디자인
본문 디자인 | 글빛

펴낸곳 | (주) 도서출판 책과함께
　　　　주소 (04022) 서울시 마포구 동교로 70 소와소빌딩 2층
　　　　전화 (02) 335-1982
　　　　팩스 (02) 335-1316
　　　　전자우편 prpub@daum.net
　　　　블로그 blog.naver.com/prpub
　　　　등록 2003년 4월 3일 제2003-000392호

ISBN 979-11-86293-02-7 94900
　　　978-89-97735-41-9 94900(세트)